苏州文博论丛

2016 年（总第 7 辑）

苏州博物馆　编

文物出版社

图书在版编目（CIP）数据

苏州文博论丛. 2016 年：总第 7 辑 / 苏州博物馆编. —
北京：文物出版社，2016. 12

ISBN 978 - 7 - 5010 - 4841 - 0

Ⅰ. ①苏… Ⅱ. ①苏… Ⅲ. ①文物工作 - 苏州 - 文集
②博物馆事业 - 苏州 - 文集 Ⅳ. ①G269. 275. 33 - 53

中国版本图书馆 CIP 数据核字（2016）第 282618 号

苏州文博论丛

2016 年（总第 7 辑）

编 者：苏州博物馆

责任编辑：窦旭耀
封面设计：夏 骏
责任印制：张 丽

出版发行：文物出版社
社 址：北京市东直门内北小街 2 号楼
邮 编：100007
网 址：http://www.wenwu.com
邮 箱：web@wenwu.com
经 销：新华书店
印 刷：北京京都六环印刷厂
开 本：880 × 1230 1/16
印 张：14.75
版 次：2016 年 12 月第 1 版
印 次：2016 年 12 月第 1 次印刷
书 号：ISBN 978 - 7 - 5010 - 4841 - 0
定 价：120.00 元

考古与文物研究

试论吴越系铜剑 .... 毛　波　1

新见晋地铸吴国兵器之小议 .... 陈光军　16

浙江省博物馆藏的几件吴越式青铜器 .... 俞珊瑛　22

从《宜侯夨簋》谈起 .... 钱公麟　30

宜侯夨簋及其相关问题研究综述 .... 王文轩　34

宝山文化与荆蛮句吴族 .... 尹盛平　41

木渎春秋古城就是文献记载中的吴大城——再论苏州城建于汉代 ..... 许　洁　钱公麟　47

"市井"再考辨 .... 钱彦惠　61

行烛山房藏图形印琐议 .... 葛　欣　66

试析五代十国时期的十二辰形象 .... 秦　颖　72

先贤墓清真寺碑与苏州关系考辨 .... 衣抚生　83

苏州市吴中区木渎天平村明墓发掘简报 .... 苏州市考古研究所　86

明范中方夫妇墓志考释 .... 漆跃文　孙明利　95

记得住的乡愁：江南水乡古镇 .... 李　爽　100

历史与文献研究

明清无锡荡口华氏义庄史话 .... 袁灿兴　103

韦应物苏州任上所作五七言绝句校释 .... 郭殿忱　115

苏州商会与社会公共事业（1912—1919）——以募捐赈灾和商业教育为例 ..... 刘雅婧　121

论近代苏州商会的社会公益事业 .... 姚　倪　赵　伟　126

苏州博物馆馆藏谢家福档案选辑校释（八）——凌淦（等）致谢家福（等）函稿 ..... 徐钢城　130

吴门画派研究

唐寅书法研究 .... 潘文协　137

女貌郎才与风流才子的自恋——从"画为心印"看唐寅的仕女图 ..... 任道斌　147

从《琴士图》看唐寅的"园林斋馆别号主角人物画"　　　　　　王耀庭　152

唐寅《风木图》之年代、功能与创作情境　　　　　　　　　　王中旭　169

唐寅《西山草堂图》卷来去考　　　　　　　　　　　　　　　余　辉　184

唐寅与文徵明交游考略　　　　　　　　　　　　　　　　　　毛秋瑾　188

唐寅《贞寿堂图》画图时间考　　　　　　　　　　　　　　　邹绵绵　199

博物馆学研究

故宫与苏州　　　　　　　　　　　　　　　　　　　　　　　单霁翔　209

丝蕴华章展新颜——苏州丝绸博物馆陈列内容及设计特色巡记　王　晨　216

从理论到实践：浅谈在博物馆教育活动中的早教实操策略

　　——以"云南少数民族文化展"教育活动为例　　　　　秦文萍　226

试论吴越系铜剑

毛　波（长兴县博物馆）

内容摘要： 本文全面搜集了吴越系铜剑的相关资料，将其分为A型茎上带扉耳铜剑、B型厚格有箍有首铜剑、C型薄格有首铜剑三个类型，并按各型发展演变进行分式，基本建立了吴越系铜剑较为完整的发展谱系。在此基础上，还对各型式的年代进行了推定，并探讨了吴越系铜剑的渊源及传播。

关键词： 吴越系　铜剑　型式　年代　渊源　传播

吴越系铜剑主要指春秋中晚期以后各国普遍流行的厚格有箍有首及薄格圆茎有首铜剑，即林寿晋先生所称东周式铜剑的Ⅱ式、Ⅲ式剑[1]，李伯谦先生所称的中原地区东周C型、D型铜剑[2]。它们一般被认为渊源于吴越地区[3]。其早期形制的剑当然也应属吴越系铜剑。吴越地区在春秋晚期以前还存在一种茎上带扉耳的铜剑，也属吴越系铜剑范畴。吴越地区出土的少量其他型式的铜剑如扁茎剑（扁茎无格无首剑）不包括在吴越系铜剑内。

吴越系铜剑因其铸造精良和历史上曾广泛流行而为研究者关注，迄今已有数十篇论著论及吴越系铜剑。目前学界对吴越系铜剑研究的最大问题在于各型吴越系铜剑的起源及相互关系并不清楚，尚未建立完整的吴越系铜剑发展演变序列，另外早期吴越系铜剑的断代也存在较大的分歧。本文在全面收集吴越系各型铜剑资料的基础上，试对吴越系铜剑进行类型学研究，以建立吴越系各型铜剑更为完整的发展演变序列，并大致推定年代；而后再略谈其渊源及传播。

一　吴越系铜剑的形制分析及年代推定

本文将吴越系铜剑分成A、B、C三型，A型即茎上带扉耳的铜剑，B型为厚格有箍有首铜剑，C型为薄格有首铜剑，吴越系剑各部位名称如图（图一）。

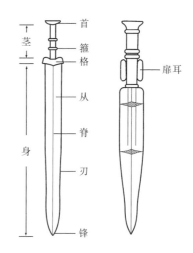

图一　吴越系铜剑各部位名称示意图

三型剑各式择有代表性的剑例分析。

（一）A型铜剑形制分析及年代

1. 形制分析　A型铜剑，茎上有扉耳。据其整体发展演变，可分8式。

Ⅰ式：1件。剑身为前锐后阔尾弧收的尖叶形。柱状长茎，前伸直达剑身中部；茎上有扁鼓状凸箍。扉耳作风夸张。茎末端略外翻，微有首。茎、扉耳、两从有繁缛的纹饰。

原台湾古越阁藏"云雷纹有翼剑"，通长19厘米[4]（图二，1）。

Ⅱ式：3件。尖叶形剑身与Ⅰ式剑近似。扉耳作风更为夸张。茎前段扁方，前伸成脊，茎、脊浑然一体；后段圆柱形较短。茎较Ⅰ式剑变短，茎上扁鼓状凸箍也由2个变为1个。无首。茎、扉耳、脊、两从有繁缛的纹饰。

浙江瓯海杨府山土墩墓出土M1：21、M1：22、M1：24剑共3件。三剑形制大致相似。M1：22剑通长约30厘米，M1：24剑通长26.2厘米[5]（图二，2—4）。

Ⅲ式：1件。剑身各段的宽度差距较Ⅰ、Ⅱ式明显变小。条带状凸脊[6]。茎上有三个或四个环状小凸箍。扉耳的作风较Ⅰ、Ⅱ式明显收敛。无首。茎、扉耳、脊、从等有繁缛的纹饰。

浙江黄岩小人尖土墩墓出土1件，通长24厘米[7]（图二，5）。

Ⅳ式：2件。其剑身已基本脱离尖叶状，剑身最宽处约在中部，尾端略弧收。条带状凸脊。茎前扁方后圆形，茎上有三个或四个小凸箍。扉耳作风较Ⅲ式剑又有收敛。出现了明显的剑首。茎、箍、脊、从等处有纹饰。

浙江长兴4号剑，通长28.1、茎长8.4厘米[8]（图二，6）。

江苏丹阳凤山乡石臼湖畔出土一件，通长31.5厘米[9]（图二，7）。

Ⅴ式：4件。Ⅴ式较前几式总体上更长。剑身最宽处在中部或尾部；尾端微弧近直角或直角转折。条带状凸脊。茎前扁方后圆形，茎上一般有4个小凸箍。扉耳较Ⅳ式剑进一步收敛。茎、脊、从多有纹饰，脊上多见重环纹或近似纹饰。

长兴3号剑，通长35.8、茎长8厘米（图二，8）。

福建浦城管九村土墩墓群洋山D3M1：4剑[10]（图二，9）。

江苏金坛废品站拣选1件，通长30.5厘米[11]（图二，10）。

浙江瑞安岱石山M5：1剑。身、茎部分残，首缺，残长22厘米[12]（图二，11）。

Ⅵ式：3件。剑身最宽处约在中部。条带状凸脊变浅变短，甚至变成棱脊加两侧棱线的形态。茎前扁方后圆形，茎上凸箍仅略有痕迹或完全消失。扉耳形态演变成茎侧的一段凸棱。无纹饰。部分Ⅵ式剑在形制上出现了一个新的因素——薄格。

长兴5号剑，通长35.2、茎长8.5厘米（图二，12）。

长兴7号剑。有薄格，朝茎处略外弧，截面呈枣核形。通长33.4、茎长7.8厘米（图二，13）。

江苏吴县石公乡消夏湾水域出土1件，有薄格。通长39.5、茎长9.3厘米[13]（图二，14）。

Ⅶ式：3件。剑身中后部基本等宽；剑身前部缓收，部分有束腰，总体上较前两式略有加宽。部分为退化的条带状凸脊，部分为棱脊。有薄格或厚格，薄格剑的薄格截面形态一般介于枣核形与菱形之间。茎部前扁后圆，后部圆柱形部分大多较前几式缩短。扉耳形态大致与Ⅵ式同，有的更为退化。大多无纹饰。

镇江博物馆藏丹徒大港烟墩山（砖瓦厂）出土1件。棱脊，厚格。通长35.5、剑身长26.3厘米[14]（图二，15）。

镇江博物馆藏高淳废品站收购1件，退化的条带状凸脊，薄格。扉耳仅略有月牙形棱边。通长36.1、剑身长28.5厘米[15]（图二，16）。

江苏丹阳神河头遗址K12：1剑。"剑身中部起脊，近格处另起两阳线，对称分布于剑脊两侧。"通长47.6厘米[16]（图二，17）。

Ⅷ式：2件。剑身大部分近等宽，前部略束。多为平脊。无格。圆柱形或扁圆形茎，茎侧有新月形扉耳。Ⅷ式长度一般在40—50厘米。

浙江义乌佛堂镇杨宅村拦水坝工地出土1件，通长46厘米[17]（图二，18）。

浙江余杭径山镇采集1件。平脊，通长48厘米[18]（图二，19）。

2. 演变规律　上文所列8式A型剑的身、脊、茎、扉耳、凸箍、首、纹饰等各部分发展演变的脉络基本清楚。

剑身从前锐后阔尾弧收的尖叶形，到剑身中后部大致等宽，最宽约在中部，前部明显相对较狭；至剑身中后部基本等宽，前部略窄且略束腰。剑身尾部由弧收渐变为直角折收。剑脊由圆柱形脊变为条带状凸脊，进而渐退化。剑茎由圆柱形茎变成前扁方后圆柱形，进而后圆柱形部分缩短，再到完全变成圆柱形。扉耳从作风夸张到极为夸张，转而渐收敛，进而退化至新月形棱边。茎上凸箍由扁鼓状凸箍变成环状小凸箍，继而退化以至消失。剑首从

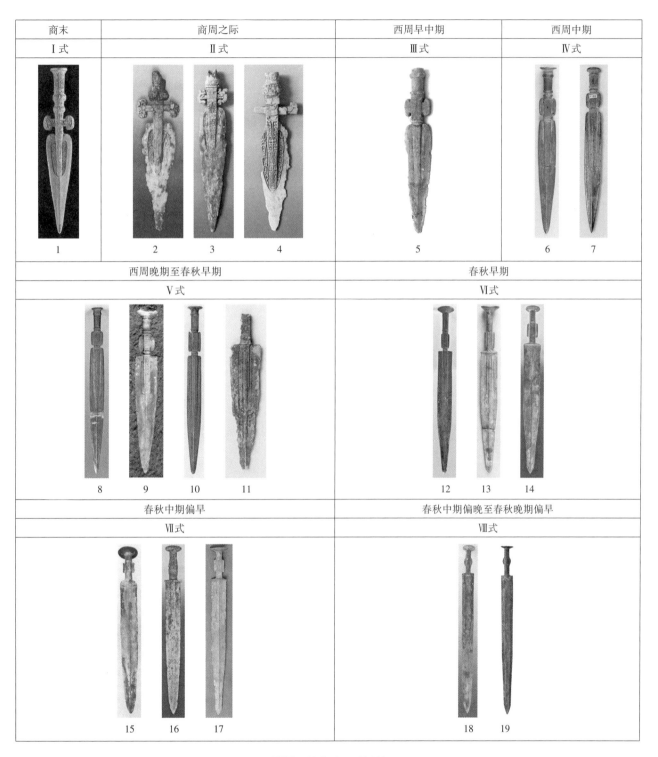

商末	商周之际			西周早中期	西周中期	
I 式	II 式			III 式	IV 式	
1	2	3	4	5	6	7

西周晚期至春秋早期				春秋早期		
V 式				VI 式		
8	9	10	11	12	13	14

春秋中期偏早			春秋中期偏晚至春秋晚期偏早	
VII 式			VIII 式	
15	16	17	18	19

图二　吴越系 A 型铜剑

1. 原台湾古越阁藏 "云雷纹有翼剑"　2—4. 杨府山土墩墓 M1：21、M1：22、M1：24　5. 小人尖土墩墓剑　6. 长兴 4 号剑　7. 丹阳石臼湖剑　8. 长兴 3 号剑　9. 洋山 D3M1：4 剑　10. 金坛废品站拣选剑　11. 瑞安岱石山 M5：1　12. 长兴 5 号剑　13. 长兴 7 号剑　14. 吴县消夏湾剑　15—16. 镇江博物馆藏丹徒大港烟墩山（砖瓦厂）剑、高淳废品站收购剑　17. 丹阳神河头遗址 K12：1　18. 义乌佛堂剑　19. 余杭径山剑

微有首到无首，再到逐渐成熟的首。纹饰大致从繁缛到简化，进而消失。

A 型剑的典型特征：条带状凸脊；无格；茎前部扁方，两侧有扉耳，后部圆柱形，茎上有凸箍；繁缛的纹饰。

通过对 A 型剑演变过程的分析，可以将 A 型剑的发展分为早、中、晚三期。Ⅰ式至Ⅲ式为早期。剑身基本为尖叶形，扉耳作风夸张，微有首或无首，通长约在 20—30 厘米。总体形制还保留有较浓重的矛的痕迹。Ⅳ式至Ⅴ式为中期。剑身中后部大致等宽，最宽约在中部，前部明显相对较狭；茎部前扁方后圆柱，间以环状小凸箍，扉耳作风收敛；剑首发展至成熟。通长多在 28—36 厘米。本期 A 型剑发展至成熟定型。Ⅵ式至Ⅷ式为晚期。A 型剑的各典型特征皆呈退化之势；与此相对应的是，较普遍地出现了 B 型剑和 C 型剑的特征，基本丧失了自身发展的独立性。

3. A 型剑年代

本文所述 A 型剑多为非科学发掘出土，科学发掘出土的仅有瓯海杨府山土墩墓、黄岩小人尖土墩墓、瑞安岱石山 M5、管九村土墩墓群、丹阳神河头遗址等所出的数件铜剑。目前学界对江南土墩墓的断代还有分歧，科学发掘出土的这数件铜剑的年代也还多有争议。现在学者一般认为，中原地区东周时期的厚格有箍剑和薄格圆茎剑渊源于吴越系青铜剑，因而也没有中原地区的同类器物可供早期吴越系铜剑作断代参考。早期吴越系铜剑的年代只能依据科学发掘出土的铜剑，在此基础上推定其他各式剑的大致年代。

瓯海杨府山土墩墓的年代，有学者定为商周之际，最晚也应是西周早期[19]。其说可从。我们将 A 型Ⅱ式定为商周之际。

瑞安岱石山 M5 的年代，原报告定为西周晚期至春秋早期。其说可从。瑞安岱石山 M5 剑属 A 型Ⅴ式，同式中还有长兴 3 号剑、管九剑（洋山 D3M1∶4）。长兴 3 号剑的中脊饰重环纹，其余两剑中脊的纹饰类似重环纹，而重环纹流行于西周晚期到春秋早期。

因此我们将 A 型Ⅴ式的年代定为西周晚期至春秋早期。

A 型剑中最晚的Ⅷ式，除去残存的新月形扉耳和无格特征外，与一般的春秋晚期剑基本相同，其年代应最接近春秋晚期。目前科学发掘出土的春秋晚期及战国铜剑中尚未发现带有新月形扉耳的。目前明确年代的春秋晚期特别是其偏早阶段的吴越系铜剑并不多，还无法排除春秋晚期存在新月形扉耳铜剑的可能性。因此我们推测，A 型Ⅷ式的年代为春秋中期偏晚至春秋晚期偏早。

A 型Ⅰ式早于 A 型Ⅱ式，晚于正塘山剑，正塘山剑的年代为吴城二期[20]，约当殷墟早中期，则 A 型Ⅰ式的年代可推定为商末。那么，A 型剑各式的年代为，A 型Ⅰ式属商末，A 型Ⅱ式属商周之际，A 型Ⅲ式属西周早中期，A 型Ⅳ式属西周中期，A 型Ⅴ式属西周晚期至春秋早期，A 型Ⅵ式属春秋早期，A 型Ⅶ式属春秋中期偏早，A 型Ⅷ式属春秋中期偏晚至春秋晚期偏早。

4. 相关问题讨论

屯溪土墩墓群 M3 所出两剑与 A 型剑发展序列比对及年代。屯溪 M3∶010 1/2 剑，条带状凸脊，厚格，茎上仅有一箍，脊、从饰云雷纹；通长 36、茎长 8 厘米。屯溪 M3∶010 2/2 剑，棱脊，厚格，圆柱茎上有三箍，茎上有扉耳一对。箍和扉耳上均有纹饰。通长 34.3、茎长 8.8 厘米[21]（图三）。两剑中其中一件有较为发达的扉耳，另一件的脊、从部纹饰有明显的 A 型剑特征；而两剑又都有厚格。可见屯溪 M3 两剑兼具 A、B 型剑的特征。屯溪 M3 两剑可在 A 型剑中比较各特征，最早的是扉耳，形态介于 A 型Ⅲ式、A 型Ⅳ式之间；其余各特征多与 A 型Ⅴ式、A 型Ⅵ式相近；两剑没有明确晚于 A 型Ⅵ式的特征。我们认为，器物年代的判断应以其相对较晚特征为准。综合来看，屯溪 M3 两剑最接近 A 型Ⅴ式至 A 型Ⅵ式，其年代约在西周晚期至春秋早期。

（二）B 型铜剑形制分析及年代

1. 形制分析　B 型铜剑一般为棱脊，圆柱形茎，

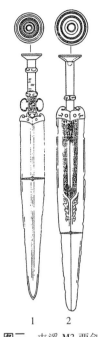

图三 屯溪 M3 两剑
1. 屯溪 M3：010 2/2　2. 屯溪 M3：010 1/2

茎上大多有两凸箍，喇叭形首。依据其整体特征，可分9式。

Ⅰ式：1件。剑身近三角形，略收锋。格两侧无朝茎方向的凸起，格与剑身交界线为直线。圆茎中空，茎上有略粗的凸箍。无首。

湖州市博物馆藏短剑，通长18.5厘米[22]（图四，1）。

Ⅱ式：2件。剑身近三角形，有的中部略有外弧。格与剑身交界线为直线。剑茎上凸箍加粗，成扁鼓状凸箍。出现了尚不成熟的剑首。格、茎、凸箍饰有繁缛的云雷纹等。

长兴1号剑，格两侧向后的凸起明显。茎前侧一段（约1.8厘米）宽扁束腰似箍。通长21.6、茎长7厘米（图四，2）。

余杭瓶窑镇西中村采集铜剑，棱脊，两从饰云雷纹。格两侧无向后的凸起。近格处另有一相对较小的凸箍。通长17.5厘米[23]（图四，3）。

Ⅲ式：1件。剑身基本脱离了近三角形，最宽处约在中部。格与剑身交界线为直线。格两侧向后的凸起明显。茎上有三个环状小凸箍。首近于Ⅱ式。

茎、格、从饰云雷纹。

绍兴县漓渚镇洞桥村横路畈出土铜剑，通长21.6厘米[24]（图四，4）。

Ⅳ式：1件。长度明显增加。剑身最宽在尾部；中后部近等宽，微内收。格与剑身的交界线从直线变为尖凸。格部两侧向后的凸起基本同Ⅲ式。茎上有两凸箍。首茎更大，出现了较为简单的剑首同心圆纹饰。格、茎上满饰兽面纹或变形兽面纹。

长兴2号剑。剑身尾部最宽，之后微收，中部一段近等宽，前鄂明显收狭。隆脊无棱。通长31、茎长7.5厘米（图四，5）。

Ⅴ式：1件。剑身最宽处在尾部，剑身中后部略内收，前鄂收狭明显。格饰兽面纹，格两侧的向后凸起近似Ⅱ、Ⅲ、Ⅳ式剑。

长兴14号剑，近格处有紧挨的两凸箍。通长34、茎长7.5厘米（图四，6）。

Ⅵ式：3件。剑身基本与Ⅴ式同，即最宽处在尾部，中后部略内收；前部相对明显较狭。格两侧向后的凸起仅略有后凸；格大多饰兽面纹，风格与前两式有别。两凸箍间距明显大于箍（近首一箍）首间距和箍（近格一箍）格间距，一般前者约是后者的两倍。

长兴22号剑，通长31.3、茎长5.7厘米（图四，7）。

长兴13号剑，锋尖残。残长35.3、茎长6.1厘米（图四，8）。

浙江德清县上柏联丰出土铜剑，通长34.9厘米[25]（图四，9）。

Ⅶ式：3件。总体上通长有所增加。剑身中后部大多微有内收，但内弧不明显，近等宽；部分剑身前部略有加宽。茎上两凸箍间距较Ⅵ式缩短，但仍大于箍首间距。

江苏溧阳长荡湖内出土铜剑，通长40.2厘米[26]（图四，10）。

安徽郎溪土墩墓 M4 出土铜剑，残长30.2厘米[27]（图四，11）。

浙江嘉兴大桥高地遗址出土铜剑，前锋稍残，残

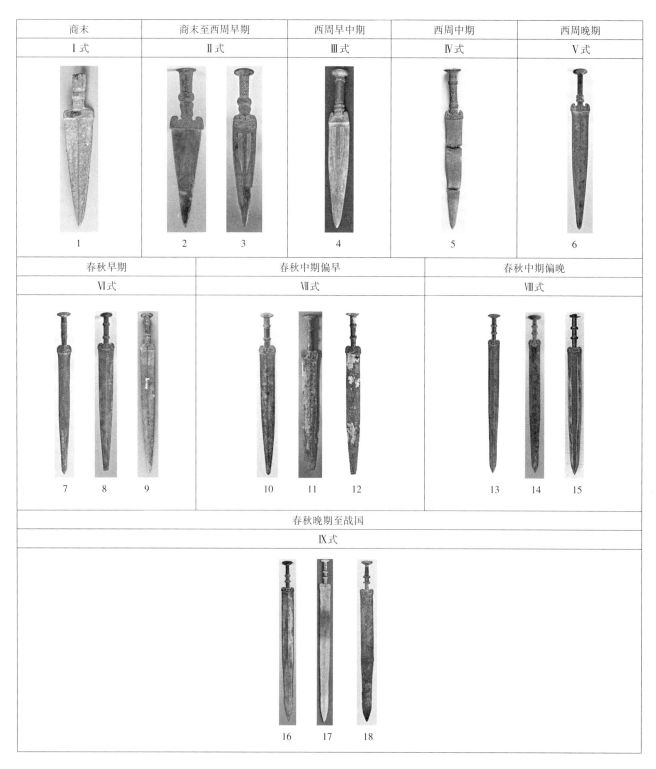

商末	商末至西周早期	西周早中期	西周中期	西周晚期
I 式	II 式	III 式	IV 式	V 式

春秋早期	春秋中期偏早	春秋中期偏晚
VI 式	VII 式	VIII 式

春秋晚期至战国
IX 式

图四　吴越系 B 型铜剑

1. 湖州市博物馆藏短剑　2. 长兴 1 号剑　3. 余杭瓶窑剑　4. 绍兴漓渚剑　5. 长兴 2 号剑　6. 长兴 14 号剑　7. 长兴 22 号剑　8. 长兴 13 号剑　9. 德清剑　10. 溧阳长荡湖剑　11. 郎溪土墩墓 M4 剑　12. 嘉兴大桥高地遗址剑　13. 吴江菀坪剑　14. 长兴 9 号剑　15. 淹城遗址剑　16. 吴王夫差剑　17. 越王丌北古剑　18. 洛阳中州路 M2729：20

长 33.8、茎长 6.8 厘米[28]（图四，12）。

Ⅷ式：3 件。剑身中后部近等宽；剑身前部较Ⅶ式明显加宽，但总体上较剑身中后部略窄，多微有束腰。一般不见有刃棱。茎上两箍间距大致相等或略小于箍首间距。

苏州吴江菀坪东太湖边出土铜剑，通长 38.3 厘米[29]（图四，13）。

长兴 9 号剑，平脊，通长 41.3、茎长 5.7 厘米（图四，14）。

江苏武进淹城遗址出土铜剑，平脊，通长 40.4 厘米[30]（图四，15）。

Ⅸ式：3 件。剑身中后部近等宽；剑身前部一般有较为明显的束腰，其总体宽度与中后部相差甚微；刃棱较为常见。茎上两凸箍间距明显小于箍首间距，凸箍一般较早期各式明显高凸而扁薄。

吴王夫差剑，通长 58.3、茎长 9.4 厘米[31]（图四，16）。

越王丌北古剑，通长约 64、茎长 9.6 厘米[32]（图四，17）。

洛阳中州路 M2729∶20 剑，通长 59 厘米[33]（图四，18）。

2. 演变规律 九式 B 型剑构成了其发展演变序列，身、格、茎上凸箍、首、纹饰等各部分发展演变的脉络基本清楚（图五、六）。

剑身从近三角形到最宽处约在剑身中部，剑身前部明显相对较狭；再到剑身最宽处在尾部，剑身中后部略内收，前部明显相对较狭；再到剑身中后部近等宽，剑身前部较中后部的宽度相差很小且略束腰。刃棱从无到有。格与剑身的交界线从直线变为尖凸；格两侧向后的凸起从无到有，再从凸起明显到略有后凸。茎上凸箍从扁鼓状凸箍，到环状小凸箍。两凸箍距从明显大于箍首间距，逐渐缩短至小于箍首间距。首从无到有；首径渐大，同心圆等纹饰渐趋复杂。纹饰在早期多见于格、茎、箍、从，流行云雷纹；其后一般多见于格、箍和首，格上多见兽面纹。后期剑（Ⅸ式）大多无纹饰。在整剑长度上，Ⅰ式—Ⅲ式在 22 厘米以下，Ⅳ式—Ⅷ式

一般长 30—45 厘米，Ⅸ式大多在 45 厘米以上。

B 型剑的发展可分为早、中、晚三期，早期为Ⅰ式—Ⅲ式，长度不超过 22 厘米，可称"匕首式"短剑。中期为Ⅳ式—Ⅷ式，逐渐向大型化、实用化发展，为发展期。晚期为Ⅸ式，其身、格、茎、首的形制基本定型，为成熟期。B 型剑的典型特征为：凹形厚格，茎上有两箍，喇叭形首。

3. B 型剑年代 Ⅸ式是 B 型剑发展序列中最晚的，为春秋晚期和战国剑，无疑应是 B 型剑断代的一个重要支点。另外，A、B 型剑作为在同一地区大致平行发展的剑型，在同一时期其形制、纹饰应有大致相似之处。因而我们可将 B 型剑与 A 型剑比对，参照 A 型剑的年代推定出 B 型剑的年代。

B 型剑中属 B 型Ⅱ式的长兴 1 号剑最受学者关注。长兴 1 号剑的茎、凸箍、首及纹饰风格与 A 型Ⅰ式（原古越阁藏"云雷纹有翼剑"）相似（图七）。茎上的扁鼓状凸箍在 A 型剑中仅见于 A 型Ⅰ式、A 型Ⅱ式。B 型Ⅱ式中的余杭瓶窑剑的剑身两从纹饰也与 A 型Ⅰ式、A 型Ⅱ式相似。综上，B 型Ⅱ式的年代应与 A 型Ⅰ式、A 型Ⅱ式大致相当，我们将其定为商末至西周早期。

屯溪 M3 所出两剑，兼具 A 型剑和 B 型剑的特征。上文已分析两剑形制最接近 A 型Ⅴ式至 A 型Ⅵ式，其年代约在西周晚期至春秋早期。再将两剑与 B 型剑比对，两剑通长与 B 型Ⅴ式相当，大体上也与 B 型Ⅵ式相近。两剑剑身的最宽处在中部，我们认为这一特征源自 A 型剑。B 型剑的剑身最宽处在中部的形制要早到 B 型Ⅲ式，因此这一特征不在 B 型剑中比较。剑身前部明显相对较狭，这一特征应早于 B 型Ⅷ式。两剑格部两侧的向后凸起，明显较 B 型Ⅴ式收敛；两剑格部的兽面纹风格，更为接近 B 型Ⅵ式及以后各式。两剑的格部形制和纹饰都应晚于 B 型Ⅴ式。屯溪 M3∶010 2/2 剑茎上的近首端两凸箍间距明显大于箍首间距，这一特征应早于 B 型Ⅶ式。两剑的剑首同心圆纹饰较 B 型Ⅳ、B 型Ⅴ式更为成熟。两剑没有明确晚于 BⅥ式的特征。综合来看，屯溪 M3 两剑的形制接近 B 型Ⅴ式、B 型Ⅵ式。

I 式	II 式		III 式	IV 式
1	2	3	4	5
V 式	VI 式	VII 式	VIII 式	IX 式
6	7	8	9	10

图五 吴越系 B 型铜剑格、凸箍演变图

1. 湖州市博物馆藏短剑　2. 余杭瓶窑剑　3. 长兴 1 号剑　4. 绍兴漓渚剑　5. 长兴 2 号剑　6. 长兴 14 号剑　7. 长兴 13 号剑　8. 郎溪土墩墓 M4 剑　9. 长兴 9 号剑　10. 吴王夫差剑（苏州博物馆藏）

I 式	II 式	III 式	IV 式
1	2	3	4
V 式	VI 式	VII 式	VIII 式
5	6	7	8
IX 式			
9			

图六 吴越系 B 型铜剑首演变图

1. 湖州市博物馆藏剑　2. 长兴 1 号剑　3. 绍兴漓渚剑　4. 长兴 2 号剑　5. 长兴 14 号剑　6. 长兴 13 号剑　7. 长兴 23 号剑　8. 长兴 9 号剑　9. 吴王夫差剑（苏州博物馆藏）

1

2

图七 长兴 1 号剑与 A 型 Ⅰ 式剑比较图
1. 长兴 1 号剑 2. 原古越阁"云雷纹有翼剑"

B 型 Ⅰ 式剑最早，可定为商末。B 型 Ⅱ 式剑属商末至西周早期。B 型 Ⅲ 式剑出现了环状小凸箍，参照出现环状小凸箍的 A 型 Ⅲ 式的年代，B 型 Ⅲ 式可定为西周早中期。B 型 Ⅳ 式剑则可定为西周中期。与年代为西周晚期至春秋早期的屯溪 M3 两剑接近的 B 型 Ⅴ 式、B 型 Ⅵ 式剑则分别定为西周晚期、春秋早期。B 型 Ⅷ 式剑最为接近成熟定型的 B 型 Ⅸ 式剑，可定为春秋中期偏晚。B 型 Ⅶ 式剑稍早于 B 型 Ⅷ 式剑，可定为春秋中期偏早。B 型 Ⅸ 式剑属春秋晚期至战国时期。

（三）C 型剑形制分析及年代

1. 形制分析　参考 A、B 型剑身、茎的发展规律，依据 C 型剑的发展演变，可分为 4 式。

Ⅰ 式：3 件。格截面呈枣核形，朝茎处外弧。茎部多为前扁后圆。喇叭形首。剑身最宽处约在中部，前部相对较狭。

安徽繁昌 0058 剑，棱脊。扁茎，近首处为圆柱形。残长 26.8、茎长 8 厘米[34]（图八，1）。

长兴 6 号剑（长港 013），有退化的条带状凸脊。薄格略厚，格面弧凹，朝茎处无外弧。圆空茎。通长 33.9、茎长 9 厘米[35]（图八，2）。

江苏丹徒华山大笆斗土墩墓 DBM1∶1 剑，通长 41.4、茎长 9.8 厘米[36]（图八，3）。

Ⅱ 式：4 件。格截面介于枣核形和菱形之间，扁茎，近首处为圆柱形，喇叭形首。剑身中后部近等宽；前部总体上较 Ⅰ 式加宽，部分有束腰。

山东海阳嘴子前 M1∶84，格截面为枣核形，茎末残，首缺，残长 26.8 厘米[37]（图八，4）。

江苏高淳下大路剑，平脊，通长 30、茎长 6.7 厘米[38]（图八，5）。

长兴 8 号剑，棱脊，通长 30.2、茎长 7.7 厘米（图八，6）。

长兴 10 号剑（长港 045），平脊，通长 31.5、茎长 6.6 厘米（图八，7）。

Ⅲ 式：4 件。格截面为菱形。茎截面多为扁菱形，近首处圆柱形。剑首形制在喇叭形首与环形首之间[39]。

安徽六安市思古潭乡春秋墓出土 1 件，长 32.2 厘米[40]（图八，8）。

镇江博物馆藏高淳废品收购站拣选 1 件，通长 36.2 厘米[41]（图八，9）。

长兴 25 号剑，通长 42.5、茎长 7.3 厘米（图八，10）。

浙江湖州埭溪出土 1 件，通长 33.6 厘米[42]（图八，11）。

Ⅳ 式：4 件。格截面为菱形。茎部一般为圆茎中空或半空，近首端略粗。环形首。剑身中后部近等宽；剑身前部总体宽度与中后部相差甚微，一般有较为明显的束腰；多为棱脊；刃棱较为常见。

吴太子诸樊剑，安徽淮南市蔡家岗赵家孤堆战国墓出土。窄长条状脊。通长 36.4、锋刃长 27.9 厘米[43]（图八，12）。

河南淮阳征集越王剑 1 件，通长 57.9 厘米[44]

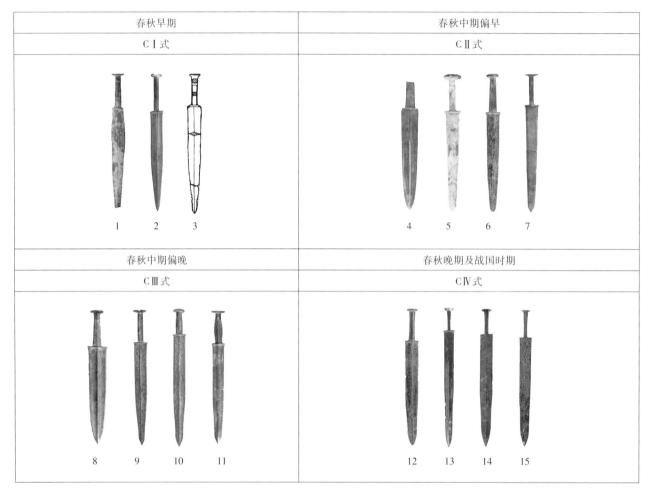

春秋早期	春秋中期偏早
C I 式	C II 式

春秋中期偏晚	春秋晚期及战国时期
C III 式	C IV 式

图八　吴越系 C 型铜剑

1. 繁昌0058　2. 长兴6号剑　3. 丹徒大箆斗 DBM1：1　4. 海阳嘴子前 M1：84　5. 高淳下大路剑　6. 长兴8号剑　7. 长兴10号剑　8. 六安剑　9. 镇江博物馆藏高淳废品收购站拣选剑　10. 长兴25号剑　11. 湖州埭溪剑　12. 吴太子诸樊剑　13. 淮阳征集越王剑　14. 长兴29号剑　15. 洛阳中州路 M2719：86

（图八，13）。

长兴29号剑，通长50.7、茎长8.9厘米（图八，14）。

洛阳中州路 M2719：86 剑，通长49.1厘米[45]（图八，15）。

2. 演变规律

C 型 I 式的最大特点是格截面为枣核形，朝茎处外弧。C 型 II 式的格截面开始由枣核形向菱形演变。格部朝茎处外弧这一特征退化或消失。剑身中后部大致等宽，最宽处一般在尾部，新出现了窄长条状脊、平脊。C 型 III 式的格截面已演变为菱形。

扁菱形茎。剑首由喇叭形首向环形首演变。格、茎、首更接近 C 型 IV 式。C 型 IV 式为春秋晚期和战国剑，各部位成熟定型，典型 C 型 IV 式特征：一字薄格，截面呈菱形，圆茎中空或半空，近首端略粗，环形首，剑身形制接近于 B 型 IX 式。

C 型剑的演变规律可总结为：

薄格截面由枣核形向菱形演变。朝茎处外弧这一特征渐退化至消失（图九）。早期薄格剑茎部前扁后圆（包括"扁茎，近首处圆形"），其后前扁部分演变成扁菱形。再后演变成圆茎中空或半空，近首端略粗。剑首从喇叭形首向环形首演变。C 型 I 式、

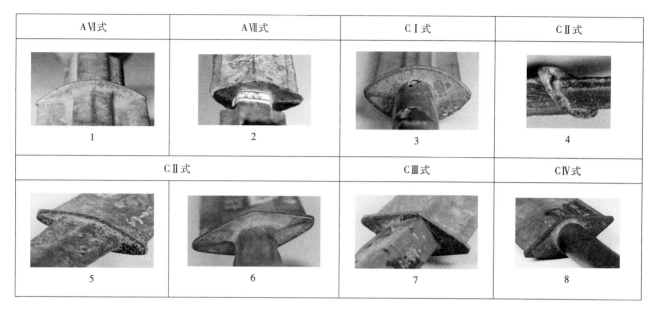

图九 吴越系铜剑薄格演变图

1. 长兴 7 号剑　2. 海阳郭城镇剑　3. 长兴 6 号剑　4. 繁昌 0051 剑　5. 长兴 8 号剑　6. 长兴 10 号剑　7. 长兴 25 号剑　8. 长兴 29 号剑

C 型Ⅱ式为喇叭形首，C 型Ⅲ式介于喇叭形首与环形首之间，C 型Ⅳ式为环形首（图一〇）。剑身从最宽处约在中部演变为中后部近等宽，前部渐加宽，略窄于中后部。刃棱从无到有。剑脊形态多样，有退化的条带状凸脊、棱脊、窄长条状脊、平脊，退化的条带状凸脊见于 C 型Ⅰ式，窄长条状脊、平脊最早见于 C 型Ⅱ式。

关于 C 型剑与 A 型、B 型剑的关系，学者有颇多猜测，但无足够的材料证实。从上文分析来看，C 型Ⅰ式、C 型Ⅱ式与 A 型Ⅵ式、A 型Ⅶ式有诸多相似之处，C 型剑应是由 A 型剑演变而来的一种新剑型。

3. C 型剑年代

参照 A 型剑的发展演变序列，C 型剑各式的年代就不难推定了。C 型Ⅰ式剑与 A 型Ⅵ式的长兴 7 号剑、吴县消夏湾剑形制相类，则 C 型Ⅰ式剑的年代与 A 型Ⅵ式剑相当，约在春秋早期。C 型Ⅱ式剑与 A 型Ⅶ式的薄格剑相近，则 C 型Ⅱ式剑的年代当与 A 型Ⅶ式剑相当，可定为春秋中期偏早。C 型Ⅲ式剑距 C 型Ⅳ式剑（春秋晚期及战国时期）形制最近，可定为春秋中期偏晚。C 型Ⅳ式剑属春秋晚期和战

国时期。

综上可知，吴越系 C 型剑是由吴越系 A 型剑演变而来。目前发现的最早的 C 型剑属春秋早期，正是 A 型剑转向衰落的时期。事实上，C 型Ⅰ式剑就是由 A 型Ⅵ式剑演变而来的，其演变过程为：薄格剑扉耳退化；茎部从规整的前扁后圆退化至后圆部分缩短，再至扁菱形（近首处圆形），最后发展到圆空茎或半空茎；格截面由枣核形渐变为菱形；剑首从喇叭形首逐渐向环形首演变；剑身、脊部则吸收借鉴了同时期 B 型剑的某些特点（棱脊），还新出现了窄长条状脊、平脊。至春秋晚期，C 型剑发展成熟，典型特征为：一字薄格，截面呈菱形，茎部圆茎中空或半空，近首端略粗，环形首，剑身形制同于 B Ⅸ式剑。

（四）吴越系铜剑发展谱系概述

吴越系铜剑分三型，A 型为扉耳剑，B 型为厚格剑，C 型为薄格剑。A、B 两型剑大约出现于商末，两型剑并存发展。A 型剑在西周晚期以后开始衰退，各典型特征呈退化之势。约在春秋早期，从 A 型剑中发展出 C 型剑。春秋早期以后，A 型剑的发展丧失了自身的独立性，形制中多带有厚格或薄格等 B、

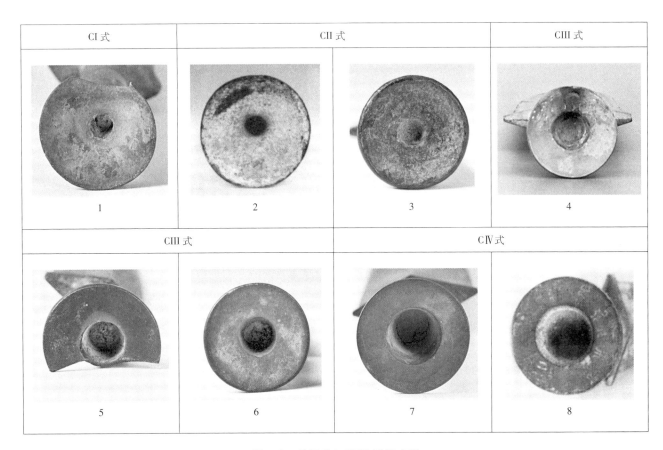

CI 式	CII 式		CIII 式
1	2	3	4

CIII 式		CIV 式	
5	6	7	8

图一〇　吴越系 C 型铜剑首演变图

1. 长兴 6 号剑　2. 高淳下大路剑　3. 长兴 8 号剑　4. 六安剑　5. 长兴 25 号剑　6. 湖州堘溪剑　7. 长兴 29 号剑　8. 越王剑（淮阳征集）

C 型剑的因素，更显衰落。大约至春秋晚期后段，A 型剑消亡。而 B 型剑在进入春秋时呈现较强的发展势头，各地发现也相对较多，其剑身形制、棱脊等也为新出现的 C 型剑所借鉴。春秋中期以后，B、C 型剑的剑身形制趋同，各自的典型特征如格、茎、首等发展成熟。至春秋晚期，后期吴越系铜剑两大主流——B 型和 C 型剑最终定型。B 型剑一般为厚格、两箍、喇叭形首。成熟 C 型剑一般为薄格、圆空茎或半空茎、环形首。

二　吴越系铜剑的渊源及传播

关于 A 型铜剑的渊源，已有孙华先生指出江西清江吴城遗址旁出土的正塘山剑应是吴越地区扉耳剑的祖型[46]（图一一，1）。郑小炉先生认为吴越地区的柱茎无格剑（吴越系 A 型剑）是由江西新干商墓 XDM：97 矛这样的双附耳式短骹矛发展而来[47]

（图一一，2）。我们认为，最早的吴越系 A 型剑可能是以正塘山剑的形制为基础，再吸收了新干商墓

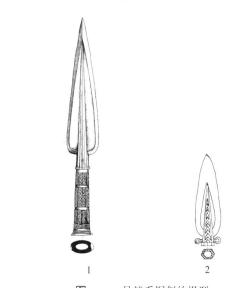

图一一　吴越系铜剑的祖型

1. 正塘山剑（1976QSW 采：2）　2. 新干商墓 XDM：97 矛

XDM：97 矛[48]的双附耳形制发展形成的。吴城遗址还出土一件石质匕首范（1993ZW〈H〉T7③：1）[49]，据其型腔，匕首形制大致与湖州市博物馆藏 B 型 I 式剑相似，或吴越系 B 型铜剑的祖型也源于吴城文化。

春秋晚期以前的吴越系铜剑绝大多数发现于吴越地区，其他地区发现很少。至春秋晚期吴越系 B 型、C 型铜剑发展成熟，因其精良的质量而为春秋各国所称道，向外传播交流开始增强。春秋晚期在中原地区和楚、齐等地发现的吴越系 B、C 型铜剑还较少，可能为各国通过战争或馈赠等渠道从吴越地区获得。至战国时期，吴越系 B、C 型剑成为当时各国的主要流行剑型之一，成为当时步兵的标准装备[50]（图一二）。此时各国流行的吴越系 B、C 型剑为各国模仿吴越地区的铜剑而自行铸造。

图一二　河南汲县山彪镇出土水陆攻战纹
铜鉴（1：56）下层图案

随着吴越系铜剑在各国的流行，战国时期贵族士大夫甚至平民佩剑成风。这一习俗很可能是受吴、越的影响。季札挂剑的故事[51]表明佩剑是吴国贵族士大夫外交活动中的重要礼仪，不可或缺。这一礼仪也必然通过外交活动影响到各国。贵族士大夫佩剑在各国成为一项礼仪，表明各国在礼制上也接纳了吴越系铜剑。吴越系铜剑的传播，正可反映出春秋战国时期各国文化交流、融合的大趋势。

随着性能更为优良的铁剑的出现和发展。到了汉代，沿袭东周式扁茎铜剑的扁茎铁剑取代了包括吴越系 B、C 型铜剑在内的所有铜剑，成为最普遍的一种剑型[52]。至此曾经辉煌一时的吴越系铜剑也完成了自己的历史使命。

三　结语

本文全面收集了吴越系铜剑的资料，将吴越系铜剑分为 A、B、C 三型，按其发展演变分若干式，基本建立了吴越系铜剑的发展演变序列。并以科学发掘出土铜剑年代为支点，推定各式的年代。根据本文的研究，约在春秋中期，吴越系铜剑开始向周边地区传播，到战国时期成为各国最为流行的剑型之一。本文的研究证实了"东周式铜剑"中的厚格有箍有首剑和薄格空茎有首剑源于吴越地区的观点；进一步提出了吴越系 C 型剑是由 A 型剑演变而来的新观点。需要说明的是，本文对吴越系铜剑绝对年代特别是春秋中期以前年代的推定，是建立在对瓯海杨府山土墩墓和瑞安岱石山 M5 年代认定的基础上。吴越地区土墩墓或青铜器的断代，目前还存在较大的分歧，本文所选定的这两个年代支点也并非完全没有争议，这意味着吴越系铜剑的绝对年代还有进一步研究的空间。

注释：

[1] 林寿晋：《东周式铜剑初论》，《考古学报》1962 年第 2 期。

[2] 李伯谦：《中原地区东周铜剑渊源试探》，《文物》1982 年第 1 期。

[3] 吴越地区大致包括今安徽南部、江苏南部、江西东北部、浙江、上海和福建北部。

[4] 王振华：《古越阁藏商周青铜兵器》，古越阁 1993 年，第 186、187 页。

[5] 浙江省文物考古研究所等：《浙江瓯海杨府山西周土墩墓发掘简报》，《文物》2007 年第 11 期。

[6] 条带状凸脊的特征为：两从垂直下陷，致脊部呈条带状凸起；其宽度与茎前端大致相等，似茎部的延伸。一般仅存于剑身中后部，前部渐变为棱脊。

［7］浙江省文物考古研究所等：《黄岩小人尖西周时期土墩墓》，《浙江省文物考古研究所学刊》，科学出版社1993年。图片采自陈友池编著：《路桥文物》，人民日报出版社2004年，第9页。

［8］夏星南：《浙江长兴县发现吴、越、楚铜剑》，《考古》1989年第1期。凡本文所列浙江长兴的铜剑，其编号皆依夏星南文；凡本文中浙江长兴铜剑的相关数据、照片，皆为笔者最新测量和拍摄。下文凡浙江长兴铜剑的相关资料，不再标明出处。

［9］《高淳文物志》编纂委员会编：《高淳文物志》，南京出版社2012年，第137、138页。

［10］福建博物院等：《福建浦城县管九村土墩墓群》，《考古》2007年第7期。

［11］王玲：《镇江博物馆藏吴国青铜剑及初步研究》，图六，《东方博物》第49辑。

［12］浙江省文物考古研究所等：《浙南石棚墓调查发掘报告》，文物出版社2014年，第45页。据该剑的线图及照片，残茎两侧有对称的两对凸起，应是扉耳的残痕。

［13］叶玉奇：《江苏吴县出土一批周代青铜剑》，《考古》1986年第4期。照片由苏州吴中区文管会提供。

［14］王玲：《镇江博物馆藏吴国青铜剑及初步研究》，图四。

［15］王玲：《镇江博物馆藏吴国青铜剑及初步研究》，图七。

［16］南京博物院等：《江苏丹阳神河头遗址发掘简报》，《东南文化》2010年第5期。该剑脊部形态应为退化的条带状凸脊。图片由南京博物院提供。

［17］吴高彬主编：《义乌文物精粹》，文物出版社2003年，第132页。

［18］中国江南水乡文化博物馆编：《考古余杭——先秦时期》，西泠印社出版社2013年，第87页。

［19］彭适凡、孙一鸣：《浙江温州市瓯海杨府山土墩墓的年代及相关问题》，《考古》2011年第9期。

［20］江西省清江县博物馆：《吴城商代遗址新发现的青铜兵器》，《文物》1980年第8期。有关正塘山剑，详下文。

［21］李国梁：《屯溪土墩墓发掘报告》，安徽人民出版社2006年，第22页。

［22］该剑于1974年由湖州市废品仓库提供给市博物馆。相关资料由湖州市博物馆提供。

［23］杭州市园林文物局：《杭州文物精萃》，人民美术出版社2001年，第191页。

［24］绍兴市文物管理局编：《绍兴文物志》，中华书局2006年，第279页。

［25］浙江省博物馆编：《越地范金》，浙江古籍出版社2009年，第74页。本文所用该剑相关图片由浙江省博物馆提供。

［26］王玲：《镇江博物馆藏吴国青铜剑及初步研究》，图二十。

［27］宋永祥：《郎溪土墩墓初探》，《文物研究》第2期。本文所用该剑相关照片由郎溪县博物馆提供。

［28］嘉兴市文化局编：《嘉兴博物馆馆藏文物精品集·器物卷》，浙江摄影出版社2007年，第99页。

［29］苏州博物馆编：《苏州博物馆藏出土文物》，文物出版社2009年，第119页。

［30］南京博物院等编著：《淹城：1958—2000年考古发掘报告》，彩版二五-2，科学出版社2014年。长度数据来自赵玉泉：《武进县淹城遗址出土春秋文物》，《东南文化》1989年Z1期。

［31］苏州博物馆编著：《吴钩重辉：苏州博物馆新入藏青铜兵器》，文物出版社2014年，第61页。

［32］黄光新：《安庆王家山战国墓出土越王丌北古剑等器物》，《文物》2000年第8期。

［33］中国科学院考古研究所：《洛阳中州路（西工段）》，图版伍捌：9，科学出版社1959年，第98页。

［34］朱华东：《皖南周代青铜剑初论》，《东方博物》第25辑。本文所用相关照片由繁昌博物馆提供。

［35］CI至CⅢ式除长兴6号剑外，茎部皆非圆茎，长兴6号剑的圆茎可能是直接吸收了B型剑的圆茎特征。另外长兴6号剑的格面弧凹，此特征不见于已知的其他任何吴越系C型剑，似有北方系青铜短剑的影响。

［36］南京博物院等：《江苏丹徒横山、华山土墩墓发掘报告》，《文物》2000年第9期。据本文收集的吴越系剑，无格者皆有扉耳；无扉耳者皆有厚格或薄格。该剑茎部前扁后圆，具A型剑特征，但无扉耳；据其线图，剑身末端与茎间有外弧的线条；因此笔者认定该剑有类似长兴7号剑的薄格。

［37］烟台市博物馆等：《海阳嘴子前》，齐鲁书社2002年，第22页。相关照片由海阳市博物馆提供。

［38］刘兴：《镇江地区近年出土的青铜器》，《文物资料丛刊》（5）。照片采自王玲《镇江博物馆藏吴国青铜剑及初步研究》（《东方博物》第49辑）。

［39］吴越系B、C型铜剑的剑首形状，有一定的相似性，有的统称为"圆首"或"喇叭形首"；有的注意到两者形制的差异，分别称为

"喇叭形首"、"圆盘形首"；C 型剑的剑首也有被称为"环形首"。典型 C 型剑的剑首面微凹近平，中空部分较大，形似玉环或玉瑗，本文将典型 C 型剑的剑首称为"环形首"，以区别于 A、B 型剑中常见的喇叭形首。典型喇叭形首的首面下凹较深，中空部分较小（一般用玉石类饰物填塞），有的无中空。

［40］皖西博物馆编著：《皖西博物馆文物撷珍》，文物出版社 2013 年，第 59 页。

［41］王玲：《镇江博物馆藏吴国青铜剑及初步研究》，图九。

［42］该剑相关资料由湖州市博物馆提供。

［43］安徽省文化局文物工作队：《安徽淮南市蔡家岗赵家孤堆战国墓》，《考古》1965 年第 4 期。图片采自《安徽文明史陈列（上）》（安徽博物院编，文物出版社 2012 年，第 152 页）。

［44］李全立：《河南周口市出土两周铜器初识》，图二：5—8，《华夏考古》2006 年第 3 期。

［45］中国科学院考古研究所：《洛阳中州路（西工段）》，科学出版社 1959 年，第 99 页。

［46］孙华：《古越阁藏先秦兵器札记三则》，《商周青铜兵器暨夫差剑特展论文集》，台北历史博物馆 1996 年。

［47］郑小炉：《吴越和百越地区周代青铜器研究》，科学出版社 2007 年，第 196 页。

［48］江西省博物馆等：《新干商代大墓》，彩版二三，4，文物出版社 1997 年，第 93 页。

［49］江西省文物考古研究所等：《吴城：1973—2002 年考古发掘报告》，科学出版社 2005 年，第 146、147 页。

［50］战国时期的一些刻纹铜器上有士兵佩剑、用剑的攻战图像，如河南汲县山彪镇 M1 出土的水陆攻战纹鉴（郭宝钧著：《山彪镇与琉璃阁》，科学出版社 1959 年，第 18—22 页），其纹饰图像中士兵佩剑明显有圆形剑首，当为吴越系铜剑。

［51］（汉）司马迁：《史记》卷三十一《吴太伯世家第一》，中华书局 1959 年。

［52］西汉墓葬中还有少量吴越系 B、C 型铜剑出土。

新见晋地铸吴国兵器之小议

陈光军（北京市朝阳区亚运村街道办事处）

内容摘要：本文介绍了笔者新近所见四把春秋晚期铭文戈的相关资料，其中三把为同铭戈，另一把为赵氏戈。通过对戈铭的隶定和比对考释，推测这四把戈当是在晋地铸造的吴国兵器，戈铭部分文字为研究春秋时期吴国和晋国历史提供了新的实物资料。

关键词： 戈　铭文　吴国　晋地　赵氏

2014 年春节前至今，笔者先后见到四把铭文戈。戈形制相同，大小相差不大。从戈形上看，应铸造于春秋晚期。晋地春秋晚期戈型，专家、学者多有著述，无须赘述。四把戈的铭文，均是铸字。根据锈色、包浆应为同地同坑所出。其中三把戈同铭，均为"吴王之母弟戈"（图一），戈铭二十七字（图二），其中重文二。

图二　吴王之母弟戈铭文

铭文隶定如下：

　　赵氏，余叙鳌塞用元镐乍（作）鐂（铸）戈三全（百），子孙永宝用之。（以上简称 B 铭）

A 铭和 B 铭最后部分格式相近。结尾处分别是"子 = （子子）孙 = （孙孙）永宝用之"和"子孙永宝用之"，一个有重文符号，一个没有重文符号。这种格式在兵器上十分罕见。检索出土文献，仅见两例，分别是：

　　鵙公圃自作元剑，延宝用之[1]。

图一　吴王之母弟戈形

现将同铭戈铭文隶定如下：

　　吴王之母弟是谓衘鳌塞，赵氏，余之长鐂（铸）元镐三全（百），子子孙孙永宝用之。（以上简称 A 铭）

第四把赵氏戈（图三），铭二十一字（图四），

卜淦口作铸逸宜，永宝用[2]。

鵙公圃剑，春秋晚期。卜淦口戈，春秋早期。未见西周和战国兵器有类似铭文格式。

A铭戈第一字写作"大"（图五），即是"口天吴"的"吴"字。"口"写在"天"字两横之间的右侧。目前，出土文献中，春秋称王只有楚、吴、越、徐等。"大"和"吴"字最为接近。虽然写法怪异，但是从字形上看，可认定为"吴"字。

很多出土文献往往有做器者自述身世的行文特

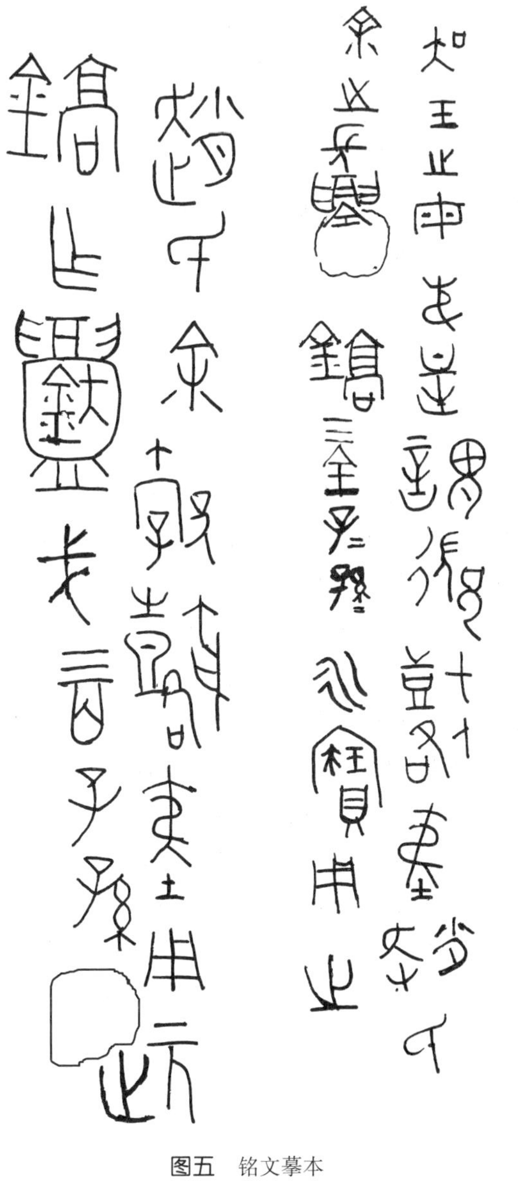

图三 赵氏戈形

图四 赵氏戈铭文

图五 铭文摹本

点，吴国出土文献也是。如：工吴王某某之子、之孙、之玄孙、之生（甥）、之弟等。我们先看看下列一些出土吴国铜器。

攻敔（敔-吴）王姑□雎弖（寿）梦之子、叔戬鄱之弟未[3]。

攻虘王姑发邲之子曹𫚉[4]。

隹（唯）王正月初吉庚午，叔巢曰：余攻王之玄孙[5]。

2014年，苏州博物馆新征集一把带有76个铭文的吴国青铜剑，铭中记有器者自述身世内容。铭文曰："攻虘（吴）王姑雠乌（于）雉曰：余，寿梦之子；余，叔戬邻之嗣弟……"[6]

A铭戈开始也是做器者自述身世，曰"吴王之母弟"。观吴国器，尤其是剑，近年多有发现。剑中带有四个字私名的见下：

工虘大叔叔矣工虘，自乍元用[7]。

攻敔王者彶叔虐，自乍元用鐱[8]。

攻虘王叔戬此鄱，自作元用剑[9]。

上述剑铭中，"叔矣工虘"、"者彶叔虐"、"叔戬此鄱"是吴王的名字。董珊、李家浩、曹锦炎、吴镇烽先生等多有论述，此不赘述。

A铭戈中"徆馨臺"和B铭戈中"敠馨臺"的三字令人费解，是"吴王之母弟"私名，还是另有他说？检索文献，晋国从未见有三个字的私名。根据行文和断句，"吴王之母弟是谓徆馨臺"可理解为：吴王母亲的弟弟的名字叫"徆馨臺"。"徆馨臺"是吴王舅舅的名字。B铭戈"敠馨臺"和A铭戈"徆馨臺"有一字写法不一样，A铭戈写作"徆"，B铭戈写作"敠"，应该属于讹化。

董珊先生认为，吴越人名可以根据字数再作分类。传世文献所见的华夏式人名，多数情况下都是一两个字，并且两个字的人名常构成一定的意义，基本没有三四个字的。所以用汉字记录的人名，其字数多少是个重要的分类标准[10]。

吴越地区的发音多有附加语、浊辅音。"徆馨臺"、"敠馨臺"乃是晋人记录吴音的缘故，并不一定是吴国方音的本来面目。"徆馨臺"、"敠馨臺"具体是谁？现恐难以考证。

春秋诸侯争霸。吴国和晋国，一在南，一在北，两国距离遥远。晋国为了对付、牵制楚国，派反将巫臣出使吴国，自此，两国开始交好。传世文献中有很多这方面的记载。

如，《史记·晋世家》载：

十六年，楚将子反怨巫臣，灭其族。巫臣怒，遗子反书曰："必令子罢于奔命！"乃请使吴，令其子为吴行人，教吴乘车用兵。吴晋始通，约伐楚。[11]

……

十四年，吴延陵季子来使，与赵文子、韩宣子、魏献子语，曰："晋国之政，卒归此三家矣。"[12]

《史记·吴太伯世家》载：

王寿梦二年，楚之亡大夫申公巫臣怨楚将子反而奔晋，自晋使吴，教吴用兵乘车，令其子为吴行人，吴于是始通于中国。[13]

……

适晋，说赵文子、韩宣子、魏献子曰："晋国其萃于三家乎！"将去，谓叔向曰："吾子勉之！君侈而多良，大夫皆富，政将在三家。吾子直，必思自免于难。"[14]

……

十二年冬，楚平王卒。十三年春，吴欲因楚丧而伐之，使公子盖余、烛庸以兵围楚之六、潜。使季札于晋，以观诸侯之变。[15]

《史记·赵世家》载：

赵武续赵宗二十七年，晋平公立。平公十二年，而赵武为正卿。十三年，吴延陵季子使于晋，曰："晋国之政卒归于赵武子、韩宣子、魏献子之后矣。"赵武死，谥为文子。[16]

《左传·襄公二十三年》载：

> 晋将嫁女于吴，齐侯使析归父媵之，以藩载栾盈及其士，纳诸曲沃。[17]

《左传·襄公三十一年》载：

> 吴子使屈孤庸聘于晋，通路也。[18]

上述传世文献的记载，足以说明春秋晚期，自寿梦二年起吴、晋两国已达成了军事盟约，其主要目的就是针对楚国对外扩张、侵略。

"赵氏"是春秋时期晋国最重要的卿士之一。铭中"赵氏"应是赫赫有名的赵氏家族。

《史记·赵世家》记：

> 赵氏之先，与秦共祖。至中衍，为帝大戊御。其后世蜚廉有子二人，而命其一子曰恶来，事纣，为周所杀，其后为秦。恶来弟曰季胜，其后为赵。

> 季胜生孟增。孟增幸于周成王，是为宅皋狼。皋狼生衡父，衡父生造父。造父幸于周缪王。造父取骥之乘匹，与桃林盗骊、骅骝、绿耳，献之缪王。缪王使造父御，西巡狩，见西王母，乐之忘归。而徐偃王反，缪王日驰千里马，攻徐偃王，大破之。乃赐造父以赵城，由此为赵氏。

> 自造父已下六世至奄父，曰公仲，周宣王时伐戎，为御。及千亩战，奄父脱宣王。奄父生叔带。叔带之时，周幽王无道，去周如晋，事晋文侯，始建赵氏于晋国。[19]

自始，赵氏家族活跃在晋国历史舞台。郤氏自被晋厉公灭族，后晋悼公即位，对于赵氏的复兴来说可谓是福音。晋悼公为了平衡六卿间的实力，启用了韩氏、赵氏、知氏，赵武就在这一机遇中进入了卿列，开启了赵氏的复兴之路。并于晋平公十年

（公元前548年，鲁襄公二十五年）成为晋国正卿，这是赵氏继赵盾之后再次登上晋国正卿的位置。这期间，晋悼公的重用，加上赵武的努力经营，赵氏发展很快，很快又跻身于大卿族之列，在灭栾氏后，晋国六卿固定出自六家，赵氏居其一，实现了与其余卿族平起平坐。赵武成为正卿后，赵氏的势力再一次得到了飞速的发展，因为晋平公时晋国国君基本上已被架空，权力掌握在卿族手中，作为六卿之首的赵武，自然处于权力的最顶端，因此说："（襄）二十五年，赵武代士匄为政，此为赵氏再兴。"[20]

赵氏家族虽历经磨难，大起大落、九死一生，最后成就霸业，终成"战国七雄"之一。

春秋晚期晋国赵氏家族的兵器共有两把问世。一把为1988年5月山西省考古研究所和太原市文管会联合发掘太原南郊金胜村第251号春秋墓出土的"赵朔之御戈"[21]。第二把为"赵氏孙焦劢乍（作）造戈三百"[22]。此两戈的"赵"字写法与A铭戈和B铭戈中的"赵"字写法相近，特别与"赵朔之御戈"中的"赵"字更为接近。

自献公以来，晋国依然采用过去的分封制度，对其"胙之土而命之氏"，他们拥有自己的土地、臣民、讼狱、独立的武装力量，甚至外交权力。受封者在其采邑内随心所欲。随着君权的逐步丧失，最终"卿权始大"，"君衰卿强"，终造就了赵、魏、韩三国。

A铭戈和B铭戈三百的"百"字写作三"全"这种写法不多见[23]。铸有戈数量为"三百"的行文方式只见于春秋时期的晋国，分别是晋公戈[24]、2014年苏州博物馆新入藏一把晋公戈[25]、赵氏孙焦劢戈[26]。铭文意思均为造戈数量三百把。

A铭戈和B铭戈和上述戈器型相近，铭文风格、特点也是晋系。应是晋地铸造的，确证无疑。A铭戈"赵氏，余之长"和B铭戈开始曰"赵氏，余敄䜌塞用元镐乍"能够充分说明晋国卿族完全拥有铸造大量兵器的权力和外交权力。

A铭戈和B铭戈的断句也是必须要说明的。写稿之前，笔者断句为：

A 铭戈：

　　吴王之母弟是谓䣄䣄塞，赵氏余之长，䥵（铸）元镐三全（百），子子孙孙永宝用之。

B 铭戈：

　　赵氏余、教䣄塞用元镐乍（作）䥵（铸）戈三全（百），子孙永宝用之。

如此断句，会让人理解为，"赵氏余"和"教䣄塞"是两个人，"余"是赵氏的私名，"教䣄塞"是吴国人。两个人共同铸造戈三百把。后考虑到，二人共同造器这种格式，未见发现，故还是按照改正后思路断句、理解为妥。

综上所述，"䣄塞"戈的发现和考释，我们可以印证以下一些规律和史实：

第一，晋地铸造了吴国青铜器。邟王是野戈[27]过去学者多以为是寿梦之戈，最近李夏廷经过仔细研究认为此戈应是夫差之戈，其风格是晋器风格，应是晋国为夫差所铸[28]。过去，山西曾有多件吴国青铜器出土，如著名的王子于戈、吴王夫差鉴等等[29]，尤其是吴王夫差鉴竟然多达四件之多。这些器物过去学者多以为是吴晋交流的结果，即吴国赠予或吴国后裔带入晋地，现在看来也不排除这些器物是在晋地直接铸造的可能。

第二，目前所见铸有戈数量的铭文，仅限于"三百"，是三晋地区特有的行文方式。

第三，作为晋国六卿之一的赵氏，有自己的私人武装力量，甚至外交权力。

第四，"教䣄塞"是吴国人的名字，为吴国历史增添了新的历史人物。三个字的名字只见于吴越人名，是"晋地记录吴音"的见证。

第五，目前所知兵器上"永保用"和类似的行文方式，只见于春秋。我们可称之为"礼兵"。

以上不妥之处，望方家指正。

附：本文首发于复旦大学古文字中心网站，有修改。

注释：

［1］中国社会科学院考古研究所编纂：《殷周金文集成》11651，中华书局 1984—1994 年。

［2］钟柏生等编：《新收殷周青铜器铭文暨器影汇编》816，台北艺文印书馆 2006 年。

［3］曹锦炎：《吴王寿梦之子剑铭文考释》，《文物》2005 年第 2 期。从董珊先生隶定，《读吴王寿梦之子剑铭的补充意见和推测》http://www.gwz.fudan.edu.cn/SrcShow.asp? Src_ ID＝319

［4］朱俊英、刘信芳：《攻卢王姑发邟之子曹𫗧剑铭文简介》，《文物》1998 年第 6 期。

［5］冯时：《䣄巢钟铭文考释》，《考古》2000 年第 6 期。

［6］程义：《苏州博物馆新入藏吴王余眛剑初探》，《文物》2015 年第 9 期；另见《兵与礼——苏州博物馆新入藏吴王余眛剑研讨会论文集》，文物出版社 2015 年。

［7］董珊：《吴越题名研究》，科学出版社 2014 年，第 13 页。

［8］吴镇烽：《记新发现的两把吴王剑》，《江汉考古》2009 年第 3 期，剑为无锡博物院藏。

［9］陈千万：《湖北谷城县出土"攻卢王叡戉此郫"剑》，《考古》2000 年第 4 期。

［10］董珊：《吴越题名研究》，科学出版社 2014 年，第 97—98 页。

［11］（汉）司马迁：《史记》卷三十九《晋世家第九》，中华书局 1959 年，第 1679 页。

［12］（汉）司马迁：《史记》卷三十九《晋世家第九》，中华书局 1959 年，第 1684 页。

［13］（汉）司马迁：《史记》卷三十一《吴太伯世家第一》，中华书局 1959 年，第 1448 页。

［14］（汉）司马迁：《史记》卷三十一《吴太伯世家第一》，中华书局 1959 年，第 1459 页。

［15］（汉）司马迁：《史记》卷三十一《吴太伯世家第一》，中华书局 1959 年，第 1463 页。

［16］（汉）司马迁：《史记》卷四十三《赵世家第十三》，中华书局 1959 年，第 1786 页。

［17］杨伯峻编著：《春秋左传注·襄公二十三年》，中华书局 1981 年，第 1073 页。

［18］杨伯峻编著：《春秋左传注·襄公三十一年》，中华书局 1981 年，第 1189 页。

［19］（汉）司马迁：《史记》卷四十三《赵世家第十三》，中华书局 1959 年，第 1779—1780 页。

［20］李沁芳：《晋国六卿研究》，吉林大学博士学位论文，2012 年。

［21］山西省考古研究所、太原市文物管理委员会《太原金胜村 251 号春秋大墓及车马坑发掘简报》，《文物》1989 年第 9 期。

［22］刘余立：《赵焦扴戈铭考略》，《中原文物》2014 年第 2 期。

［23］山西省考古研究所、太原市文物管理委员会《太原金胜村 251 号春秋大墓及车马坑发掘简报》，《文物》1989 年第 9 期。

［24］李学勤：《古越阁兵器选粹》，《文物》1993 年第 4 期。

［25］未见著录。

［26］山西省考古研究所、太原市文物管理委员会《太原金胜村 251 号春秋大墓及车马坑发掘简报》，《文物》1989 年第 9 期。

［27］《殷周金文集成》11263，故宫博物院藏。

［28］李夏廷：《"邢王是野戈"杂议》，《故宫博物院院刊》2008 年第 6 期。

［29］李夏廷：《太原出土春秋吴国铜器及相关问题》，《上海文博》2010 年第 3 期。

浙江省博物馆藏的几件吴越式青铜器

俞珊瑛（浙江省博物馆）

内容摘要：浙江省博物馆收藏有几件吴越式青铜器，其来源不一。本文择要介绍了柱足鼎、铜铎、越式鼎、铜提筒等器，并就器物的性质、类型与年代、铸造工艺等相关问题做了论述，这对吴越青铜器的研究是个有益的补充。

关键词：柱足鼎　铜铎　越式鼎　铜提筒　吴越青铜器

浙江省博物馆（以下简称浙博）收藏的一批青铜器中，有几件为南方吴越式青铜器，其来源不一，有旧藏，也有捐赠等。现选择几件典型器物整理、介绍如下。

一　柱足鼎

旧藏。敛口，折沿，立耳部分已残。深腹下垂，最大腹径在下部。三柱形足不直，上粗下细，向下内收，足断面呈大半环形。口沿下饰一周宽线条的变形夔龙纹。口径20.2、通高19.4厘米（图一）。

这种形制的鼎在长江下游的吴地常见。如江苏丹徒大港母子墩西周墓出土的两件圆鼎，敛口，立耳，深腹下垂，柱足上粗下细，向下内收；其中一件的口沿下饰一周宽线条的变形鸟纹，另一件饰一周凸弦纹框边的雷纹带（图二）[1]。江苏溧水乌山一号墓出土的一件圆鼎，形制与母子墩鼎相同，唯口沿下饰一周简化的变体兽面纹（图三）[2]。皖南屯溪M1出土的两件圆鼎，三柱形足向下内收，一件的足断面呈半环形，腹部饰涡纹和四瓣花纹及云雷纹带；另一件的腹部饰一周斜角雷纹[3]。口沿下饰的变形夔龙纹，也为吴地青铜器常见。如江苏丹徒烟墩山西周墓出土的蟠龙盖盉颈部，就饰有一周相似的变体夔龙纹[4]。丹徒大港母子墩、溧水乌山一号墓、烟墩山墓的年代均为西周早期，屯溪M1的年代约在

图一　柱足鼎

西周中期前后[5]。因此，浙博柱足鼎的年代可以推定在西周早期至中期。

这类鼎是吴地模仿中原地区西周早中期的柱足鼎的产物，如陕西长安普渡村出土的两件圆鼎[6]、临潼零口南罗出土的两件圆鼎[7]等，具有吴文化的特色。西周中期以后，柱足鼎在长江下游地区就不再流行，而在湖南和两广地区，则时有发现。如湖

图二　江苏丹徒大港母子墩出土圆鼎

图三　溧水乌山一号墓出土圆鼎

南资兴旧市越人墓出土的两件圆鼎，三柱足聚于器底，半环形内空，其中 M276：6 鼎的足略呈蹄形，腹部主体纹饰为涡纹间变形夔龙纹，上下以曲折纹为栏；M351：1 鼎的腹部饰云雷纹，上下以短直线纹和曲折纹为栏[8]。报告定为春秋早期，或可断到西周晚期[9]。长沙金井干塘坳出土的 II 式鼎，形制、纹饰皆与资兴旧市 M276：6 鼎相近[10]，年代也应相当。广东博罗横岭山 M201：1 鼎，形制也相近，足为半环形蹄足，腹部饰一周涡纹间夔龙纹，年代在西周中晚期[11]。此外如广西贺州马东村 M2：7 鼎等，皆属此类，年代为西周晚期或春秋早期[12]。两周之际该型鼎在湖广地区的流行，或与长江下游的影响有关。

柱足鼎的成型工艺，可通过观察器表留有的范铸痕迹进行分析。鼎足浑铸，腹范连足三分，外底有三角形范线。这种工艺特征，属中原的春秋早期及以前的铸造工艺。另外，该鼎的鼎足为中空的大半环形（图四），其铸造技术应是采用了将足的内范和足外范部分相连，浇注完成后从足的内侧部将内范掏出的方式[13]。这也是吴地西周时期青铜鼎上常见的铸造工艺[14]。

图四　柱足鼎底范

二　铜铎

旧藏。合瓦形，平舞，侈铣，弧于。长方形短銎柄，中空与体腔相通，可安装木柄。铎身正、背两面于框线内饰小乳钉纹，其上部左右两侧为阳线网格乳钉纹，中间为两竖排乳钉纹；下部三排乳钉纹饰以凸弦纹间隔。通高 7、铣间 7 厘米（图五）。

《说文解字》云："铎，大铃也。"其内有舌，摇之以发声。《周礼》云："司马振铎。"《国语·吴语》："王乃秉枹，亲就鸣钟鼓、丁宁、錞于，振铎。"铎为军乐器。郑玄注《周礼·天官·小宰》曰："武事奋金铎。"

相同形制的铎常见于春秋战国时期的吴越地区。如江苏丹徒谏壁新竹青龙山春秋晚期墓出土的一件铎，口沿平齐，铎身正、背两面也于框线内饰以阳线网格小乳钉纹（图六）[15]。安徽青阳庙前龙岗 M1 春秋晚期墓出土的一件铎，短銎中纳一完整木柄，铎身光素，舞部饰雷纹，銎柄边缘饰一周绚纹，其上

图五　铜铎

图六　丹徒新竹青龙山春秋墓出土铎

饰以三角雷纹为地的蛇纹[16]。绍兴印山越国大墓墓坑填土中出土的一件铎，素面，顶部及方銎四周饰兽面纹，珍珠地纹，銎内纳一木柄，铎腹腔内还附有木舌，春秋晚期器[17]。杭州富阳出土的一件铎，铎身正、背两面左右对称框里均饰小乳钉纹，銎柄上有对穿小孔，用于榫卯插销固定，一卯上尚可见

榫销残痕（图七），年代约在战国时期[18]。也见于湖北等地，如江陵雨台山一号战国墓出土的一件铎，口沿平齐，铎身正、背两面左右对称框里均饰以阳线网格乳钉纹[19]。

图七　富阳出土铜铎

在近年出土的吴越铜铎中，尚有两件重要的有铭器，其形制、尺寸皆与龙岗 M1、印山铎等相近。

一是绍兴地区出土、现藏绍兴市越文化博物馆的吴王光铎，其铎的顶部及方銎四周饰"S"形纹。铭文在铎身正、背面两侧，错金，共4行12字："攻敔王光初得其寿（铸）金，自乍（作）甬（用）。"为吴王阖庐自作用器，春秋晚期。二是安徽地区出土、现藏安徽宣州李氏的越王者旨於赐铎，铎的顶部饰对向龙纹，方銎四周饰蛙纹。铭文在铎身正、背面两侧，鸟虫书，共4行16字："戉（越）王者旨於赐择厥寿（铸）金，自乍（作）□铎用之。"为越王句践之子鼫与自铸器，战国初期[20]。

浙博铎的铎身上部、谏壁青龙山铎的铎身皆饰有密集的阳线网格乳钉纹，这种纹饰在吴越地区的青铜器上常见，如皖南屯溪 M1∶96 簋腹部就满饰有网格乳钉纹[21]。浙博铎的铎身下部所饰的弦纹间乳钉纹，也见于丹徒大港母子墩西周墓出土的一件提梁卣上（图八）[22]。此类纹饰应该是吴越地区的工匠模仿中原青铜器上的乳钉纹所致，具有本地的特色。

图八　丹徒大港母子墩西周墓出土提梁卣上的凸弦间乳钉纹

值得注意的是，浙博铎的铎身纹饰布局与钟镈相当接近，其上、中、下部可分别与钟镈的钲部、钲间、鼓部对应。铜铎纹饰的这种布局特征，应是仿效自钟镈。

综上，此类小型铜铎流行于春秋晚期至战国时期的吴越地区，为吴越文化的特色器器。湖北战国楚墓出土的同类器，应是受到吴越文化的影响所致。又，容庚《商周彝器通考》曾收录一件铎，两面都有"□郢率铎"4字铭文，铎身正、背两面于框线内饰以阳线网格小乳钉纹[23]。该铎的形制、纹饰皆与谏壁青龙山铎相近，显然与长江下游密切相关。

三　越式鼎

1959年上海博物馆拨交。子母口，向内敛收，应当有盖。附耳，圆腹，平底，三足断面呈三角形，细长，向外撇出。整器素面，有多处修补和使用痕迹。口径10.5、通高14厘米（图九）。

图九　越式鼎

这种腹部较浅、底平或略圜、三足细长外撇、器壁单薄的鼎，是典型的越式鼎。根据向桃初对越式鼎的分类，可归入敛口类[24]。敛口类越式鼎最常见于湖南、岭南地区的越人墓中，如湖南桃江腰子仑春秋墓出土的二件越式鼎，圆腹略垂，三细足弧曲[25]。资兴旧市战国墓出土的二件越式鼎，形制也基本一致，唯一件有盖[26]。此外广东肇庆北岭松山墓出土的 I 式鼎[27]、乐昌对面山出土的 Ba 型与 Bb

型鼎[28]、广州南越王墓西耳室出土的两件乙Ⅰ型鼎[29]等，形制皆同于以上诸器。其中，湖南所出此型鼎的年代较早，岭南地区出土越式鼎的年代，除肇庆松山鼎等少数属战国晚期外，其余多数已处于秦汉时期[30]。

长江下游地区也是敛口类越式鼎的流行区域。目前为止，主要的出土器物有：江西上高县出土的三件，其中一件有盖，盖中有钮，边有三凸起的小钮，口沿下饰一道凸弦纹，附耳饰蟠螭纹，盖面纹饰分三圈，内饰涡纹、绳纹等；另二件均素面无盖[31]。江西高安太阳墟土墩墓出土的三件，形制与上高县带盖鼎相近，盖中一钮，边有三小钮。其中一件素面，一件盖面三圈纹饰内有饰重环纹、蟠虺纹等，一件腹部饰一周绚纹、盖面饰三圈蟠虺纹[32]。此墓的年代在春秋晚期，其下限不晚于战国早期。江苏句容下蜀出土的一件，有盖，盖中钮已残缺，边有三小钮，三锥形矮足。口沿下饰一道凸弦纹，附耳上饰雷纹，盖面

饰涡纹、斜线纹[33]。安徽繁昌三山镇出土的一件，形制与高安鼎相近，有盖，素面无纹（图一〇）[34]。绍兴西施山遗址出土的一件，素面无盖，其一耳部残缺（图一一）[35]。以上所出越式鼎的年代，除高安鼎等早到春秋战国之际外，多数在战国时期，浙博鼎的年代也可推定在战国时期。

图一一　绍兴西施山出土越式鼎

浙博越式鼎的铸造工艺，为耳足浑铸式。腹范二分，其中一条范线连足，一条范线与底范相接，底范为圆形。其范型由二块腹范、一块圆形底范、一块芯范组成（图一二）。耳足浑铸的工艺具有明显的滞后性，这也是春秋战国之际越式鼎的一个突出的特征。该鼎的范型与绍兴西施山鼎相同，也见于广

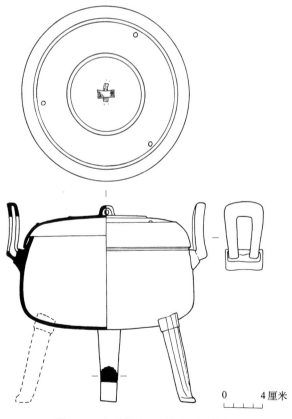

图一〇　安徽繁昌三山镇出土越式鼎

0　　　　4厘米

图一二　越式鼎底范

图一三　铜提筒

西出土的多件越式鼎。如果说越式鼎的传统是底部为三角形范,楚式鼎的底部是圆形范,那么战国秦汉之际这类底范为圆形的越式鼎,其铸造工艺可能受到了楚式鼎的较大影响[36]。

四　铜提筒

1969 年吴碧云捐赠。圆筒形,上腹近口沿处附对称贯耳。微敛口,筒形身上部略鼓,腰下略收束,圈足。腹壁由上至下饰三组纹饰带,其中上下各为一组由弦纹间隔的竖线栉齿纹,中间一组为二条弦纹带。口径 14.2、通高 15.8 厘米(图一三)。

提筒又称桶、筲,酒器,又可作盛储器等。有陶制也有铜制,铜提筒装附耳,配木盖。据研究,

铜提筒主要分布在中国的云南、两广和越南北部地区,三地的主要流行时期分别是战国末至西汉初期、西汉南越国时期、越南东山文化时期。其中云南提筒的性质为贮贝器,与两广、越南提筒没有源流关系[37]。中原、两湖及长江下游地区并没有此型铜器发现,纹饰也是内地青铜器所不见的,为具有南方

图一四　广西贵县罗泊湾 M1 出土"布"铭铜提筒

图一五　德清皇坟堆出土原始瓷筲形卣

百越之地特色的越式铜器[38]。

浙博铜提筒的形制、纹饰，与两广地区出土的铜提筒最为接近。广东肇庆松山墓出土的 1 件提筒，复贯耳上有竖半环耳，微敛口，腹部饰有三组纹饰带，由上至下分别为栉齿纹及连环圆点纹框边的双线勾连菱形纹、三角纹框边的勾连菱形纹、栉齿纹带[39]。广西贵县罗泊湾 M1 出土的 4 件铜提筒，形制、纹饰基本同于上器，其中 M1：4 在腹上部和筒耳下方刻有"布""十三斤"铭文（图一四）[40]。广州南越王墓东耳室出土的 3 件铜提筒，贯耳上无半环耳，有的耳内残留有藤条穿系木盖

之痕迹，外壁饰三组几何纹饰带，其中一件的口沿有"卅六□"等铭文[41]。以上除肇庆松山墓为战国晚期外，其余墓葬皆为西汉前期。因此该件铜提筒应属西汉南越国时期的器物，其产地当在两广地区。

虽然长江下游地区并无铜提筒发现，不过太湖—杭州湾区域在西周晚期至春秋中期曾流行一种子口、附耳、圈足的原始瓷筩（筒）形直腹卣（图一五），如德清三合塔山、皇坟堆土墩墓[42]所出等，形制与铜提筒非常接近。二者的亲缘关系明显，铜提筒是在模仿前者基础上的创造发明[43]。

注释：

［1］镇江博物馆、丹徒县文管会：《江苏丹徒大港母子墩西周铜器墓发掘简报》，《文物》1984 年第 5 期。

［2］刘兴、吴大林：《江苏溧水发现西周墓》，《考古》1976 年第 4 期。

［3］李国梁主编：《屯溪土墩墓发掘报告》，安徽人民出版社 2006 年，第 33—34 页。

［4］江苏省文物管理委员会：《江苏丹徒烟墩山西周墓及附葬坑出土的小器物补充材料》，《文物参考资料》1956 年第 1 期。

［5］施劲松：《长江流域青铜器研究》，文物出版社 2003 年，第 234 页。

［6］陕西省文物管理委员会：《长安普渡村西周墓的发掘》，《考古学报》1957 年第 1 期。

［7］韩明祥：《临潼南罗西周墓出土青铜器》，《文物》1982 年第 1 期。

［8］湖南省博物馆等：《湖南资兴旧市春秋墓》，《湖南考古辑刊》第 1 集，岳麓书社 1982 年。

［9］熊建华：《湖南商周青铜器研究》，岳麓书社 2013 年，第 496 页。

［10］湖南省博物馆：《长沙县出土春秋时期越族青铜器》，《湖南考古辑刊》第 2 集，岳麓书社 1984 年。

［11］广东省文物考古研究所：《博罗横岭山——商周时期墓地 2000 年发掘报告》，科学出版社 2005 年。

［12］贺州市博物馆：《广西贺州马东村周代墓葬》，《考古》2001 年第 10 期。

［13］李朝远：《吴地青铜器未受商文化影响论》，《青铜器学步集》，文物出版社 2007 年。

［14］杨正宏、肖梦龙：《镇江出土吴国青铜器》，文物出版社 2008 年，第 87 页。

［15］丹徒考古队：《丹徒青龙山春秋大墓及附葬墓发掘报告》，《东方文明之韵》，岭南美术出版社 2000 年。

［16］青阳县文物管理局：《安徽青阳县龙岗春秋墓的发掘》，《考古》1998 年第 2 期。

［17］浙江省文物考古研究所、绍兴县文物保护管理局：《印山越王陵》，文物出版社 2002 年，第 32—33 页。

［18］周仁花：《富阳馆藏的几件先秦青铜器》，《东方博物》第 31 辑，浙江大学出版社 2009 年。

［19］湖北省荆州地区博物馆：《江陵雨台山楚墓》，文物出版社 1984 年，第 89 页。

［20］曹锦炎：《吴越双铎铭文小考》，《中国考古学会第十六次年会论文集 2013》，文物出版社 2016 年。

［21］李国梁主编：《屯溪土墩墓发掘报告》，安徽人民出版社 2006 年，第 35 页。

［22］镇江博物馆、丹徒县文管会：《江苏丹徒大港母子墩西周铜器墓发掘简报》，《文物》1984 年第 5 期。

［23］容庚：《商周彝器通考》，哈佛燕京学社 1941 年，图 938。

［24］向桃初：《"越式鼎"研究初步》，《古代文明》第 4 卷，文物出版社 2005 年。

［25］益阳市文物管理处：《湖南桃江腰子仑春秋墓》，《考古学报》2003 年第 4 期。

［26］湖南省博物馆：《湖南资兴旧市战国墓》，《考古学报》1983 年第 1 期。

［27］广东省博物馆等：《广东肇庆市北岭松山古墓发掘简报》，《文物》1974 年第 11 期。

［28］广东省文物考古研究所等：《广东乐昌市对面山东周秦汉墓》，《考古》2000 年第 6 期。

［29］广州市文物管理委员会等：《西汉南越王墓》，文物出版社 1991 年，第 78 页。

［30］李龙章：《岭南地区出土青铜器研究》，文物出版社 2006 年，第 44 页。

［31］薛尧：《江西出土的几件青铜器》，《考古》1963 年第 8 期。

［32］江西省文物工作队、高安县博物馆：《高安太阳墟春秋墓》，《南方文物》1986 年第 2 期。

［33］刘兴：《镇江地区近年出土的青铜器》，《文物资料丛刊》5，文物出版社 1981 年。

［34］安徽大学、安徽省文物考古研究所：《皖南商周青铜器》，文物出版社 2006 年，第 233 页。

［35］刘侃：《绍兴西施山遗址出土文物研究》，《东方博物》第 31 辑，浙江大学出版社 2009 年。

［36］蒋廷瑜：《广西出土越式铜鼎铸造工艺考察》，《青铜文化研究》第 6 辑，黄山书社 2009 年。

［37］黄展岳：《铜提筒考略》，《考古》1989 年第 9 期。

［38］李龙章：《岭南地区出土青铜器研究》，文物出版社 2006 年，第 87 页。

［39］广东省博物馆等：《广东肇庆市北岭松山古墓发掘简报》，《文物》1974 年第 11 期。

［40］广西壮族自治区文物工作队：《广西贵县罗泊湾一号墓发掘简报》，《文物》1978 年第 9 期。

［41］广州市文物管理委员会等：《西汉南越王墓》，文物出版社 1991 年，第 47、50 页。

［42］姚仲源：《浙江德清出土的原始青瓷器》，《文物》1982 年第 4 期。

［43］王屹峰：《中国南方原始瓷窑业研究》，中国书店 2010 年，第 199 页。

从《宜侯夨簋》谈起*

钱公麟

内容摘要：宜侯夨簋，是宁镇地区青铜器遗存的重要发现之一。学界研究多集中于青铜器本身及铭文，而对遗存的性质和年代认识却相对忽视。本文以宜侯夨簋为对象，换一视角提出遗存性质的问题，认为埋藏宜侯夨簋的烟墩山遗存或是以窖藏的形式被发现。

关键词：宜侯夨簋 遗存性质 烟墩山 窖藏

《宜侯夨簋》于《文物参考资料》1955 年第 5 期[1]发表后，引起学术界的广泛关注，先后有陈邦福、陈梦家、郭沫若、岑仲勉、谭戒甫、唐兰、陈直、马承源、刘启益、黄盛璋、李学勤、董楚平、曹锦炎等一大批专家学者撰文立说。重点是对这件青铜器本身尤其是对其铭文进行考证，各抒己见、发表看法，相关讨论一直延续至今，莫衷一是。

六十多年来，对宜侯夨簋的争论，都热衷于对器物本身及铭文进行广泛深入的诠释、考证，而忽视了对发现时遗存的性质和同出土遗物的分析、论证，以确定其遗存的性质和其所在年代的科学性、合理性。

今天，来重温一件六十多年前发现的文物，提出一些看法，似乎对前辈老同志们的工作不够尊重，事实上，后学总是在先贤的启发指导下前进的。由于大量的考古发现、研究的成果总能指导我们对过去的一些情况作出一些新的判断，提出新的看法，温故而知新。

我们重读《江苏丹徒县烟墩山出土的古代青铜器》一文，可以看出这是一篇非常客观的有关青铜器的报道文章，也反映了当时是以实事求是的态度来达到对遗存的初步认识，更说明了《文物参考资料》的编者对文章发表的慎重态度。此文发表 8 个月以后，《文物参考资料》1956 年第 1 期上又发表了《江苏丹徒烟墩山西周墓及附葬坑出土的小器物补充材料》[2]。从标题可以看出，发现古代青铜器的报道变成一篇西周墓的发掘报告，而整篇文章对此没有相关的说明，更谈不上关于西周墓的一些应有的信息。今天看来这样的改变似乎太轻率了吧。

但从当时的历史情况分析，完全可以理解是当时的形势需要。可比对的材料少，专家学者对宜侯夨簋的关注，沉浸在当事者的兴奋之中。一切以宜侯夨簋为中心，以其为标准，而定性为时代西周，性质墓葬。在早期的考古发掘，相对的材料少，"一器定乾坤"的断代方式直接影响了以后发现的考古遗存。如 1982 年江苏丹徒大港母子墩的时代确定，多处均依《宜侯夨簋》的共存器为标准，所以也定为西周早期偏晚一些[3]。随着考古发掘工作的深入，研究工作的视野开拓，对遗存、遗物的判断和鉴定有了新的认识。"一器定乾坤"的方法有着较大的缺陷，容易造成误导。就如上述器物，"宜侯夨簋"本身的时代没有问题，但有些人将其作为整个遗存的标准器，它就是遗存的年代，而其他的同出物都以其为标准器，都是同时代的，真是后患无穷啊！

六十多年来对这一区域青铜器系统研究的文章不少均以"宜侯夨簋"为标准器，进而认为其同出器物也是西周早期的标准器，以此类推进行排比研究，而形成了宁镇地区的青铜器文化的研究系列。这种闭门造车自我陶醉的研究方法是这一区域青铜学术研究上又一"奇葩"。

---

* 本文为 2016 年姑苏宣传文化人才工程项目《早期吴文化研究——以出土文物为中心》的阶段性成果。

可喜的是，跳出这一圈子，进行全方位综合研究的专家学者也不少。马承源先生《长江下游土墩墓出土青铜器的研究》[4]一文是此类研究的代表。在该文形成之前，马承源先生带着他的一个青铜器研究团队，先后到所涉的青铜文物的收藏单位进行针对性的考察、咨询、揣摩，尤其对青铜器的细节都进行观察，进行拍摄、描绘，对当时出土、发现的情况进行深入的了解。在大量调查研究的基础上加以考证，从而形成了这样一篇研究文章。

宁镇地区出土青铜器最多的遗存，有烟墩山、母子墩和丹阳司徒公社青铜窖藏及烟墩山隔江相望的破山口等。这四处是了解此处青铜器出土的核心，也是判断宁镇地区青铜遗存年代和性质的关键。

马文多处指出了这四处出土的青铜器年代可商榷的地方，如青铜矛，母子墩的Ⅱ、Ⅲ、Ⅳ式矛和破山口出土青铜器的时代大约不会比春秋中期更早。破山口和母子墩的矢镞为春秋战国之际常见的，更如烟墩山的龙纹盘，属于春秋中期有铭文可据中原系统的青铜器。当然，这几处出土的宜侯矢簋、伯簋都是西周器。全文不仅对出土的青铜器类型、纹饰作了详尽的比较、分析，尤其对出土的兵器、青铜尊、青铜盘、匜等的时代进行分析，从而证明出土这些青铜器的土墩墓的时代不属于西周，而是属于春秋，乃至春秋中晚期。1987年，马先生就对这些遗存和先贤们有着不同的看法，今天来看，又有大量新的资料来证明马先生的先见之明具有引领作用。如镦、镈都是东周时代发展起来的，而在烟墩山和母子墩的遗存中都有发现。宁镇地区在江苏六合和仁东周墓地也发现了镦。在丹徒北山顶春秋晚期墓中有镦、镈。为什么同一遗存中同出土的遗物时间相距这么大呢？我们应该重新回到原点去探索一下问题的症结在哪里。重读一下《江苏丹徒县烟墩山出土的古代青铜器》一文，首先发现是1954年6月，丹徒县龙泉乡下聂村农民聂长保的儿子在烟墩山南麓斜坡上翻山芋地"垄沟"时，

无意间在地表下三分之一米的土里掘出了一只鼎，他就小心地扩大挖的范围，在三分之二米的深度，共掘得铜器十二件，计鼎1，鬲1，簋2（其中一只是有铭的矢簋），大盘1，小盘1，盉1对，牺觥1对，角状器1对，聂长保把这些东西统统交给当地乡区政府，转送丹徒县人民政府送省保管。调查小组于10月17日到下聂村实地勘查，并在调查中清理了残坑和毗邻住宅的两个小坑。

四个月过后的结论是原坑南北宽1.2米，东西长1.3米，深0.44米。这样我们发现，先在三分之一米发现的1只鼎和三分之二米发现的12件青铜器的关系有待确定。当然我们不必用现代考古技术来要求当时的发掘，那样未免太苛求了，但有些问题不得不使我们思索、求证。早期对于出土较多青铜器的遗存，都朝着墓葬性质去迎合。直到1963年郭沫若先生在对陕西扶风齐家村青铜器群铭文进行考释时提出，在遗存中出土较多青铜器的情况下，不仅要考虑是墓葬，也可能是属于窖藏性质，开拓了对青铜器遗存性质认定的视野[5]。在宁镇地区1976年12月，丹阳县城东面四公里处的司徒公社砖瓦厂发现一批青铜器，有鼎11，簋7，尊4，盘3，瓶1，共计26件，最终在调查分析基础上，认为应属于窖藏，时代不晚于春秋早期[6]。

如何区别墓葬和窖藏？当我们把同一区域内的同一时期的墓葬，如宁镇地区的墓葬、北山顶墓和六合程桥墓，同上述四个遗存烟墩山青铜器群遗存、母子墩青铜器群遗存、丹阳司徒公社青铜器群遗存及破山口青铜器群对比一下，就可发现端倪。程桥一、二、三号墓，不仅都是竖穴土坑墓，出土的青铜器都是时尚的，其中一部分有铭文，如一号墓编钟"攻敔钟终月戈之外孙之藏孙"，三号墓匜称"吴王之亻生子□公□坪之子"。

北山顶墓出土成套的乐器，如青铜编钟一套12件，遳邘镈钟5件，遳邘钮钟7件[7]等，和烟墩山青铜器群、母子墩青铜器群、丹阳司徒公社窖藏、破山口的青铜器群相比较，程桥墓和北山顶墓出土青铜器时代比较一致，和遗存年代也较

一致。但烟墩山青铜器群等四处的青铜器群不仅时代跨度大，青铜器种类比较杂乱，没有一定的规律，不成体系。埋葬的方式随意，没有递嬗关系，不合礼制。

这说明了什么问题呢？很简单，丹阳司徒公社的遗存已经告诉我们答案，遗存的性质应该是窖藏。而青铜器窖藏的出现，多数是由于战乱引起的。翻阅一下这段历史，楚人东渐，"楚在春秋吞并诸国凡四十有二"[8]，吴国崛起，《左传·成公七年》："巫臣请使于吴，晋侯许之。吴子寿梦说之，乃通吴于晋。以两之一卒适吴，舍偏两之一焉。与其射御，教吴乘车，教之战陈，教之叛楚。置其子狐庸焉，使为行人于吴。吴始伐楚、伐巢、伐徐。子重奔命。马陵之会，吴入州来。子重自郑奔命。子重、子反于是乎一岁七奔命。蛮夷属于楚者，吴尽取之，是以始大，通吴于上国。"[9] 吴楚之战，从此未间断，号称"吴头楚尾"的宁镇地区，也成了吴楚拉锯战的前沿阵地，大量的战利品、盗掘品、掠夺品等等舶来品作为财富的象征而被埋藏。另一些诸侯小国受到楚国的威逼，纷纷投奔吴国，或联姻，或称臣。吴国则礼遇"他乡之客"，进贡品、馈赠品也随之以另一种形式出现在宁镇地区的遗存中。所以在吴楚战争的前沿宁镇地区出现的"财富类"窖藏属于烟墩山青铜器群、丹阳司徒公社青铜器群及临近的破山口青铜器群。由于战乱等原因，大量的青铜器舶来品作为时代财富的标志"吉金"而被临时仓促埋藏。

那么人们不禁要问，母子墩青铜器群也是窖藏吗？其实，随着人们对青铜器遗存的不断认识，首先将青铜器窖藏从墓葬中区分开来，对青铜器遗存有墓葬和非墓葬之分类，后将青铜器窖藏区分为财富类、祭祀类等。如果我们回到原点对《江苏丹徒大港母子墩西周铜器墓发掘简报》重温一下，不难看出一二。首先它是人工堆筑的土墩。先是平整基址，用大体为 40×35×30 厘米的不规则石块，垒砌成一长 610、宽 32 厘米，东西向的长方形石框，内垫 60 厘米高，其上铺垫一层厚 3 厘米的草木灰。草

木灰的形式，应有多种状态，一种为原来就是草木灰，另外是否铺垫了如芦苇、稻草等茎秆植物，两千多年来炭化而成呢？应该说是后者。另在器物底部残存有席子的痕迹，说明其上都铺有席子。归纳一下，石框形成之后，内先填土，再有序地铺上成把小捆的芦苇、稻草一类的植物纤维，其上盖席子，形成一个高 60 厘米的台基，这样祭台就形成了。这些原本是战利品、盗掘品、舶来品的青铜器作为祭品分类放在祭台上，尤其是在其中还发现了残存的一些骨渣和一段长 7 厘米的肢骨，却不见使用棺椁之类的葬具，充分说明了这是典型的祭祀台，其中发现的骨殖可以送检，若是人骨就是人祭，若是动物残骨，就是牺牲。所以这里应该是一个东周时期宁镇地区祭祀性质的遗存，可以用之祭天地、山川等。所以上面的土堆，为黄褐土，土质较松，厚 140 厘米，整个土墩封土纯净，未经夯打。其在宁镇地区的出现，丰富了东周时期宁镇地区青铜器遗存的内涵。

遷郳

图一　丹徒北山顶乐器铭文

事实上，对任何事物的认识，都有一个渐进的认识过程，如吴县五峰山烽燧墩出土的青瓷[10]，当时对原始青瓷没有认识，把东周的原始青瓷认为是六朝的，也是很正常的，因当时没有比较。交流、探索甚至争论，智者见智，仁者见仁……只有将问题提出来，进行多角度的阐述，百家争鸣，这样对问题的认识才可以前进一步，有利于对问题逐步达成共识。我们一定要用历史唯物主义态度，审时度势。在今天我们以宜侯夨簋作为一个对象，换一个角度把问题提出来，认为宜侯夨簋是一件舶来品，和其他共存的舶来品作为"吉金"在东周时期因为突发事件或战乱而埋藏于烟墩山西坡，以窖藏的形式在 1954 年被发现，不知确否？本文仅起抛砖引玉之用，有赖专家学者批评指正。

注释:

[1] 江苏省文物管理委员会:《江苏丹徒县烟墩山出土的古代青铜器》,《文物参考资料》1955 年第 5 期。

[2] 江苏省文物管理委员会:《江苏丹徒烟墩山西周墓及附葬坑出土的小器物补充材料》,《文物参考资料》1956 年第 1 期。

[3] 镇江博物馆、丹徒县文管会:《江苏丹徒大港母子墩西周铜器墓发掘简报》,《文物》1984 年第 5 期。

[4] 马承源:《长江下游土墩墓出土青铜器的研究》,《上海博物馆集刊》(第 4 辑),1987 年,第 198—220 页。

[5] 郭沫若:《扶风齐家村器群铭文汇释》,《扶风齐家村青铜器群》,文物出版社 1963 年。

[6] 镇江博物馆、丹阳县文物管理委员会:《江苏丹阳出土的西周青铜器》,《文物》1980 年第 8 期。

[7] 江苏省丹徒考古队:《江苏丹徒北山顶春秋墓发掘报告》,《东南文化》1988 年 Z1 期。

[8] (清)顾栋高辑,吴树平、李解民点校:《春秋大事表》"春秋列国疆域表卷四"之"楚疆域表"案语,中华书局 1993 年,第 524 页。

[9] 杨伯峻编著:《春秋左传注·成公七年》,中华书局 1981 年,第 834—835 页。

[10] 朱江:《吴县五峰山烽燧墩清理简报》,《考古通讯》1955 年第 4 期。

宜侯夨簋及其相关问题研究综述[*]

王文轩（西藏民族大学民族研究院）

内容摘要：宜侯夨簋及其相关问题的讨论一直以来备受学界关注，部分文字的释读既可对后续相关研究产生较大影响，引申出的问题争论也较大。本篇拟对宜侯夨簋相关研究的主要成果进行梳理，以对宜侯夨簋及其相关问题的研究成果加以了解，并对部分问题进行讨论。

关键词：宜侯夨簋　虞侯夨　吴国

1954年夏，江苏省丹徒县龙泉乡下聂村村民聂长保的儿子在烟墩山南麓发现一批青铜器，共计12件，其中包括宜侯夨簋[1]（图一）。当时江苏省文管会提供的资料显示，宜侯夨簋等器物的发现者是聂长保的儿子。张敏在之后的访查中得知宜侯夨簋的实际发现者是一个名叫福贵的和尚，只不过发现

图一　宜侯夨簋
（图片采自镇江博物馆：《镇江出土吴国青铜器》，
文物出版社2008年）

这批铜器的耕地属于时任下聂村村长聂长保家，聂长保儿子用钉耙将出土器物中的一个"盆"随手打碎，没有想到这个"盆"竟是这批青铜器中唯一一

件带铭器物"宜侯夨簋"[2]。宜侯夨簋的发现颇具传奇，这或为其在学术界引起广泛关注埋下了注脚。

宜侯夨簋铭文具有重要的历史文物价值，自发现以来就受到史学、古文字学、考古学等多学科的持续关注。一件单体器物在学术界能够引起如此长时间的关注，尚属罕见，由此展开的一系列的讨论更是引人瞩目。以下我们就关于宜侯夨簋的一些研究现状进行分类梳理。

一　宜侯夨簋的时代

宜侯夨簋形制、纹饰特点鲜明，并有长篇铭文出现，对其年代的研究争议不大。郭沫若认为铭文中武王和成王皆生号而非谥，作器时间应在成王时期[3]；唐兰依据宜侯夨簋的形制特点及其铭文中有武王、成王谥号出现，认为该簋的年代在康王时[4]；陈梦家依据簋的形制特点和铭文内容初定为成王时期，后改为康王时期[5]；谭戒甫根据簋铭内容将其定在康王时[6]；李学勤依据宜侯夨簋的纪日方式"惟四月辰在丁未"只流行于西周早期后半至中期，提出宜侯夨簋不能早到成王时期，并在器形上与荣簋相对比后认为宜侯夨簋的时代当在康王时期[7]。关于宜侯夨簋的年代，学界目前比较统一，认为是康王时期的器物，当没有异议。

烟墩山M1共出土12件青铜器，计有鼎1、鬲1、簋2、盘2、盉2、牺觥2、角形器2，后又在残坑中清理出一些车马器。该墓器物时代相差较大，文化属性差别也较大。如该墓出土的角形器花纹与东南地区印纹硬陶纹饰相似，不论形制、纹饰都不是中原地区所有，而同墓出土的其他器物与中原地区

* 本篇为西藏自治区高等院校教师专业实践实战能力提高计划项目《博物馆藏品管理知识在实际工作中的应用》项目的阶段性成果。

差别不大。由于该墓出土器物时代跨度大，文化属性多，导致关于该墓时代的争论也较多。烟墩山 M1 的简报中认为该墓年代为西周中晚期[8]；郭宝钧、杨楠定在西周前期[9]；肖梦龙定在康王时[10]；朱凤瀚定在康昭之间[11]；唐兰认为该墓部分器物为西周早期，但盘上横桥耳、蟠螭纹为春秋早期特征，又认为这是两座墓，以致于没有分清楚时代[12]；周亚认为在西周晚期至春秋早期[13]；刘建国认为在西周中期[14]；马承源认为在春秋后期[15]。该墓的鼎和宜侯夨簋的年代当在西周前期，牺觥的出现当在西周后期，盘上横桥耳、蟠螭纹的特点在西周晚期至春秋早期较为多见。墓葬的修建年代当不早于该墓时代最晚的器物，所以将烟墩山 M1 的时代定在西周晚期至春秋早期为宜。

二　宜侯夨簋的考释

宜侯夨簋研究中最为重要的当属对簋铭的考释，但由于宜侯夨簋出土时遭到人为破坏，修复后一些关键字词的阙如，导致该器铭文的释读存在一些争议（图二）。我们列举宜侯夨簋铭文释读中争议较大的部分，以对比各位学者的观点。

陈梦家释文："惟四月辰才丁未，□□斌王，成王伐商圖，遂省东或圖，王□于宜，齐侯□郷（向）。王令虔侯夨召□候于宜。……宜侯夨扬王休，作虔公父丁尊彝。"[16]

陈邦福释文："惟四月辰才丁子，□□斌王，成王伐商圖，□□□或圖，王入于俎□□□□，王令虔候夨曰：□候于俎。……俎候夨扬王休，作虔公父丁尊彝。"[17]

郭沫若释文："惟四月辰在丁未，（王）省斌王，成王伐商圖，遂省东国圖，王立（位）于宜宗土（社）南郷（向）。王令虔候夨曰：□候于宜。……宜侯夨扬王休，作虔公父丁尊彝。"[18]

岑仲勉释文："惟四月辰在丁未，□□斌王，成王伐商圖，遂省东或圖，王（立或居）于胙，……作虔公父丁尊彝。"[19]

谭戒甫释文："惟四月，辰在丁巳，（王仑）启斌王。戊午，王伐商鄙。遂征东国鄙。王往于俎，

图二　宜侯夨簋铭文拓本
（图片源自吴镇烽：《商周青铜器铭文暨图像集成》第 12 册，上海古籍出版社 2012 年，第 146 页）

齐侯大缩。王命：虔候夨公□候于俎。……俎候夨扬王休，作虔公父丁尊彝。"[20]

唐兰释文："惟四月辰才丁未，（王）省斌王，成王伐商圖，遂省东或圖。王卜于宜入土，南迳。王令虞侯夨曰：□候于宜。……宜侯夨扬王休，作虞公父丁尊彝。"[21]

李学勤释文："惟四月辰才丁未，（王）省斌王，成王伐商圖，（遂）省东或圖。王卜于宜□土南□。王令虞侯夨曰：迁候于宜。……宜侯夨扬王休，作虞公父丁尊彝。"[22]

曹锦炎释文："惟四月辰才（在）丁未，王省斌王，成王伐商圖，征省东或圖。王立（位）于宜宗土（社），南郷（向）。王令，虎候夨曰：迁候于宜。……宜侯夨扬，王休，作虎公父丁尊彝。"[23]

此外，还有一些学者就铭文中的部分字词进行解读，我们在此不做一一列举，下文讨论时再做举例。

首句"惟四月辰才丁未"，赞成此解释的较多。陈邦福释为"丁子"，谭戒甫将第二行"成"字释为"戊午"的合字，并认为干支中戊午的前一天即

为丁子（巳），所以首句释为"惟四月辰才丁子"[24]。但结合铭文拓片来看，似乎释为"丁未"较为妥当。

"王省斌王，成王伐商圖，遂省东或圖"一句，斌王前面二字，郭沫若、唐兰、李学勤、曹锦炎释为"（王）省"，"王"字各家较为统一，而"省"字谭戒甫释为"仓启"，但结合通篇文字来看，释为"省"更为合适。后一句"遂省东国圖"，多数学者均认可，谭戒甫将这个"省"字释为"征"，当为征讨之意，与前面的"成王伐商圖"中的"伐"相对应；曹锦炎将"遂"字释为"征"也有此意。文中两个"圖"字，陈梦家、陈邦福、谭戒甫释为"鄙"，意为边鄙，这句话的意思就解释为成王征伐商的周边，省览东国的边鄙；郭沫若认为"圖"字为古代庙堂中的壁画，此所画的内容为武王成王二代伐商并巡省东国时事；黄盛璋认为"圖"指地图，王查看的是武王和成王时期伐商或东征的军事地图。《春秋经》："陈人伐我西鄙"，《国语·齐语》："参其国而伍其鄙"，韦昭注："国，郊以内也，……鄙，郊以外也"。商之鄙在商的周围，东国鄙在东方诸国的附近，周初有三监作乱，徐戎、淮夷并兴，文献中也多有记载武王、成王、周公等对东方诸国平叛的记载，将其释为"鄙"较为合理。

"王立于宜宗土（社），南鄉（向）"一句的释读争议较大。王后面一字，郭沫若、岑仲勉、曹锦炎释为"立"，位于的意思；谭戒甫释为"往"，动词去往的意思；唐兰、李学勤则释为"卜"，意为王进行占卜。若宜地在今天的丹徒，西周初年这里局势并不太平，加之王册命大臣并不用亲到领地进行册封，所释"往"似有不通。"立"和"卜"两种解释似乎都有道理，较难取舍。学者们大多将"🍶"字释为"宜"；岑仲勉因其构型从肉，又结合文献中周初封国"有胙而无宜"，将该字释为"胙"；谭戒甫认为其字从木，释为"柤"；沈长云认为簋铭中出现的"🍶"字与金文中的"俎"字应为同一个字的不同写法，符合《说文》中俎字的"从半肉，在且

上"的解释，应释为"俎"[25]，这种解释目前也有一定的影响。结合诸多学者对"宜"字的充分考订，释为宜较为可信。陈梦家、谭戒甫将"宜"后二字释为"齐侯"；唐兰释为"入土（社）"，意为进入到社中；李学勤释为"□土"；曹锦炎释为"宗土（社）"；黄盛璋释为"内（纳）土"，意为将土地分封给夨。结合上下文，释为"齐侯"似有不妥，宗社和纳土两种解释较为可信。最后二字唐兰释为"南逪"，意为王南下将虞侯夨带到了宜，结合当时东南地区初稳，这种可能性不大；郭沫若、曹锦炎释为"南鄉（向）"。如曹锦炎所说，"南向"是指王的面部朝向，即后世所说南面而王。通过对比大盂鼎、井簋等铭文及《周礼·大宗伯》"王将出命……立依前，南鄉（向）"，《礼记·祭统》"君……南（鄉）向"等文献的记载，笔者认为，"王立于宜宗土（社），南鄉（向）"是西周时期册命的一种礼仪形式，此解较为可信。

"王令虞侯夨曰：迁候于宜"一句的释读出入较大在于"虞""夨"和"迁"三个字。唐兰之前的学者将其释为"虔"，盖前人传统的释读；唐兰认为"这个字上从虍，下从夨，夨字头向左倾，从夨虍声，应是虞字的早期写法"，认为应读作虞；白川静、曹锦炎根据该字的构型认为应释为"虎"[26]，认为"此字最末一笔上卷，正像虎尾之形"。学者们多将"夨"释为夨，金文和甲骨文中也多见此字，《说文》中将左倾定为夨，右倾定为夭，吴式芬[27]、方浚益[28]将该字释为"夭"。沈长云认为《说文》中出现这种情况当为许慎将同一字形误分为二，此字只有一个读音"夭"，先秦文献中并没有"夨"字[29]。关于"迁"字的释读，最早郭沫若曾猜测为迁，后李学勤释读时加以肯定，许征参考大盂鼎铭"迁自厥土"，何尊铭"迁宅于成周"，认为几个迁字的用法完全相同，认为当释为迁[30]。结合铭文构型和文献中的记载，以上三字的释读我们较为赞同唐兰、李学勤所释。

以上为一些争论较多的关键字词的释读，对于簋铭中争议较小的部分我们没有摘录。在这些关键

字词的释读方面出现的争论，导致学者们展开相关历史问题研究时所得结论呈现多元化。以下我们就宜侯夨身份，宜侯夨与作册夨的关系，宜地地望，宜国与吴国关系等几个问题展开叙述。

三　宜侯夨的身份

关于宜侯夨的身份，学界争论较多。唐兰、刘启益、黄盛璋、李学勤、杨向奎、沈长云等学者认为宜侯夨当为太伯、仲雍之后[31]。岑仲勉认为宜侯夨应为周公之后[32]。杜勇认为宜侯夨为殷遗民[33]。刘建国认为宜侯夨应为朱方成员[34]。多数学者还是认为宜侯夨应为姬姓，结合文献来看其为非姬姓的可能性不大。

宜侯夨其身份究竟为何，要结合宜侯夨徙封宜地之前的虞侯身份，问题讨论的关键点在于"虞"字的释读。之前多有学者将虞字释为"虔"，结合史料和金文材料对比，释为虔较难与史料对应。白川静、曹锦炎将虞字释为"虎"，认为宜侯夨是由"虎侯"改封为"宜侯"[35]，"虎"当是出现在商代甲骨文中的虎方，虎方在西周早期时在南方地区仍为一股较强的势力。通过甲骨文中关于虎方的记载，显然不是姬姓，文献中也没有记载过武王、成王时期灭虎方，康王显然不能随意对一个有实力的地方诸侯改换封地，显然释为虎还有待进一步论证。

将该字释为虞较为可信，有必要对虞地地望进行考证。刘启益认为虞侯夨原是北虞，由岐山陇县夨国分封出去，到虞侯夨的时候徙封于宜，才南下建立了吴国[36]。黄盛璋认为虞地应在周王室直属领地里，在今天的平陆北[37]。唐兰认为宜侯夨簋中的"虞"不是北虞而是吴，认为周章自虞迁宜，虞地就是武王所封周章的吴[38]。《史记·吴太伯世家》记载："武王克殷，封其（太伯）后为二，其一虞，在中国；其一吴，在夷蛮。……周武王克商，求太伯仲雍之后，得周章，周章已君吴，因而封之。乃封周章弟虞仲于周之北故夏虚，是为虞仲，列为诸侯。"《汉书·地理志》记载："封周章弟中（仲）于河北，为北吴，后世谓之虞。"文献中记载武王封

虞仲于夏虚，谓之虞，列为诸侯。徙封于宜的虞侯夨应就是虞仲，与周章似乎关系不大。

四　宜侯夨与作册夨的关系

1929年，河南洛阳庙坡出土一批铜器，其中夨令簋、作册大鼎、令方尊等较为重要，器物铭文中都提到"夨"。铭文中提到作册夨，且作册夨的父亲庙号为"丁"，爵位为"公"。这与宜侯夨簋中"作虞公父丁尊彝"的记载相一致，宜侯夨父亲称"虞公"，庙号亦为"丁"。

基于宜侯夨和作册夨的父亲均称虞公，庙号均为丁这两点，陈梦家、郭沫若、谭戒甫、王永波、杜勇、曹定云等认为"宜侯夨"与"作册夨"应为同一人[39]，此说影响较大。唐兰、李学勤认为宜侯夨簋中的宜侯夨不是令方尊、方彝中的作册夨，和宜侯夨或为同名，父亲均以丁为庙号，他们之间的关系难确定[40]。刘凡超从洛阳出土的作册夨诸器中带有鸟形族徽，以丁为庙号等方面与宜侯夨簋铭文内容作了对比，认为作册夨为商遗民，而宜侯夨当为姬姓，两者不可能为同一人[41]。前文已述，宜侯夨应为姬姓，迁宜之前为虞侯夨，为虞仲或虞仲后人（也有可能是虞仲的后人，原因为武王时已封虞仲为虞侯，至康王时徙封宜地，可能此时虞仲已不在世）。作册夨在成周任职，其器出土于洛阳，说明作册夨并未离开洛阳。宜侯夨为虞仲后人，武王时期虞仲被分封于北虞，康王时又将夨从北虞迁往宜，宜侯夨簋铭中也没有提到过宜侯夨曾为史官。至于作册夨是否为商遗民还需讨论，但他与宜侯夨应该不是同一人。

此外，西周初期有夨国，现存有夨王鼎、簋等器物，经考古调查发现，"位于汧水上游的陇县南坡和下游的宝鸡县贾村都属古夨国地域"[42]。刘启益认为夨国就是虞（吴）国[43]，夨王诸器中记载，夨国与姬姓的郑和散通婚，夨国应不是姬姓。夨王簋中记载为其女郑姜作器，夨国应为姜姓。宜侯夨为姬姓，他与西周时期的夨国当无关系。

五　宜地的地望

宜侯夨簋铭文所记载的"宜"之地望在学界也

引起了广泛讨论。陈梦家、郭沫若、唐兰、谭戒甫、李学勤等学者认为"宜"当在吴国境内，在丹徒附近，并非北虞，北虞为吴分出的[44]。刘启益在北虞与吴关系上与上述学者观点相反，他认为"句吴是虞侯矢及其子孙所建的，铜器中矢国就是吴国也就是虞国，在陕西陇县一带，原为太伯、仲雍所建，他们并没有奔吴，而只是来到这里建立了吴国，后传于仲雍，三传至虞仲，被武王封于晋南为虞国君长，陇县西周墓葬出土的'矢仲'戈就是虞仲分封于晋南前在矢国时作的，其子虞侯矢又被康王改侯于宜，因而又建立了南方的吴国即句吴"[45]，但也认为宜就在丹徒境内。

还有一些学者认为宜地不在丹徒附近，而在当时的王畿地区。曹锦炎认为"康王于丁未日省视了武王、成王伐商的地图及东国的地图后，不久于宜的宗社内册命矢。显然宜地必近于王畿，……并很有可能就是秦之宜地"，即今凤翔、宝鸡、岐山三县交界处的阳平乡一带[46]。陈邦福认为"俎（宜）可能是在洛邑边鄙几百里之间的一个地名"[47]，具体地点虽没有指出，但应不会远至丹徒。黄盛璋将宜侯矢簋铭中的"内土"释为"宗土、宅土"，当为周直接管辖的领土，认为宜必在东国，并且还和武王、成王伐商之地理路线有关，此宜当即后来之宜阳[48]。夏含夷认为在处于周王都区域内的洛阳以南的宜水之上[49]。

西周早期的文献材料和金文材料并没有阳平乡一带存在宜国的记载，依据春秋时的秦子戈、秦公钟上有铭文"宜"来推测该地为西周早期时的宜国，似有不妥。至于宜地是否在王畿附近在没有更多证据之前也较难信服，本文暂认为宜地在今丹徒一带。

六　宜国与吴国的关系

宜侯矢簋的出土地丹徒属古吴国地界，且《史记》《汉书》等文献中都有太伯奔吴的记载，矢簋发现后关于其与吴国关系的讨论一直未有停歇。唐兰认为虞本就是吴，其差别是因为方言导致的，实际

吴和虞是一样的[50]。按照唐兰的说法，虞侯矢即为吴侯矢，徙封至宜的其实是吴侯。李学勤认为周章是吴国始封君，簋铭中的虞公很可能是周章，而矢是周章子熊遂[51]。如唐、李所言，宜侯矢（即熊遂）与吴国关系肯定是很紧密的。

曹锦炎认为宜侯矢簋绝不是吴器，宜侯矢为虎侯改封为宜侯，与周章没有关系，质疑康王时镇江地区有姬姓政治据点[52]。刘启益认为虞侯矢是宝鸡一带的矢国分出去的，后徙封于宜，称宜侯矢，而后逐渐建立了吴国[53]。这个观点混淆了"矢"分别作为国名和人名出现，人名为矢并不代表一定是矢国成员。曹锦炎和刘启益均认为宜侯矢为非姬姓成员，忽略了《史记·吴太伯世家》关于"武王克殷，……乃封周章弟虞仲于周之北故夏虚，是为虞仲，列为诸侯"的记载。虞国始封君为周章弟虞仲，当为姬姓成员，虞仲（或虞仲后人）在康王时被徙封至宜地。从文献中记载来看，宜国不可能就是吴国，宜国始封君虞仲（或虞仲后人）与吴国始封君当为近亲，应该可以肯定。

宜侯矢簋的发现对于研究西周早期徙封制度提供了重要依据[54]，成王时东方诸国尚有叛乱，《逸周书·作雒》记载："三叔及殷、东、徐、奄及熊盈以略（畎），……凡所征熊盈族十有七国，俘维九邑"；《史记·周鲁公世家》记载："淮夷、徐戎亦并兴反，于是伯禽师师伐之于肸，……遂平徐戎"，记录的是周公、伯禽征伐以上诸国之事，淮夷、徐戎的地望在今江苏北部及中部一带。从文献中可以看出西周早期周王室所统治的边远地区并不太平，时有反叛，统治基础并不牢固，周王室通过平叛对这一地区加以控制。"成王时期西周王朝已通过东征实现了对山东的控制，山东与宁镇之间的夷人式微，所以康王时王朝能够越过淮泗地区，将虞国远封宁镇"[55]。吴国为姬姓，在西周之初就已在此地经营，与吴地加强联系对于控制东南一带，牵制苏北、山东一带的殷商旧部或许是当时西周王室的经营策略。淮夷一带平定之后，康王将宗室成员"虞侯矢"徙封至版图东南的"宜"地，联合吴国共同对东南地

区进行管辖当在情理之中，这对西周早期政治格局的变化将产生较大影响。

宜侯夨簋发现以来，诸位学者对宜侯夨簋展开了一系列相关问题的讨论。铭文释读方面虽有争议但认识渐趋一致；宜、吴、虞、夨等诸侯国地望仍有争议；宜侯身份及宜侯夨与作册夨关系的讨论也存在较多见解；这些问题的讨论为研究西周早期徙封制度，周王室对东南边远地区的管理策略等问题提供思路。随着新材料的发现，与宜侯夨簋相关的讨论将会持续下去，特别是吴文化相关讨论，西周早期徙封制度，西周早期诸侯国关系等问题方面仍有讨论空间。

注释：

[1] 江苏省文管会：《江苏丹徒县烟墩山出土的古代青铜器》，《文物参考资料》1955 年第 5 期；江苏省文管会：《江苏丹徒烟墩山西周墓及附葬坑出土的小器物补充材料》，《文物参考资料》1956 年第 1 期。

[2] 张敏：《宜侯夨簋轶事》，《东南文化》2000 年第 4 期。

[3] 郭沫若：《夨簋铭考释》，《考古学报》1956 年第 1 期。

[4] 唐兰：《宜侯夨簋考释》，《考古学报》1956 年第 2 期。

[5] 陈梦家：《西周铜器断代》，中华书局 2004 年。

[6] 谭戒甫：《周初夨器铭文综合研究》，《武汉大学学报》1956 年第 1 期。

[7] 李学勤：《宜侯夨簋与吴国》，《文物》1985 年第 7 期。

[8] 江苏省文管会：《江苏丹徒县烟墩山出土的古代青铜器》，《文物参考资料》1955 年第 5 期；江苏省文管会：《江苏丹徒烟墩山西周墓及附葬坑出土的小器物补充材料》，《文物参考资料》1956 年第 1 期。

[9] 郭宝钧：《商周青铜器群研究》，文物出版社 1981 年，第 57 页；杨楠：《江南土墩遗存研究》，民族出版社 1998 年，第 36 页。

[10] 肖梦龙：《试论江南吴国青铜器》，《东南文化》1986 年第 1 期。

[11] 朱凤瀚：《古代中国青铜器》，南开大学出版社 1995 年，第 805 页。

[12] 唐兰：《宜侯夨簋考释》，《考古学报》1956 年第 2 期。

[13] 周亚：《吴越地区土墩墓出土的青铜器研究》，《吴越地区青铜器研究论文集》，两木出版社 1997 年，第 55 – 70 页。

[14] 刘建国：《论江南周代青铜文化》，《东南文化》1994 年第 3 期。

[15] 马承源：《长江下游土墩墓出土青铜器的研究》，《上海博物馆辑刊》4，上海古籍出版社 1987 年，第 198 页。

[16] 陈梦家：《西周铜器断代》，中华书局 2004 年。

[17] 陈邦福：《夨簋考释》，《文物参考资料》1955 年第 5 期。

[18] 郭沫若：《夨簋铭考释》，《考古学报》1956 年第 1 期。

[19] 岑仲勉：《西周社会制度问题》，新知识出版社 1956 年，第 156 – 163 页。

[20] 谭戒甫：《周初夨器铭文综合研究》，《武汉大学学报》1956 年第 1 期。

[21] 唐兰：《宜侯夨簋考释》，《考古学报》1956 年第 2 期。

[22] 李学勤：《宜侯夨簋与吴国》，《文物》1985 年第 7 期。

[23] 曹锦炎：《关于"宜侯夨簋"铭文的几点看法》，《东南文化》1990 年第 5 期。

[24] 谭戒甫：《周初夨器铭文综合研究》，《武汉大学学报》1956 年第 1 期。

[25] 沈长云：《"俎侯夨簋"铭文与相关历史问题的重新考察》，《人文杂志》1993 年第 4 期；沈长云：《谈铜器铭文中的"夨王"及相关问题》，《考古与文物》1986 年第 6 期。

[26] 〔日〕白川静：《金文通释》卷一下，百鹤美术馆 1956 年；曹锦炎：《关于"宜侯夨簋"铭文的几点看法》，《东南文化》1990 年第 5 期。

［27］吴式芬：《捃古录金文》卷一，第 2 页。

［28］方浚益：《缀遗斋彝器疑识》卷五，第 19 页。

［29］沈长云：《谈铜器铭文中的"夨王"及相关历史问题》，《考古与文物》1989 年第 6 期。

［30］许征：《宜侯夨簋铭文补释——兼释"迁"字》，《现代语文》2009 年第 1 期。

［31］唐兰：《宜侯夨簋考释》，《考古学报》1956 年第 2 期；刘启益：《周夨国铜器的新发现与有关历史地理问题》，《考古与文物》1982 年第 2 期；黄盛璋：《铜器铭文宜、虞、夨的地望及其与吴国的关系》，《考古学报》1983 年第 3 期；李学勤：《宜侯夨簋与吴国》，《文物》1985 年第 7 期；杨向奎：《"宜侯夨簋"释文商榷》，《文史哲》1987 年第 6 期；沈长云：《"俎侯夨簋"铭文与相关历史问题的重新考察》，《人文杂志》1993 年第 4 期。

［32］岑仲勉：《西周社会制度问题》，新知识出版社 1956 年，第 156—163 页。

［33］杜勇、沈长云：《金文断代方法探微》，人民出版社 2002 年。

［34］刘建国：《宜侯夨簋与吴国关系新探》，《东南文化》1988 年第 2 期。

［35］〔日〕白川静：《金文通释》卷一下，白鹤美术馆 1956 年；曹锦炎：《关于"宜侯夨簋"铭文的几点看法》，《东南文化》1990 年第 5 期。

［36］刘启益：《周夨国铜器的新发现与有关历史地理问题》，《考古与文物》1982 年第 2 期。

［37］黄盛璋：《铜器铭文宜、虞、夨的地望及其吴国的关系》，《考古学报》1983 年第 3 期。

［38］唐兰：《宜侯夨簋考释》，《考古学报》1956 年第 2 期。

［39］陈梦家：《宜侯夨簋和它的意义》，《文物参考资料》1955 年第 5 期；郭沫若：《夨簋铭考释》，《考古学报》1956 年第 1 期；谭戒甫：《周初夨器铭文综合研究》，《武汉大学学报》（人文科学）1956 年第 1 期；王永波：《宜侯夨簋及其相关的历史问题》，《中原文物》1999 年第 4 期；杜勇、沈长云：《金文断代方法探微》，人民出版社 2002 年；曹定云：《古文"夏"字再考——兼论夏夨、宜侯夨、作册夨为一人》，载于北京大学考古文博学院编：《考古学研究》（五），科学出版社 2003 年。

［40］唐兰：《宜侯夨簋考释》，《考古学报》1956 年 2 期；李学勤：《宜侯夨簋与吴国》，《文物》1985 年第 7 期。

［41］刘凡超：《"俎侯夨"与"作册夨"关系考》，《前沿》2010 年第 20 期。

［42］卢连成、尹盛平：《古夨国遗址、墓地调查记》，《文物》1982 年第 2 期。

［43］刘启益：《周夨国铜器的新发现与有关历史地理问题》，《考古与文物》1982 年 2 期。

［44］陈梦家：《西周铜器断代》，中华书局 2004 年，第 14 页；郭沫若：《夨簋铭考释》，《考古学报》1956 年 1 期；唐兰：《宜侯夨簋考释》，《考古学报》1956 年第 2 期；谭戒甫：《周初夨器铭文综合研究》，《武汉大学学报》（人文科学）1956 年第 1 期；李学勤：《宜侯夨簋与吴国》，《文物》1985 年第 7 期。

［45］刘启益：《周夨国铜器的新发现与有关历史地理问题》，《考古与文物》1982 年第 2 期。

［46］曹锦炎：《关于"宜侯夨簋"铭文的几点看法》，《东南文化》1990 年第 5 期。

［47］陈邦福：《夨簋考释》，《文物参考资料》1955 年第 5 期。

［48］黄盛璋：《铜器铭文宜、虞、夨的地望及其与吴国的关系》，《考古学报》1983 年第 3 期。

［49］〔美〕夏含夷著、张淑一等译：《海外夷坚志：古史异观二集》，上海古籍出版社 2016 年，第 166 页。

［50］唐兰：《宜侯夨簋考释》，《考古学报》1956 年第 2 期。

［51］李学勤：《宜侯夨簋与吴国》，《文物》1985 年第 7 期。

［52］曹锦炎：《关于"宜侯夨簋"铭文的几点看法》，《东南文化》1990 年第 5 期。

［53］刘启益：《周夨国铜器的新发现与有关历史地理问题》，《考古与文物》1982 年第 2 期。

［54］于薇：《西周封国徙封的文献举证——以宜侯夨簋铭文等四篇文献为中心》，《中国历史地理论丛》2013 年第 1 期。

［55］顾颉刚：《徐和淮夷的迁留》，《文史》第 32 辑，中华书局 1990 年。

宝山文化与荆蛮句吴族

尹盛平（陕西历史博物馆）

内容摘要： 分布于汉水上游城固、洋县境内的宝山文化，与京当型商文化相互交流影响，与宜昌路家河二期后段遗存文化面貌基本一致。宝山文化的族群应是弓鱼族，即吴太伯、仲雍所投奔的句吴族。句吴族原居在湖北荆山下夷水流域，后溯汉水而上，迁徙到汉中东部的城固一带，故称荆蛮。荆蛮句吴族人追随吴太伯、仲雍在今宝鸡市吴山之下陇县境内建立虞国。武王灭商后，求太伯、仲雍之后，得周章，此时周章已是吴（虞）国之君，因此追封他为诸侯。周康王时，又册命周章之子熊遂到宜地（江苏宁镇地区）为诸侯。

关键词： 宝山文化 荆蛮 句吴族 虞国 矢氏族

宝山文化主要分布在汉中盆地汉水上游的城固、洋县境内。安康地区的汉阴阮家坝、紫阳白马石遗址出土的釜、豆、尖底罐等陶器，与湖北宜昌路家河二期后段遗存、汉中宝山文化同类器物有一定的相似性，说明安康地区也有宝山文化的遗存。自清代以来汉中就有商代青铜器出土，从20世纪50年代开始，汉中城固、洋县一带，频繁发现商代青铜器群，出土大件铜器650多件。这些铜器可以分为两组：

A组为商式铜器，有50余件，主要是礼器。有罍、尊、瓿、鼎、簋、甗、瓠、爵、斝、卣、壶、盘、觥等。也有少量兵器戈。从形制、纹饰等方面都与郑州二里岗、安阳殷墟早商、晚商文化同类器相同或相似；B组为具有地方特色的铜器，数量可达600件，主要是兵器、工具和仪仗用具等。有三角形援戈、长胡多穿戈、镂空纹钺、斜角刃钺、荷包形钺、弯刀形器（或称镰形器）、人或兽面壳、尖顶和透顶的铜泡等。城固县文化馆也征集到几件圈足罐、尖底杯等陶器。

从1998年开始，西北大学文博学院考古专业，连续数年对城固县宝山村遗址的发掘，初步揭示了该遗址文化遗存确实面貌独特。其房屋为地面建筑，房屋附近多烧烤坑。陶器以圜底釜、高柄豆、小底杯、高柄器座、小底尊、高圈足杯等为主，也有少量釜形鼎、分档鬲等陶器。由于宝山遗址的文化遗存面貌独特，与相邻地区同时期的考古学文化有明显的不同，而与湖北宜昌路家河二期后段文化遗存有诸多相似之处，所以发掘报告命名为宝山文化[1]。

宝山文化青铜器中有大量的商式礼器，那么宝山文化是通过什么渠道接受了商文化的影响？宝山文化的陶器清楚地表明，在殷商时期，该文化主要是通过京当型商文化接受殷商文化的影响。宝山遗址出土了一定数量的分档陶鬲，形制与京当型的同类器物最为相似。宝山文化的传统炊器是圜底釜，作为炊器的分档鬲显然是从京当类型传入的。周原遗址内的岐山县京当乡王家嘴村墓葬出土一件高圈足陶杯；扶风美阳出土一件青铜高足杯，这两件器物明显是受宝山文化典型器高足杯影响的结果。这可以清楚地看出宝山文化与京当型商文化相互影响、相互交流的情景。宝山文化的典型器物兽面纹和人面纹青铜饰、尖顶铜泡，在西安老牛坡遗址中也有发现，说明宝山文化对周围的晚商文化也有影响。

湖北宜昌路家河二期后段遗存，年代为商代二里岗下层至殷墟早中期。宝山文化的年代约从二里岗上层偏晚延续到殷墟三期或略晚。宝山文化虽然略晚于路家河二期后段遗存，但是二者的文化面貌基本一致。路家河二期后段遗存与宝山文化，二者之间有着继承和发展的关系。关于宝山文化与西周"弓鱼国"文化的族属，宝山遗址发掘报告在结语中，将宝山文化与路家河二期后段遗存比较之后说：

三星堆文化既为早期蜀文化的代表，那么路家河二期后段遗存当为巴文化则是可以推断的。……而从路家河二期后段遗存分化而来的宝山文化，也理应属于巴文化的性质。……使用宝山文化的人类共同体，应为巴人的一支。

宝山文化与西周早中期的"弓鱼国"墓地文化面貌有颇多相似点。……它们有相同的文化根源，"弓鱼国"文化当源自宝山文化，即它们同为不同时期的巴人所创造的文化[2]。

既然分布于汉中城固、洋县一带的宝山文化，以及今宝鸡市区的西周"弓鱼国"文化，都属于巴文化，那么使用宝山文化的族群和西周的"弓鱼国"之人都是巴人。关于巴族，《后汉书·南蛮西南夷列传》引《世本》说：

> 巴郡南郡蛮，本有五姓：巴氏、樊氏、曋氏、相氏、郑氏。皆出于武落钟离山。……乃乘土船，从夷水至盐阳。……

武落钟离山在湖北省长阳县西北七十八里[3]。据《水经·夷水注》，夷水即今湖北省的清江，所以旧说巴族起源于清江上游地区。巴郡南郡蛮，有五个分支，最大的一支就是巴人。巴人称廪君蛮，又称武夷（详见下文），清江古称"夷水"，就是因为巴族武夷在此居住而得名。

城固县出土的商代青铜器，《简报》曾认为是羌方文化[4]。20 世纪 70 年代末，笔者曾提出："汉中城固发现的殷商时代的青铜武器呈现出巴蜀文化的特征，当是商代巴人的遗物"[5]。后来有学者提出汉中的商代文化是早期蜀文化[6]。笔者曾论述过汉水上游的商代巴文化[7]，最后又提出陕南城固一带的商代文化属于早期的巴文化[8]。也有学者认为城、洋地区的青铜器群是早期巴蜀文化[9]。关于宝山文化的性质，20 年后水落石出，宝山文化与西周"弓鱼国"文化都是巴文化。

20 世纪 70 年代末至 80 年代初，笔者在研究宝鸡市区发现的西周弓鱼氏家族墓葬的族属时，读了刘和惠先生《荆蛮考》一文，他说："句吴，过去多释为地名，这是不确的……句吴，为族名，在考古资料中也得到论证，出土和传世吴器中的工戲、攻敔铭文，即是文献所说的句吴（句音勾）。"他还指出古代南方多用复音语，所以吴国读其族名为工戲和攻敔[10]。因为受到他上述论述的启发，所以悟出"弓鱼"字可以用复音语读为"弓鱼"，春秋金文吴王自称的工盧、工戲、攻敔、攻吴等族名，都是由"弓鱼"这一族名演变而来。弓、工、攻与句（音勾）为一声之转，盧、戲、敔、吴与鱼音同字通。从音韵方面，"弓鱼"就是"句吴"，所以使用宝山文化的族群应该就是弓鱼族，也应该是吴太伯、仲雍奔"荆蛮"，所投奔的"句吴"族。

商代晚期，约相当于殷墟文化三期，周太王古公亶父因为受到北方戎狄的逼迫，率领族人从豳地（今彬县、旬邑）沿漆水而下，越过梁山，迁徙到岐山之下的周原。《史记·周本纪》说："古公有长子曰太伯，次曰虞仲。太姜生少子季历，……长子太伯、虞仲知古公欲立季历以传昌，乃二人亡如荆蛮，文身断发，以让季历。"这就是太伯、仲雍奔荆蛮的故事，其中虞仲就是仲雍，昌就是季历之子，后来的周文王姬昌。

《史记·吴太伯世家》说："太伯之奔荆蛮，自号句吴。荆蛮义之，从而归之千余家，立为吴太伯。""自号句吴"，就是自称为"句吴"族人。前引屈原《离骚》中的《天问》说"南岳是止"，是说吴太伯适吴采药，也就是奔"荆蛮"，是在"南岳"（吴岳、吴山）山下停止下来了，所以吴山下才是荆蛮句吴人拥立吴太伯建国的地方，这件事有《诗》为证：

> 《诗经·大雅·绵》云："虞芮质厥成，文王蹶蹶生。"这是歌颂周文王断虞芮之讼的诗。前辈学者指出：
>
> 虞之地望，自来说《诗》者皆以为在山西平陆县。……余考古虞本在今陇县境，汉之汧县也。《地理志》："吴山在西。"古虞、吴通。

《水经注·渭水注》："《国语》所谓虞也。"是古虞在雍州之证。《地理志》："芮水出西北，东入泾。"是虞、芮同在陇县，地相毗连，地在岐山西北，古之虞、芮当即在是。[11]

虞国就是陇县一带的吴国，芮就是《汉书·地理志》右扶风郡下的"芮水，出西北，东入泾"之泾，地点在今甘肃华亭县。[12]

虞国就是吴太伯、仲雍奔"荆蛮"所建之国，原在今宝鸡市吴山之下的陇县境内。"句吴"族为什么被称为"荆蛮"呢？这是因为他们原本居住在湖北的荆山地区。楚族原居丹阳（丹水之阳），后来迁徙在湖北荆山以南的沮水与漳水之间[13]，被称为"荆蛮"、"荆楚"、"楚荆"，可证"荆蛮"是指荆山一带的蛮族，而不是指东南江浙一带的蛮族。巴人又称武夷，湖北江陵九店 56 号墓出土的楚简简 43 云：

> □敢告□□之子武㙯。尔居复山之㟼，不周之坅（野）。

香港中文大学教授饶宗颐先生指出："巴国东境之鱼复，即是复山所在，武夷益弓旁作㙯，演化为后来板楯蛮之与白虎复夷"[14]。由此可知巴人又称武夷。《水经注·沔水注》说：（沔水）"又南过宜城县东，夷水出自房陵，东流注之。夷水，蛮水也，桓温父名夷，改曰蛮水。"沔水就是汉水，汉水在宜城县境内的支流为什么称为夷水、蛮水？这是因为这条夷水，与今称清江的那条夷水一样，都是因为武夷的居住而得名。

顾颉刚先生说："'巴'，《左传》记它的事情都和楚、邓发生关系，当在邓之南、楚之北；邓为今河南西南角的邓县，计巴国当在汉水流域；其后为楚所迫，迁入夔门，立国于今四川重庆市，见童书业《古巴国辨》。刘钧仁作《巴国考》，证明春秋时的巴都即《汉书·地理志》所载南郡的邔县，原来巴为楚灭，属楚为邑，书'巴'为'邔'，后人误省一笔作'邔'。汉的邔县，今湖北宜城县北五十里

是。"[15]巴国的故都在今湖北宜城市境内，可证"句吴"族，原本居住在湖北荆山下的夷水流域，因此被称为"荆蛮"。

巴人"句吴"族当是武夷的一支，他们以渔猎为生，得名为"弓鱼"族，所以春秋时期吴国之君自称为工盧王、工𤩅王、攻敔王、攻吴王。荆山地区的巴人"句吴"族，商代溯汉水而上，迁徙到汉中东部的城固一带。吴太伯、仲雍奔"荆蛮"，应该是投奔了当时在陕南城固一带的"句吴"族，然后有一千多户"句吴"人，被太伯、仲雍的义举所感动，因此追随太伯、仲雍到古代的矢地内，即今宝鸡市汧水上游的陇县境内建立了虞国。陇县南坡村和宝鸡市福临堡弓鱼伯墓发现矢氏族的矢伯、矢仲铜器（见下文），可以佐证虞国在今陇县境内。至于太伯、仲雍为什么要在汧水上游矢地内的陇县建国，那是因为汧水流域下游今宝鸡市区一带有其盟友"姜氏之戎"，其国君自称矢王。

汧水流域古代的地名称为"矢"[16]，虞国宗室以居地为氏名称矢氏族，所以江苏省原丹徒县出土的宜侯矢簋铭文记载，周康王改封虞国之君时，称其为"虞侯矢"。"虞侯矢"就是虞侯矢氏族的意思，"矢"是氏族名称。宜字或释为俎。宜与俎在古文字中是同一个字，前辈学者指出：此二字"初本同文，后以用各有当，因而分化"[17]。我们说"矢"是氏名，还有以下证据：

1974 年陇县曹家湾乡南坡村出土一批西周早期铜器，其中 M6：5 青铜戈，形制古朴，有"矢仲"二字，时代为周初武成时期，有人认为矢仲戈就是虞仲戈，并说："这件戈就是虞仲未分封到山西以前在陇县活动时的遗留。"[18]

1981 年宝鸡市纸坊头弓鱼伯墓两件矢伯鬲，铭文为"矢伯作旅鼎"[19]。于省吾《商周金文录遗》101 有矢伯甗，铭文为"矢伯作旅彝"。以上三件矢伯器，时代均为周初武成时期，是虞国之君周章制作的铜器。

1984 年岐山县青化乡出土一件矢叔簋，铭文为"矢叔作旅簋"，时代为西周中期[20]。

上述矢伯、矢仲、矢叔三支虞国宗室都称矢氏族，可惜过去都归入了矢王之国（简称矢国）。其实矢氏族属于虞国，在陇县境内，是一个诸侯国；矢国是"姜氏之戎"建立的一个方国，所以自称"矢王"，在今宝鸡市区贾村塬一带。虞国与矢国不是同一个国别。

传世的矢令彝、矢令簋铭文中有作册矢令，过去都误认为"矢令"是人名，但是按照金文通例，"矢"是氏名，"令"才是人名。矢令属于矢氏族的人，担任西周王室的史官"作册"。

1975 年 12 月，河南省襄县丁营乡霍庄村古墓，出土四件西周初期有铭文的青铜器，其中鼎、尊、卣三件铜器铭文中有一个字当时未能释出[21]。近年有学者将这三件铜器铭文释为："父辛夏矢"（鼎）、"夏矢作父辛宝彝"（尊、卣），并指出"这是西周初年，矢封于'夏'地的文字见证"，过去未能释出的是"夏"字[22]。

据《史记·吴太伯世家》记载，周武王灭商后，求太伯、仲雍之后，得周章，此时周章已是吴国之君，因而追封为诸侯，史称其国为西虞、西吴。又分封周章之弟虞仲于故夏虚的平陆县为诸侯，史称北虞、北吴。"夏矢"，是指故夏虚的矢氏族；"虞侯矢"，去掉"侯"字就是"虞矢"；"宜侯矢"，去掉"侯"字，就是"宜矢"。三个虞国（吴国）宗室都称"矢"，说明"矢"只能是氏名，而不可能是人名。

宜侯矢簋铭文中，虞字作"虞"，从虍从矢。《说文》云："虞，驺虞也。白虎黑文，尾长于身，仁兽也。从虍吴声。"巴族是崇拜白虎，以白虎为图腾的民族。虞国的国民有一千多家巴族"句吴"人，所以"虞"字从虍，表明其国民是巴人；虞国宗室的氏名为"矢"，所以"虞"字从"矢"，读"吴"声。由此可知，虞国、吴国的来历，都是因为其氏族名称"矢"字的读音而来。我们明白了"矢"为氏族名称，那么"虞侯矢"只能是虞国（西虞、西吴）宗室的矢氏族；"夏矢"只能是故夏虚的北虞、北吴宗室的矢氏族；"宜侯矢"只能是东南吴国宗室的矢氏族。

虞国宗室以居地称矢氏族，矢国之君以居地称矢王，说明"矢"是汧水流域的地名。那么古代汧水流域为什么称为矢地呢？"矢"字商代甲骨文作𢎨或𢎨，西周金文作𢎨或𢎨，《说文》解释为"倾首也"。许慎不识此字，因此解释错误。"矢"字头部不是人首的象形，正常的人头部都是直立在肩部以上，不会向左或向右倾斜，而瘿瓜瓜（甲状腺肿块）有长在颈部左边的也有长在右边的，所以"矢"字头部左倾或右倾，它是瘿瓜瓜病人的象形。

自古以来汧陇山中因为缺碘，瘿瓜瓜病患者甚多，过去流传的民谣说："咸宜、固关，瘿瓜拉三千，如若不信，东埂西埂为证。"咸宜、固关是两处关隘的名称，都在关山（陇山）。陇县出土矢仲戈的南坡村与东埂、西埂是临村，这一带过去瘿瓜瓜患者多。

《左传》襄公十四年说："将执戎子驹支，范宣子亲数诸朝曰：'来！姜戎氏！昔秦迫逐乃祖吾离于瓜州，……'。""姜戎氏"的原居地——"瓜州"，学者考证在汧陇，认为"瓜州"的得名，是因为古代汧陇山区有"瓜子"族，即傻瓜族[23]。考证"姜氏之戎"居住的"瓜州"在汧陇是正确的，但是"瓜州"的得名值得商榷。古代汧陇山区固然有"瓜子"族，但是瘿瓜瓜患者也不少。古代汧陇山区得名为"瓜州"，当是由于瘿瓜瓜病人多，所以"矢"字的头部作瘿瓜瓜的象形。古人以"矢"为汧陇一带的地名，突出了当地瘿瓜瓜病人多的特点，所以后来才有"瓜州"之名。

商王武丁时期的卜辞中，有不少征伐巴方的记载，例如：

> 贞令妇好从沚伐巴方，受有又？（《殷契粹编》1230）
>
> 癸丑卜，豆贞，王比奚伐巴方。（合集 811）
> 贞，我（登）人伐巴方。（合集 6467）

殷墟卜辞中的伐巴方，过去的研究者多认为是商人南下鄂西作战，现在看来，伐巴方的战争，有可能是发生在汉水上游的汉中地区，而且很可能是后来巴人参加武王伐商的历史原因之一。《华阳国志·巴志》说："周武王伐纣，实得巴、蜀之师，著乎《尚书》。巴师勇锐，歌舞以凌，殷人前徒倒戈，故世称之曰：'武王伐纣，前歌后舞'也。"《尚书·牧誓》中，武王在牧野举行的战前誓师动员大会上，提到参加武王伐商的西南西北八个少数民族，只有蜀没有巴，这是因为巴人弓鱼（句吴）族包括在"友邦冢君"之内了。武王灭商后封功臣谋士时，将弓鱼（句吴）之君的采邑，封在了今宝鸡市区清姜河流域，这就是在今宝鸡市区发现的西周弓鱼氏家族[24]。

太伯的建国本在宝鸡的吴山之下，那么吴国后来怎么又到了东南的江苏一带呢？1954年江苏丹徒出土的宜侯矢簋说：

> 唯四月，辰在丁未，［王省］珷（武）王、成王伐商图，遹省东或（国）图。王［立］于宜［宗土（社）］，南乡（向）。王令（命）虞侯矢曰："繇，侯于宜。锡鬯一卣、商瓚一□、彤弓一、彤矢百、旅弓十、旅矢百；锡土：厥川三□、厥宅邑三十又五、［厥］□百又四十；锡在宜王人□又七生（姓）；锡奠（郑）七白（伯），厥［夫千］又五十夫；锡宜庶人六百又□六夫。"宜侯矢扬王休，作虞公父丁尊彝。

铭文记载康王册命虞侯矢"侯于宜"，并赏赐鬯酒、弓矢、授民、授疆土。这是一篇记载改封诸侯的铜器铭文，宜侯矢本来称虞侯矢，改封宜地为诸侯，于是又称为宜侯矢，但是仍称他死去的父亲为虞公。虞是原来的国名，宜是改封后的国名。宜侯矢簋出土于江苏丹徒的西周墓葬，因此丹徒古代称为宜地应该没有多大问题。

《左传》昭公二十六年说："康王息氏，并建母弟，以藩屏周。"康王分封母弟为诸侯的情况尚不清楚，但是康王确实改封了几个诸侯国，除了改封虞侯为宜侯外，还改封了内服的王臣为邢侯（见邢侯簋铭文）[25]。虞国改封后，宜侯的封国应该在江苏的宁镇地区，到了春秋时期，"诸樊南徙吴"，其国都才迁至今苏州市。

关于"虞侯矢"与"宜侯矢"，唐兰先生曾认为"矢"是人名，可能是虞国之君周章，理由是"矢"与周章读音相近[26]。后来学者指出，"宜侯矢即周章之说并无真正可靠的依据"[27]。前文我们已指出"矢"是氏族名称，而不是人名。《史记·周本纪》记载武王灭商以后，"求太伯、仲雍之后，得周章，周章已君吴，因而封之"。既然武王追封了已君吴的周章，那么周章应该是武成时代的人，他死后的谥号当为虞公。《史记·吴太伯世家》说："周章卒，子熊遂立"，那么熊遂应该是成康时代的人，他与宜侯矢的时代相符，所以宜侯矢当是熊遂，而铭文中的"虞公"才是宜侯矢（熊遂）的父亲周章。

综上所述，可知商代晚期周太王古公亶父的长子太伯、次子仲雍（又称虞仲），从岐山之下的周原奔"荆蛮"，先是投奔了当时在陕西汉中洋县、城固一带的"荆蛮"句吴族。句吴族原本居住在湖北荆山地区，后来沿汉水北上迁徙到汉中地区，所以称其为"荆蛮"。太伯、仲雍投奔"荆蛮"后，自号"句吴"，就是自称为"句吴"族，"荆蛮"义之，有一千多家"句吴"族的人，拥立太伯在宝鸡市吴山之下的陇县建立了虞国。周武王灭商后，求太伯、仲雍之后，得周章，此时周章已是吴（虞）国之君，因此追封他为诸侯。周康王时，为了建立西周王朝的屏障，册命周章之子熊遂"侯于宜"，就是到宜地（江苏宁镇地区）为诸侯，赏赐他盟誓所用的鬯酒，并授民、授疆土。春秋时期，其国君诸樊将都城迁至今苏州市区。这就是吴太伯、仲雍奔"荆蛮"的过程。虞国、吴国其国名，都是来自于其国君宗室氏族名称"矢"的古代读音。

注释：

[1] 西北大学文博学院：《城固宝山——1998 年发掘报告》，文物出版社 2002 年，第 180 页。

[2] 西北大学文博学院：《城固宝山——1998 年发掘报告》，文物出版社 2002 年，第 183—187 页。

[3] 见《太平寰宇记》卷一百四十七、一百七十八。

[4] 唐金裕、王寿之、郭长江：《陕西省城固县出土殷商铜器整理简报》，《考古》1980 年第 3 期。

[5] 尹盛平：《西周的夒国与太伯、仲雍奔"荆蛮"》，《陕西省文物考古科研成果汇报会论文选集》，陕西省文物事业管理局 1981 年编印，第 133 页。

[6] 李伯谦：《城固铜器群和早期蜀文化》，《考古与文物》1983 年第 2 期。

[7] 尹盛平：《巴文化与巴族的迁徙》，原载《巴蜀历史·民族·考古·文化》，巴蜀书社 1991 年，第 256—259 页。

[8] 尹盛平：《略论巴文化与巴族的迁徙》，《文博》1992 年第 5 期。

[9] 赵丛苍：《城固、洋县铜器群综合研究》，《文博》1996 年第 4 期。

[10] 刘和惠：《荆蛮考》，《文物集刊》（第 3 期），文物出版社 1980 年。

[11] 齐思和：《中国史探研·西周地理考》，河北教育出版社 2000 年。

[12] 张筱衡：《散盘考释》，《人文杂志》1958 年第 3、4 期。

[13] 汉文帝时期的马王堆 3 号墓出土的帛书《战国策·燕策一》说："楚不出沮漳"，"秦不出商奄"。这说明楚国在沮、漳二水之间，秦人的老家在商奄，即今山东曲阜市一带。引自李学勤先生在大型历史文献纪录片《嬴秦帝国探源》开机仪式暨新闻发布会上的发言，莱芜嬴秦文化研究院等：《嬴秦文化研究》2014 年合刊，第 10 页。

[14] 饶宗颐：《说九店楚简之武墫（君）与复山》，《文物》1997 年第 6 期。

[15] 顾颉刚：《鸟夷族的图腾崇拜及其氏族集团的兴亡——周公东征史事考证四之七》，《古史考》第六卷《帝系的偶像》，海南出版社 2003 年，第 40 页。

[16] 卢连成、尹盛平：《古夨国遗址、墓地调查记》，原载《文物》1982 年第 2 期。又见尹盛平：《周文化考古研究论集》，文物出版社 2012 年，第 273—289 页。

[17] 于省吾：《泽螺居诗经新证》，中华书局 1982 年，第 173 页。

[18] 刘启益：《西周夨国铜器的新发现与有关历史地理问题》，《考古与文物》1982 年第 2 期。

[19] 卢连成、胡智生：《宝鸡夒国墓地》，文物出版社 1988 年，第 24 页。

[20] 庞文龙等：《陕西岐山近年出土的青铜器》，《考古与文物》1990 年第 1 期。

[21] 河南省博物馆：《河南襄县西周墓发掘简报》，《文物》1977 年第 8 期。

[22] 曹定云：《古文"夏"字考》，《中原文物》1995 年第 3 期；曹定云：《古文"夏"字再考》，北京大学考古学丛书《考古学研究（五）》，科学出版社 2003 年。

[23] 顾颉刚：《史林杂识初编·瓜州》，中华书局 1963 年，第 52 页。

[24] 尹盛平：《西周夒氏的族属及其相关问题》，《华夏文明（二）》，北京大学出版社 1990 年，第 121—134 页。又见尹盛平：《周文化考古研究论集》，文物出版社 2012 年，第 139—151 页。

[25] 详见尹盛平：《邢国改封的原因及其与郑邢、丰邢的关系》，原载《三代文明研究（一）》，科学出版社 1999 年。又见尹盛平：《周文化考古研究论集》，文物出版社 2012 年，第 426—436 页。

[26] 唐兰：《宜侯夨簋考释》，《考古学报》1956 年第 1 期。

[27] 李伯谦：《吴文化及其渊源初探》，《考古与文物》1982 年第 3 期。

木渎春秋古城就是文献记载中的吴大城[*]

——再论苏州城建于汉代

许　洁　钱公麟（苏州博物馆）

内容摘要：将苏州地区解放后的考古资料作综合梳理，从新石器时代至汉代，以图例方式将已发现的遗址、遗迹、墓葬等标明，以便明确先民移动的轨迹，结合对自然环境及文献资料的研究来论证木渎春秋古城就是文献记载中的吴大城。

关键词：木渎春秋古城　吴大城　苏州城

2010 年苏州木渎春秋古城被评为 2009 年的十大考古新发现，并被定性为都邑性质的春秋大城，那么它是否就是《越绝书》中记载的吴大城呢？而传统的看法都认为苏州古城就是吴大城，到底谁是谁非呢？本文依据历年的考古材料，并结合文献记载来进行论述，发表一些浅见，斧正于同仁。

一　考古实例中的吴大城与苏州城

我们试将苏州地区作为一个空间，将苏州城区地图以 A 区（图一）——苏州古城区即《平江图》所反映的城址，B 区（图二）——外围区域（除 A 区以外的姑苏区及园区、新区、吴中区、相城区、吴江区）两者作对比。将涉及与本文有关，解放以来半个多世纪中考古发掘、试掘、勘察的成果梳理一下，把这些先民遗留下的重要遗址、遗迹、遗物，按其内涵分成新石器时代、商代—西周、春秋、战国、汉代五个历史时期进行排列比对，将发现的遗址、遗迹、墓葬等遗存作为标识，全方位展示先民在各时期中移动的轨迹。这些考古材料不仅丰富苏州历史的史实，而且补充其不足，直接对苏州建城历史提供了新的佐证，使读者能一目了然地了解建

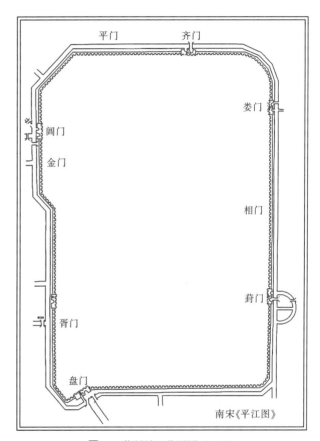

图一　苏州城区范围图（A 区）

城之历史条件和自然条件。

1. 新石器时代（图三）

A. 苏州城内：

平门遗址[1]，1956 年华东考古工作队在平门城墙内发现了新石器时代的石斧等遗存。

十全街遗址[2]，1960 年在葑门十全街发现新石器时代遗址，遗址总面积达 2000—3000 平方米，文化

　* 本文为 2016 年度姑苏宣传文化人才工程项目《早期吴文化研究——以出土文物为中心》的阶段性成果。

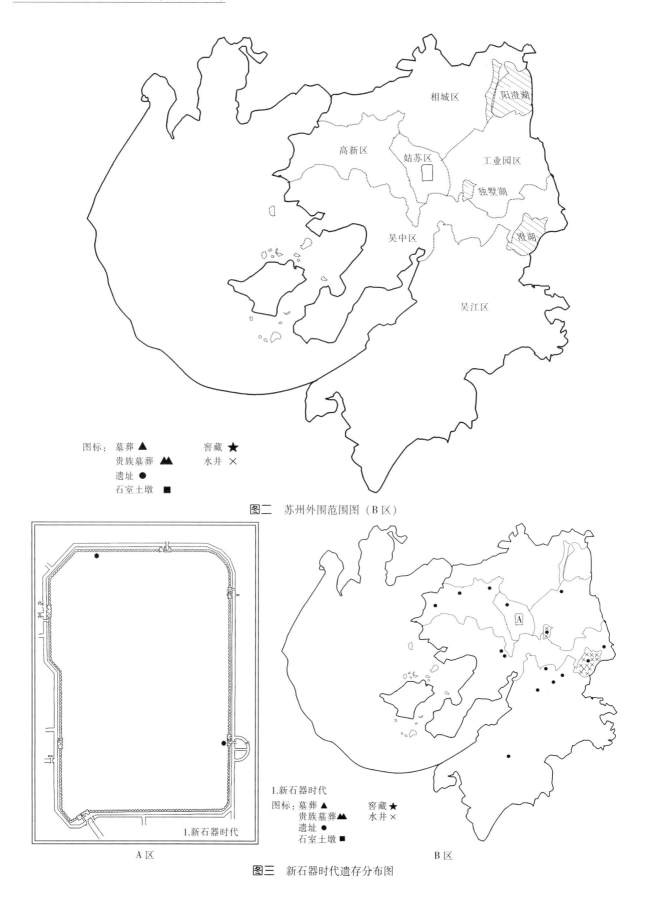

图标：墓葬 ▲　　　窖藏 ★
　　　贵族墓葬 ▲▲　　水井 ×
　　　遗址 ●
　　　石室土墩 ■

图二　苏州外围范围图（B 区）

1.新石器时代

A 区

1.新石器时代
图标：墓葬 ▲　　　窖藏 ★
　　　贵族墓葬 ▲▲　　水井 ×
　　　遗址 ●
　　　石室土墩 ■

B 区

图三　新石器时代遗存分布图

层厚 0.8—1 米。出土石斧 1 件、砺石 1 方，并采集到黑皮陶、夹砂粗陶、泥质红陶、几何印纹陶片等。

B. 苏州城外

草鞋山遗址[3]，位于园区唯亭镇东北 2 公里，距离阳澄湖 650 米。1956 年江苏省文管会在普查时发现该遗址，后进行多次调查，并在 1972—1973 年进行了两次发掘，遗址总面积 22.1 万平方米，文化堆积厚达 11 米，共分为 10 个文化层，从下至上依次叠压马家浜文化层、崧泽文化层、良渚文化层、吴越文化层、宋代文化层，并在草鞋山良渚文化层 M98 出土了玉琮、玉璧。1992—1995 年，中日合作《苏州草鞋山遗址古稻田研究》课题的野外项目，在草鞋山遗址中发现了马家浜文化时期的水田遗址。

独墅湖遗址[4]，位于园区南部，面积 4 万多平方米，主要遗迹有水井、灰坑等，其中古代水井 379 个，时间跨度从早到晚为崧泽文化时期、良渚文化时期、马桥文化时期、西周、春秋、战国、汉代、唐代、宋代。

茶店头遗址[5]，位于高新区高景山东北麓，东西长约 200 米，文化层厚度约 2 米，出土新石器时代陶片和少量石器。

张陵山遗址[6]，位于吴中区张陵山，下层为崧泽文化墓葬，上层为良渚文化墓葬，在良渚文化层 M1 中出土玉琮、玉璧。

龙南遗址[7]，位于吴江区梅堰镇龙南村西南，总面积约 4 万平方米，发现了新石器时代的河道、房址、各类灰坑、井等遗迹，表明这曾是一个完整的新石器时代的"依河而筑，隔河相望"的 5200 年前的江南水乡原始村落遗址。

广福村遗址[8]，位于吴江区桃源镇，遗址面积约 2 万平方米，清理出一批马家浜文化的房屋基址、灰坑、墓葬等，马桥文化的灰坑和水井。

袁家埭遗址[9]，位于吴江区梅堰镇，面积约为 6 万多平方米，上层出土大量良渚文化黑陶器、石器、骨器、兽骨、玉器等，并发现建筑残迹，下层出土青莲岗文化的红陶器、骨器、角器等，并发现以蛤蜊壳为地面的建筑遗迹。

同里遗址[10]，位于吴江区同里镇，总面积约 32 万平方米，文化层堆积厚度约 1.5 米，遗址中心区为崧泽文化时期的祭台和墓地。

郭新河遗址[11]，位于吴中区郭巷尹山村东的郭新河两岸，总面积达 60 万平方米，文化堆积约 1.5 米，发现了崧泽文化层、良渚文化层、商周文化层、唐宋文化层。

澄湖遗址[12]，位于吴中区车坊至淞南之间，1974 年第一次发现澄湖遗址，并清理发掘水井 150 多口。2003 年第二次发掘，确定了遗址的重点区域，总面积约 34 万平方米，合计发掘水井 402 个、灰坑 443 座、房址 3 座、水沟 3 条、池塘 1 个、水田 20 块，时间跨度从早到晚为崧泽文化时期、良渚文化时期、马桥文化时期、西周、春秋、战国、汉代、唐代、宋代。

越城遗址[13]，位于吴中区石湖之北，地处横山之下，面积约 18 万平方米，西、北两面残留有高 5 米的夯土城垣，为春秋末年的越城遗址。文化层可分为四层，自下而上为马家浜文化时期、良渚文化时期、西周至春秋、宋代。

彭家墩遗址[14]，位于苏州吴中区木渎，发现一处大型良渚文化墓地和红烧土台遗址。

张墓村遗址[15]，位于吴中区吴山岭下越溪河畔的张墓村，面积约 1.2 万平方米，文化层厚度超过 1 米，时代跨度从早到晚为新石器晚期、西周、春秋时期，出土夹砂陶片、泥质陶片及印纹硬陶片。

另外还有九里湖遗址[16]，位于吴江；华山遗址[17]，位于浒墅关镇西北约 2.5 公里；金鸡墩遗址[18]，位于虎丘山西约 100 米处；虎山遗址[19]，位于光福镇北虎山桥的北面，上述都是以新石器时代文化为主的遗址。

2. 商—西周（图四）

A. 苏州城内：暂无发现。

B. 苏州城外：

龙南遗址，同前，第三、四次发掘的房址为干栏式建筑，年代较良渚文化遗存晚。

越城遗址，同前。

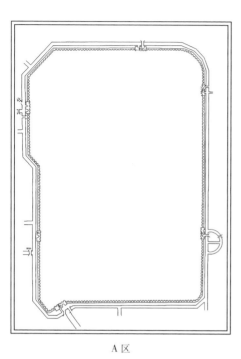

A 区

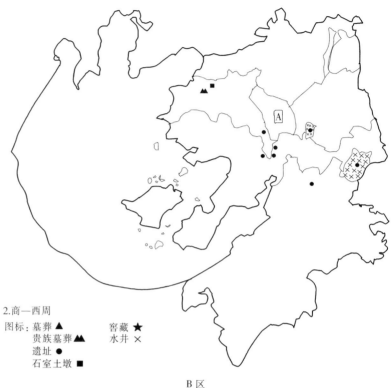

2. 商—西周

图标：墓葬 ▲　　　　窖藏 ★
　　　贵族墓葬 ▲▲　　水井 ✕
　　　遗址 ●
　　　石室土墩 ■

B 区

图四　商—西周遗存分布图

张墓村遗址，同前。

澄湖古井群，同前，发现商周古井群。

独墅湖古井群，同前，发现商周古井群。

星火遗址[20]，位于新区横塘镇，该遗址在运河拓宽工程中发现，自下而上为商代文化层、西周、春秋、战国时期文化层、黑炭层、汉唐文化层，出土了上述各时期的遗物。

上方山六号墩[21]，位于新区上方山楞伽寺塔西一公里处，土墩东西径42米、南北径28米、高7.15米，墩内石室出土几何印纹陶器、原始青瓷器等大量西周器物。

俞墩土墩墓[22]，位于苏州高新区西部的阳山东麓，俞墩属于一墩多墓型土墩墓，共发现墓葬7座、器物群1处及大量的随葬器物。7座墓葬时代为西周、春秋时期，其中M6为西周中晚期的竖穴岩坑墓，是土墩中心位置的大型墓葬，报告认为是高等级的贵族大墓。

馒首山土墩墓[23]，位于苏州高新区科技城东渚

镇西北，馒首山土墩为一墩二墓，时代分别为西周中晚期和西周早期，报告中认为是苏州迄今发现最早的吴国早期墓葬。

3. 春秋时期（图五）

A. 苏州城内：

1975年，葑门附近河道在疏浚过程中，在距地表1.4米的圆形土穴中发现青铜兵器和工具共17件，包括剑2、镞2、镈1、斤2、镰4、锛4、锄1和铚1件，其周围未见其他遗物遗迹[24]。

1977年，在东北街新苏丝织厂距地表1.5米的淤泥中出土青铜鼎一件，鼎口盖一红陶缸，鼎内盛放青铜锛、锄、镰、斤、矛及镞等共计56件，周围没有发现其他遗迹[25]。

1986年，在相门内仓街距地表1.8米的淤泥中发现青铜窖藏，这里原先是城内河，这批铜器就出于内河的灰黑色淤土层的底部，包括编钟3件、鼎1件、三足盘1件、罍1件、瓿1件、器盖1件、鉴1件、剑1件，共计10件。出土时，编钟盛放在铜瓿

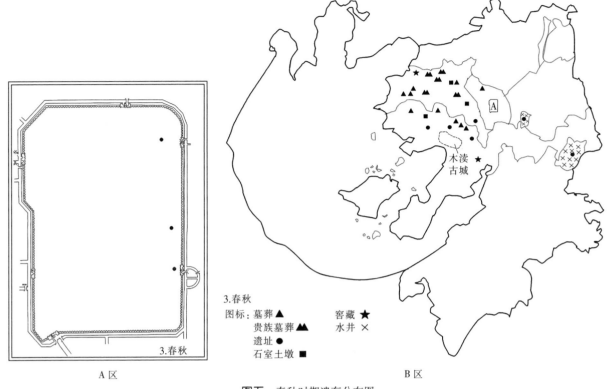

3.春秋
图标:墓葬 ▲ 窖藏 ★
贵族墓葬 ▲▲ 水井 ×
遗址 ●
石室土墩 ■

A 区　　　　　　　　　　　　B 区

图五 春秋时期遗存分布图

中,铜鼎被叠压在铜鉴下,铜剑出自铜鼎中,其余皆无规律地散放在周围,且周围无其他遗迹遗存[26]。

B. 苏州城外:

越城遗址,同前。

张墓村遗址,同前。

俞墩土墩墓,同前。

星火遗址,同前。

澄湖古井群,同前,发现春秋古井群。

独墅湖古井群,同前,发现春秋古井群。

木渎古城遗址[27],自 2009 秋至 2010 年秋,在苏州西部山区进行了大规模的考古调查和发掘工作。工作区域位于苏州市的西南部、太湖的东北侧,包括苏州市吴中区木渎镇、胥口镇和穹窿山风景区 3 个乡镇的部分地区。此区域包括灵岩山、大焦山、天平山、天池山、五峰山、砚台山、穹窿山、香山、胥山、尧峰山、七子山等山脉,以及由这些山脉所围成的山间盆地。与古城址有关的主要发现为五峰村北城墙、城壕遗存,新峰村南水门遗存,东、西

城墙遗存,合丰小城。木渎古城址呈不规则状,城墙大致沿盆地边缘分布。城墙外侧均有护城河等水面遗存,城内尚存土墩遗址 235 处,密集地分布在五峰、新峰、廖里和合丰村几处。南北两道城墙之间相距约 6728 米,东西城墙遗迹相距约 6820 米,古城总面积超过 24 平方公里。可以初步认定木渎古城是一座春秋晚期具有都邑性质的城址。

真山 D9M1 大墓[28],位于新区浒关、通安镇交界处,D9M1 位于真山主峰,是真山墓葬群范围内发现最大的一座东周贵族墓葬,东西向,长 13.8 米,最宽处为 8 米。墓底较平整,有二层台,封土台东西直径 70 米,南北径 32 米,封土外观高达 15 米而墓底到顶部为 8.3 米。棺木等级高,为七棺二椁,出土大量精美玉器,包括完整的玉敛葬饰品,报告推测此墓为吴王寿梦之陵。

真山 D33M1[29],位于真山北麓。土墩直径 30 米、高 3 米。土墩内用大小不一的石块垒成长方形"内郭"作为墓室;其外围东西长 13、南北宽 9.3

米，内径东西长7.2、南北宽6米，最高处1.8米。主墓破坏殆尽，内不见葬具印痕及随葬遗物。在"内郭"的东北角与西北部各有一个器物坑，保留尚完整。封土与器物坑内共计出土器物62件，有印纹硬陶罐、原始瓷罐、豆、陶鼎等，报告认为该墓为一座春秋中晚期的大型贵族墓葬。

严山窖藏[30]，位于苏州新区，阳山之麓，在一个长2米、宽115米的略呈长方形的土坑内出土遗物402件，其中软玉器204件，其余为玛瑙、绿松石、水晶器和玻璃器。主要种类有璧、环、璜、琮、镯、管、珠等，玉质好，等级高，其时代属春秋时期，报告中认为是吴国王室玉器，也有文章认为其是吴王夫差之陵寝。

金山浜遗址[31]，位于新区木渎金山乡南浜村，从金山南麓一直伸延到南浜村以南，东面1公里为狮子山，总面积达20万平方米。

阳宝山土墩墓[32]，位于新区严山东南面，发现土墩墓一座，有东西长60米、南北宽40米的封土，从墓底到封土顶高约9米，墓室西端有长19.7、宽3.6米的墓道，随葬遗物大部分被盗掘，仅残原始瓷碗12件、罐1件、印纹陶罐3件、绿松石珠30颗和玉管1件以及青铜凿1件，报告中认为该墓是春秋时期贵族墓葬。

獾墩春秋大墓[33]，"獾墩"当地又称猪獾墩，位于苏州高新区东渚镇南山村大宅上村，獾墩墓葬规模较大，土墩直径在30米左右，封土厚3米左右。墓坑内随葬器物除被盗掘外，还遭炸山破坏，残剩的除原始瓷器残片外，还有黑皮陶纺轮、玛瑙管、玉扣状饰、绿松石珠、绿松石镶嵌片饰等，报告中认为是春秋时期贵族墓葬。

鸡笼山石室土墩群[34]，位于高新区通安镇树山村东鸡笼山山脉上，鸡笼山山脊上共分布有土墩11座，大部分为石室土墩。其中D1最大，位于西侧主峰上，D1中有石室土墩墓，编号D1M1。该墓由石室、甬道、通道、外围挡土墙、封土等组成，D1M1结构考究且形制硕大，石室内已被多次盗挖，所残剩印纹陶罐，原始瓷碗、盂，夹砂红陶釜等残器外，

还出土玉璜、玉玦、玉坠饰、玛瑙块、绿松石珠、管饰件、水晶饰件等玉石器200余件，报告认为应该是贵族墓葬。

树山春秋墓葬[35]，位于新区树山，与鸡笼山D1M1相对，土墩内发现一被破坏的残墓，东西长9米、南北宽6米，出土印纹陶瓮、罐以及大量印纹陶碎片等，报告中推断为春秋贵族墓葬。

同公湾小山墓葬群[36]，位于新区东渚镇，严山西南面，共发现墓葬10座、祭祀坑2个、灰坑2个，出土器物有印纹陶瓮、罐、泥质陶罐等。在这10座墓葬中，除M2稍大并有2个器物坑外，其余墓葬规模都不大。报告中认为从墓葬的埋葬方式与出土器物分析，同公湾小山为春秋早期到春秋晚期的家族墓地。

庄里山石室土墩群[37]，位于新区庄里山，同公湾小山南部，在山顶山脊上分布有石室土墩8个，石室土墩大小都在10—15米左右，报告中认为其时代为春秋时期，作用可能是与防守有关。

大墩东周墓[38]，位于新区严山北面，为一处长方形覆斗状土墩，发现东周墓葬3座，出土印纹陶罐，泥质陶鼎、罐、豆、盆、原始青瓷盖碗等30多件器物，报告认为是春秋时期墓葬。

乌墩土墩石室墓[39]，位于大墩南面，在石室内出土的22件器物中，有两组原始瓷碗排列呈梅花状，分别放置在石室中部与后壁处，在石室后壁处还发现面积1平方米左右的漆皮，推测为棺木漆皮，据此可确定该遗存性质为春秋时期土墩石室墓。

观音山土墩墓群[40]，位于苏州新区，紧邻木渎春秋古城，发现土墩29座，编号D1—D29。D1位于山的北端，墓口上用大小不一的石块垒成南北长12米、东西宽10米的"石郭"，在墓坑外西北侧发现器物坑1座，出土器物21件，有原始瓷碗、豆、盂、印纹硬陶罐、泥质印纹陶罐、泥质陶罐、盆、纺轮、青铜片。报告推测墓主可能为东周时期贵族。

何山东周墓地[41]，位于苏州城西枫桥镇何山西南山麓下。墓内出土铜器和原始青瓷一共35件，出土青铜器有鼎、盂、簋、缶、匜、盘、戈、矛、镞

及车马器等。据陪葬品，可知墓主人等级较高。其中青铜提梁盉肩部有篆书铭文"楚叔之孙途为之盉"，报告认为墓主人可能为楚国贵族。

横山土墩墓群[42]，位于新区横山山麓，编号D1—D21，对D1M1进行抢救性发掘。墓葬早期被盗掘，依据墓葬填土中出土的印纹陶片等，判断其年代为春秋时期。

上方山石室土墩群[43]，位于新区上方山，调查发现石室土墩19座，分布在海拔74—163米的山脊上，直径6—30米、高2—5米不等。对D2、D6进行抢救性发掘，石室内共出土器物29件，其中原始瓷器22件，有瓿、罐、簋、豆、壶、盂以及器盖等，还有印纹硬陶坛、罐等。报告认为是春秋时期石室土墩。

虎丘东周墓[44]，位于虎丘新塘村，在一座高出地面3米左右、当地称"千墩坟"的土墩内发现该墓，葬具为独木棺，棺前约6厘米处出土铜鼎2、铜壶1、铜豆1、铜盂1、铜鉴1、铜匜1件等。

前珠村东周青铜器窖藏[45]，发现于吴中区越溪前珠村东部的圩田内，在距离地表约30厘米深的淤土层中发现，出土剑1、镰1、耨1、凿1、削1件，报告认为是春秋时期的铜器窖藏。

灵岩山苗圃遗址[46]，位于吴中灵岩山南麓的苗圃内，面积达1万多平方米。文化层在地表下50厘米，出土遗物有编织纹釉陶、方格纹硬陶、泥质和夹砂陶片等，时代为春秋时期。

五峰山、借尼山土墩石室[47]，位于吴中区，一共发掘24座土墩石室。

4. 战国时期（图六）

A. 苏州城内：

钟楼村遗址[48]，位于苏州大学天赐庄校区，面积4万多平方米，出土遗物以几何印纹硬陶片为主。

苏州公园遗址[49]，位于五卅路以东，遗址位于公园内北面的一个大土墩上，土墩东西长72米，南北宽5米，高3米，采集遗物以印纹硬陶为多，也有泥质灰陶的豆把、纺轮等。

盘门三景遗址[50]，面积达1000平方米，文化层分为4层，从下至上为战国、汉代、唐代。

平四路垃圾中转遗址[51]，明确其最下层时代应为战国至汉代。

娄门段城墙发现叠压在战国灰坑上的城墙，并在齐门段城墙基础部分出土了战国时期的陶片；振亚厂城墙下发现了战国时期的灰坑及遗物；原阊门北城墙范围内发现了战国井；另察院场、南园等地，都有零散的战国遗物发现。

B. 苏州城外：

澄湖古井群，同前，发现战国古井群。

独墅湖古井群，同前，发现战国古井群。

西塘河遗址[52]，毗邻苏州城南，面积广大，约为2万平方米，文化遗存分布在西塘河沿岸农田中，在开挖西塘河的水利工程中发现古井200余口，并出土大量印纹硬陶器、黑衣灰陶器等，为战国时期大型遗址。

长桥新塘战国墓地[53]，位于苏州城南3公里，处在西塘河遗址西南侧，是西塘河遗址的延伸，共清理十座战国墓葬。

小真山战国墓地群[54]，位于新区浒关、通安镇交界处，其D1、D2、D3、D4是战国贵族墓葬群，D1M1出土了"上相邦玺"之印，报告中认为是战国时期春申君家族墓地。

华山战国墓地[55]，位于新区华山，东南面与真山相对，共发现15个土墩，对华山D15抢救性发掘，清理发掘战国晚期墓葬3座。华山D15M5，竖穴式墓坑，墓口南北长3.4、东西宽2.8、深1.5米，平面呈"甲"字形。出土器物29件，主要为陶器，有鼎、豆、钫、壶、匜、盆，以及陶郢爰、陶俑头以及铜镜、玉璧等。D15M7共出土器物30余件，除有陶礼器鼎、豆、壶以外，还出土青瓷器、铜器与玉器。其中青瓷提梁盉与青瓷带盖豆为同类器中的精品。此外，还出土1件玉带钩，纽部为刻有"赵"字人名的印章，伴随出土铜器5件，盆、耳杯、镜等以及铜"砝码"7件。报告认为华山墓地为大型贵族墓地。

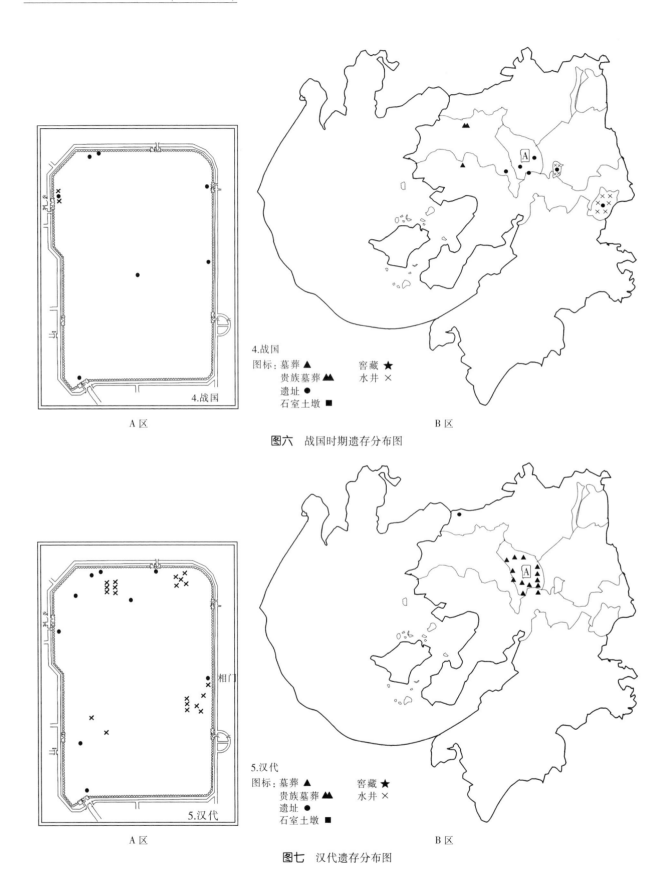

4.战国

图标：墓葬 ▲　　窖藏 ★
　　　贵族墓葬 ▲▲　水井 ×
　　　遗址 ●
　　　石室土墩 ■

A 区　　　　　　　　　　　　　B 区

图六　战国时期遗存分布图

5.汉代

图标：墓葬 ▲　　窖藏 ★
　　　贵族墓葬 ▲▲　水井 ×
　　　遗址 ●
　　　石室土墩 ■

A 区　　　　　　　　　　　　　B 区

图七　汉代遗存分布图

另有新庄遗址、陆家村遗址、青旸地遗址、蒋园遗址等，都发现了战国时期的遗物、遗迹及遗存。

值得一提的是鸿山贵族墓地[56]，位于无锡锡山区，虽然行政区划为无锡地区，但鸿山遗址亦介于苏州北部，南入相城区，分布有土墩50余座，其中邱承墩等级最高。

5. 汉代（图七）

A. 苏州城内：

解放后，由于城市建设需要、拆城墙、拓马路，大部分城墙遭到破坏，一部分城墙变成了防空洞，所以抢救性发掘从未停止过，到了2012年、2013年，由于重建需要，对于剩余城墙又进行了勘查及抢救性发掘。城墙屡毁屡建，早期建城墙是因地制宜，沿线遇土台、高地则利用，遇池塘、水井、灰坑、地基等遗迹、遗存则在其上堆筑为之。重修时，土墙则堆筑夯实成形而已，砖墙则外裹砖石内填土夯实即可。以北面城墙为例，上述新石器时代的平门遗址，即利用土台遗址作为城墙。

盘门三景遗址，同前。

在平四路垃圾中转站发现汉代城墙[57]，而大部分城墙内均发现大量的六朝墓葬和遗物，如平门西塘口城墙发现三国时期的砖室墓；平门以西的基建中发现由17层夯土所筑的早期城墙上叠压着36座六朝墓[58]。城东振亚厂城墙段发现战国灰坑和汉代陶片。另在阊门、北码头、四摆渡、齐门等城墙范围内均发现六朝墓葬而在这些城墙下零星发现了战国时期的遗迹、遗物。其中，在齐门城墙中出土汉代陶罐、瓮、残铜弩机和六朝青瓷罐、青瓷盂、瓶、钵、四系壶、四系钵及陶网坠，并在其城墙中发现夯土层，内含汉代陶片[59]。

相门古水门遗址，在城东相门疏通河道时，在原相门大桥西堍南侧28米处发现古水门遗迹。遗址长14米、宽8米。整个遗址几乎全部是用原木和大型木块平放堆筑而成的。水门基础由纵横交叉的楠木块堆筑而成，并且经过对水城门的基础碳-14法测定后，如水门第二层木基础的坚木榫钉楠木，距今约2000年（1900±100年，实验室编号BK88088）；古水门门臼下

的垫木楠木，距今约2000年（2135±80年，实验室编号为BK88089）。这些都说明了相门水门的建筑年代应该是汉代[60]。

道前街遗址，从人民路以西到胥门以东长达1000米，宽10米，出土汉、六朝、唐宋遗物，且汉代文化层叠压于生土层之上；东吴丝织厂遗址，面积约300平方米，文化层分三层，厚达5—6米，出土汉、六朝、唐宋时期遗物；铁路中学遗址，位于城西北，发现大量汉代以来的遗物，出土汉代灰陶高柄盘、釉陶小盂底、宽沿灰陶缸、灰陶灯底座、几何印纹硬陶片等，夹砂陶表面饰绳纹的陶井圈及筒瓦、板瓦等残片[61]。

汉井，数量众多且范围几乎遍布全城。

B. 苏州城外：

汉墓大多分布于苏州城外，星罗棋布于城外各处，有新庄徐福墓地、破房墩墓地、大小真山汉墓、娄葑镇高山墩、天宝墩、青旸墩、长央坟、横塘镇凤凰墩、鸳鸯墩、双桥墓地、冶金厂墓地、虎丘长凳坟、新庄墓地、高邮墩、王妹妹坟、长青孙坟头、白杨湾墓地等，零星小型汉墓更是难以计数[62]。另有望亭上下月城遗址等小型遗址分布。

另外上述的早期遗址都有一些汉代遗存，在此不一一赘述。

二 自然环境中的吴大城与苏州城

纵观上述及图例标识，反映了苏州城建城之前先民活动的轨迹。

我们首先从自然环境叙述，上述内容充分说明了古代的自然环境和现在的情况存在着较大的差异，地形地貌并非完全一致，特别是澄湖、独墅湖遗址中发现的先民生活必不可少的标志物——井，其时间跨度从新石器崧泽文化一直延续到宋代，这些数以千计的井表明了这一历史时段的先民们生活的遗存，说明这两处湖泊在宋代以前应当是先民居住的村落。

从整个地形地貌看，苏州市处在西高东低的地形中，西部以丘陵为主，高度一般均在200米以下。

丘陵地带以东，分布着山麓的冲积扇所形成的土墩、高地、沼泽、河塘。处在这一区域的苏州城，也是如此。我们从《最新苏州市全图》（吴县高元宰编著，苏州小说林书社，民国十六年（1927 年）发行）中还能清楚地看到分布在城内各处的土墩、高地、池塘、洼地，随着市政建设的推进，大量的土墩、高地、池塘、洼地逐年地消失，形成了当今繁荣的市井风貌。当然我们从历代的文献、地图、档案中也能找到变化的蛛丝马迹，而通过对城市的考古发掘，勘探，从地层学、器物学进行分析研究，更能清晰地了解在各时期发生的变化。

所以我们研究历史问题，一定要站在历史唯物主义的立场上，进行分析、判断，千万不能用今天之所见所闻来复原历史，更何况去复原 2000 多年前的历史原貌。

三 聚落的形成与发展

从新时期时代开始，先民从定居到农业、制陶业、磨制石器等一系列活动，逐渐形成了以血缘关系为纽带的组合体，从草鞋山遗址、越城遗址、桃源遗址的发掘，充分说明在 6000—7000 年前，苏州先民已经扎根于东南部，绵延不息，在这宜居的地方生息繁衍，尤其在龙南遗址中发现了 5200 年前的"数间茅屋水边村"的具有江南水乡特色的早期村落。更有代表文明之光的良渚文化玉礼器——琮、璧、钺，首先在草鞋山遗址良渚文化 M198 中发现，后又在张陵山遗址良渚文化 M1 中出土。这充分反映苏州东南部是先民结集的最佳区域。这其中还包括独墅湖遗址、澄湖遗址、同里遗址、九里河遗址、郭新河遗址、袁家埭遗址等。同时在西部山区也有少量遗址发现，如高景山茶店头遗址、越城遗址等。在苏州城内也发现了平门遗址和十全街遗址，其文化层和出土物，与前者不可同日而语，出土物以少量石器和陶片为主。

为什么会出现这样的现象呢？上述的自然环境最能回答这个问题。新石器时代，先民以种植水稻和渔猎经济为生，东南部地势平坦、河湖纵横，而西北部以丘陵土墩高地为主，不适宜群居，也不适宜种植水稻等农作物，对聚落的形成没有适宜的条件。反之，东南部却是另一番景象，如草鞋山遗址早期水田的发现，包括上述很多遗址中大量的出土物都证实了这一点，在新石器时代聚落都集中于苏州东南部。

而到了商周时期，却逐渐发生了变化，部分先民在早期遗址中继续生活着，而重点却在向西部山区转移，原来少量发现新石器时代遗址的西部山区，出现了较多的这一时期的遗存，沿太湖的上方山、七子山、清明山、胥山等，有着数以百计的石室土墩，另在其周围的新郭小河上遗址、横塘星火遗址，都反映了下述历史事实："太伯奔荆蛮，自号勾吴。荆蛮义之，共立以为勾吴。数年之间，民人殷富。遭殷之末世衰，中国侯王数用兵，恐及于荆蛮，故太伯起城，周三里二百步，外郭三百余里。在西北隅，名曰故吴，人民皆耕田其中。"而苏州城西部山区，也应是其三百余里的外郭范围内。

而在苏州城范围内，目前尚未发现这一时期的遗址、遗迹或遗物。这一时期的遗存现象充分说明了，由于勾吴的建立，以地方方国为中心的聚落的形成，"王公设险以守其国"，以山川而为之作天然屏障，是这一时期作都城的基础，而西部山区有着得天独厚的地理优势，到了春秋时期，木渎古城的出现完全印证了这一事实。

以木渎古城为核心的这一区域，为群山环抱，东南处有越城、吴城对峙，吴城后接上方山、七子山、清明山、尧峰山、古称横山，临吴控越。灵岩山背依天平山、五峰山，而五峰山与穹窿山相吻。其间更有河泊纵横，滨太湖，扼要冲，山环水抱，形成一处环状的半封闭式的天然屏障。在其周围分布着大量两周时期聚落、墓葬，其西北是由大真山墓地、獾墩墓地、观音山墓地、树山墓地等一批吴国贵族墓葬形成的王陵区。更有横山墓葬群、五峰山土墩石室、乌墩土墩石室等大量土墩石室环绕，亦有严山王室窖藏，这一时期的聚落中心无疑就是木渎古城，从目前发掘的成果看，被认定为具有都邑性质的春秋大城。

而同时期的苏州城内仅发现了三处青铜器遗迹，都只是窖藏形式的遗存，二者不可同日而语，怎么可能是都邑性质的遗址呢？

春秋之际，吴越、吴楚战事纷繁，越筑越城以攻吴，吴筑吴城以对垒，以山川为天然屏障，木渎古城无疑是具有最佳地理优势的都城。随着越灭吴，毁城，楚灭越，春申君使其子为假君治吴十年，在古吴墟作城。这时木渎古城的都邑中心地位逐渐消失，战国时期的大量遗址、遗迹在苏州这片土地上重新布局，各处开花。

目前发现战国时期最大的遗址应为西塘河遗址，其面积广大，南北长2000余米，在开挖西塘河的水利工程中发现古井200余口，并出土大量印纹硬陶器、黑衣灰陶器等。从目前的考古发现综合来看，西塘河遗址与其四周遗址都应有关联，南和长桥战国墓地相接，北和盘门三景遗址相吻，东和青旸地遗址相连，可见是一个规模较大的聚落地。

而此时苏州城内这块静悄悄的地方也出现了多处人类活动的遗址、遗迹和遗物。如盘门三景遗址、大公园遗址、钟楼村遗址、平门遗址、玄妙观遗址……尤其是在后期的城墙下，发现了不少的这时期的遗存，如振亚厂城墙下，发现了战国时期灰坑；平门以西的城墙下发现战国地层，有这一时期的几何印纹陶片、井、夯面；娄门、齐门之间的城墙下也发现了战国灰坑。这说明，越灭吴后，山民也选择了山麓冲积扇的地域生活，尤其以西塘河遗址为中心的地区是目前发现的这时期最大的聚落地。

当然在苏州城外，也分布着众多的战国遗存，如西塘河遗址、小真山战国墓地、华山战国墓地等。

另外毗邻于苏州相城的鸿山遗址，鸿山大墓是楚败越，越王翳重入吴后，八代越王之墓地。

汉代，秦汉大一统，时过境迁，从图例中反映出了另一番景象，苏州古城不管从城墙到城门，还是从城内满布大小遗址、遗迹，更有从汉井到城外四周的各个汉墓群。与城外的遗存、遗迹相比较，都充分说明这时的聚落中心无疑是苏州城莫属。

四 文献中的吴大城与苏州城

关于苏州城与吴大城的论述文章甚多，但具有历史价值的文献史料相对不多。对研究苏州城，文献史料自然首推南宋绍定二年（1229）绘刻而成的《平江图》，是目前发现最早的苏州城实录，也是最能反映古代苏州地域形制的地图。根据《平江图》，宋代平江城南北长约4.5公里，东西宽约3.5公里，城垣周长约16公里，呈长方形，城墙略有屈曲。开设阊、盘、娄、齐、葑5座水陆城门。整座城市被外城河环抱，城墙内有护城壕。城内布局严整、规范，有水陆两套交通系统，形成了双棋盘形的格局。城内河道交叉纵横，计有20条主要河流，其中6条河流纵贯南北；14条河流横越东西，据图估测，总长度约82公里。城内有20条大街，最著名的是纵贯南北的交通要道"大街"（今人民路）。在骨干陆道上又派生出众多的坊、巷和里弄，全城计有61个坊，264条巷，24条里弄。平江城内设有"子城"，位于城中央略偏东南，为平江府衙署所在地，是一府的政治、军事中心。平面呈长方形，四周筑有城墙，墙外有城濠环绕。

所以要探索和研究苏州城与吴大城是不是同一个城址，只要研究《平江图》的前身是否是吴大城即可，至于在《平江图》之后发表的各种见解，几乎都以《平江图》为模板，不免雷同，在此不一一赘述。这样使我们研究文献史料相对更集中、方便，更可追根溯源，顺藤摸瓜。

北宋朱长文所著《吴郡图经续记》[63]，无疑是早于《平江图》的，它是如何介绍的呢？上卷《封域》云："吴自泰伯以来，所都谓之吴城，在梅里平墟，乃无锡县境。及阖庐立，乃徙都，即今之州城（指苏州）是也。"在其卷上《城邑》中却又有另外一种见解："而流传吴之古都在馆娃宫侧，非也。"此书论述无疑告诉了我们在《平江图》之前对吴故都就有两种意见：一，当然就是《平江图》为准；二，位于馆娃宫侧，也就是现在的木渎灵岩山旁，因馆娃工位于灵岩山顶，而灵岩山则是木渎的标志。

那么我们将这两种观点继续向前追溯，唐代陆广微撰《吴地记》[64]："阖闾城，周敬王六年伍子胥筑。大城周回四十二里三十步，小城八里二百六十步。陆门八，以象天之八风；水门八，以象地之八卦。……西阊、胥二门，南盘、蛇二门，东娄、匠二门，北齐、平二门。"

寻源到东汉，赵晔《吴越春秋》[65]，其描述的吴大城，《阖闾内传·第四》云："子胥乃使相土尝水，象天法地，造筑大城。周回四十七里，陆门八，以象天八风，水门八，以法地八聪。筑小城，周十里，陵门三。"

最为翔实者，无疑为东汉袁康、吴平所辑《越绝书》[66]，其介绍《越绝外传记·吴地传第三》曰："阖庐之时，大霸，筑吴越城。城中有小城二，吴大城，周四十七里二百一十步二尺。陆门八，其二有楼，水门八。南面十里四十二步五尺，西面七里百一十二步三尺，北面八里二百二十六步三尺，东面十一里七十九步一尺。阖庐所造也。吴郭周六十八里六十步。吴小城，周十二里。其下广二丈七尺，高四丈七尺。门三，皆有楼，其二增水门二，其一有楼，一增柴路。"

上述史料是研究苏州城与吴大城最经典的几部著作，尤其《越绝书》无疑是叙述吴大城内容最为翔实的一部文献。当然从《吴郡图经续记》中传达了两种向左的观点，一者谓吴大城就是苏州城，另一谓吴大城位于馆娃宫侧。但是按照笔者判断，两者孰对孰错很简单。一来，《平江图》绘刻于公元1229 年，这是苏州城的实录，是文献著述所不能比拟的。另外，反映吴大城的内容，当数越绝书，是迄今为止所见记载吴大城最为详尽的一部文献。

那么《越绝书》所描述的吴大城与《平江图》中记载的苏州城是否是同一座城呢？

首先看形制，吴大城是一个大规模的城址，东十一里七十九步一尺，南十里四十二步五尺，西七里百一十二步三尺，北八里二百二十六步三尺；《平江图》中的苏州城，略成长方形，南北长约 4.5 公里，东西宽约 3.5 公里。再者，吴大城内，城中有小城二，一为吴小城，另一为伍子胥城，而《平江图》之苏州城内设"子城"。

我们再研究一下吴大城的城郭形制，如果将《越绝书》上所叙述的东南西北城墙总长度相加（以周制 360 步 = 1 里，6 尺 = 1 步折算）其和为三十七里、一百六十一步。而吴大城周四十七里二百一十步二尺，二者之差为十里四十九步二尺，有些学者认为是历代文献之笔误，是古"三"误添一笔为三，但其"里""步""尺"，三数均错，难道也是笔误吗？如此简单之算术，岂能误差，定有他因。实三十七里一百六十一步为边长是以直线距离计，而实际之城郭为曲线组合之不规则形状，如平门到蛇门，十里七十五步。

所以，《平江图》所代表的苏州城和《越绝书》中描述的吴大城完全是不同形制的两座城。也就是说《吴郡图经续记》中所述"流传吴之古都在馆娃宫侧"的确是事实，是和考古发现中的木渎春秋古城吻合的。而《越绝书》中所描述的吴大城与木渎春秋古城也确是同一城池。

五 结语

综上所述，以考古实例为图例展示及介绍并以文献资料加以佐证，进一步阐明了春秋时期伍子胥所筑吴大城就是木渎春秋古城，而苏州城应建于汉代。

至于无锡阖闾城，无论从规模、内涵上和文献记载的吴大城皆风马牛不相及，而且在它地理范围内的考古实例也无法证明其是具有都邑性质的城址。

注释：

[1] 南京博物院：《苏州市和吴县新石器时代遗址调查》，《考古》1961 年第 3 期。

[2]《苏州城区古遗址的调查与发掘》，苏州博物馆待刊稿。

[3] 南京博物院：《江苏吴县草鞋山遗址》，《文物资料丛刊》第 3 辑，文物出版社 1980 年。

[4] 朱伟峰：《独墅湖遗址发掘报告》，《苏州文物考古新发现——苏州考古发掘报告专辑（2001—2006）》，古吴轩出版社 2007 年。

[5] 姚勤德：《江苏吴县高景山茶店头新石器时代遗址》，《考古》1986 年第 7 期。

[6] 南京博物院：《江苏吴县张陵山遗址发掘简报》，《文物资料丛刊》第六辑，文物出版社 1982 年。

[7] 苏州博物馆、吴江县文物管理委员会：《江苏吴江龙南新石器时代村落遗址第一、二次发掘简报》，《文物》1990 年第 7 期；《吴江梅堰龙南新石器时代村落遗址第三、四次发掘简报》，《东南文化》1999 年第 3 期。

[8] 苏州博物馆、吴江市文物陈列室：《江苏吴江广福村遗址发掘简报》，《文物》2001 年第 3 期。

[9] 江苏省文物工作队：《江苏吴江梅堰新石器时代遗址》，《考古》1963 年第 6 期。

[10] 苏州博物馆、吴江博物馆、同里文保所：《江苏吴江同里遗址发掘简报》，《苏州文物考古新发现——苏州考古发掘报告专辑（2001—2006）》，古吴轩出版社 2007 年。

[11] 苏州博物馆：《吴县郭新河遗址发掘简报》，《东南文化》2002 年第 7 期。

[12] 丁金龙：《苏州澄湖遗址发掘简报》，《苏州文物考古新发现——苏州考古发掘报告专辑（2001—2006）》，古吴轩出版社 2007 年。

[13] 南京博物院：《江苏越城遗址的发掘》，《考古》1952 年第 5 期。

[14]《苏州市彭家墩良渚文化遗址》，《中国考古学年鉴》2011 年。

[15] 吴县文物管理委员会：《江苏吴县越溪张墓村遗址调查》，《考古》1989 年第 2 期。

[16] 南京博物院：《苏州市和吴县新石器时代遗址调查》，《考古》1961 年第 3 期。

[17] 南京博物院：《苏州市和吴县新石器时代遗址调查》，《考古》1961 年第 3 期。

[18] 南京博物院：《苏州市和吴县新石器时代遗址调查》，《考古》1961 年第 3 期。

[19] 南京博物院：《苏州市和吴县新石器时代遗址调查》，《考古》1961 年第 3 期。

[20]《苏州市横塘星火遗址》，《中国考古学年鉴》1985 年。

[21] 苏州博物馆考古部：《江苏苏州上方山六号墩的发掘》，《考古》1987 年第 6 期。

[22] 苏州市考古研究所：《苏州阳山俞墩土墩墓发掘简报》，《东南文化》2012 年第 4 期。

[23] 苏州市考古研究所：《江苏苏州高新区东渚馒首山土墩墓发掘简报》，《东南文化》2013 年第 5 期。

[24] 廖志豪、罗保芸：《苏州葑门河道内发现东周青铜文物》，《文物》1982 年第 2 期。

[25] 苏州博物馆考古组：《苏州城东北发现东周铜器》，《文物》1980 年第 8 期。

[26] 苏州博物馆：《江苏苏州市发现窖藏青铜器》，《考古》1991 年第 12 期。

[27] 中国社会科学院考古研究所、苏州市考古研究所：《江苏苏州市木渎春秋城址考古》2011 年第 7 期。

[28] 苏州博物馆：《真山东周墓地》，文物出版社 1999 年。

[29] 丁金龙、陈军：《苏州地区周代土墩的发掘与研究》，《东南文化》2012 年第 4 期。

[30] 吴县文物管理委员会：《江苏吴县春秋吴国玉器窖藏》，《文物》1988 年第 11 期。

[31] 政协吴县委员会、吴县文化馆：《吴县的古文化遗址》，1963 年。

[32] 丁金龙、陈军：《苏州地区周代土墩的发掘与研究》，《东南文化》2012 年第 4 期。

[33] 丁金龙、陈军：《苏州地区周代土墩的发掘与研究》，《东南文化》2012 年第 4 期。

[34] 苏州市考古研究所：《江苏苏州高新区通安镇鸡笼山 D1 石室土墩墓发掘简报》，《东南文化》2014 年第 4 期。

[35] 丁金龙、陈军：《苏州地区周代土墩的发掘与研究》，《东南文化》2012 年第 4 期。

[36] 丁金龙、陈军：《苏州地区周代土墩的发掘与研究》，《东南文化》2012 年第 4 期。

[37] 丁金龙、陈军：《苏州地区周代土墩的发掘与研究》，《东南文化》2012 年第 4 期。

[38] 丁金龙、陈军：《苏州地区周代土墩的发掘与研究》，《东南文化》2012 年第 4 期。

[39] 丁金龙、陈军：《苏州地区周代土墩的发掘与研究》，《东南文化》2012 年第 4 期。

[40] 丁金龙、陈军：《苏州地区周代土墩的发掘与研究》，《东南文化》2012 年第 4 期。

[41] 丁金龙、陈军：《苏州地区周代土墩的发掘与研究》，《东南文化》2012 年第 4 期。

［42］丁金龙、陈军：《苏州地区周代土墩的发掘与研究》，《东南文化》2012年第4期。

［43］丁金龙、陈军：《苏州地区周代土墩的发掘与研究》，《东南文化》2012年第4期。

［44］苏州博物馆考古组：《苏州虎丘东周墓》，《文物》1981年第11期。

［45］姚勤德：《江苏吴县发现东周铜器》，《东南文化》1989年第1期。

［46］南京博物院：《苏州市和吴县新石器时代遗址调查》，《考古》1961年第3期。

［47］钟志：《南博、中大发掘五峰山石室土墩》，《文博通讯》1983年第6期。

［48］南京博物院：《苏州市和吴县新石器时代遗址调查》，《考古》1961年第3期。

［49］南京博物院：《苏州市和吴县新石器时代遗址调查》，《考古》1961年第3期。

［50］钱公麟：《苏州市内战国至宋代遗址》，《中国考古学年鉴》1985年。

［51］王霞、金怡、姚晨辰、周官清：《平四路垃圾中转站抢救性发掘简报》，《苏州文物考古新发现——苏州考古发掘报告专辑（2001—2006）》，古吴轩出版社2007年。

［52］《西河塘遗址》，《江苏文物综录》1988年。

［53］朱伟峰、钱公麟：《苏州市长桥新塘战国墓地的发掘》，《考古》1994年第6期。

［54］苏州博物馆：《真山东周墓地》，文物出版社1999年。

［55］丁金龙、陈军：《苏州地区周代土墩的发掘与研究》，《东南文化》2012年第4期。

［56］南京博物院、江苏省考古研究所、无锡市锡山区文物管理委员会：《鸿山越墓发掘报告》，文物出版社2007年。

［57］王霞、金怡、姚晨辰、周官清：《平四路垃圾中转站抢救性发掘简报》，《苏州文物考古新发现——苏州考古发掘报告专辑（2001—2006）》，古吴轩出版社2007年。

［58］苏州博物馆：《苏州平门城墙的发掘》，《苏州文物资料选编》1980年。

［59］《苏州城区古遗址的询查与发掘》，苏州博物馆待刊稿。

［60］《碳十四年代测定报告（九）》，《文物》1994年第4期。

［61］钱公麟：《苏州市内战国至宋代遗址》，《中国考古学年鉴》1985年。

［62］朱薇君、钱公麟：《略谈苏州汉墓》，《江苏省考古学会1982年论文选》（内部资料）。

［63］（北宋）朱长文：《吴郡图经续记》，江苏古籍出版社1999年，第12页。

［64］（唐）陆广微撰：《景印文渊阁四库全书第五八七册·吴地记》，台湾商务印书馆1983年，第56页。

［65］（东汉）赵烨撰，（元）徐天祐音注：《吴越春秋》，江苏古籍出版社1986年，第25页。

［66］（东汉）袁康、吴平撰，李步嘉校释：《越绝书》，上海古籍出版社1985年，第9—10页。

"市井"再考辨

钱彦惠（南京大学）

内容摘要：通过对相关资料的考证辨析，本文认为"市井"一词由来应与《汉书·食货志》颜师古注所言基本一致，即："凡言市井者，市交易之处，井共汲之所，故总而言之也。"

关键词：市井　井田

"市井"一词，先秦时已出现[1]。后世学者对其由来进行过诸多推测，至今仍无定论。韩国磐先生（以下敬称略）从文献考证入手，对前人的五种观点进行简单考辨[2]，但未详论诸说是非。随后，盛会莲、臧知非等加入讨论[3]。盛会莲主张，"市"因井田而名"市井"[4]；臧知非从城市空间结构出发，提出"市井"是因为水井和市都是基层民众的聚集之所，都有"公共空间"特征而得名[5]，但对其他诸说考辨过程尚有进一步讨论的空间。本文试从文献考证入手，对"市井"得名的五种观点进行辨析，不足之处敬请方家指正。

一是，"因井田以为市"而得名。

如应劭《风俗通义》言：

> 谨案：春秋井田记："人到三十，授田百亩，以食五口。五口为一户，父母妻子也。公田十亩，庐舍五亩，成田一顷十五亩。八家而九顷二十亩，共为一井。庐舍在内，贵人也；公田次之，重公也；私田在外，贱私也。井田之义：一曰无泄地气，二曰无费一家，三曰同风俗，四曰合巧拙，五曰通财货。因井为市，交易而退，故称市井。"[6]

汉何休《春秋公羊传注疏》亦云：

> 因井田以为市，故俗语曰市井者。古者邑居，秋冬之时入保城郭，春夏之时出居田野，既作田野，遂相交易，井田之处而为此市，故谓之市井。[7]

赵翼《陔余丛考》也指出：

> 市井二字，习以为常，莫之所出……注引春秋井田记云："因井为市，交易而退，故称市井。"此说较为有据。[8]

上述观点成立的基础是"井田"一词的产生要早于"市井"。但事实上"井田"[9]与"市井"[10]最早见载史籍的时间差不多，孰早孰晚仍难确定。

从构词上看，"井田"是偏正短语，大致可理解为像"井"一样的田地制度，其与"井"的关系当如高鸿缙所释"井当以水井为本意，……至孟子述井田之制，八家为井，井九百亩云云，为井字之借意。"[11]

《孟子》《周礼》《汉书》《公羊传》《谷梁传》《韩诗外传》《汉书·食货志》中对井田都有记载。今人对井田制的研究亦很多[12]，争论焦点集中在井田制的有无。若"井田制"不曾真实推行过，那么"市井"因"井田"而名的观点便不攻自破。但如果该田制确实存在，那么"因井田以为市"故名"市井"的说法便有了继续探讨的必要。

相关资料表明，"井田"由来应与田地间的疆界、阡陌（即小路）呈"井"字纵横交错状有关。甲骨文中"田"写作"畕""甶""囲"等，《说文解字》释曰："田，陈也，树谷曰田。象四口。十，阡陌之制也。"高鸿缙亦释曰："本意说文以为树谷之地。象阡陌纵横之形。"[13]笔者进一步认为，从"囲"与《管子·侈靡篇》"断方井田之数"之语可知，田地间阡陌纵横交错成"井"字，而"井"字形经界又将田地分成方块形或长条形，故谓井田。这一说法也是笔者在认同范文澜[14]、周谷城[15]、何兹全[16]等前辈对"井田制"得名缘由考证成果的基础上提出的。

战国时，"井田制"作为一种土地制度进一步完善。如《穀梁传·宣公十五年》释"井田"曰："古者三百步为里，名曰井田，井田者九百亩，公田居一。"范宁注："出除公田八十亩，余八百二十亩，故井田之法，八家共一井，八百亩余二十亩，家各二亩半为庐舍。"[17]按《穀梁传》所云，"八家一井"，一家耕种百亩。这里的亩应为战国小亩，据万国鼎所讲，周代 1 尺＝23.1 厘米，1 亩＝158.96 平方米[18]，那么 100 亩则合今天 15896 平方米。另按一家五口，八家有 40 人，试想在人口密度如此小的"井田"上设置"市"的可能性有多大，而即使到今日，在田野中设市的情况也是微乎其微的。

至汉代，何休《春秋公羊传注疏》对"井田"含义的认识进一步深化为："一曰无泄地气者，谓其冬前相助犁云。云二曰无费一家者，谓其田器相通云。云三曰同风俗者，谓其同耕而相习云。云四曰合巧拙者，谓共治末耜云。云五曰通财货者，谓井地相交，遂生恩义货财有无，可以相通。"应劭又据此，提出"因井为市，交易而退，故曰市井"的观点。

可见，"井田"内涵在东周秦汉时的《孟子》、《穀梁传》、《春秋公羊传注疏》、《风俗通义》等文献中得到不断深入。到汉代，"市井"由来已不可考，而"井田"内涵已延伸到"通财货"上，所以才出现了应劭所言"市井"得名于因井田而成市。综上可知，这一观点亦不可取。

二是，因水井为市，故名。

此说又被细化为两个说法，一为因所卖之物需到井边洗涤，故名。

如应劭《风俗通义》引"俗说"：

市井者，谓至市鬻卖者，当於井上洗濯，令其物香洁，及自严饰，乃到市也。[19]

这句多为后世学者传抄引用。但从许多货物不用洗即可卖的常识出发，这种观点基本上可被否定。韩国磐亦评述道，《诗·陈风·东门之枌》孔颖达疏、《初学记》、《渊海》、《草堂诗笺》、《太平御览》等都引《风俗通义》此段，只是稍作修改，并提到《事物纪原》所引，更不足据[20]。

二为聚井汲水处，人员流动大，便于货卖，故设市而名"市井"。

如《史记正义》所云："古人未有市，若朝聚井汲水，便将货物于井边货卖，故言市井也。"[21]

按张守节之说，应先有"井"，后因"井"成"市"。而韩国磐考证后指出，我国先有市，后有井，故市刚出现时，不会有市井之名，市井是后起的名称[22]。

但经过对相关文献的梳理，笔者不赞同以上两种说法。事实上，"市"、"井"最早出现的时间仍无定论。证据如下：

"市"的初建时间有二：

神农作市。

如《周易·系辞下》载："包牺氏没，神农氏作，斫木为耜，揉木为耒，耒耨之利，以教天下，盖取诸益。日中为市，致天下之民，聚天下之货，交易而退，各得其所，盖取诸噬嗑。"[23]

祝融作市。

如《吕氏春秋·勿躬》、《世本》皆有"祝融作市"之语[24]。三国谯周《古史考》中又提到："神农作市，高阳氏衰，市官不修，祝融修市。"[25]自此，"祝融作市"与"祝融修市"的争论产生。但因《古史考》较《世本》、《吕氏春秋》成书时间晚，谯周考之谬误也不得而知。故"祝融作市"仍可立为一说。

"井"的初建时间有三：

伯益作井。

如《世本》言"化益作井"，宋衷注曰"化益，伯益也，尧臣"[26]《吕氏春秋》言"伯益作井"[27]。
《淮南子》亦言"伯益作井而龙登玄云，神栖昆
仑"。何宁集释"伯益佐舜，初作井，凿地而求水。
龙知将决川谷，漉陂池，恐见害，故登云而去，栖
其神于昆仑之山。"[28]

黄帝作井。

持此说者有《逸周书》。如《周书》亦载，"黄
帝作井"[29]。

神农育井。

如盛洪之《荆州记》云，"随郡有巢父老，传炎
帝所生村中有九井。云神农既育九井自穿于此皆
见"[30]。

按《史记·五帝本纪》五帝在位先后顺序是，
神农氏、黄帝、祝融、伯益。故可见，古籍记载的
"市""井"孰早孰晚尚无法确定。

另外，井并非古人唯一的"共汲之所"。在相当
一部分地区，河流也会成为重要的生活用水源地[31]。
在目前发现的考古资料中，"市"中亦未见有水井。
如秦雍城的"市"遗址内未发现水遗迹；四川几块
汉市井画像砖中亦未见"井"的身影等。故此观点
亦不可取。

第三种观点认为，市场建置与水井形制相同，
故名。

此说又被引申为两层含义：

一为，规划市场时，多以方形立市。

如唐代尹知章注《管子·小匡》言：

> 立市必四方，若造井之制，故曰市井[32]。

二为，市场建造时，市内道路四达如"井"，
故名。

如泷川资言《史记会注考证》引《留青札记》言：

> 盖市井之道，四达如井，故曰市井[33]。

但从语言构词上讲，如果上述"市因其形如
井"结论成立，按照汉语中心语后置的习惯，应该
叫"井市"，如"井田"得名一样，故此说亦不
可取。

第四种观点认为，因"市"与"井"的合称，
故名。

如颜师古所讲：

> 凡言市井者，市交易之处，井共汲之所，
> 故总而言之也。说者云因井而为市，其义
> 非也[34]。

臧知非进一步引申此说，指出：市井名称的形
成是一个历史过程，源自于春秋时代市、井空间功
能的公共属性，在城邑规划上，市、井空间各自独
立，以便将农民与手工业者、商人分而治之。但是，
因为两者的公共属性，使之成为匹夫匹妇、下里巴
人的聚会之所；随着社会经济发展，无论是手工业
生产，还是商业贸易，水井的作用日益凸显，市与
井的关系日益密切，遂有"市井"之称，代指市场、
商人[35]。

笔者认为，此说应可取。如上所述，"市井"一
词为并列词。先秦时习惯用两种东西来代表一类，
如"绫罗"是用"绫"和"罗"来泛指丝织品；
"鱼鳖"是"鱼"和"鳖"，泛指水产品（"数罟不
入洿池，鱼鳖不可胜食也"）。"市井"一词亦为如
此。正如师古所云，"市交易之处，井共汲之所"，
两处皆为人口密集的场所。

注释：

[1]《孟子》曰："在国曰市井之臣，在野曰草莽之臣，皆谓庶人。庶人不传质为臣，不敢见于诸侯，礼也。"注曰："在国谓都邑，民会于
市，故曰市井之臣。在野居之，曰草莽之臣。"见（汉）赵岐注，（宋）孙奭疏，廖名春、刘佑平整理，钱逊审定：《孟子注疏》，北京
大学出版社2000年，第338页。

［2］韩国磐：《中国古代的市和市井市肆》，《中国社会经济史研究》1997 年第 4 期。

［3］刘志远：《汉代市井考——说东汉市井画像砖》，《文物》1973 年 3 期；盛会莲：《市井得名考》，《甘肃社会科学》1999 年第 1 期；王水银：《慢说"市井"》，《南方文物》2004 年第 4 期；臧知非：《说"市井"——兼谈东周秦汉的城市空间结构与社会秩序》，《河北学刊》2013 年第 1 期。

［4］盛会莲：《市井得名考》，《甘肃社会科学》1999 年第 1 期。

［5］臧知非：《说"市井"——兼谈东周秦汉的城市空间结构与社会秩序》，《河北学刊》2013 年第 1 期。

［6］（汉）应劭撰、王利器校注：《风俗通义校注·佚文》，中华书局 1981 年，第 580、581 页。

［7］（汉）公羊寿传、（汉）何休解诂、（唐）徐彦疏：《春秋公羊传注疏》，北京大学出版社 2000 年，第 419 页。

［8］（清）赵翼撰、曹光甫点校：《陔余丛考》，上海古籍出版社 2011 年，第 76 页。

［9］出现在《孟子》、《周礼》、《公羊传》、《穀梁传》、《管子》等篇。

［10］出现在《孟子》、《国语》、《仪礼》、《战国策》、《庄子》、《商君书》等篇。

［11］高鸿缙：《中国字例二篇》，转引自《古文字诂林》第五册，上海教育出版社 2002 年，第 269 页。

［12］关于这一问题的研究成果主要有胡寄窗的《关于井田制的若干问题的探讨》（《学术研究》1981 年第 4 期）、范文澜的《中国通史简编》（商务印书馆 2010 年）、郭沫若的《中国史稿》（人民出版社 1987 年）、赵光贤的《周代社会辨析》（人民出版社 1980 年）、李亚农的《李亚农史论集》（上海人民出版社 1962 年）和周谷城的《中国通史》（开明书店 1939 年）等。

［13］古文字诂林编纂委员会编：《古文字诂林》（第十册），上海教育出版社 2004 年，第 335 页。

［14］范文澜《中国通史简编》提出："西周领主们的土地疆界纵横交错，像无数的井字，但并没有一井九百亩的那种区划，与邑密切相关的井也不是孟子所说的井。"（《中国通史简编》（商务印书馆 2010 年）

［15］周谷城也指出："原来井与田两个字，并不是连用的，这两字只是表'豆腐干块'的土地之经界的；都只有区划及方块之义。两字的根本义并没有区别：井就是田，田就是井；二而一，一而二，原不是代表什么'井田制'的。……后人不知此两字都只是表豆腐干块之土地的，误以为有特别深意，于是'八家皆私百亩，同养公田'的议论，遂随着井字而出。……我们于今讲周之田制，只能承认土地之'豆腐干块'的划分，却不能承认'八家皆私百亩'的井田制。"（《中国通史》，开明书店 1939 年，第 99、100 页）

［16］何兹全研究后，也提出从字形上看，商人的土地的使用已由氏族集体耕作的大田演化为把土地分为小块，平均分配给氏族公社成员各家去耕作，这种土地还多被平均划分成方块形式或长条形式，豆腐干块式的井田形式，不只中国历史上有，外国史上亦有。（何兹全：《何兹全文集》第三卷《中国古代社会》，中华书局 2006 年，第 1122 页）

［17］（清）钟文烝撰：《春秋穀梁经传补注·宣公经传第六》，中华书局 2009 年，第 457、458 页。

［18］万国鼎：《秦汉度量衡亩考》，《农业遗产研究集刊》第 2 辑，中华书局 1958 年，第 141—165 页。

［19］（汉）应劭撰、王利器校注：《风俗通义校注·佚文》，中华书局 1981 年，第 580 页。

［20］韩国磐：《中国古代的市和市井市肆》，《中国社会经济史研究》1997 年第 4 期，第 3 页。

［21］（西汉）司马迁：《史记》卷三十《平准书》，中华书局 1982 年，第 1418 页。

［22］韩国磐：《中国古代的市和市井市肆》，《中国社会经济史研究》1997 年第 4 期，第 4、5 页。

［23］（三国·魏）王弼注，（唐）孔颖达疏：《周易正义》，北京大学出版社 2000 年，第 351 页。

［24］（秦）吕不韦撰，许维遹集释：《吕氏春秋集释》卷第十七《审分览第五》，中华书局 2009 年，第 450 页；（汉）宋衷注，孙冯翼集：《世本·帝系篇》，中华书局 1985 年，第 5 页。

［25］（三国·蜀）谯周《古史考》，转引自《初学记》，中华书局 1982 年。

［26］宋衷注、茆泮林辑：《世本》，中华书局 1985 年，第 114 页。

［27］《吕氏春秋集释》卷第十七《审分览第五》，第 450 页。

［28］（西汉）刘安撰、何宁集释：《淮南子集释》卷八《本经训》，中华书局 1998 年，第 571 页。

［29］王云五：《逸周书集训校释》，上海商务印书馆 1937 年，第 167 页。

［30］（宋）高承撰，（明）李果订，金圆、许沛藻点校：《事物纪原》，中华书局 1989 年，第 448 页。

［31］《中国大百科全书·考古学》"东周都城遗址"条中指出："为了解决城市人口的用水问题，列国都城几乎都建在傍水的冲积扇

上。……此外，还大量开凿水井，各国都城内均发现密集的水井遗迹。"（中国大百科全书编辑部编：《中国大百科全书·考古学》，中国大百科全书出版社 1986 年，第 100 页）

［32］黎翔凤撰、梁运华整理：《管子校注》，中华书局 2004 年，第 400 页。

［33］（汉）司马迁著、泷川资言会注考证：《史记会注考证》，新世界出版社 2009 年，第 2010 页。

［34］（汉）班固：《汉书》卷九十一《货殖传》，中华书局 1962 年，第 3681 页。

［35］臧知非：《说"市井"——兼谈东周秦汉的城市空间结构与社会秩序》，《河北学刊》2013 年第 1 期。

行烛山房藏图形印琐议

葛　欣（东吴印社）

内容摘要：行烛山房列举的三方印章与古代巫术、神话密切相关。这三方印见收录于其他印集，定名也有所差异。图形简约、少见等特点，导致对图形本身的认识不足。对这三方印做图形释读的过程，也是在探讨命名标准的一个过程，尽量做到图形与文化内涵的结合。

关键词：行烛山房　图形印　操蛇持戈　高禖　金乌　蟾蜍

图形印作为印章艺术的一分支，与文字印有相似的形制。目前，我们可以根据文字印断代的成果，判断图形印的大致年代，然而对其图形的释读却筚路蓝缕。笔者看来，有五个问题成为识别障碍：1. 图形过于简约；2. 图形具有独特性，不见于其他时期、其他物体；3. 印面腐蚀导致图形模糊；4. 按图索骥式参考文献；5. 域外图形因素掺杂。除了通识类图形能取得共识，如四神、车马、歌舞等，许多图形的定名依靠同时期的相关资料，即从青铜器、画像石、帛画等寻找类似图形。对于图形简约、少见的图形印，定名在符合图形基本特点下，应当考虑文化因素，最大化地符合当时的文献记载，因为任何在历史时期的人类活动遗存都伴随有某种特定的精神意志。下面介绍行烛山房藏三方图形印，内容属于巫术、神话题材，通过图形分析并结合文献，来探讨图形印定名问题。

印1为操蛇执戈印，印面旁凸，坛纽。图形为象首兽足神人，左手操蛇，右手执戈（图一）。行烛山房藏有四枚水禽形带钩印（现举一例，见图二），钩纽形制大，在带钩尾端，印面纹饰与印1一致。根据王仁湘先生对带钩时代的分期[1]，可知这枚带钩的年代为战国。因此，有相同纹饰的图一，其年代为战国。又从旁凸和纽饰的特征来看，可定为战

国齐印。与印1相似的图形印，见于《古肖形臆释》"二十六、神人操蛇印"，这一定名被《先秦玺印图说》[2]和《肖形印"神人操蛇"图像的产生及演变》[3]等文章采用。以往对"神人操蛇"图形印的研究，都集中分析"操蛇"的文化内涵，忽视封泥呈现的立体人物形象。印1的重要性在于，它清晰表明人物形象，象首头部、兽足以及操蛇执戈。因《古肖形印臆释》使用纸本打稿，仅表现了神人操蛇的轮廓，所以才会在后来被误释"挽发髻，如秦兵马俑造型"[4]和"右手执杖，左手操蛇，挽尖形发髻，身着束腰长裙"[5]。"操蛇"的文献主要来源于《山海经》，特点为操蛇、珥蛇、践蛇、衔蛇、缠蛇，其图形被释为"博父国"神人[6]、巫者[7]、禺疆[8]、郁偏[9]、夸父[10]、奢比之尸[11]等。对于"操蛇"的内涵，青铜器、画像石、帛画等领域的众多研究者发表了相关著作进行讨论，其观点大致可以归纳为沟通神灵、驾驭升天、辟邪驱害等。在对操蛇执戈印释读时，大多学者没有注意"左手操蛇，右手执戈"这类图形的特殊性，独取"操蛇"特征，把他与《山海经》的神人作比较。

《周礼》"方相氏掌蒙熊皮，黄金四目，玄衣朱裳，执戈扬盾，帅百隶而时难，以索室驱疫"[12]，描绘了进行大傩的方相氏基本形象。佩戴的假面已然不可考证，黄金四目究竟如何表现我们只能在现有的图形资料上寻找。汉代有象舞[13]，也有出土的象首人身画像石[14]（图三），因此可以肯定有象首为装饰的假面存在。对"蒙熊皮"，《周礼正义》将其解释为首服，特地用《小尔雅·广诂》"蒙、冒，覆也"[15]来说明所谓熊皮"冒覆"之于首。但当时熊皮如何覆盖，覆盖在什么部位，也许这方图像印能给我们答案——完整的一张熊皮整个覆盖在人的身上，

图一　操蛇执戈印

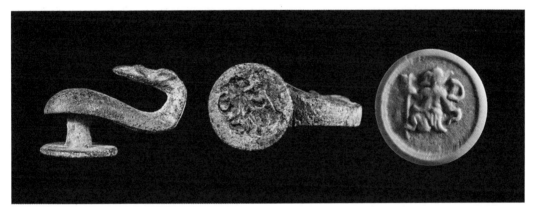

图二　水禽形带钩印

这也是为何象首兽足的原因。唐代《乐府杂录》载："用方相四人，戴冠及面具，黄金为四目，衣熊裘，执戈，扬盾。"[16]对方相衣着（穿熊裘）有了明确记载。除此，四川博物院收藏有双流陶家渡出土的一个方相氏陶俑[17]（图四），从该图像我们也能找到共性。因此，将印1这类"操蛇执戈"人物释读为方相氏（或巫师），更为准确。

除此，古埃及荷鲁斯神戴头饰，双手操蛇，足踏鳄鱼[18]（图五），与印1有异曲同工之处。这种纹饰的关联性也许如《神话、祭祀与长江文明》所说，"蛇信仰遍布全球，其最根本的原因就是蛇到处都有"[19]，因此东西方不约而同选择了相同元素和造型。中国古图形印在形制、图形、用法等方面与西方有极大的相似性，西方的印章具备构成中国图形印所需要的基本要素，出现时间也要远早于中国。是否如车辆在商代传入中国一样，中国图形印也是

图三　象首人身画像石

图四　四川博物院藏方相氏陶俑

图五　纽约大都会博物馆藏梅特涅碑

西方的舶来品？这类图像究竟是本土所有还是受西方文化影响，还有待更多的出土材料加以证明。

印 2 为"高禖"穿带印，穿孔为长方形。方形印面，一面为"日利大富"四字，另一面为"头戴山字冠、下身着犊鼻裈的神人，怀抱人首蛇身、持节的伏羲、女娲"的图形（图六）。伏羲居左，头戴东汉式梁冠，持节与行烛山房藏一方印上面的神人乘龙图（图七）类似。从人物服饰、文字特征和穿孔形制判断穿带印年代为东汉。高禖图的命名与图形本身的含义是紧密相连的。汉代文献已有伏羲、女娲的入画记载，"俗图画女娲之象为妇女之形"[20]，并且表现"伏羲鳞身，女娲蛇躯"[21]神性特征。伏羲、女娲作为人文始祖，在画像石上象征阴阳结合、生命繁衍。汉代，高禖与生育祈子有关，"高，尊也。禖，祀也。吉事先见之象也。盖为人所

以祈子孙之祀"[22]。因此，汉武帝晚年得子，特意立高禖之祠[23]。东汉画像石中有不少类似这方印的图形，学术界将其命为"高禖图"。目前，被定为高禖图的图形分为野合（密戏）和神人两大类，其中神人类表现为单独的伏羲女娲、伏羲女娲与神人、伏羲女娲与动物（如河南南阳麒麟岗出土伏羲女娲高禖图和河南新野出土伏羲女娲尾缠玄武图，分别用蟾蜍、玄武缠绕伏羲、女娲）。高禖神的形象没有固定模式，"与汉代民间画风的昌盛可能有着较大的关系，显然是汉代画像制作者虚构想象的产物"[24]。信立祥先生提出："由于汉代习惯上将伏羲和女娲看作人类的始祖，而怪神却将这两位人类始祖抱在一起促使他们结合，因此怪神应是职掌婚姻和继嗣的高禖之神。"[25]，想必这就是将这类图形命为高禖图的原因。高禖图在画像石发现较多，但在图形印上极为少

图六　"高禖"穿带印

图七　神人乘龙图印

图八　金乌蟾蜍印

见。这方"高禖"印，图形极为清晰，局部刻画细致，方寸间秋毫毕现，也许为古人重视，而随身携带，冀求添子。加之"日利大富"四字寄语，可谓寓意深厚。

也有观点认为这类图形为盘古、伏羲、女娲的组合。"盘古氏，天地万物之祖也，而生物始于盘古"[26]，盘古作为创世之神开辟天地，身化万物，是生命源头，与伏羲、女娲同在画面不无道理。但

盘古的文献记载最早出现在徐整《三五历纪》，以及随后南朝梁任昉撰写的《述异记》。东汉、三国时间相去不远，盘古信仰或许初始在民间已有流传，到三国之后才进入文献记载，这也是可能的。

印3为圆形印面，鼻纽，图形暂定为"金乌蟾蜍"（图八）。1978年河南汝州市出土的鹳鱼石斧纹彩陶缸（图九），题材与该图形类似。这类动物纹样极为简单，如果没有特征提供参考，很难判定绘的

图九 鹳鱼石斧纹彩陶缸

具体是哪一种动物。"金乌"长喙、长颈、长腿，如果排除艺术夸张手法，可以被认为是鹳、鹭等鸟类（《故宫博物院藏肖形印选》定为水鸟）；"蟾蜍"背

部表面没有明显的疣粒，或许也只是青蛙之属。文物需要定名，定名需要对文物本身和代表文化内涵有正确认识。从文化角度分析，解释为"金乌蟾蜍"更为恰当，因为这类图形在汉代画像石上极为常见。《淮南子·精神训》："日中有踆乌，而月中有蟾蜍。"[27]。画像石上作为太阳和月亮象征的"金乌"和"蟾蜍"，与自然界的乌鸦、蟾蜍也存在差别，但根据文献、结合图形的具体形制，断言是"金乌"、"蟾蜍"。所见到的金乌和蟾蜍通常分别放置在代表太阳、月亮的圆形面中，而因为受限于印面尺寸，这方印将金乌蟾蜍同时纳入圆形印面。这可能与太极图含义相仿，代表阴阳结合、生生不息。

印1和印2，图形清晰，但没有直接证据表明图形名称；印3，纹饰简单，图形常见但无法确定具体种属。这两种都是图形印释读过程时常遇见的情况，因此我们只能从文献中找到最符合图形的相关记载，结合同时期图形资料，推测图形印寓意。这三方图形印包含的巫术、神话类思想，对我们了解古人精神世界有重要帮助，同时，也能使我们更进一步认识到图形印的美学价值、历史价值和收藏价值。

注释：

[1] 王仁湘：《带钩概论》，《考古学报》1985年第3期，第280—281页。

[2] 徐畅：《先秦玺印图说》，文物出版社2009年。

[3] 朱存明、董良敏：《肖形印"神人操蛇"图像的产生及演变》，《中国美术研究》2012第Z1期。

[4] 朱存明、董良敏：《肖形印"神人操蛇"图像的产生及演变》，《中国美术研究》2012第Z1期，第392页。

[5] 朱存明、董良敏：《肖形印"神人操蛇"图像的产生及演变》，《中国美术研究》2012第Z1期，第34页。

[6] 王伯敏：《古肖形印臆释》，上海美术出版社1983年，第6页。

[7] 王伯敏：《古肖形印臆释》，上海美术出版社1983年，第45页。

[8] 王伯敏：《古肖形印臆释》，上海美术出版社1983年，第45页。

[9] 叶其峰：《故宫博物院藏肖形印选》，人民美术出版社1984年，第112页。

[10] 刘江：《中国玺印艺术史》，西泠印社2005年。

[11] 徐畅：《先秦玺印图说》，文物出版社2009年，第393页。

[12]（清）孙诒让，王文锦、陈玉霞点校：《周礼正义·夏官第四下》，中华书局1987年，第2493页。

[13] "治竽员五人，楚鼓员六人，常从倡三十人，常从象人四人……孟康曰：'象人，若今戏虾鱼师子者也。'韦昭曰：'着假面者也。'师古曰：'孟说是。'"。摘自《汉书·礼乐志第二》，中华书局1962年，第1073—1074页。

［14］柳卓娅:《诸城"象首人身"画像意义解读》,《大众考古》2015 年第 7 期,第 39—41 页。

［15］(清)孙诒让著,王文锦、陈玉霞点校:《周礼正义·夏官第四下》,中华书局 1987 年,第 2493—2494 页。

［16］(唐)段安节撰,亓娟莉校注:《乐府杂录校注》,上海古籍出版社 2015 年,第 18 页。

［17］钟玲:《四川考古资料中的方相氏图像》,《四川文物》2016 年第 1 期,第 72—76 页。

［18］图 1－4 为藏于纽约大都会博物馆著名的梅特涅碑。

［19］〔日〕安田喜宪:《神话、祭祀与长江文明》,文物出版社 2002 年,第 40 页。

［20］(东汉)王充撰:《论衡·顺鼓篇》,浙江古籍出版社 1998 年,第 1009 页。

［21］(东汉)王延寿:《昭明文选·鲁灵光殿赋》,吉林文史出版社 1987 年,第 603 页。

［22］(南朝宋)范晔:《后汉书·志第四·礼仪上》,中华书局 1965 年,第 3107 页。

［23］《后汉书·志第四·礼仪上》,第 3018 页。

［24］黄剑华:《略论盘古神话与汉代画像》,《地方文化研究》2014 年第 5 期,第 24 页。

［25］信立祥:《汉代画像石综合研究》,文物出版社 2000 年。

［26］(南朝梁)任昉:《百子全书·述异记》,浙江古籍出版社 1998 年,第 1320 页。

［27］(西汉)刘安、高诱注:《淮南子·精神训》卷七,上海古籍出版社 1989 年,第 69 页。

试析五代十国时期的十二辰形象

秦　颖（南京大学）

内容摘要： 十二辰即十二生肖，考古材料中的十二辰形象常以俑、墓志纹饰、浮雕、壁画、铜镜纹样等形式表现出来。本文关注五代十国时期的十二辰俑及装饰于墓室壁龛的十二辰高浮雕，在资料梳理的基础上，探讨设有12个壁龛的五代十国墓中生肖俑与壁龛的关系，结合隋唐及两宋时期的考古发现，简述十二辰俑的演变所反映的社会变革。

关键词： 五代十国　墓葬　壁龛　十二辰形象

十二辰俑，亦称十二生肖俑或十二时俑，是随葬于墓葬中代表十二地支的动物俑，基本成组出现，一组十二个。十二辰俑按性质属镇墓神煞类明器，在墓中起辟邪、压胜作用。它们在墓中的位置有规律可循，亦可用来表示方位。还有学者认为生肖俑记载年月，体现了岁月轮回之意[1]。

据考古资料，目前所知最早的十二辰俑出现于山东临淄北朝崔氏家族墓地的M10[2]、M17[3]，十二辰俑流行于隋唐两宋时期，南宋末逐渐消失。北魏至两宋时期，帝陵陵域内有地面安置石质生肖俑的现象，如唐肃宗建陵曾出土2件石质兽首人身生肖俑[4]，北宋皇陵陵区内也出土过8件石质十二辰俑[5]。帝陵之外，十二辰俑均出土于墓葬的墓室之中，现计有700余件。根据已收集的北魏至两宋时期墓葬中的十二辰俑资料[6]，其形态特征区分明显，据形态差异，将其分为A、B、C三型（表一）：A型为写实的动物形象，是生肖俑最原始的表现形式；B型为兽首人身形象，这一型的十二辰俑流行时间最长；C型为人带生肖形象，这一型的十二辰俑在北宋时期才大量出现，主要流行于南方地区。其中，C型的人带生肖形象又可进一步分出四个亚型：头（冠）顶塑生肖（Ca型）、手捧生肖于胸前（Cb型）、人俑足边塑生肖（Cc型）及人俑底座墨书十二地支（Cd型）。根据俑的姿势，将B型、Ca型和Cb型分别划分两式：坐姿（Ⅰ式）和站姿（Ⅱ式）。在质地上也有陶质、瓷质、木质、石质、铁质等几种，以陶质、瓷质为主，木质、石质及铁质的十二辰俑数量极少。

十二辰俑本应成组出土，但因自然风化及人为盗扰等原因多有遗失。其中，绝大多数出土于隋唐时期墓葬中，五代十国至两宋时期相对较少且几乎只见于南方地区，北方地区偶见木质生肖俑及十二辰高浮雕。

十二辰高浮雕是用浮雕形式刻画的十二辰形象，十二辰凸出于壁面。十二辰高浮雕多嵌于墓室四壁的壁龛中，壁龛设于墓室四壁的上半部，有别于设于墓室四壁底部的形式。据目前所知考古资料，十二辰高浮雕质地有石刻浮雕、汉白玉雕等，浮雕多施以彩绘，均为人带生肖形象，又以人俑怀抱生肖为常见，也有将生肖形象浮雕于人俑足边的形式。

前人的研究主要集中在对十二辰俑的考古类型学分析，在此基础上对十二生肖的起源、生肖俑在墓葬中的位置及功能、分布区域及传播，及其所反映的区域文化特征等展开论述，但研究的时空对象多集中在隋唐时期的长安及长江以南的两湖、福建地区。处于唐宋之间的五代十国时期，考古出土的十二辰形象资料相对较少，因此，学界对其的关注度并不高。笔者在梳理五代十国墓葬资料时，深感这一时期十二辰俑的形制及流行区域与隋唐时期相比有明显的差异，在南方地区还出现了墓室中虽然设有12个壁龛却并未随葬十二辰俑的墓葬。本文拟就上述相关问题展开初步探讨。

表一 北魏至两宋时期十二辰俑的类型

型／亚型	A	B	C			
			Ca	Cb	Cc	Cd
	1	2 （610年Ⅰ式） 3 （736年Ⅱ式）	4 （610年Ⅰ式） 5 （1072年Ⅱ式）	6 （Ⅰ式） 7 929年Ⅱ式		1198年

1. 山东临淄崔氏家族墓 M17　2、4. 湘阴大业六年隋墓　3. 陕西西安唐孙承嗣夫妇墓　5. 四川蒲江五星镇宋墓 M1　6. 湖北武汉市郊周家大湾 241 号隋墓　7. 江苏邗江蔡庄五代墓　8. 临川宋墓

一 五代十国时期的十二辰俑龛及高浮雕

就目前的资料而言，五代十国时期随葬十二辰俑的墓葬均见于南方，主要墓葬有以下一些：福建漳浦赤水五代墓（B型Ⅱ式）[7]、江苏扬州西湖镇华纺工地五代墓[8]、扬州邗江蔡庄五代墓（929年，Cb型Ⅱ式）[9]、福建福州五代闽国刘华墓（930年，B型Ⅱ式）[10]、南京中央门外汽轮电机厂南唐墓（940年，A型）[11]、扬州南唐吕德柔墓（942年）[12]等。其中，扬州的三座墓均有壁龛，由华纺工地五代墓的平面图（图一）看，墓室有11个壁龛[13]，后

室的北、东、西壁各设 3 个，连接前后室的短甬道两侧各设 1 个；邗江蔡庄五代墓的后室设 7 个壁龛，后壁 3 个，东西壁各 2 个；吕德柔墓砖室四壁共设12 个壁龛[14]。南京南唐先祖李昇钦陵出土 2 件手捧兽的拱立男俑，发掘报告称其与唐代流行的十二生肖俑形状很相像[15]。钦陵后室四壁的下部还砌有十二个长方形壁龛，故发掘者怀疑这两件拱立男俑是十二辰俑，原应置于长方形小龛内。发掘报告对两件男俑的身份存疑，但并未描述所捧兽的造型特征，图版亦模糊不清，无法识别为何兽，故本文仅在此

作说明，暂不将其归为十二辰俑。

五代十国时期南方地区其他帝王陵墓中也可见十二辰形象，如吴越王钱元瓘墓室内四壁下部设有 12 个壁龛，龛中高浮雕文官像，双手捧十二生肖于胸前[16]；钱元瓘元妃马氏康陵[17]和次妃吴汉月墓[18]亦在后室下部设 12 个龛，龛内高浮雕怀抱生肖的人物像[19]。北方地区五代十国时期十二辰形象的考古材料相对较少，目前仅见山西李克用极建陵[20]和河北曲阳五代王处直墓[21]。极建陵墓室四周间隔立有 11 尊十二生肖石刻俑像，人俑拱手持笏而立，冠顶塑生肖；王处直墓前室四壁上半部设 12 个壁龛，龛内浮雕汉白玉十二辰像，除去被盗的 6 件浮雕生肖像，其余 6 件为鼠、龙、马、鸡、蛇和羊。6 件浮雕十二辰像中的人像均头戴进贤冠，身着交领阔袖袍服。蛇和羊为人像双手合抱生肖；鼠和鸡为人像右手执物，左手托生肖；龙、马像则为人像执笏，浮雕生肖于人像的右下方。

福建漳浦赤水五代墓、福州五代刘华墓的十二辰俑均为陶质的站姿兽首人身俑。南京、扬州的四座五代十国墓中的十二辰俑均为木质生肖俑，邗江蔡庄五代墓为站姿人带生肖俑，木俑双手捧生肖于胸前；南京汽轮电机厂南唐墓为卧伏的写实动物形象生肖俑。扬州西湖镇华纺工地五代墓及南唐吕德柔墓尚无发掘简报或报告，十二辰俑的具体形制不知。邗江蔡庄五代墓后室墓壁上有 7 个小龛，后室侧室设小龛各一个，因墓葬被盗扰，十二辰俑散落在后室内。西湖镇南唐吕德柔墓的木雕十二生肖俑被放置在砖室四壁的 12 个壁龛中。

墓室内设壁龛的做法亦见于南京地区五代十国时期的其他墓葬。如南京祖堂山南唐 3 号墓（图二），墓室四壁近底部设 12 个壁龛，壁龛大小、形状基本相同，下部为长方形，上部两端抹角，下距墓底 0.18—0.25 米，高约 0.5、宽 0.16—0.18、深 0.14 米[22]。南京尧化二号路南唐墓的前后室墓壁共设壁龛 12 个，壁龛呈"凸"字形，下距墓底 0.18 米，大小近似，高 0.435、宽 0.17、深 0.15 米[23]。南京铁心桥杨吴宣懿皇后墓（图四）虽遭破坏，但墓室四壁近底部尚能确认有 6 个壁龛，壁龛呈细高狭长的拱形，高 0.4、宽 0.13、深 0.13 米[24]。以上三墓的壁龛中均未发现十二辰俑。其中，祖堂山 M3 是暂厝，具有临时埋葬性质，但既然墓内设置了 12 个壁龛，那么就表明了有可能安置十二辰俑的意念。

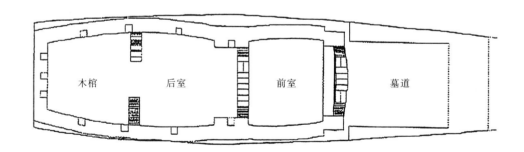

0   100 厘米

图一　江苏扬州西湖镇华纺工地五代墓平面图
（采自刘刚、束家平：《扬州地区杨吴、南唐墓葬考古概述》，载夏仁琴主编：《南唐历史文化研究文集》，
南京出版社 2015 年，第 275 页，图三）

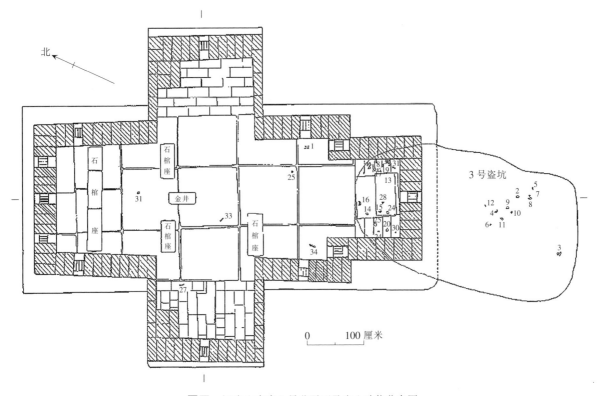

图二　祖堂山南唐 3 号墓平面及出土遗物分布图

（采自王志高、夏仁琴、许志强：《南京祖堂山南唐 3 号墓考古发掘的主要收获及认识》，《东南文化》2012 年第 1 期，图六）

现将上述出土十二辰形象或壁龛的五代十国墓列表比较如下[25]（表二）。

据表二所列资料可知，福建的两座闽国墓葬虽然随葬十二辰俑，但墓室四壁不设壁龛。随葬的陶质兽首人身十二辰俑，因墓葬遭受严重盗扰，生肖俑的摆放位置不明。南京、扬州地区五代十国时期随葬十二辰俑或设有 12 个壁龛的墓葬有着较高的相似性。首先，墓葬以双室砖墓为多，祖堂山 M3、铁心桥宣懿皇后墓虽然是单室砖墓，但墓室两侧设耳（侧）室，平面呈"中"字形，双室墓的后室或单室墓的墓室底部设壁龛。其次，从壁龛的设置来看，祖堂山 M3 和宣懿皇后墓的南壁三个壁龛分布一致，甬道两侧各 1 个，甬道前壁设 1 个。尧化二号路南唐墓发掘简报中称墓葬前、后室墓壁共有 12 个壁龛，其中前室封门墙内侧两旁各有 1 个，后室前壁两侧各有 1 个，两侧壁及后壁各等距分布 3 个。这样算起来壁龛数量为 13 个，前后矛盾，简报中的墓葬平面

图又未标明壁龛位置，故笔者推测其分布应和祖堂山 M3 及宣懿皇后墓大致相同，后室的 11 个壁龛及连接前后室的过道处放置十二辰俑。邗江蔡庄五代墓出土十二辰俑，简报中已说明的 9 个壁龛位置和祖堂山 M3 一样，均为东西壁各设 2 个，后室、侧室各设 1 个。蔡庄五代墓清理简报中的墓葬结构图过于简单，笔者认为其后室南壁的甬道两侧及前壁很有可能也分别设有 1 个壁龛，总计 12 个，用以安置十二辰俑。王处直墓、吴越王钱元瓘墓及康陵中 12个龛等分设于墓室四壁，每面 3 个，这样的设置验证了以上的推测。

杨吴宣懿皇后墓发掘简报中称墓室中出土木俑 1件，尺寸与壁龛相合，加之墓室腰坑内所置木俑，推测墓中原本至少随葬木俑 13 件。此外，南京、扬州地区的 4 座五代十国墓出土的十二辰俑均为木质。据此可推，12 个壁龛的设置与随葬十二辰俑密切相关，南京、扬州地区五代十国时期墓中的十二个壁

表二　五代十国时期出土十二辰形象及 12 壁龛的墓葬

序号	墓葬	墓主	保存状况	墓葬形制	十二辰形象	壁龛数	年代
01	河北曲阳五代王处直墓	王处直	被盗	双室墓，前室两侧有耳室	汉白玉浮雕，人像带生肖形象	前室四壁上部，每壁3个，计12龛	后唐龙德三年（923）
02	江苏扬州邗江蔡庄五代墓	推测为寻阳公主	被严重盗掘	前后两室，四个侧室，主室和侧室有甬道联结	木质，站立，手捧生肖	东西壁各2，后壁3，后室两侧室各1，计9龛	杨吴乾贞三年（929）
03	福建福州五代闽国刘华墓	刘华	被盗	双室石室墓	陶质，站立，兽首人身	未设置壁龛	后唐长兴元年（930）
04	浙江临安吴越国康陵	钱元瓘妃马氏	被盗	前、中、后三室，前室左右有耳室	高浮雕，人物怀抱十二生肖	后室三壁及门背面下部设壶门形龛，每面3个，计12龛	后晋天福四年（939）
05	江苏南京中央门外汽轮电机厂南唐墓	杜继元	墓葬被挖毁		木质，卧伏写实动物俑		南唐升元四年（940）
06	江苏扬州西湖镇砖瓦厂南唐墓	吕德柔		双室砖墓，前大后小	木质	砖室四壁设龛，计12龛	南唐升元六年（942）
07	浙江临安吴越王钱元瓘墓	吴越国世王钱元瓘	被盗	前、中、后三室，前室左右有耳室	高浮雕，人物怀抱十二生肖	后室四壁下部每面设3龛，计12龛	后晋天福七年（942）
08	扬州西湖镇华纺工地五代墓			双室砖墓	木质	后室墓壁，计9个	五代
09	福建漳浦赤水五代墓		彻底毁坏	竖穴土坑式	陶质，站立，兽首人身	不设壁龛	五代
10	南京祖堂山 M3	推测为昭惠国后周氏	遭多次盗掘	单室砖墓，墓室中部两侧有耳室		东西壁各2，后壁3，后室侧室各1，南壁甬道两侧各1，前壁1，计12龛	北宋乾德三年（965）
11	南京尧化二号路南唐墓		遭多次扰动	双室砖墓，后室两侧各有一耳室		"凸"字形，后室东、西、后壁各3，南壁甬道两侧各1，前壁1，计12龛	南唐
12	南京铁心桥杨吴宣懿皇后墓	杨吴高祖杨隆演妻	严重盗毁	单室砖墓，墓室两侧有耳室		残留6个，原应为东、西、后壁各3，南壁甬道及两侧各1，前壁1，计12龛	北宋建隆年间

龛均应是用来放置木质生肖俑的。

二　十二辰俑与墓室壁龛

目前无考古资料显示六朝时期已经出现十二辰俑，六朝都城建康（今南京）地区的墓葬，室内往往砌出壁龛，但多用来放置碗、盏、碟等随葬品，其数目、大小、形制、位置等均不固定。

虽然壁龛并非因十二辰俑而出现，但墓室内设置大小形制相同，或等距离分布在墓室四周，或对称分布于墓室两侧的12个壁龛，无疑是出于放置生肖俑的考虑[26]。据考古资料，最早设置此类壁龛的墓葬出现于隋，如湖南湘阴县隋墓（610年）[27]两壁设12个壁龛，内置十二辰俑。唐代，一些随葬十二辰俑的墓葬中亦设壁龛，如岳阳桃花山唐墓M4[28]、长沙咸嘉湖唐墓M1[29]、长沙牛角塘唐墓[30]、河南偃师杏园唐墓M2603[31]、江苏无锡江溪公社陶典村唐墓[32]、福建厦门市下忠唐墓[33]、江西九江市唐墓[34]等。这些墓葬的壁龛多开凿于墓室两侧或墓室四壁的下部，距墓底较近。除部分发掘报告（简报）未交代壁龛数量外，其余基本为12个，十二辰俑即位于这些壁龛中。福建漳浦灶山唐墓ZM1[35]的十二辰俑放于墓室10个壁龛及墓室北侧两角；湖南湘阴唐墓[36]设壁龛11个，与祖堂山M3、尧化二号路南唐墓、铁心桥宣懿皇后墓中壁龛的设置相同，其南壁通甬道处应放置一个生肖俑。因墓葬基本都被扰动过，故而有些散落在壁龛附近的生肖俑，推断原本是置于龛中的。

湖南湘阴大业六年墓的壁龛高0.3、宽0.22、深0.2米；岳阳桃花山唐墓M4的壁龛高0.18、宽0.22米；长沙咸嘉湖唐墓M1的壁龛高0.28、宽0.14、深0.15米；偃师杏园唐墓M2603的壁龛高0.3、宽0.1、深0.1米；福建漳浦灶山唐墓ZM1[37]的壁龛高0.2、宽0.2米；厦门市下忠唐墓的壁龛高0.22—0.24、宽0.14—0.16、深0.12米；湖南湘阴唐墓壁龛高0.3、宽0.2米。隋唐时期的十二辰俑有坐姿和站姿之别，放置生肖俑的壁龛高度也因此有区别。从壁龛的位置和尺寸上看，祖堂山M3、尧化二号路南唐墓及杨吴宣懿皇后墓的壁龛和隋唐时期一样开凿于墓室近底部，宽度和深度与隋唐时期放置十二辰俑的壁龛相当，但它们高度明显大于后者，这应与墓主人显贵的身份有关。

还有一些墓葬虽然设置了12个壁龛，但并未发现生肖俑，如偃师杏园村一号墓91YXCM1（867

年）[38]（图三）、偃师杏园唐墓M2443（843年）、M4537（869年）、M1814、M2544（814年）、M2410（854年）、M1025（847年）[39]等。可以看出，中晚唐时期河南偃师地区流行在墓室四壁下开凿12个壁龛。M1814的12个壁龛中残留站立的木质生肖俑腐朽痕迹，据此推测这些墓原本是随葬木质十二辰俑的，但因地下水渗入冲刷等外力因素造成腐烂，最终仅剩痕迹或完全消失。从墓葬平面图看，偃师杏园村一号墓91YXCM1的壁龛的位置与尧化二号路南唐墓及杨吴宣懿皇后墓（图四）具有高度的相似性。

除陶质或木质俑外，隋唐至五代十国时期其他质地和形式的十二辰形象也与壁龛有着密切的关联，如唐僖宗靖陵在甬道和墓室中开12个壁龛，龛内绘制了十二辰图案[40]。吴越王钱元瓘墓、钱元瓘元妃马氏康陵、次妃吴汉月墓、王处直墓等亦在墓室四壁设12龛，龛内高浮雕怀抱生肖的人物像[41]。

综上所述，南京、扬州地区五代十国时期设12壁龛的墓葬中，壁龛的位置、尺寸与隋唐墓中放置生肖俑的壁龛大致相同，仅壁龛高度上有较大差异。河南偃师地区中晚唐时期流行在龛中放置木质十二辰俑，虽保存较差，但仍可见木俑腐败的遗迹。南京、扬州地区的五代十国墓葬流行随葬木俑的葬俗，据此推测南京、扬州两地五代十国时期12壁龛墓中的壁龛原本是用来放置木质生肖俑，龛中的木俑很有可能因盗扰或环境因素导致腐朽等原因消失。隋唐至五代十国时期高等级墓葬中墓壁设龛，并于龛中绘制或浮雕十二辰形象的做法，亦是证明这些推测的佐证。

三 五代十国时期木质十二辰俑的意义

前人对十二辰俑进行类型学分析时，多按惯常的历史分期法，将五代十国时期与隋唐时期合称为隋唐五代。这样做，既忽略了五代十国时期十二辰俑形制与隋唐时期的差异，也忽略了其与两宋时期的相似性。通过对考古资料的梳理，可知中晚唐时期

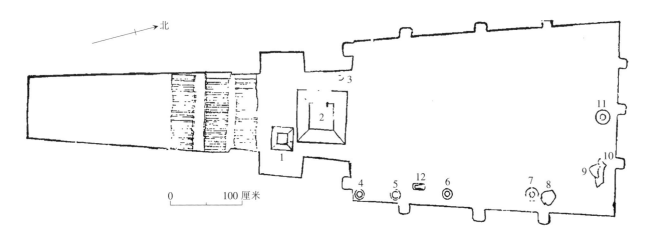

图三 偃师杏园村一号墓 91YXCM1 平面图

（采自郭洪涛、樊有升：《河南偃师县四座唐墓发掘简报》，《考古》1992 年第 11 期，图七）

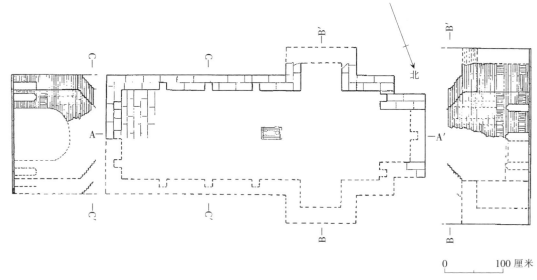

图四 杨吴宣懿皇后墓平面图

（采自邵磊、贺云翱：《南京铁心桥杨吴宣懿皇后墓的考古发掘与初步认识》，《东南文化》2012 年第 6 期，图二）

的北方只见站姿兽首人身俑，并有向南方传播的迹象，而南方地区仍可见坐姿兽首人身俑。进入五代十国时期，坐姿兽首人身俑消失，南方开始出现站姿手捧生肖的十二辰俑。北宋时期，南方地区除少量的站姿兽首人身俑外，站立的人带生肖俑开始流行，生肖或附加在人俑的冠上，或被捧于胸前，或立于足边。到了南宋中期，生肖俑简化为仅在人俑的俑座底部墨书十二地支，以此显示十二辰的观念，如江西临川宋墓[42]。南宋早期还出现了堆塑十二辰俑的魂瓶，如江西九江乐安县南宋嘉泰墓[43]。此后，在闽赣地区，于魂瓶上堆塑十二辰俑形成定制，十二辰形象不再以俑的形式出现在随葬品之列。

张学锋先生认识到就整个唐宋时期而言，五代墓葬与两宋墓葬之间呈现出了更多的共性，故其在《中国墓葬史》一书中将五代墓葬归类到两宋的分期中[44]。经过对十二辰俑及高浮雕时空演变规律的探究，我们发现，隋唐时期流行兽首人身十二辰俑，坐姿俑只见于南方，流行于长江中下游地区，北方地区以站姿俑为主。安史之乱至唐末，北方仅陕西、河南两地还有墓葬出土生肖俑，且数量减少了很多，而此时南方地区随葬生肖俑的墓葬大大增多，尤其是在扬州地区流行盘坐的兽首人身十二辰俑。五代十国时期，扬州地区出现木质人带生肖十二辰俑。此期，扬州、南京地区流行在墓室四壁设12龛放置木质生肖俑，且南方的帝王陵墓中亦可见十二辰高浮雕。两宋时期，人带生肖十二辰俑一直流行于四川、江西、福建等地。直至南宋末，北方却少见生肖俑，十二辰俑在南方分布的地域范围较之前更广，流行区域转移到闽赣和四川地区。隋至两宋时期，十二辰俑造型风格及流行区域的变化与张学锋先生的分期一致，与唐宋间出现的社会变革有着某种呼应关系。

笔者结合文献资料，比较分析了出土墓志的纪年唐墓与宋墓的墓主身份与十二辰俑尺寸、质地之间的关系，发现唐代十二辰俑的高度和质地始终受到律令条文的约束，墓葬等级相对森严；生肖俑的高度和文献记载大体一致，尺寸的大小和墓主的身份品级也基本呈线性关系，即官阶越高，十二辰俑也更高。进入宋代，低级官吏与庶人墓中随葬的十二辰俑，尺寸大小基本没有太大差别，随葬品的数量、种类等也摆脱了身份制的束缚，与墓主人及其家族的实际势力、财力产生了关联。如安徽望江宋墓（1062 年）[45]，墓主人为商人之妻，墓中出土了陶瓷器等约 50 件随葬器物。江西德兴县香屯宋墓（1230 年）[46]墓主蓝文蔚生前为将仕郎，墓中保存完整的俑 37 件。望江宋墓十二辰俑高约 19.5 厘米，香屯宋墓中生肖俑高 15.4—17 厘米。北宋中期以后，唐宋之间的变革导致社会转型基本完成，基于血统的身份等级制度被摧毁，在墓葬的形制、规模及随葬品方面，"等级"的约束力大大减弱。上文所及几座五代十国时期墓葬的发掘报告（简报）中对十二辰俑的尺寸均未做出说明，但应与安置十二辰俑的壁龛尺寸有着对应关系。南京祖堂山南唐 3 号墓的壁龛高约 0.5、宽 0.16—0.18、深 0.14 米，铁心桥杨吴宣懿皇后墓的壁龛高 0.4、宽 0.13、深 0.13 米，尧化二号路南唐墓的壁龛高 0.435、宽 0.17、深

0.15 米，前两者墓主身份显然高于后者，然其壁龛尺寸基本相当，据此推测五代十国时期十二辰俑的尺寸已不受严格的等级限制。

唐代，尤其是初唐、盛唐时期，律令的执行比较严格，等级是丧葬礼仪的核心之一，律令条文对不同身份的人群的随葬品种类、数量、尺寸等有明确的规定。

《通典》卷一百八礼六十八《杂制》记载："明器。三品以上九十事，五品以上六十事……四神驼马及人不得尺余，音乐卤薄不过七寸……"[47]

《唐会要》卷三十八《葬》记载：

> （开元）二十九年正月十五日敕。古之送终，所尚平俭。其明器墓田等，令于旧数内递减……皆以素瓦为之，不得用木及金银铜锡……[48]

> （元和）六年十二月条流文武官及庶人丧葬。三品以上，明器九十事，四神十二时在内园宅，方五尺……四神不得过一尺，余人物等不得过七寸。并不得用金银雕镂、帖毛发装饰……[49]

> 会昌元年十一月……三品以上……明器并用木为之……数内四神，不得过一尺五寸，余人物等，不得过一尺……五品以上……数内四神，不得过一尺二寸。余人物不得过八寸……九品以上……四神不得过一尺，余人物不得过七寸……工商百姓诸色人吏无官者，诸军人无职掌者，其明器任以瓦木为之。不得过二十五事。四神十二时并在内。每事不得过七寸。[50]

《五代会要》卷八《丧葬上》记载："准元和六年十二月……三品已上明器九十事，四神十二时在内，不得过二尺五寸，余人物并不得过一尺……九品已上明器四十事，四神十二时在内……明器并使瓦木为之，四神不得过一尺，余人物等不得过七寸，并不得用金银雕镂、帖毛发装饰……庶人明器一十五事……所造明器，合使瓦木，不得过

七寸。"[51]

开元二十年[52]的律令并未对十二辰俑等随葬品的质地作规定，开元二十九年的律令规定明器"皆以素瓦为之，不得用木及金银铜锡"，元和六年以后，九品已上及庶人明器"合使瓦木"，会昌元年出现了"其明器任以瓦木为之"。可见律令对明器质地的规定有了变化，盛唐时期"不得用木"，到了中晚唐时期则"合使瓦木"。偃师杏园村一号墓91YXCM1、偃师杏园唐墓M2443、M4537、M1814、M2544、M2410、M1025等中晚唐墓中随葬木质十二辰俑，符合律令规定的明器以"瓦木"为之。

五代十国时期的文献只有后唐的律令对明器尺寸及质地有明确规定，如《五代会要》卷八《丧葬上》记载："后唐天成元年十二月二十七日，御史台奏：……凡明器等，三品已上不得过九十事，五品已上不得过六十事，九品已上不得过四十事。当圹、地轴、□驰马及执役人，高不得过一尺，其余音声队马威仪之属……仍以木瓦为之，不得过七寸，及别加画饰。"[53]

同书卷九《丧葬下》记载："后唐长兴二年十二月二十六日，御史台奏：……五品至六品升朝官……明器三十事，四神十二时在内，四神不得过一尺，余不得过七寸……其明器物，不得以金银毛发装饰。七品至八品升朝官……明器二十事，以木为之，四神十二时在内，四神不得过一尺，余不得过七寸，不得使金银雕镂、帖毛发装饰……六品至九品升朝官……明器一十五事，并不得过七寸，以木为之……庶人明器一十四事，以木为之。"[54]

五代诸政权中只有后唐留下了相关的丧葬令，表明要继承唐元和年间的制度。在内藤湖南的中国历史分期中，唐末五代是中国中世纪社会与近世社会的过渡时期。基于这一学说，虽然直接用后唐律令来诠释五代十国尤其是南方地区墓葬随葬木质十二辰俑的现象有些不妥，但由南唐铸造"开元通宝"

以表明自己是唐室正统的做法可推其丧葬令极有可能和后唐一样，沿袭唐晚期的制度。

随葬木质十二辰俑的规定和习俗可追溯到唐代晚期，南京、扬州地区五代十国时期墓葬流行随葬木质俑，当是五代律令在较大程度上对晚唐律令继承的一个旁证。而北宋早期对此还有延续，如江苏江阴北宋"瑞昌县君"孙四娘子墓（1055年）[55]就随葬木质的十二辰俑。

从律令上看，随葬十二辰俑的葬俗似乎并不能体现唐宋间出现的社会变革。但唐末五代时期中世纪贵族制的身份制已基本崩溃，政治、经济、社会生活等各方面都发生了很大的变化。五代十国唐代丧葬令中的规定是按官员品级来定的，后唐依然。但唐代身份制时代下的官员品级，很大程度上体现了这个官员所在家族的社会地位，唐代律令承认这种既存的社会地位。与之相对，经过安史乱后的社会变动及科举官员数量的增加，五代时期门荫入仕呈衰落之势，官品与世袭身份之间的关联已经非常薄弱，因此两者不能同日而语。本节前半部分笔者通过分析发现，五代十国时期随葬十二辰俑的尺寸与墓主身份之间的关系与唐代不同，两者已无必然联系。另外，五代时期律令条文文字表面的东西改变不多，表面上唐朝律令依然存续，如上引《五代会要》，后唐律令规定十二辰俑"高不得过一尺……以木瓦为之"或"以木为之"，这在唐晚期律令中已出现，很有可能是后唐有意识地表现出了对唐代制度的尊崇和继承。

五代十国时期，仍可见流行于隋唐时期的兽首人身十二辰形象，但还出现了人带生肖形象的十二辰俑及高浮雕，此现象反映了五代十国时期丧葬礼俗的过渡性质。两宋时期，南方地区，尤其是闽赣、四川地区一直流行人带生肖十二辰俑，北方地区十二辰俑数量急剧减少直至不见，十二辰俑造型风格及流行区域的变化从某种程度上反映着唐宋间出现的社会变革。

注释：

[1] 卢昉：《隋至初唐南方墓葬中的生肖俑》，《南方文物》2006 年第 1 期。

[2] 苏玉琼、蒋英炬：《临淄北朝崔氏墓》，《考古学报》1984 年第 2 期。

[3] 张光明、李剑：《临淄北朝崔氏墓地第二次清理简报》，《考古》1985 年第 3 期。

[4] 李浪涛：《唐肃宗建陵出土石生肖俑》，《文物》2003 年第 1 期。

[5] 河南省文物考古研究所编：《北宋皇陵》，中州古籍出版社 1997 年，第 407—409 页。

[6] 不包括帝陵以及尚未发表或仅在论著（文）中有简单介绍的墓例中出土的生肖俑。

[7] 漳浦县博物馆：《漳浦唐五代墓》，《福建文博》2001 年第 1 期。

[8] 刘刚、束家平：《扬州地区杨吴、南唐墓葬考古概述》，载夏仁琴主编：《南唐历史文化研究文集》，南京出版社 2015 年，第 272—279 页。此墓与吕德柔墓中所出十二辰俑的形制不明。

[9] 张亚生、徐良玉、古建：《江苏邗江蔡庄五代墓清理简报》，《文物》1980 年第 8 期。

[10] 福建省博物馆：《五代闽国刘华墓发掘报告》，《文物》1975 年第 1 期。

[11] 文物编辑委员会编：《文物资料丛刊（10）》，文物出版社 1987 年，第 159—161 页。

[12] 刘刚、束家平：《扬州地区杨吴、南唐墓葬考古概述》，载夏仁琴主编：《南唐历史文化研究文集》，南京出版社 2015 年，第 272—279 页。

[13] 《扬州地区杨吴、南唐墓葬考古概述》中描述："后室墙壁上共 9 个壁龛。"未提及平面图中甬道两侧的壁龛，文中未附墓葬剖面图，也无文字说明壁龛位置，故无法判断壁龛位于墓壁上部、中部或下部。

[14] 《扬州地区杨吴、南唐墓葬考古概述》一文对吕德柔墓中的壁龛并未作任何描述，未附墓葬平剖面图，故壁龛位置不详。

[15] 南京博物院编著：《南唐二陵发掘报告》，文物出版社 1957 年，第 65 页。

[16] 浙江省文物管理委员会：《杭州、临安五代墓中的天文图和秘色瓷》，《考古》1975 年第 3 期。

[17] 杭州市文物考古所、临安市文物馆：《浙江临安五代吴越国康陵发掘简报》，《文物》2000 年第 2 期。

[18] 浙江省文物管理委员会、杭州师范学院历史系考古组：《杭州郊区施家山古墓发掘报告》，《杭州师范学院学报》1960 年第 1 期。

[19] 杭州市文物考古所、临安市文物馆：《浙江临安五代吴越国康陵发掘简报》，《文物》2000 年第 2 期。

[20] 杨继东：《五代艺术精品——极建陵》，《沧桑》1995 年第 3 期；杨继东：《极建陵》，《文物世界》2005 年第 5 期。

[21] 河北省文物研究所、保定市文物管理处：《五代王处直墓》，文物出版社 1998 年。

[22] 王志高、夏仁琴、许志强：《南京祖堂山南唐 3 号墓考古发掘的主要收获及认识》，《东南文化》2012 年第 1 期。

[23] 南京市博物馆、栖霞区文化广播电视局：《南京尧化门五代墓清理简报》，载南京市博物馆编：《南京考古新发现》，江苏人民出版社 2006 年，第 112—114 页。

[24] 邵磊、贺云翱：《南京铁心桥杨吴宣懿皇后墓的考古发掘与初步认识》，《东南文化》2012 年第 6 期。

[25] 李克用极建陵尚无发掘简报或报告，仅有少量论文提及陵中十二辰形象，但无细致说明，故不列入表格。参见杨继东：a.《五代艺术精品——极建陵》，《沧桑》1995 年第 3 期；b.《极建陵》，《文物世界》2005 年第 5 期。

[26] 福建漳浦灶山唐墓 ZM1 设 10 壁龛，湖南湘阴唐墓设 11 个壁龛。

[27] 熊传新：《湖南湘阴县隋大业六年墓》，《文物》1981 年第 4 期。

[28] 岳阳市文物考古研究所：《湖南岳阳桃花山唐墓》，《文物》2006 年第 11 期。

[29] 熊传新、陈慰民：《湖南长沙咸嘉湖唐墓发掘简报》，《考古》1980 年第 6 期。

[30] 何介钧、文道义：《湖南长沙牛角塘唐墓》，《考古》1964 年第 12 期。

[31] 中国社会科学院考古研究所：《偃师杏园唐墓》，科学出版社 2001 年，第 101—103 页。

[32] 文物编辑委员会编：《文物资料丛刊（6）》，文物出版社 1982 年，第 122—125 页。

[33] 郑东：《福建厦门市下忠唐墓的清理》，《考古》2002 年第 9 期。

[34] 吴圣林：《九江市发现一座唐墓》，《江西历史文物》1982 年第 4 期。

［35］漳浦县博物馆：《漳浦唐五代墓》，《福建文博》2001 年第 1 期。

［36］湖南省博物馆：《湖南湘阴唐墓》，《文物》1972 年第 11 期。

［37］漳浦县博物馆：《漳浦唐五代墓》，《福建文博》2001 年第 1 期。

［38］郭洪涛、樊有升：《河南偃师县四座唐墓发掘简报》，《考古》1992 年第 11 期。该墓暂无发掘报告，未被收入《偃师杏园唐墓》。

［39］中国社会科学院考古研究所：《偃师杏园唐墓》，科学出版社 2001 年，第 169—182 页。

［40］陕西考古研究所：《陕西新出土唐墓壁画》，重庆出版社 1998 年，第 185—190 页。

［41］杭州市文物考古所、临安市文物馆：《浙江临安五代吴越国康陵发掘简报》，《文物》2000 年第 2 期。

［42］陈定荣、徐建昌：《江西临川县宋墓》，《考古》1988 年第 4 期。

［43］李科友：《江西九江市乐安县发现宋墓》，《考古》1984 年第 8 期。

［44］张学锋编著：《中国墓葬史》（第八编），广陵书社 2009 年，第 391—444 页。著作前言部分亦对墓葬分期作了说明。

［45］程霁红：《安徽望江发现一座北宋墓》，《考古》1993 年第 2 期。

［46］孙以刚：《江西德兴县香屯宋墓》，《考古》1990 年第 8 期。

［47］杜佑：《通典》卷一百八礼六十八《杂制》，中华书局 1988 年，第 2812 页。

［48］王溥撰：《唐会要》卷三十八《葬》，上海古籍出版社 1991 年，第 811 页。

［49］王溥撰：《唐会要》卷三十八《葬》，上海古籍出版社 1991 年，第 813 页。

［50］王溥撰：《唐会要》卷三十八《葬》，上海古籍出版社 1991 年，第 816 页。

［51］王溥撰：《五代会要》卷八《丧葬上》，上海古籍出版社 1978 年，第 136—138 页。

［52］《通典》的记载来自《大唐开元礼》，《大唐开元礼》成书并颁行于开元二十年（732 年）。

［53］王溥撰：《五代会要》卷八《丧葬上》，上海古籍出版社 1978 年，第 134 页。

［54］王溥撰：《五代会要》卷九《丧葬下》，上海古籍出版社 1978 年，第 142—144 页。

［55］苏州博物馆、江阴县文化馆：《江阴北宋"瑞昌县君"孙四娘子墓》，《文物》1982 年第 12 期。

先贤墓清真寺碑与苏州关系考辨

衣抚生（中国社会科学院研究生院）

内容摘要：一般认为，《江苏扬州先贤墓清真寺碑》描述的是扬州的回族历史。这并非事实。从内容来看，该碑所记主要是苏州之事：碑文中的"平江"指宋元时期苏州所在的平江府（路）；白居易在苏州为官；丁谓故居和丁家巷在苏州；苏州阊门的位置与碑文相合；"吴"是苏州的代称；普哈丁1259年到达的地方是苏州，而非扬州。因此，该碑应来自苏州，而不是扬州。该碑出现在扬州的原因可能是：普哈丁去扬州时，苏州清真寺的部分人员跟随前往，导致苏州的碑文到了扬州。另外，修正了该碑的一处常见标点错误。

关键词：先贤墓清真寺碑　苏州　扬州　回族

《江苏扬州先贤墓清真寺碑》的碑文内容可以上溯到唐朝中期，是研究回族早期历史的重要材料。碑文所涉及的地点，有扬州和苏州两种说法。《中国回族金石录》著录该碑时，称该碑"为了解扬州伊斯兰教传播与当地回族形成发展的重要史料"[1]。李兴华先生也称该碑"是关系扬州伊斯兰教史的一项重要史料"。不过，李先生"也曾怀疑此断碣所指是苏州阊门外丁家巷的瑞凝礼拜寺"[2]，并未彻底否定苏州说。杨晓春先生则断定该碑属于苏州，理由是碑文内容明确指向苏州[3]。杨先生所言甚是，可惜他只是用寥寥三四十字一笔带过，没有展开论述，这也导致其观点没有得到广泛重视，许多研究该碑的学者依然采纳扬州说。由于该碑的归属对扬州和苏州地区的回族早期历史的研究会产生一定影响，故本文不惮其烦，详细考证该碑碑文的归属地。

由于该碑原件已不存，故只能通过对碑文的分析，来进行判断。为论述方便起见，先将碑文内容抄录如下：

崇真寺位间门外，去城西南里许有淮宏村，德崇〔宗〕时兵燹残毁。会太傅白公来守平江，乃请诸朝，谓回回与唐最为亲睦，以故涉险来宾有为圣朝氓者甚众，宜安之以事天报本。奏准。即以本寺旧址重建之。

赵宋间常有五色彩光，夜烛霄汉，是以改名瑞凝寺。宋景德初，有丁相卜居此地，其巷名丁家，里曰瑞符；于是按其光起处，凿为荷花池，冀获其所瑞之物，结果邈无迹影，迄今其地尚称荷花池。厥后，丁相以事谪崖州，宅亦寻废。宋南渡后，于绍兴十二年奉旨查寻，得知故相丁宅原属来朝敕赐者，乃回回人。继后耶官律花亦阿申等整理故址，筑草殿三间，工甫告成，其光遂隐，是后里人即以瑞符称其寺。开庆元年，先贤补哈丁兹驾临吴，寄居本寺，大阐真宗，致称西来祖师，因名西来寺。嗣大元至正四年，平章盖史把忽木儿定致仕归，拟迁本寺，洒扫祈祷，欲以保国安民，具疏奏准，奉圣旨命近传火先等，赏敕鼎镬以建之，颁其额曰礼拜寺。赐给本村圩田百八十亩，以为兴办义学之资，其他田地俱属寺中公用者，各有图书里分，故勒诸石。[4]

1."太傅白公来守平江"：这句话透露了两个重要信息：第一，清真寺属于平江地区。第二，"太傅白公"即唐朝诗人白居易，白居易为官地点可以用于判断该碑属于扬州还是苏州。

先看第一点。唐朝没有"平江"这个说法，"平江"是宋元时期的行政规划，均为今天的苏州，并不包括扬州。碑文作者是元代人，用他所处年代的说法来描述唐代史实。证据如下：据《宋史·地理四》，在宋朝时，平江府属两浙路，"本苏州，政和三年，升为府"[5]。而扬州属"（淮南）东路"[6]，并不属于平江府。据《元史·地理五》，在元朝时，"平江路，上。唐初为苏州，又改吴郡，又仍为苏州。宋为平江府。元至元十三年升平江路"[7]。而扬州在当时属于"扬州路"[8]，并不属于平江路。由此可见，不管是在宋代还是元代，平江府都包括苏州，而并不包括扬州。

再看第二点。《旧唐书·白居易传》，白居易"宝历中，复出为苏州刺史"[9]，曾在苏州为官，并未在扬州为官。《新唐书·白居易传》也说："复拜苏州刺史，病免。"[10]两书均未说白居易曾到扬州为官。

可见，这两点均指向苏州。

2. "宋景德（1004—1007）初，有丁相卜居此地，其巷名丁家……厥后，丁相以事谪崖州"：检索《宋史·宰辅表》可知，当时的丁姓宰相仅有一人，即丁谓。丁谓于公元1012年、1019年两任参知政事（即副宰相），并于1020—1022年担任宰相。且据《宋史·丁谓传》，丁谓"遂贬崖州司户参军"[11]，与本文"以事谪崖州"相合。故可知文中所说"丁姓宰相"即为丁谓。丁谓是"苏州长洲人"[12]，丁谓故居在苏州，且巷名恰为"丁家巷"，且苏州确有丁家巷瑞凝礼拜寺。这些均可证明，碑文所述为苏州，而非扬州。

3. "崇真寺位阊门外，去城西南里许有淮宕村"："闾门"指里巷之门，其中涉及的问题比较多。第一、"城西南里许淮宕村"就已经可以把清真寺的位置描述清楚了，再加上"闾门"，岂不是多此一举？反而会造成混乱。第二、一个城市有很多闾门，这里指的是哪一个？明显没有交代清楚。第三、描述地点时，应该由大到小，本文先说小范围的闾门，再说城西南这个大范围，不符合常理。可见"闾门"一词解释不通，可能有误。杨晓春先生将"闾门"改为"阊门"，是很有道理的：阊门是苏州城的西门，淮宕村在城外西南方向，正好就在阊门外，且与先描述大范围（阊门）再描写小范围（淮宕村）

的习惯用法相一致。碑文作者的视角应该是站在苏州城里，写怎么由城里到达城外的清真寺（即先出阊门，向西南方向走一里多路）。

4. "开庆元年（1259），先贤补哈丁兹驾临吴"：这句话有两个地方值得注意。第一、"吴"是苏州的代称。这是苏州说最直接而有力的证据。第二、据扬州《先贤历史记略碑》记载，普哈丁于1265年以后才第一次到达扬州（"宋咸淳间来游扬州"）。可见普哈丁1259年到达的地方必定不是扬州，而是苏州。

综上所述，碑文中透露的信息都指向苏州，该碑明显和苏州有密切关系，是苏州回族早期历史的重要见证。那么，这块碑为什么会去了扬州？它和扬州又有什么联系呢？杨晓春先生认为，该碑碑文是被苏州人张中带到扬州的。笔者觉得杨先生的看法可备一说，但证据似乎不是很充分。笔者想换一个思路：有没有什么可以把扬州、苏州、清真寺联系起来呢？答案很明显，能将三者联系起来的只有先贤普哈丁。据本碑和《先贤历史记略碑》记载，先贤普哈丁先到苏州，后去扬州，最终病逝于扬州。普哈丁在苏州时影响力极大，"致称西来祖师，因名西来寺"。当他离开苏州时，很可能会有一部分人（甚至是全部）随之而去。他们有可能将苏州清真寺的寺名和历史一起带到了扬州，在扬州建立了同名的清真寺。所以，描述苏州清真寺历史的碑文就出现在了扬州先贤寺。当然，由于该碑碑文残缺，且已经遗失，导致这一推断缺乏十足的把握。

另外，需要指出的是，《中国回族金石录》、《扬州伊斯兰教研究》在著录该碑时，均有一处影响句意的标点错误："宋景德初，有丁相卜居此地，其巷名丁家里，曰瑞符"。"曰瑞符"明显解释不通，标点有误。正确的标点应该是："宋景德初，有丁相卜居此地，其巷名丁家，里曰瑞符"。"里"是"古代一种居民组织"[13]，类似于我们今天所说的小区或者小区里面的单元。这句话的意思是说，丁谓住的地方，巷子名叫丁家，里名叫瑞符。

注释:

［1］余振贵，雷晓静主编：《中国回族金石录》，宁夏人民出版社2001年，第46页。

［2］李兴华：《扬州伊斯兰教研究》，《回族研究》2005年第1期。

［3］杨晓春：《明末清初伊斯兰教学者张中生平行实考察》，《世界宗教研究》2012年第4期。

［4］《中国回族金石录》，第46—47页。

［5］（元）脱脱等：《宋史》卷八十八《志第四十一·地理四》，中华书局1977年，第2174页。

［6］《宋史》卷八十八《志第四十一·地理四》，第2178页。

［7］（明）宋濂等：《元史》卷六十二《志第十四·地理五》，中华书局1976年，第1493页。

［8］《元史》卷六十二《志第十四·地理五》，第1493页。

［9］（后晋）刘昫等：《旧唐书》卷一百六十六《白居易传》，中华书局1975年，第4353页。

［10］（北宋）欧阳修、宋祁：《新唐书》卷一百一十九《白居易传》，中华书局1975年，第4303页。

［11］《宋史》卷二百八十三《丁谓传》，第9570页。

［12］《宋史》卷二百八十三《丁谓传》，第9566页。

［13］王力等编著：《古代汉语常用字字典》，商务印书馆2005年，第231页。

苏州市吴中区木渎天平村明墓发掘简报

苏州市考古研究所

内容摘要：苏州市吴中区木渎天平村发现七座明代墓葬，主墓为范仲淹十六世孙范惟一墓葬。范惟一墓志及其夫人张氏墓志的发现可补史实之不足，为研究墓主生平以及范氏家族人员的活动提供了新的文字材料。

关键词：木渎　明代　墓葬　范仲淹　范惟一　墓志

2012 年 3 月，在苏州市吴中区木渎天平村"姑苏印象文化村"项目建设过程中，发现有古墓葬出土。苏州市考古研究所随后对该地块进行了考古勘探，探明此处有多座古代墓葬。由于墓葬正位于建设范围中部，周边墓围等已经遭到破坏，我所对古墓葬进行了抢救性考古发掘工作。此次考古发掘，共发现墓葬 7 座，出土墓志铭两块。现将此次抢救性考古发掘情况报告如下：

一　墓葬地理位置

该处墓葬位于天平山东麓，三面均有山脉。东侧为金山、北侧西侧为天平山，西南为灵岩山。墓葬所在位置为一座土墩，称为"紫金坟"，土墩上部种植有桃树等经济苗木。土墩高 1.5 米，直径约 25 米。土墩外围有土垄，高 0.5 米，现主要位于土墩的西北以及西南侧，其余位置已不见。在土墩南部 50 米左右，有半圆形池塘一座。另土墩南部较低，北侧较高，曾经遭受过破坏。在土墩南侧 20 余米左右散布有青石质赑屃、碑额与大量石像生残块。可见有石人头部、石马残块等。

二　土墩地层堆积情况

土墩地层堆积简单，除表土层以及表土层下的一些晚期扰坑外，均为一次堆筑形成。在土墩底部边缘，有一圈花岗岩石条砌成的近圆形石圈，南侧有出口，宽 5 米左右。

表土层下开口的墓葬有四座，分布为 M1、M2、M6、M7。M3、M4、M5 均位于②层下。

三　墓葬

共发现墓葬 7 座（图一），可分 3 组。

第一组为 M3、M4 与 M5；三座墓葬并列，外围用厚约 25 厘米的石灰浇浆封住，形成一个整体。该组墓葬位于土墩中间，其中 M3 为整座土墩的主墓，土墩、石像生以及墓围均是为该墓所修建的。三座墓长宽一致，长 260、宽 105 厘米，墓主头像北，方向 336°。M3、M4 构造相同，先下挖墓坑，建造砖室，砖室内用木板围成椁室，待棺木下葬后，再用木板封钉，砖室上再用大块花岗岩石板封盖，最后再用浇浆封筑。M5 位置稍偏南，砖室内未见木椁，与 M3、M4 稍有不同。从浇筑的痕迹来看，M3、M4 为一次浇筑，M5 为第二次浇筑，与之前浇筑成一体的 M3、M4 连成一体。

在 M3、M4 墓室南侧 2 米左右，各发现墓志一合，由墓志和志盖组成。其中 M3 墓志外侧还有铁箍箍住墓志一周。从出土墓志判断，M3 墓主为范惟一，字中方。M4 为其夫人张氏墓。M5 未出墓志，骨骼腐朽无存，推测为其侧室墓葬。

第二组为 M1，长方形砖室券顶墓。砖室长 260、宽 120 厘米，室内长 230、宽 80 厘米，室内最高约 125 厘米。砖室壁为青砖平砌而成，青砖尺寸为 33×16×7 厘米，铺地砖为方形，30 厘米见方，厚 3.5 厘米。墓葬保存较差，室内有一层淤泥，墓主头骨尚存，为成年男性。

第三组为 M2、M6 与 M7；这三座墓方向一致，均为 342°。墓葬并列靠在一起，应为合葬墓。墓室均用石块砌成，已经变形坍塌，石室内尺寸分别为：

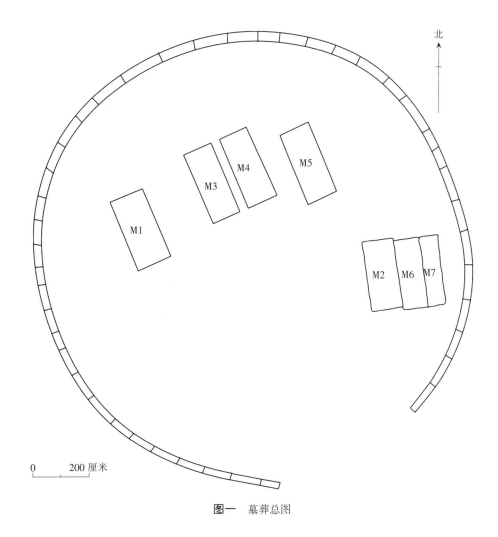

图一　墓葬总图

M2 长 210、宽 80 厘米；M6 长 200、宽 70 厘米；M7 长 205、宽 60 厘米。墓室深度在 60 厘米左右。三座墓葬保存条件较差，均棺椁无存，骨骼也腐朽无存。

四　随葬器物

M1，出土方砖一块与铜镜一枚。

砖，M1∶1，贴墓室北壁竖放，尺寸为 30×30 厘米，上面用红色颜料或朱砂绘有图案或文字。铜镜，M1∶2（图二，1），位于墓主左手近胸口处。圆钮，圆镜，为凤鸟瑞兽纹镜。

M2，出土铜镜一枚。

铜镜，M2∶1（图二，2），圆钮，圆镜，镜面锈蚀严重，纹饰不清。

M3，随葬品出土有木质头枕、铜镜、玉坠、玉牌等。

木枕，M3∶1（图二，5），木质，长方形。铜镜，M3∶2（图二，3），保存完好。玉坠饰，M3∶3（图三，1），为半瓶状。M3∶4（图三，2），M3∶5（图三，3）均为玉牌饰，一面凸，一面凹，凸面雕刻有纹饰，凹面为一对小孔。小孔位于玉牌底部边缘，从玉牌饰侧缘钻出。

M4，随葬品均为日常生活用品，主要有木梳（图二，6、7）、木篦、木刷（图二，8、9）、银簪（图二，10）等物。

M5 未出土随葬品。

M6 出土铜镜一面（图二，4），另外还出土有青花碗，残。

M7 出土铜钱一枚（图三，4）。钱文锈蚀严重，辨认不清。

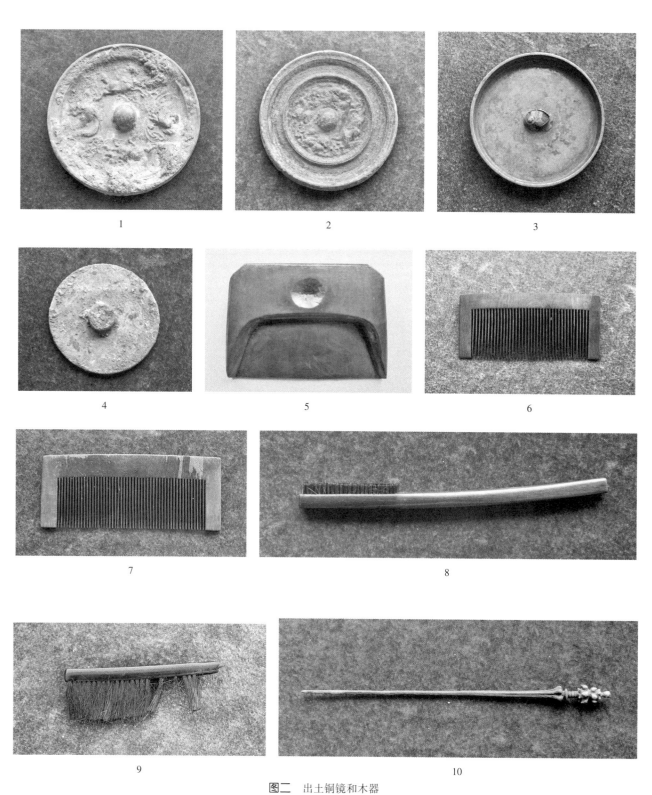

图二　出土铜镜和木器

1. 铜镜（M1：2）　2. 铜镜（M2：1）　3. 铜镜（M3：2）　4. 铜镜（M6：1）　5. 木枕（M3：1）　6. 木梳（M4：1）　7. 木梳（M4：2）
8. 木刷（M4：3）　9. 木刷（M4：4）　10. 银钗（M4：5）

1

2

3

4

图三　出土玉器和铜钱

1. 玉坠饰（M3:3）　2. 玉牌饰（M3:4）　3. 玉牌饰（M3:5）　4. 铜钱（M7:1）

五　出土墓志

出土墓志两块，分别位于 M3 和 M4 的南侧，从墓志的内容以及墓葬的位置来看，这两块墓志分别为 M3 和 M4 墓主所有。

M3 出土墓志基本为正方形，长 73、宽 72、厚 9 厘米，志盖稍厚，为 10 厘米。墓志与志盖用宽扁的铁箍箍住，防止散落，竖直埋放在墓主墓室南侧 2 米位置。

墓志一合（图四），正方形，青石质，文字阴刻。志盖背部阴刻一只麒麟，志盖正面篆书，自右向左竖书，5 行 18 字，为"明故中大夫南京太仆寺卿中方范公墓志铭"。

志文楷书，自右向左竖书，共 38 行。第 2—5 行分别为撰文、篆盖、书丹者等人题名，现存 128 字。余行则为志文及铭，各行字数不等。墓志内容为：

明故中大夫南京太仆寺卿中方范公墓志铭/

赐进士出身资政大夫礼部尚书兼翰林院学士/经筵官国史副总裁前吏部右侍郎掌詹事府事年眷生陆树声撰文/

赐进士出身通奉大夫浙江布政使司右布政使前奉敕提学副使眷生莫如忠篆盖/

赐进士出身嘉议大夫山东按察司按察使年家眷生张仲谦书丹/

图四　范中方墓志盖、志石

范氏自文正公十六世，而为南京太仆寺卿，惟一，字于中，初号洛川，已更中方。曰："我上世洛中，识无忘也。"曾大/父从江，大父汝信，世居苏支砌山。父北溪公，讳启晔，少孤，从其伯贾松之泗泾，因家焉。北溪公受室顾氏，生公。/公生而质敏，甫就学业，制科有奇悟，选补邑诸生，以经学师授弟子，搢绅大夫多推毂公。公亦雄视流辈，每试/辄高等。岁庚子，同余举乡试，明年第进士，试政都察院，中丞浚仪王公廷相负物望，一见器待。公初知钧州，州/故冲剧，而徽王者，故黠倨，善结中贵人，张声势，土豪率影寄丁产为狐鼠。公籍出之受役，王即惠公，莫能挠，/一时巨室，皆望风敛戢不敢肆。寻以治最，擢丞济南。济南会府，公佐郡严明，监司属公访察事风闻，公曰："是长/奸讦也。"力陈不可。长清民以私斗属吏比死刑，公原情释之。青州富民诬李氏二子弑父，狱成矣，公鞫实抵诬/者罪，一郡称神明。升缮部员外，转虞衡郎中。值/世庙事兴建，诸将作物料，取办商人，价不时给，商困甚。公白部尚书调停，立程期量给，商人乐输，公私称便。暨分/司铁治，公暇进诸生谈艺，盖公於文学吏事兼长。若此久之，擢公广东按察司佥事。甫上未月余，奔父丧，归。服除，/补湖广佥事，分部荆西。沔阳胡廷壁者，怙势鸱张，流毒一方，公属干吏繫讯置之法。景陵熊某，黠而饶资，/屡干赇免，公补治之。潜沔受江水堤溃，漂溺庐舍民荡，析田污菜者失岁。军输积遒，公下令弛征，出帑锱代/输，复便宜发粟以赈贫下，全活者众。未几，擢山东参议，督漕事、京邸。旋升浙江副使，督学政，所甄拔多名士。晋/河南参政，光州崇王甥韩某暴横，掠杀人，吏纵舍，公密捕论死。已升浙江按察使，入/觐竣事，还升江西右布政使，转左。时籍入严氏赃物，在事者急於取盈，株连迫胁，人心汹汹。公言於抚巡曰："今民/情若此，激之恐生变。"事得缓。故司空丰城雷公曰："微范公一言，民

垫水火矣。"他如厘革隐弊，审详徭法，督抚周/公如斗，一行其议，而继周者骫不任事，部檄征发旁午。所属南昌尹严多濡迟废事，公以法绳其胥吏，严衔公，/抚巡两台，欲撼拾中公。会公已迁南太仆，先具疏乞归，太宰杨襄毅公覆/允致仕。公归辟啸园，创天游阁，遇佳风日，偕郡中搢绅名辈，婆娑泉石，赏晤终日，意迥然适也。先是，公赴广南，取/道归省，会北溪公疾，拟乞休侍养，疏具而北溪公强之行，不果上。治钧日，谒文正忠宣墓于万安山，为文以祭，/复厚存其守墓者。每时祭岁，一再至吴门，合族讲家范，以训饬子弟。弟宪副君卒，公抚字其嗣孙。仲保御君无/子，疾亟，属公后事。公曰："我宁忍使吾弟无嗣，其以儿恒为之后，治丧葬如礼。"公自壮岁登朝，歆历几三十年，所/至慷慨任事，以亮直称，而生平蕴负未尽展，究谢事归，留意著述，自子史百家靡不涉猎，诗具体中唐，至流连/觞咏，篇章倡和，则出入元白，文亦雅畅，所著诗文集若干卷，藏于家，诸子以次梓行。公生正德庚午十二月十/八日，卒万历甲申五月二十八日，享年七十有五。元配张氏，赠恭人，闺仪令淑，先公二十五年卒。侧室顾氏、郝/氏、陈氏。子男四：长允豫，娶倪氏，张出；允观，娶吴氏；允恒，后保御君，娶姚氏，继张氏，郝出；允震，娶韩氏，陈出。女二：适尚宝卿徐琨者，张出；适庠生陆在者，陈出。孙男八：必扬、必亮、必恭，允豫出；必弘、必大、必端，允观出；必祥、必裕，/允恒出。女七：一嫁张方阳，一许聘余侄孙举人懋修子长祚，一受举人冯大受子承裕聘，一许聘宪副雁山季/公孙，余幼一，允恒出。允豫等卜以是年九月八日奉公柩葬天平山之麓，/敕建忠烈庙，左启张恭人窆，合焉。先期，奉京兆敕斋冯公状征余铭，京兆公与公皆同余庚子计偕，故其言核，而/余得铨次之，系之铭曰：范望于吴，支胤蕃延，庆源所钟，奕世象贤。迢迢裔孙，浚发其祉，亦昌厥

文，洴跻肬仕。显允嘉猷，言复其始，展/采畴庸，盘桓藩牧。迹用既彰，爰返初服，贲於丘樊，展也迈轴。庶几后乐，旷世遗风，绍休前闻，以保初终。支硎/之原，郁郁崇阡，公平归全，祖烈在前。昭揭孔虔，亘千百年，尚论世者，视此铭镌。

M4，墓志一合（图五），正方形，青石质，文字阴刻。志盖篆书，自右向左竖书，4行11字，为"明故敕封恭人张氏墓志铭"。志文阴刻有界格，楷书，文字阴刻，自右向左竖书。第1—4行分别为撰文、书丹、篆盖者题名。余行则为志文及铭。

墓志内容为：

　　明故敕封恭人江西布政使司右布政中方范公妻张氏墓志铭

　　赐进士□南京国子监司业前翰林院/国史检讨门人朱大韶撰文/

　　赐进士出身征侍郎礼科给事中郡人顾存仁书丹/

　　赐进士出身朝议大夫湖广布政使司右参议□□张仲谦篆盖/

　　恭人张氏，世姑苏人。吴四大族，张为著姓，而□□之张，尤著于吴。□□文雅闻前輩范庵枝山诸公，/每过张氏之庐，必为驻泊，□□留翰令其□尚□□□也有□□□□竹君者，尤称长厚，配金氏，生/恭人。恭人生而幼慧，且庄慎□妄举止□□君□念之不屑与凡□□江西右布政中方范先生少/负异才，流声乡国，父北溪翁占其必贵□□于□妇雅闲恭人女德议婚而合年二十，来归中方先/生。妇道修饬孝谨，得舅姑之欢，即北溪翁顾□恭人，亦咸以家□□自贺也。未几，□□恭人卒。恭人/痛其姑之不逮养，所以事其舅者益敬，而未辞。中方先生有两弟，文正公之家范固，咸笃其友爱，而/恭人更相之以和顺，以联娣姒之情家□闻譪□□中方先生□未遇家殊食贫，恭人不以贫为

戚，/躬治织紝，以裕中方先生于学，学成而□□王以学顺□恭人，持其素节，不加以侈。故中方先生典/州郡、位郎署、任藩臬，所至内外，翼然誉望，天下莫不闻。而曰："我无□于私者，以恭人之助我/也。"恭人子□□人二子一女恭人□□子侧室出。恭人之长子名允咸者，年十六卒于京师。恭人痛之甚，遂/成心疾。然白中方先生则□温□□□盖不欲□□子□□之陨惟对□□则饮泣甚哀，曰："而允大/矣，属望惟汝，勉自立也。"字诸子有为，鸠之德逮下之，恩加于诸侧室，□谐聚婉然，咸得其心。中方先/生任工曹时今无补/存翁位宗伯为子□妇闻恭人贤□母贤也。女必有教，乃为张夫人之子，今尚宝司少卿琨娶焉。允/升娶倪氏，光禄寺署丞蔼□之女。□□故□□。允观、允恒娶□名族，一尚幼。中方先生臣辙所至，恭/人皆从，庚申督学于浙，会旧疾作，三月而卒于按察司府中，六月十四日也。□其生正德六年正月/六日，年仅五十。中方先生历官中外□十余年九，/命始至，今官俱以年□□□□□壬戌始推/恩得封恭人。而恭人已不及□□□哉！恭人之性行，大致□于孝逊，即御臧获，惠振慈恤，未尝辄厉色，/声□家政，动有节法。然不欲□□□明有所□□以□非女妇所宜接内外亲疏曲有有恩意。故闻恭/人之□行者，姻党设慕视为内则此□□也。则又伤其不克，永年吊哭者，哀之有余。呜呼！恭人以谓/贤也已矣。大韶自束发读经于中方先生，恭人所以孝事舅姑伯父，助于隐约之时，固已习闻之。继/而窃禄南北奔走，岁时不能数侍闱墙□□□幸附□□犹东西邻也。得于耳目者尤悉，每见允升，/出入恂恂，如不胜衣，无一切子弟之过，虽承之以义方，而恭人平日所以诲子者，可知矣。允升奉中/方先生之命，以乙丑十二月二十一日启恭人之枢，卜葬于清流山之新阡。属韶铭之，韶读诗，观周室诸侯大夫妻所以著称万世者，要皆当时，亲睹其事，□咏歌之，以为后世观。然则识恭人之贤，

图五　张氏墓志盖、志石

以/信于不朽，固弟子之职也。铭曰：/以顺为正，惟德之经，为妇为母，不见名门。宗封备养，虽□于身，敛其余祉，以贻后人。有幽新宫，青龙之阳，有媛□质，百禩永藏。卜兆既占，吉庆无疆，欲征女史，视此铭章。

墓志志文首先追述志主先世世系，接着略述志主生平、经历、婚媾、子女、葬事等基本情况，最后均有铭文概括总结。

从出土的墓志内容来看，M3墓主为范惟一，字于中，为范仲淹第十六世孙。范惟一生于正德庚午年间，卒于万历甲申年间，享年七十五岁，是年九月八日葬天平山之麓。志文中详细记载了范惟一生平经历，明朝庚子年间举乡试，嘉靖二十年（1541）第进士。担任过济南府同知、缮部员外转虞衡郎中、广东按察司佥事、山东参议、浙江副使督学政、浙江按察使、江西右布政使，南京太仆寺卿等职务，平反冤狱，惩办豪强，还救济灾民、训饬子弟等，致仕后，"辟啸园创天游阁"，啸园现存上海松江，为一处私家园林。著有诗文集若干卷。

M4墓主即为范惟一原配夫人张氏，生于正德六年（1511），嘉靖庚申年（1560）六月卒，己丑年（1565）下葬。两块墓志由于是夫妻，故可以互为补充，将范惟一一支世系基本叙述完整，可与现存范氏家谱相校。范惟一去世后，其子将夫妻合葬于此，墓葬下葬年代为1584年。其余墓葬的下葬年代应均晚于该年代。

M1以及另外一组M2、M6、M7均晚于主墓下葬，其中M1年代与M3年代接近。而M2、M6、M7一组，墓室用石块砌成，建造简陋，随葬品少或无，与M3相差较远，可能为较晚期后人的附葬。

六 结论

从此次抢救性发掘来看，"紫金坟"土墩为范惟一墓及其夫人合葬墓，M5墓当为范惟一侧室的墓葬。这三座墓用浇浆封住，形成一个整体，是整座土墩的主墓。墓葬南侧出现的残青石质赑屃、碑额以及大量石像生残块，包括石人、石马、石虎等，应为范惟一墓葬神道石刻。根据明清官员丧葬制度，明确规定只有二品及以上官员丧葬中可使用石人，二品以下品级不得越用。土墩南侧50米左右的半圆形池塘可能即为照池所在。稍晚于范惟一的明代申时行墓葬规制和范墓接近，但规格明显高于范墓。

范惟一墓葬的发现，出土的墓志可补史实之不足，为研究范惟一生平以及范氏家族后人的迁徙以及活动提供了可信材料。

领队：孙明利

发掘：张铁军 孙明利 崔宋焕 左金飞

拓片：戈春暖

拍照：孙明利

撰文：孙明利

注：在墓葬的发现、考古过程中，市文广新局文化行政综合执法支队、吴中区文管会、吴中区木渎天平村村委会给予了大力支持和配合，使得此次考古工作能够顺利进行，地下文物得到妥善保护，在此表示衷心感谢！

明范中方夫妇墓志考释

漆跃文（苏州博物馆）

孙明利（苏州市考古研究所）

内容摘要：范中方，讳惟一，字于中，号中方，系范仲淹十六世孙。其墓志铭及家世谱系见于《范氏家乘》记载，天平山范氏家族墓地出土范中方夫妇墓志铭可与之相互校补。墓志内容详细记录了范中方的生平、历官升迁及相关事迹，亦可窥范氏家族的交游往来，从一个侧面反映明朝中后期社会政治变迁与家族的命运兴衰。

关键词：范中方 墓志 世系 生平 交游

明范中方夫妇墓志铭，2012年出土于苏州市吴中区木渎镇天平村天平山东麓范氏家族茔地。志主范中方乃范文正公十六世孙，嘉靖二十一年（1541）中进士，后官至江西左布政使、南京太仆寺卿。范中方夫妇墓志内容翔实，可与文献记载相互补正。本文拟从志文与《范氏家乘》校补、范中方家世谱系、生平履历事迹、家族交游等方面，对范中方夫妇墓志进行考证，不当之处，敬请方家指正。

一 志文与《范氏家乘》校补

明范中方墓志铭，在苏州《范氏家乘》[1]族谱中亦有收录，两相对照，可补正家谱文献记载。经校核，出土《明故中大夫南京太仆寺卿中方范公墓志铭》与《范氏家乘》录文（以下简称范文）有以下不同之处：

第六行，"识无忘也"，志文作"识"，范文作"志"，意同。

第八行，"选补诸邑生"，志文作"选"，范文作"还"。此处当为选补。

第九至十行，"州故冲剧"，志文作"故"，范文作"政"。此处当为故，即钧州之地一直以来冲突较多。

第十二行，"是长奸讦也"，志文作"奸讦"，范文作"奸"。奸，邪恶不正；讦，揭发别人的隐私。奸讦，意为恶意攻讦，用于此处更为确切。

第二十行，"急於取盈"，志文作"取"，范文作"所"。此处当用动词取。

第二十五行，"谒文正忠宣墓于万安山"，志文作"谒"，范文作"谓"。此处意为，范中方知钧州时，曾前往万安山范仲淹墓拜谒，故志文为宜。

第二十七行，"公自壮岁登朝，敭历几三十年"，志文作"三十"，范文作"五十"。由墓志内容可知，范中方，生于正德庚午（1510），嘉靖辛丑（1541）登进士后，开始做官，至其卒年万历甲申（1584），应历官三十年左右，不可能为五十年。

第二十七至二十八行，"所至慷慨任事，以亮直称"，志文相比于范文，"慷慨"后补"任事"二字，语句更为完整；另，志文作"亮"，范文作"谅"，亮直意为亮节正直，此处当作"亮"。

第三十行，"卒万历甲申五月二十八日"，志文作"二十八"，范文作"二十七"，应为撰者误记，而后镌刻志文时更改。

第三十二至三十三行，志文作"孙男八：必扬、必亮、必恭，允豫出；必弘、必大、必端，允观出；必祥、必裕，允恒出"，范文作"孙男九：必扬、必遴、必试，允豫出；必弘、必大、必贞、必章，允观出；必试、继文，允恒出"，二文对于范中方孙男人数、姓名记载相差较大，笔者认为撰书者对于家族后代情况可能并非完全了解，故当以志石记载为准。

第三十八行，志文作"绍休前闻"，范文作"绍前休闻"，显然"绍休前闻"与后句"以保初终"更为对仗工整。

第三十八至三十九行，志文作"支硎之原"，范文作"天平之原"。天平乃范中方家族墓地所在，支硎系范氏一族世居之地。志文改为支硎，或为更显对先人世祖之思。

二 范中方家世谱系

范中方，《明史》无传，由志文可知，其为范仲淹十六世孙。据苏州《范氏家乘》记载，范中方（惟一）乃属范仲淹子纯佑监簿房世系，传承有序，谱系清晰。自文正公十六世分别为，范仲淹（一世）—纯佑（二世）—正臣（三世）—直隐（四世）—公武（五世）—良遂（六世）—庆家（七世）—邦柱（八世）—彦国（九世）—廷止（十世）—天爵（十一世）—元瑛（十二世）—从江（十三世）—汝信（十四世）—启晔（十五世）—惟一（十六世）。

志文言范中方"曾大父从江，大父汝信，世居苏支硎山"。中方父北溪公墓志铭亦记载"自元瑛以上，世居长洲支硎山，至汝信赘阳山之沈氏"[2]。据《北溪公墓志》可知，范中方之父，讳启晔（1481—1551），字景辉，"以孤贫弗克，来贾华亭之泗泾"[3]。启晔在此经商二十年后，其家方"益有田宅"，然亦时常思念苏州家乡，是故"北望阳山涕泣言曰：吾先人之所庐也"[4]，因而自号北溪公，可见其志。

范惟一，乃启晔长子，其下还有二弟。一弟范惟立，即范中方志文所言"保御君"，无嗣，范中方将其子范允恒过继为后。一弟范惟丕，字允谟，即志文所言"宪副君"，嘉靖二十五年（1546）举人，嘉靖三十八年（1559）进士，历官兵部主事、光禄寺卿、云南按察使副使。

据墓志可知，范惟一共育有四子。长子范允豫，原配张氏所生；次子范允观，妾郝氏生；三子范允恒，妾郝氏生，后过继至范惟丕；四子，范允震，妾陈氏生。

三 范中方生平履历及事迹

范中方墓志铭详细记载了其一生的为官经历和个人事迹，可补史阙。范中方（1510—1584），讳惟一，字于中，初号洛川，后改号中方。其于嘉靖十九年（1540）参加乡试，考中举人，次年即嘉靖二十年（1541）登进士。初入仕途，任职于都察院。都察院乃明洪武十五年（1372）设，由元代御史台发展而来。置左、右都御史，左右副都御史，左右佥都御史。掌纠察内外百司，总领宪纲，肃改饬法之事[5]。适时，范中方颇受当时都察院左都御使王廷相器重。王廷相（1474—1544），字子衡，仪封人，明弘治十五年（1495）进士，嘉靖十二年（1533）自南京兵部尚书"入为左都御史……居二年，加兵部尚书兼前官"[6]。在任期间，王廷相曾多次充任殿试读卷官，范中方或缘于此被其所识，并颇受器重。

范中方首任地方官职为钧州知州。钧州隶开封府，"洪武初，以州治阳翟县省入。万历三年四月避讳改曰禹州"[7]，在今河南禹州市一带。明代各州设知州一人，掌一州之政，官阶从五品[8]。钧州，乃徽王藩地所在，成化二年（1466）明英宗第九子徽庄王朱见沛分封于此，成化十七年（1481）就藩。范中方任知州期间，嗣承徽王者为朱见沛孙朱厚爝[9]，据志文所言其在当地飞扬跋扈，气焰嚣张。故而，范中方对徽王严格管理，以致藩王巨室皆不敢放肆。范中方对徽王的限制，也为日后削除徽王藩地打下前期基础。范中方离任后，嘉靖三十五年（1556），徽王朱载埨（朱厚爝之子）自缢，国除[10]。

因表现突出，范中方被调往济南府任职，由志文"佐郡严明"及明代官阶可知，其所任官职应为济南同知[11]，正五品，主要协助济南知府[12]管理监察司法相关工作。尔后，又升缮部员外，转虞衡郎中。明朝工部下设"营缮、虞衡、都水、屯田四司，郎中四人，员外郎二人"[13]，范中方所任缮部员外，即为营缮司员外郎，后又转升虞衡司郎中。期间，他对商人输出建工物料提出良策，后又被委任分管冶铁。在此任职较长时间后，范中方终于被擢为广东按察司佥事。按察司即提刑按察使司，明初置，隶属于都察院，对地方官员行使监察权，设按察使

（正三品）、副使（正四品）、佥事（正五品）[14]。不过，上任未到一月，其父卒，范中方遂归家服丧。据《北溪公墓志铭》，范中方之父范启晔卒于嘉靖辛亥（嘉靖三十年，1551），此年亦是范中方升任广东按察司佥事未几，便辞官服除之年。

服丧期满后，范中方补授湖广按察司佥事，分部荆西，整顿法纪，救济灾民，功绩显著。此后，擢山东参议，督漕事、京邸。参议，乃承宣布政司下属官员，设左、右参议，无定员，从四品。其职责是"派管粮储、屯田、清军、驿传、水利、抚民等事"[15]，范中方乃督水利之漕运。又明代两京不设布政司、按察司，由邻省布政司和按察司代管境内各道事务，故此时，在山东任布政参议的范中方还兼督京邸。"又旋升浙江副使，督学政"，此处副使即为按察使司副使，正四品，职责是"分司诸道。提督学道，清军道、驿传道"，范中方即为提督学政，选拔人才。

未几，范中方又晋升河南参政。参政亦属布政司，有左、右参政，从三品，职责与参议似同。范中方在任期间，较有影响力的事件之一，是秉公处死了光州崇王的外甥韩某。第一代崇王，即崇简王朱见泽，明英宗第六子，天顺元年（1457）封，成化十年（1474）就藩汝宁。据《明史》记载，"嘉靖十六年，厚燿薨。子庄王载境嗣，三十六年薨。子端王翊镜嗣，万历三十八年薨"[16]。由此可知，文中所言韩某当为第五代崇王朱翊镜之甥。已而，升浙江按察使，按察使即提刑按察司按察使，正三品，"掌一省刑名按劾之事。纠官邪，戢奸暴，平狱讼，雪冤抑，以振扬风纪，而澄清其吏治"[17]。

而后，范中方出任江西右布政使，又转江西左布政使。布政使，即承宣布政使司布政使，从二品，"掌一省之政，朝廷有德泽、禁令，承流宣播，以下于有司"[18]。范中方在任期间，曾经权倾一时的严嵩被贬回老家江西，其子世蕃因叛逆罪逮捕论斩，"籍其家，黄金可三万余两，白金二百万余两，他珍宝服玩所直又数百万"[19]。当时受牵连者不在少，诚如志文所言"人心汹汹"，范中方对于这一事件则

"隐蔽审详"，处理有度，方式得当，故而没有引起民心慌乱，以致当时已引退回到江西老家的"故司空丰城雷公"对其亦称赞有加。雷公，即雷礼（1505—1581），字必进，号古和，江西丰城人。嘉靖四十年（1561）为工部尚书。嘉靖四十一年（1562）万寿宫成，加太子太保；论三殿工，加太子太傅。嘉靖四十五年（1566），督修万法宝殿，晋少保；以紫宸宫成，加少傅。隆庆二年（1568），致仕归家。万历九年（1581）卒[20]。

范中方的最后一任职务为南京太仆寺卿。洪武六年（1373），置群牧监于滁州，旋改为太仆寺，卿一人，从三品，"掌牧马之政令，以听于兵部"[21]。此后，在"太宰杨襄毅公"的允许下，引退致仕归家。杨襄毅公，即杨博（1509—1574），字惟约，号虞坡，山西蒲州人。"隆庆六年（1572），高拱罢，乃改博吏部，进少师兼太子太师……逾年卒。赠太傅，谥襄毅"[22]。回到华亭后，范中方修建了自己的私家园林——啸园，该园遗址现位于上海市松江区方塔北路与邱介湾路交界处，松江教师进修学院内。万历十二年（1584），卒后归葬苏州。

四 墓志所见范中方家族之交游

范中方及妻张恭人，祖籍世家苏州，其父北溪公（即启晔）迁居松江之泗泾后，其家族交游亦与松江华亭乡人密不可分，这一点从北溪公墓志铭及范中方夫妇墓志便可见一斑。

《北溪公墓志铭》[23]由大学士徐阶撰文，书丹篆盖者未知。徐阶所撰志文中言"（孙）女一，予雅重君父子意，其女必贤也。聘为吾儿琨妇"，范中方墓志亦记"女二：适尚宝卿徐琨[24]者，张出"。由此可见，范氏与徐氏两个家族互为姻亲，关系甚为密切。徐阶（1503—1583），字子升，号少府，松江府华亭人。嘉靖二年（1523）进士第三名。历官翰林院编修、黄州府同知、江西按察副使、礼部尚书、吏部尚书等职，后加少保，兼任文渊阁大学士。嘉靖四十一年（1562），"嵩子世蕃贪横淫纵状亦渐闻，阶乃令御史邹应龙劾之。帝勒嵩致仕，擢应龙通政

司参议。阶遂代嵩为首铺"[25]。严嵩做内阁首辅时，提拔者多为其党人。范中方前期任职履历，钧州知州—济南同知—缮部员外—虞衡郎中—广东按察司佥事，官阶几无上升，可谓稳中"无"进。此后，从正五品步步为营，攀升至正二品（江西左布政使），或与徐阶掌权内阁不无关系。

范中方墓志撰者陆树声（1509—1605），字与吉，松江府华亭人。嘉靖十九年（1540），与范中方一同参加乡试中举。嘉靖二十年（1541，与范中方同年），会试第一，后官至礼部尚书。其"与徐阶同里，高拱则同年生。两人相继柄国，皆辞疾不出。为居正所推，卒不附也"[26]，可见陆树声之清高傲骨。然他为范中方撰书墓志，言之切切，足见二人之交往。

范中方墓志篆盖者莫如忠（1509—1589），字子良，号中江，松江府华亭人。嘉靖十七年（1538）进士，历官工部虞衡司主事、陕西布政使司参政等职，以浙江右布政使致仕，著有诗文集《崇兰馆集》等[27]。莫如忠卒后，其墓志铭亦为陆树声所撰[28]。莫如忠"女二，一适庠生顾正伦，一适陆树声子彦章"，可见陆氏与莫氏亦为姻亲关系。

范中方墓志书丹者张仲谦，亦为范中方妻张氏墓志篆盖者，字士益，松江府上海县人。嘉靖二十五年（1546）举人，嘉靖三十八年（1559），与范惟一弟范惟丕同年考中进士，历官兵部主事、山东按察使[29]。张仲谦姑母为徐阶夫人[30]。

范中方妻张氏墓志撰者朱大韶，字象元，松江府华亭县人，正统十三年进士朱瑄曾孙。嘉靖二十二年（1543）乡试中举，嘉靖二十六年（1547）进士，历官翰林院检讨、南京国子监司业。范中方考中进士前曾"以经学师授弟子"，而朱大韶"自束发读经于中方先生"，因此朱大韶乃范中方之门生。

范中方妻张氏墓志书丹者顾存仁，字伯刚，江苏太仓人。嘉靖十一年（1535）进士，"除余姚知县，征为礼科给事中（张氏卒时，其所任官职）。穆宗即位，召为南京通政参议。历太仆卿"[31]。

综上所述，范中方及其妻张氏墓志之撰文、书丹、篆盖者，虽为卒后所为，然亦可窥探范中方家族之交游概况。不难看出，范氏一族迁居松江华亭后，逐渐与华亭县其他家族建立交往，尤其范中方考中进士后进入仕途，与在朝任职乡人过从甚密，互助共进。诚然，范中方各地任职时，必然会与同时代的人物建立联系，例如，初入官场，为都察院左都御使王廷相所器重；任江西左布政使时，与故司空雷礼有所交往；引退致仕时，请求太宰杨博允诺等。然而，真正关系密切且命运息息相关者，仍是在朝之世交松江府华亭县同乡，诸如徐阶、陆树声等。

注释：

[1]《范氏家乘》卷二十一《墓志铭》，第 95—98 页，《南京太仆卿中方公墓志铭》，苏州博物馆藏古籍书目。

[2]《范氏家乘》卷二十一《墓志铭》，第 88—89 页，《北溪公墓志铭》，苏州博物馆藏古籍书目。

[3]《范氏家乘》卷二十一《墓志铭》，第 88—89 页，《北溪公墓志铭》，苏州博物馆藏古籍书目。

[4]《范氏家乘》卷二十一《墓志铭》，第 88—89 页，《北溪公墓志铭》，苏州博物馆藏古籍书目。

[5]《中国历史大辞典·明史卷》，上海辞书出版社 1995 年，第 404 页。

[6]（清）张廷玉等撰：《明史》卷一百九十四《列传第八十二·王廷相》，中华书局 1974 年，第 5154—5155 页。

[7]（清）张廷玉等撰：《明史》卷四十二《志第十八·地理三》，中华书局 1974 年，第 981 页。

[8]（清）张廷玉等撰：《明史》卷七十五《志第五十一·职官四》，"凡州有二：有属州，有直隶州。属州视县，直隶州视府，而品秩相同"，钧州为属州，视与县同，中华书局 1974 年，第 1850 页。

[9]（清）张廷玉等撰：《明史》卷一百十九《列传第七·诸王四》，"（徽庄王朱见沛）正德元年薨。子简王祐枱嗣，嘉靖四年薨。子恭王

厚爝嗣，二十九年薨"，中华书局 1974 年，第 3637 页。

[10] 苏晋予：《河南藩府甲天下——明代河南藩王述论之一》，《史学月刊》1991 年第 5 期。

[11] （清）张廷玉等撰：《明史》卷七十五《志第五十一·职官四》，"府，知府一人，正四品，同知，正五品"，中华书局 1974 年，第 1849 页。

[12] 适时，济南知府当为刘玺（嘉靖二十三年至嘉靖二十六年），见《明代山东济南府历任知府简况表》，靳旭博《明代山东济南府历任知府考论》，曲阜师范大学 2015 年硕士论文。

[13] （清）张廷玉等撰：《明史》卷七十五《志第五十一·职官四》，中华书局 1974 年，第 1833 页。

[14] （清）张廷玉等撰：《明史》卷七十五《志第五十一·职官四》，中华书局 1974 年，第 1840 页。

[15] （清）张廷玉等撰：《明史》卷七十五《志第五十一·职官四》，中华书局 1974 年，第 1839 页。

[16] （清）张廷玉等撰：《明史》卷一百十九《列传第七·诸王四》，中华书局 1974 年，第 3636 页。

[17] （清）张廷玉等撰：《明史》卷七十五《志第五十一·职官四》，中华书局 1974 年，第 1840 页。

[18] （清）张廷玉等撰：《明史》卷七十五《志第五十一·职官四》，中华书局 1974 年，第 1839 页。

[19] （清）张廷玉等撰：《明史》卷三百零八《志第一百九十六·严嵩附子世蕃传》，中华书局 1974 年，第 7921 页。

[20] 章宏伟：《明代工部尚书雷礼生平考略》，中国紫禁城学会论文集（第 6 辑下），2007 年，第 819—859 页。

[21] （清）张廷玉等撰：《明史》卷七十五《志第五十·职官三》，中华书局 1974 年，第 1800 页。

[22] （清）张廷玉等撰：《明史》卷二百一十四《列传第一百零二·杨博》，中华书局 1974 年，第 5659 页。

[23] 《范氏家乘》卷二十一《墓志铭》，第 88—89 页，《北溪公墓志铭》，苏州博物馆藏古籍书目。

[24] （清）张廷玉等撰：《明史》卷二百一十三《列传第一百零一·徐阶》，"（阶）子璠，以荫官太常卿；琨、瑛，尚宝卿"，与志文可对应，中华书局 1974 年，第 5638 页。

[25] （清）张廷玉等撰：《明史》卷二百一十三《列传第一百零一·徐阶》，中华书局 1974 年，第 5634 页。

[26] （清）张廷玉等撰：《明史》卷二百一十六《列传第一百零四·陆树声》，中华书局 1974 年，第 5695 页。

[27] 雒志达：《莫如忠、莫是龙文学研究》，上海师范大学 2013 年硕士论文。

[28] （明）陆树声：《陆文定公集》卷十一，《通奉大夫浙江布政使司右布政使中江莫公墓志铭》，明万历四十四年陆彦章刻，南京图书馆藏。

[29] 陈凌：《明代松江府进士人群研究》，附录 1《明清松江府进士名录及小传》，上海社会科学院历史研究所 2010 年硕士论文。

[30] 董桂兰：《上海地区明清进士家庭背景研究》，华东师范大学 2005 年硕士论文。

[31] （清）张廷玉等撰：《明史》卷二百零九《列传九十七·顾存仁》，中华书局 1974 年，第 5517 页。

记得住的乡愁：江南水乡古镇

李　爽（苏州市文物管理委员会办公室）

内容摘要：江南水乡古镇是一种介于城市和乡村之间的人类聚居地，并在一定的地域形成完善的以水为中心的网络体系，是江南水乡地域文化的集中体现，具有高度的历史文化见证价值，是人类传统居住地中土地利用开发的杰出范例，具有突出的普遍价值，符合列入世界文化遗产的价值标准。

关键词：江南水乡古镇　世界文化遗产

在中国文化遗产版图中，江南水乡古镇遗产无疑占据着重要的位置。当我们追溯中国文化遗产悠久的历史，当我们致力于优秀民族文化传之永久，古镇遗产始终是值得我们关注的一环。

江南水乡地处长江下游平原，属亚热带季风气候，降雨丰沛，河网密布，素有"水乡泽国"、"鱼米之乡"之称。在这片大地上，分布着众多历史悠久的古镇。江苏苏州的周庄、甪直、同里、千灯、锦溪、沙溪、震泽、黎里、凤凰，浙江嘉兴的乌镇、西塘和湖州的新市、南浔就是江南水乡古镇的典型代表。

这13个古镇基于同一自然环境、地域形态和文化类型，既有着相仿的规划方式、建筑风格、社会功能和文化传统，又体现了"和而不同"的自然和人文风貌。在漫长的历史中，它们与城市在经济物质上相互补充，在精神文化上彼此呼应，从一个侧面记载了两省三市社会、经济和文化发展的历程，在中国社会、经济、文化史上占据有很高的位置，具有突出的普遍价值。

其一，植根于"水"环境，它们具有独特的自然景观和生活特征。"江南水乡，采捕为业，鱼鳖之利，黎元所资，土地使然，有自来矣。"（《旧唐书》）早在11世纪，就有"苏湖熟，天下足"之谚语。随着宋王朝南迁，江南成为全国经济的中心，江南水乡城镇凭借发达水网体系所带来的交通优势，成为该地区经济文化的活跃点。

其二，多种文化的融合，形成江南水乡古镇亦雅亦俗的独特地方文化。经过历史上几次南北文化的交流融合，逐步形成了地域特色鲜明的吴地文化，稻作文化、科技文化、手工艺文化、园林文化成为吴文化体系中的重要支撑。江南地区崇文重教，耕桑读律，科名相继，吟咏成风，历朝历代鸿儒巨子层出不穷。良好的文化氛围、富裕安定的生活环境、旖旎的水乡风光，吸引了大量文人名士在此寓居、游访、授业。这里的地理环境、经济和人文因素，形成了独具一格的水乡生活文化和民俗风情。

其三，经济作用表现突出的社会形态，反映了江南乡镇在中国传统发展史上独特的地位与价值。进入15世纪以后，商品经济的发展使得乡镇在经济上各有分工，互补有无，改变了传统的零散分布的市场格局。古镇的"机户出资，机工出力"，反映了资本主义萌芽时期的经济特征。重商思想的兴起，使江南地区亦农亦贾，改变了中国封建社会长期"工商皆末"的意识形态，还出现了以商养文、以商养教的状况，形成了中国历史上独特的一种社会现象。

其四，"天人合一"的中国传统规划思想与经济规律的完美结合塑造了"文明、富足、诗意、和谐"的居住环境，在中国规划史与建筑史上占有重要的地位与价值。这些古镇因水成街、因水成镇，经济因素使其平面布局与河道有着密切的关系，也因河道形态而呈现不同的形态特征：或单道河流形成带形的镇；或由"十"字形、"上"字形形成星形的镇；或由"井"字形河流形成方形的镇；或由网状、枝状河流形成"团"字形的镇，形态各异。古镇建筑大多前街后河，粉墙黛瓦，色彩淡雅，或"下店上宅"，或"前店后宅"，形成了集商业、居住、生产为一体的建筑形式。

因此，选择符合联合国教科文组织具有突出普遍价值要求的江南水乡古镇典型例证申报世界文化遗产，体现了江苏省和苏州市对遗产的尊重，也是对历史责任的担当。江南水乡古镇申遗是江苏苏州多年来的夙愿，在长达20年的时间中，江苏苏州进行了不懈的努力，做了大量的、艰辛的工作。令人鼓舞的是，国家文物局本着贯彻中央领导关于加强乡村文化遗产保护的精神，对全国各地的申遗项目的程序作出了调整，将"江南水乡古镇"项目列入了"十三五"申遗计划。在江浙两省联合申遗的13个古镇中，苏州占有了9席。继扬州牵头"中国大运河"申遗成功之后，国家文物局再次确定江苏城市苏州作为"江南水乡古镇"申遗牵头城市，是对苏州水乡古镇保护工作成效的充分肯定，也是对江苏承接国家重大项目的高度信任。

对于苏州而言，江南水乡古镇申遗意义非同寻常。苏州是闻名中外的拥有丰富的世界文化遗产的城市。1997年至2000年，9个古典园林先后被列为世界文化遗产；苏州的6个"非遗"项目被列入人类非物质文化遗产名录；2014年被列为世界文化遗产的中国大运河包含了苏州城区5条运河故道和7个相关点段，苏州成为大运河沿线唯一以"古城"概念申遗的城市。苏州文化遗产保护已经从有形的物质文化遗产保护为主向多种类型文化遗产保护发展，从本体保护为主向遗产环境整体保护全面推进。假如通过努力，江南水乡古镇在"十三五"期间顺利地进入世界文化遗产名录，苏州将拥有3项有形遗产的世界文化遗产，这在全国的城市中是不多见的。江南水乡古镇若能如期如愿列入世界文化遗产名录，不只是苏州拥有的世界遗产数量的扩展和增加，更是内涵的提升，构成了完整的世界文化遗产框架体系，苏州也就成了名副其实的世界级遗产城市，苏州在世界文化名城中的地位将得到极大的提升。

通过申遗，苏州在海内外的知名度、美誉度将得到进一步提高。苏州素以水乡泽国著称于世，其价值和魅力不仅仅体现在古典园林和古城遗产，还在于它拥有一批特色鲜明的江南水乡古镇、古村落。古城与古镇水网相连，共同维了富有江南水乡特征的文化空间，向世人展现了苏州遗产的精华。这次列入申遗的9个古镇就是苏州尚存的诸多古镇的典型代表。这些古镇的历史建筑与周围自然环境融为一体，体现了适应水乡地理环境与总体格局的建筑风格和特色，展现了传统的人文景观。这些古镇还保存着淳朴的民风民俗和丰富的非物质文化遗产。古镇丰厚的物质与非物质文化遗产是苏州文化遗产不可或缺的组成部分，具有突出的普遍价值。江南水乡古镇一旦申遗成功，将为苏州走向世界增添又一张令人瞩目的名片。

通过申遗，苏州江南水乡古镇保护将能够与国际遗产保护水准接轨，从而融入国际遗产保护的平台。自联合国教科文组织在全世界组织世界文化遗产申报工作以来，世界各国都积极争取将各自国家的遗产列入世界文化遗产名录。某一遗产一旦进入世界遗产名录，它就超越了地域和国界，成为全人类共同的财富，其保护、延续状况也受到全世界的普遍关注。这就要求我们必须在遗产保护原则和目标、方法与手段等各个方面，提升遗产保护的水准，与国际全面接轨。申遗既是对荣誉的争取，更是对责任的担当，申遗的目的是为了更好地保护。因此，列入这次申遗名单的苏州江南水乡古镇一旦能够进入世界遗产行列，苏州古镇遗产保护将按照相关的国际宪章，在保护原则和目标、方法与手段等各个方面，与国际全面接轨，从而极大地提升保护的水准，这对苏州古镇遗产可持续保护具有十分积极的意义。

通过申遗，苏州社会、经济、生态和文化发展将获得一个新的制高点。苏州既是一个中外闻名的历史文化名城，又是一个经济繁荣、社会文明、布局合理、环境优美、具有江南水乡特色和丰厚历史传统的现代城市。苏州要在加快社会经济发展的同时，处理好经济建设与文化建设的关系，在文化建设上处理好继承与发展的关系，在生态文明建设上处理好新型城镇建设与水乡环境保护的关系，体现尊重自然、顺应自然、天人合一的理念，依托山水脉络等独特风光，让城镇融入大自然，把青山绿水留给居民，留住江南鱼米之乡，留住文脉，留住乡愁。苏州将以古镇申遗为契机，将保护古镇自然风貌和保护文化遗产的成果惠及民众，重视当地民众生活水平的提高和生态环境的改善，完善古镇古村作为生活空间的现代功能，保持乡土建筑遗产内有适量的原住民，维护其生活气息和文化活力。总之，苏州将把古镇申遗作为保护、弘扬文化遗产和生态文明建设的推动力，更好地让苏州城乡的文化、生态、自然、环境和快速发展的现代经济相适应，既要提高国际化、现代化水平，又要保护、传承好优秀传统文化，保持苏州城乡的特色和个性，这不仅是文化发展战略的制高点，也是苏州未来发展的方向。

2015年3月下旬，苏州市率先成立了由市长挂帅、各有关部门组成的江南水乡古镇申遗领导小组。国家文物局在苏州召开了江南水乡古镇申遗推进会，会议确定了"国家文物局指导，两省文物局推动，苏州、湖州、嘉兴三市支持，苏州牵头、各有关古镇落实"的工作原则，制订了《江南水乡古镇申报世界文化遗产工作实施方案》，并组建了江南水乡古镇申遗协调指导委员会和联合申遗办公室。会议上，两省三市的13个古镇还签订了联合申遗协议书。这次会议标志着江南水乡古镇申遗工作全面启动。

苏州以江南水乡古镇申遗为机遇和动力，进一步推动江南鱼米之乡保护。苏州拥有中国历史文化名镇13个，中国历史文化名村5个、中国传统村落4个，还有一大批省、市级名镇、名村和控制保护古村落，大量的乡村文化遗产值得我们珍惜，需要我们呵护。各级历史文化镇村将从这次江南水乡古镇申遗中受到启发，善于发现自身的价值，善于找寻自己的特色，重新思考自己发展的定位，促使镇村文化景观和乡土建筑遗产在保护与利用中形成良性循环，互相促进。各级历史文化镇村遗产保护将最大限度地鼓励广大民众参与，促使民众了解镇村遗产的文化价值，捍卫自己身边的文化遗产，唤起他们的文化自觉。对于由行政村或自然村调整而成的新型社区，也应在城镇化建设中，从贯彻国家、省、市文化遗产保护法律法规和政府规章的高度，积极地制订规划，落实措施。既要保护好自然生态环境，又要保护好延续文脉的人文环境，努力为文化遗产和江南水乡风貌留下更多的生存空间，把文化遗产和青山绿水留给后代，让子孙后代记得住乡愁。从这个意义上来说，苏州全市城乡各级党委、政府都关心江南水乡古镇申遗，使之成为共同的愿景和行动。

明清无锡荡口华氏义庄史话[*]

袁灿兴（无锡城市学院）

内容摘要： 华氏义庄在明清两代经历了诸多变动。明代华氏族人华燧、华云、华景等，先后创办义庄，并对宗族宗祠加以修缮，编修族谱。明代华氏所办义庄，由于历史原因，只留下部分记录，今人已不能够窥其全貌。至清代，华氏涌现了创办义庄的热潮，一批华氏族人创设义庄，其中规模较大者有清乾隆年间的华进思、清同治年间的华鸿模。

关键词： 无锡华氏 义庄义田 社会治理

一

"华，出自子姓。"[1]汉王符《潜夫论》称华氏"子姓也"。唐林宝《元和姓纂》称："宋戴公子考父说，食采于华，因氏焉。"[2]宋陈彭年《重修广韵》称："殷汤之后，宋戴公子考父食采于华，后氏焉。"[3]

周朝时宋戴公有子名考父说，食采邑于华地（陕西华阴县一带）。至战国时，华氏已分散各地。至汉代，华氏辅佐汉高祖平定三秦，封终陵侯，定居于中原。东汉末年，开始了持续四百年之久的社会大动乱，黄河流域成为主要战场，中原地区生产力受到极大破坏，大量北方人口纷纷南迁，这是南方发展的一次重要契机。在东汉末年的南迁浪潮中，华氏族人纷纷南下，分散居住于高唐、江都、晋陵等地，发展成为江南望族。"居晋陵者曰覈，江南之华由晋陵。"[4]晋陵所辖，相当于今常州、无锡、镇江等地。三国时，华覈事吴，被封为徐陵亭侯。史载，华覈居住于今常州武进一带，"覈武进人，盖吴省无锡入武进也"[5]。华覈四世孙为华豪，在无锡定居。今无锡惠山之麓的华孝子祠，就是当年华宅之故址，据说今"天下第二泉"原来是华家的厨房汲井。约在晋义熙十四年（418），华豪应征赴长安，此时华宝年已八岁，临别时父亲对他道："须我还，当为汝上头。"[6]意思是出征归来后为儿子结发，举行成人冠礼。

华豪出征之后战死，不能实现为儿子加冠的诺言，华宝终身不结婚，不带冠，以为乃父之诺。有人问起缘由，华宝就恸哭流涕，难以自抑。华宝终生不娶，七十岁时以弟弟华宽次子华悫为嗣。后世华孝子祠中，有华豪、华宝、华宽、华悫四人木主，春秋祭祀。华宝的事迹得到官方的重视，"齐建元三年，并表门间"[7]。

华悫之后十六世，世居于无锡。第十七世孙华荣，八岁能文，十岁明《春秋》，十六岁中进士。宋太宗赵匡义时，华荣迁居汴京（北宋都城开封当时被称作"汴梁"或"汴京"）。北迁之后，华荣生兴，兴生良，世官武爵都尉。华良之子华原泉，官承事郎，排行三十一，后世尊称他为"三一承事"。

以北宋末年的"靖康之变"为转折点，继永嘉之乱、安史之乱后，中原开始了中国历史上的第三波人口迁徙浪潮。华原泉从长江以北迁至无锡，始有族谱，故以他为第一世。以迁徙之人为祖，符合礼之规定。"迁汴者三世，既迁复归，则尸其祖，礼也。"《华氏宗谱》称，华原泉"为人尚气节，好施与，积德累仁，规模宏远"[8]。华原泉迁至隆亭后，奠定了华氏家族日后的发展基础，使宗族绵延不绝。

华原泉四传为华诠，南宋德祐元年（1275）调

* 本文系2016年度江苏省社科应用研究课题，课题编号：16SYC－166，课题名称：《义庄与传统社会治理——以无锡华氏为例》；2016年度无锡市哲学社会科学精品课题，课题编号：16－C－46，课题名称：《无锡华氏义庄与社会治理研究》。

任无锡县主簿，"华氏尚义，至诠家产益拓，岁得租四十八万石有奇，时称华半州。惟养衰老，植幼孤，培守节，敛停尸。延医治药，以济贫病。设塾以教农稚，置义仓以赈，全邑饥乏，活者无算"[9]。华诠在华氏的发展史上地位相当重要，一方面，他为地方出力，赢得了巨大声望；另一方面，他为华氏的发展奠定了基础。他尤其注重文化教育，提高了家族文化水准，"华氏之盛，自此而始"[10]。

华诠生有五子，分别是友谅、友直、友闻、友龙、一雷，五子又生有十五孙，此后华氏又分为十通、五奇，共十五支派。

通一，友谅长子珦。

通二，友谅次子瑞。

通三，友闻长子瑜。

通四，友闻次子璞。

通五，友谅三字琪。

通六，友直长子珙。

通七，一雷长子玠。

通八，友龙长子琳。

通九，友直次子璟。

通十，友谅四子戊。

奇一，友闻三子寿。

奇二，友龙二子珪。

奇三，一雷次子璋。

奇四，友谅幼子瑛。

奇五，友直三子季。

通四支后裔华璞，在元代赈济灾民，被荐授义校尉。华璞生有六子，二子华铉由宿卫授都功德使司都事。华铉，字子举，儿时即不凡，有志于功名。成年之后，华铉离开家乡，前往京师，"去家数千里无少顾恋"。华铉到京师发展也有所成，只是不久患病，返乡之后去世，年仅二十六岁，遗有一子华幼武。

华铉去世之后，其妻陈氏承担了抚育幼子、赡养双亲的重担。"元华铉妻陈氏，无锡人，抚孤守节，至正二年旌。"[11]华幼武六岁丧父，在母亲的教育下，也有所成，成年后事母陈氏至孝，著有《黄杨集》。

华幼武经济条件相对较好，得以有余力从事文章。"华幼武，字彦清，无锡人。当元末国初，挟重资以自隐，借微吟而近名者也。"[12]"华幼武，字彦清，无锡人，家素饶于财。"[13]中年之后，为躲避战乱，华幼武带着家人在异乡漂泊十余年，经常坐船往来于苏州、吴江、松江、平江、周庄之间。后来儿子华惊铧回忆这段时光道："漂泊异乡，贫困殆甚。"漂泊之中，华幼武不忘帮助贫困，曾对诸子云："我见义不为，则心不惶安。"[14]

华幼武生有七子，二子名惊铧（华原泉十世孙），字公恺，号贞固，后世以华贞固而闻名。在外漂泊多年之后，华幼武对华惊铧道："无锡故乡，坟墓所在，宗祀所属，汝宜还延祥而居，以图活计。"[15]华惊铧思考再三，认为有祖宗余荫，返乡之后，终究会有所成。洪武三年（1370）三月，华惊铧遵父命，携带家眷返回无锡定居。返回无锡后，华惊铧没有住在隆亭，而是迁居荡口。初定居之时，筑茅屋两间，垦田数亩。华幼武随同儿子迁居荡口，他"痛父之早逝，节母之恩勤"，筑"贞节堂"供养老母，以"春草轩"自居。房屋虽简陋，却表孝子之心。

荡口地处鹅肫荡滨，又名鹅湖。迁居之后，"贞固处士"华惊铧成为荡口华氏始祖，其后裔称通四鹅湖支。初迁至荡口时，华惊铧年方二十，就承担起了家庭的重担。他带领通四族人，在荡口筑堤垦田，纺纱织布，辛勤劳作。在荡口定居，家族兴盛之后，华惊铧经营祠堂，编辑宗谱，著有《虑得集》，明洪武十五年（1382），以通经儒士征。

华惊铧生有三子，分别是兴仁、兴叔、兴定。

长子华兴仁，字伯谆，号永喜，后裔为通四永喜支。

次子华兴叔，字仲谆，号乐勤。

兴叔有五子，长子华宗胧，字思济，号山桂，后裔称通四山桂支。次子宗福。三子宗寿，字思沉，号怡隐，后裔为通四怡隐支。四子宗安，号澹然，后裔为通四澹然支。五子宗康，字思淳，号三省，后裔为通四三省支。

季子兴定，字伯训，号乐农，后裔为通四乐农支。

鹅湖通四支在明清两代极为兴盛，《华氏宗谱》中云："咸曰华氏盛，我族咸曰通四盛，通四咸曰鹅湖盛。"

无锡华氏的发展，有三个标志性的人物，华宝、华原泉、华惊骅。华宝以其至孝，名垂千古，为万世敬仰，被百代膜拜。于华氏后世族人，华宝在精神上具有强大的指导意义，以其为精神偶像而效法之。华原泉在南宋末年南迁，定居无锡隆亭，人丁兴旺，奠定了日后华氏兴盛的基础。明初华惊骅迁至鹅湖，言传身教，发展家业，文章传世，使华氏在明清两代，人才辈出。华惊骅更积极从事于社会公益事业，影响着后世族人去行善。

二

自范仲淹在苏州创办义庄后，宋元时期，苏州地区陆续涌现了一批义庄，为宗族，为地方做出了诸多贡献，被官方嘉奖，地方称颂。元末，华氏奇五支华厚珍，号松隐，"君以族人日蕃，而贫者日众，欲捐田为义庄以收族"[16]。只是元末战乱频仍，不得不外出躲避战火，创办义庄一事未能成就，之后也即去世。

在多年承平之后，明代江南地方上的宗族日益壮大，并不断分化，涌现出许多小家族。分化而出的各个小家族，散居在一定的地域内，互相依傍，彼此借力。对华氏而言，无锡乃是其宗族兴盛繁衍之地，族人多以此地为中心散居，如此既可进行联宗活动，也为创办义庄提供了条件。明代荡口华氏第一个义庄，是华辉所创设。华辉属通四支，是华守吉第三子，字文远，号近斋。

成化年间，在华氏族人主持下，修缮了惠山华孝子祠。明代顾清《无锡华氏义庄记》中认为，此次修建惠山华孝子祠，由华晞颜所主持，"成化间其三十二世孙晞颜，尝一新之"[17]。华晞颜为元末明初人，去成化年间已远。且明洪武初年，华晞颜即

已年迈。《佩文斋画书谱》卷五十五中载："华晞颜，一作希贤。华晞颜字以愚，洪武初辟举，以老辞，隐居东湖，作诗画自娱。"[18]顾清《无锡华氏义庄记》中所载，当有误。

在族人的共同努力下，华孝子祠修缮完毕，之后举行了隆重的祭祀仪式，族人聚集祠堂中有数百家，其中有富有贫，分化严重。华守吉在场目睹此景，很是忧虑。在与儿子华燠、华辉等人商量后，准备效法范仲淹，创设义庄，"遗意割常稔之田五百亩，籍记于官，推族人之贤者一人掌之，收其租入以充岁时祭享修葺之费，因其盈余以赡族党之贫不给者"[19]。只是义庄未曾创办，华守吉就去世。

华守吉去世之后，华燠与其弟华辉、华勋及其他后人，"早夜经画，思用厥图，以成先志"。定下义庄规划之后，决定由乃弟华辉前往京师，将此事加以宣传。华辉活动能力颇强，竟将此事上达朝廷，"孝宗览而嘉之，下有司悉从其请，时弘治甲子某月日也"。义庄尚未创办，华燠即抱憾去世。华辉继承父兄遗志，在修缮华孝子祠的同时，捐置田亩，创设义庄，"立条约，一如其父遗命"[20]。

在兄弟群策群力之下，弘治十八年（1508）八月，义庄最终修成，"以赡五服亲疏，缓急赈之有等"[21]。华辉所创设义庄，留下的记载不多，不能知晓其具体田亩数及延续时间，将义庄创设带上规模的则是华麟祥、华云父子。

华麟祥，号海月，是天下闻名的无锡三大富商之一。"锡古泰伯地墓在延祥乡，嘉隆间有三富翁，世所传安国、邹望、华麟祥也。"[22]

华麟祥"富有其名，商有其德"，发达之后"创田租千石，为义庄义塾，以赡族人，越数代犹守其遗训"。田租千石，确实相当可观，足见其捐置田亩数量当不在千亩之下。华麟祥之子华云，字从龙，号补庵，师从南京礼部尚书邵宝，后来"闻阳明王先生之学，复往师之，同游徐日"。华云少年时就有文名，但科举上一直不顺，直到晚年方在科举上取得突破。

嘉靖辛丑年（1541），华云五十三岁时考中进

士，进入官场。因反对严嵩擅政，嘉靖二十七年（1548），华云辞官回家，从隆亭移居南郊菰川庄，建庄园，筑读书堂，收藏明人字画。《无锡金匮县志》中称："一时往来翰墨，几甲于江左。"华云所交游者都是当时大名士，留下书墨较多。

退隐之后，华云热衷于地方事业，"当岁饥，出粟赈济，至累千金"[23]。华云之父华麟祥经商成为巨富，效法范仲淹，在无锡南门外创办了义庄。在乃父的基础之上，华云继续捐田，扩大义庄规模。"补庵公为尚书刑部郎，归割田千亩赡族人之贫者，筑庄南墙贮其田之入，而延师以教族子之贫不能读书者。"[24]在规模扩大的同时，义庄的职能也得到了扩充。庄中设置有专门库房，存储义田收入，又有义塾，为族中子弟提供教学。为了推广教化，缅怀先祖，义庄中悬挂南齐孝祖华宝绘像，自晋唐以降华氏族中先贤，均绘像于其中。华氏族人，"其不能自业者给口食"，婚丧嫁娶，各有差等，予以补贴[25]。不能读书，不能嫁娶者，生重病者，根据各自情况，相应予以帮助。义庄的日常管理，"推族人之贤者一二人，专理其事，不称则易其人"[26]。义庄事务，华云的直系子孙不加以干预，不能享受其中补贴。

华云所创义庄，如同华孝子祠一样，延续了百年也就荒废。"我华氏之有义庄也，始于明而盛于昭代。通八支补庵公生当嘉靖，通籍数年，而割田千亩，建庄恤族，未及百年而废，后人惜之。"[27]华麟祥虽为巨富，但后裔学到了轻财好施的一面，却未遗传他的经商天赋，长年不事生产，以致于家道中落。

明代华氏族人，捐置义田，创设义庄者，当不止以上所列几人。只是距今历史已久，缺乏相关文献记录，遂致善行湮没于史。此外，华氏族人创办义庄，从事公益，多不求回报，对官方的旌表加以谢绝，故而在官方记录中保存不多。明代华氏族人中有成就者颇多，在科举上取得突破，在商场叱咤风云。有意思的一点则是，不管是从政还是经商，华氏族人多刻意选择与皇权保持一定距离，较少参与政治纠纷，更不愿争权夺利。他们以更多的精力、

财力从事宗族地方事务，为族人，为地方效力。

三

至清代，经历了清初战乱与康熙年间的三藩之乱，华氏所办义庄一度呈现低谷。在清初，华氏族人的主要注意力，放在了华氏宗祠与祖坟的保护和修缮上。在传统社会之中，慎终追远，先人祖坟和祠堂的维护，在族人心目中非常重要，而在战乱之中，更须耗费心力加以维持。

至乾隆年间，当太平日久之后，华进思捐田创办义庄，使华氏义庄达到了一个新的高度。

华进思是江苏常州府金匮县人，系无锡华氏二十二世通四山桂支，号葵圃，祖父华呈藻，父亲华端揆。有关华进思的生平，留下的记载不多，只是说他"累积致富"。华进思虽是商人，却有官方身份。如往昔一般，清代文人梦想着经由秀才、举人、进士，一步步获得突破，走入官场。如果不选择科举这条道路，还可以通过考试或者捐纳，进入国子监，成为贡生或正监生，然后获得低级官职。康熙四十四年（1705），山东发生灾荒，华进思捐米八十石救济灾民，得到官方嘉奖，被授予监生资格，可以参加选官。

华氏通四支为地方上的大族，因为族人众多，其中不乏穷困者。华进思的父亲华存斋（端揆）有着庠生的身份，他热衷地方事务，得以参与地方上的乡饮礼。有资格参与乡饮礼者，都是在地方上立德、立功、立言的乡贤。华存斋"一生蓄志，仿范文正义田千亩故事不克"[28]。限于财力，未能达成创办义庄的心愿。

华进思考虑到老父的心愿未曾达成，以数十年之精力，付出较多财力后，在南延乡购置了常稔田一千亩，作为建庄义田。这块田地极为肥沃，"置得南延乡清馨似兰，如松之盛，川流不息，容字等号常稔田一千亩"，足见田地之丰美膏腴。

乾隆朝华老义庄创办后，有关整个义庄的运作模式留有详细记载。华老义庄初订有《义庄条约十条》，对义庄的运作做了详细规定。

在管理上，华老义庄设董事一人，以两名司事辅佐之。董事的选拔，却并未规定必须是华进思的直系后裔，"必公举族中之品行端方，家业殷实者为之"。董事选拔有三个条件，一是族人公举，二是品行端方，三是家境殷实。哪怕是家境殷实，品行端方者，也要经过族人的公举方能担任。至于司事二人，要求"老成称职"即可，司事负责义庄的具体出入事务，"凡庄内田租以及银钱册籍，悉归掌管"[29]。

义庄管理层一般都有固定任期，如此可避免长期任职带来的松懈，也可减少管理层的族人过多心思耗费在义庄之上。董事、司事，每三年一任，董事、司事任职时必须至公无私，全心办理，不可松懈。若是在任期间，董事导致义庄财力衰竭，或是侵吞挪移，舞弊营私，不拘年数，随时更换。三年任满之后，如果董事、司事称职，获得族人认可，自己也愿意连任者，可以继续执掌义庄。

担任董事的族人，是在为宗族事业服务，有的义庄会给予董事一些补贴，有的则没有补贴。补贴的标准，根据义庄的实力大小而定。华老义庄董事每年薪俸为60两，司事薪俸每人每年30两或40两。清代正、从六品官员每年岁俸银为60两，正、从七品官员为45两，正、从八品官员不过是40两[30]。比较起来，义庄董事、司事的收入已是相当之高。对华老义庄董事而言，本身经济条件就已较好，义庄所给予的较高补贴，纯是对其付出时间精力的补偿。

凡董事任满或辞职时，要将义庄中的账簿契卷等加以交接，其中涉及"四柱清册、四穷号簿、各房宗谱、田单契券、新旧租籍、钱粮田号细数"等，以及义庄房屋、器械、所存米麦银钱等，一一详加交接（四柱清册，是官吏在办理钱粮报销或离任移交时，按四柱编造的报销册或移交清单，因其一目了然，也为民间机构所效法）。依据义庄条约，每年年终之时，华老义庄的管理层要公布账簿，以示秉公。庄中钱粮出入、各项开销，年终时要加以清查核算，向族人公示。

为了杜绝弊端，义庄收租与分发月米时，必须由董事亲自加以检点，不可以完全由司事、催租人经手。遇到灾荒年月，董事不可以听催租人（扇人）的报告，自行减租。董事必须亲自去田间勘察，确定受灾情况，再议定是否加以减租。凡涉及义庄米麦银钱出入，必须立刻登记入簿，以免天长日久之后，账目混乱。义庄董事、司事对义庄积累的钱财，不得私下挪移，更不得为了利息而私自出贷。

华老义庄创设后，有义田财力的支持，能为本族弱势群体提供救济。如寡妇、伤残族人、丧父而未成年的子女等群体，可得到义庄定额供应的米及买菜现钱。华老义庄规定凡近支鳏寡孤独、残疾族人，每人每月发给白米一斗。需要领取月米者，要到庄中报名，同时请正直之人担保，详细列出祖先信息，由义庄查实之后登记入册，发给补贴。

义庄所发月米及菜金补贴，一般足够族人开支，如子女众多，所得补贴也多。即使失业、守寡、残疾不能工作者，一般日子也能过得下去，甚至还能稍有积余。逢年过节，华氏义庄额外也有补贴。族人的婚丧嫁娶之类，义庄均予以补贴。甚至族中的大龄男青年，如是世代单传，因贫困未能娶妻者，义庄予银三两，鼓励其早日娶妻生子。

义庄赡族功能之中，融进了诸多伦理道德内容。如族中不孝不悌、赌博健讼、酗酒无赖之徒，均不得享受补贴。还有四种人，最为义庄所不能容忍："一曰僧道非吾族，二曰屠户必失仁心，三曰败类荡废祖业，四曰匪行有辱宗坊。"[31]此四种人，哪怕流离失所，贫困不堪，也不得给予救助。族人之中，因为懒惰而四处流荡行乞者也不能入册。盖因此等自甘堕落，四处行乞者，"玷辱宗族，例不应给"。不过如果能痛改前非，义庄尚可通融。

华老义庄创办之后，后世其他义庄如华新义庄等，均效法其管理运作模式。华进思多年效力地方，民众均得其恩惠，所捐田地、银两远超千两。到了乾隆八年（1743），南延乡士绅汪以言、吕芳林、朱绪、华世济等人，联名为华进思向地方官请求嘉奖。在经历了几年的努力，先后两次申请嘉奖失败后。乾隆十一年（1746）九月十一日，江苏巡抚第三次为华进思申请议叙。相应文件到部，经过考核之后，十二月二十五日，华进思最终获得嘉奖，被钦选为安徽徽州府休宁县县丞。

华进思捐置义庄一事影响巨大。乾隆十全武功，文韬武略，乾隆朝号称盛世。华进思捐置义庄，正是"圣化""教化"普及的标志。乾隆十四年（1749），内阁学士、军机大臣汪由敦特意书《义田记》，称赞华进思之功绩。

华进思在休宁为官时，"莅官勤慎，惠施于民"。据黄印《锡金识小录》载，华进思在休宁任职八年之后，病逝于休宁县丞任上。华进思于休宁去世后，受其恩惠者无不痛哭，"丧归，华族男女老幼号哭拜迎，数日内挨挤不绝，咸曰'声求活我'"。当华进思棺椁运回原籍时，"遗族之贫贱者行哭塞道"，此时恰逢户部侍郎嵇璜回乡省亲，地方上富贵都登门庆贺，时人称之为"嵇为生荣，华为死哀"[32]。华进思去世之后，循例进入祖祠，春秋祭祀。

华进思所创华老义庄，坐落于无锡荡口北仓河北侧，现存房屋四进，占地 2500 平方米。华进思乾隆年所创老义庄，一直延续至近代。至清末，华老义庄所拥有田亩，已超过三千亩。与荡口华老义庄相比，规模最大、历史最久的范氏义庄，其占地面积也不过三千余亩。苏南地方上的其他义庄，不论是数量还是所占有的义田规模，均不能与荡口华氏义庄相比。

华进思是清代华氏创办义庄的第一人，他本为地方士绅，由捐田而先获得功名，后得到实缺，担任地方官员，这为当时及后世的华氏族人树立了榜样。虽然获得功名并非他的本意，但于当时而言，却起着强大的示范作用，鼓励着地方其他家族、本族族人，投入到地方、宗族事务之中。华进思捐义田，创义庄，乃是华氏家风的延续，以义庄赡养族人，敬宗收族，使贫困族人生计无忧。不过华进思所创老义庄拥田虽多，但华氏族人众多，其中沦落为社会底层者更多。单靠华老义庄，却无力赡养所有族人，更难以教化所有族人。至道光年间，出现了创办义庄的浪潮，华氏族人继续创办义庄。

四

道光年之所以出现创办义庄的浪潮，与社会的变迁相关。经过乾隆朝的长期兴盛之后，道光朝开始走入了萧条期，史称"道光萧条"。道光朝既有连年的战事，更遭遇到了空前的自然灾害，国库吃紧，民间萧瑟，无数民众嗷嗷待哺。面对着族人苦难，江南宗族纷纷创办义庄，帮助族人。在道光、咸丰两朝创办义庄的热潮中，以华存宽兄弟所办华新义庄规模最大。华新义庄的创办，源于华清莲。

华清莲（1781—1840），原名清琏，字芬远。华清莲是荡口始祖华惊铧之孙华宗康的后裔。华宗康，字思淳，号三省，系华兴叔季子，此支后人称三省公支。华清莲秉性尚义，笃念宗亲，一直想创办义庄，而力有所不逮。道光二十年（1840），华清莲临终之前，目睹诸多族人沉沦，对家人道："睹此惨容，何忍坐视？"华清莲立下遗嘱，命四个儿子，若是日后有余力，定要创办新义庄，帮助族中贫困之人，稍解老义庄之困。

华清莲长子华存恭（1806—1866），字廉终，号春亭。他毕生辛苦，以勤俭起家，继承父志，与兄弟一起筹集良田千亩，创办新义庄（也称华芬义庄）。华清莲次子华存宽（1807—1882），字豫安，号耕乐，平生乐善好施。华存宽与弟弟华存吉在无锡城中从事商业，将兴仁堆栈捐出，以每年收益作为义庄经费。临终之时，华存宽又捐出义田五百亩，创办"怀芬义学"。

华清莲去世多年，华存恭兄弟一直未敢忘记乃父遗愿，筹划创设义庄。可义庄的创设，义田的购置，族中关系的处理，却是千头万绪，需要多年的精心准备，以积蓄充足的财力。至咸丰十年（1860）正月，华存恭、华存宽、华存吉等七十二名华氏族人，汇集一堂，商量创设新义庄。

咸丰十年（1860）年初，江南地方上情势复杂，清军在江南战争上处于劣势，节节败退。受战事影响，地方上民众生活困苦，诸多族人嗷嗷待哺。此时经过多年准备，华存恭兄弟已购置得一定田亩，每岁可收田租 375 石。手中有了一定田亩之后，创设义庄，方有底气，而面对着日益激烈的战事，更须加快义庄的进度。华存恭兄弟遂在正月邀请众亲友聚集会议，"将所置田亩，自愿尽数先立公账，每年租息，除办赋外，续置田亩祠堂公务"[33]。

义庄有田五百亩，可称"半庄"，有田千亩，方称"全庄"。此时华存恭兄弟筹集的田亩尚不足五百亩，故而预备待筹到五百亩田地时，再全数捐给宗族，以赡养族人。此时田亩虽然未捐出，但已议定，此后华存恭兄弟及后人一切私人开销，不得从这批田亩中走。日后待各方手中宽裕时，继续购田捐赠。除了义田外，同时附带列入华清莲墓基田地，计有平田一亩一分，另有丁口粮田一亩一分一厘，共收租二石三斗。田号细数及清册一本，粮单契券等，都交由华氏长房执管。此后华清莲公墓春秋祭祀费用，均从田租之内开销。

在咸丰十年正月华氏族人的会商中，就义庄未来的发展做了长远规划。华氏族人众多，虽有华进思所办老义庄予以援助，仍有很多族人没有得到补贴。登记等待义庄补助者，此时另有 135 人。华存恭兄弟所捐义田，可得田租不过 375 石，发给族中任何一支族人，尚有不足。故而议定待筹到五百亩义田后，再建造庄屋，并根据实际情况，扩大领取补贴族人的名额。

咸丰十年正月的会议，就义庄未来的发展及具体事务做了详细规划。会上议定，五年后，对华氏三省公直系后人，有需要帮助者，每人每月给钱 210 文，旁系族人有需要帮助者，每人每月给钱 140 文。此时采取的是依附老义庄的策略，根据老义庄所定补助情况，将钱送至老义庄，由老义庄发放补贴。待华芬义庄正式创办后，再行独立给以补助。会上议定，十年后将依附于老义庄的三省公一支领回，由华芬义庄照原额概行给钱，如果十年之内遇到年岁荒歉，需要赈济，临期再共同酌议。会上议定了其他与义庄相关的事务，"芬远公墓、条漕及春秋祭扫，修葺坟屋，补贴坟丁口粮在内开销"。"恤佃侯十年领回给发后开销"。"考费会考，侯大有盈余再

议"[34]。

据华存宽儿子华鸿模记载，华清莲这一支，在准备创办义庄时，家境其实一般，仅有数间房，田无一亩。华存宽兄弟多人，历经艰辛，节衣缩食，"积锱铢者二十余年"[35]，才能购置义田，年入田租 375 石。华存宽兄弟的本意是，待田租扩大至五百石时，创办义庄，不想其间经历了兄弟的故去，又逢太平天国战乱，导致创办义庄的努力一度受挫。

太平军攻陷苏常二府，战乱之中，田地荒芜，田租颗粒无收，华氏兄弟创办义庄的努力遭到重创。同治初年，战火尚未停息时，华族族人就已预备创办义庄。受战火的冲击，华存宽兄弟的宅院被焚毁，尚未来得及修复，即已全身心投入到修建义庄房屋之中。然而修建义庄房屋和购置义田二事并举，于经济上较为吃力。在华存宽兄弟倡议下，华氏各房出钱出力，予以支持，共振善举。此年冬，经过努力，义田田租收入增至 460 石，田亩约达五百亩，但仍不足千亩之数。同治初年，华存宽兄弟着手建造义庄房屋，经过努力，最终落成。新义庄房屋坐落在南延乡，有庄屋六十余楹，基地田二亩四分五厘，新义庄建造工料计纹银四千三百二十七两。

至同治九年（1870），各房联合捐出制钱五千串，以早日建成义庄。至同治末年，华氏新义庄所拥有田亩已盈千亩，足称"全庄"。"捐置义田一千二十三亩六分五厘二毫八丝，岁收额租一千一百五十八石一斗三升五合。原绝契价纹银一万一千四百五十一两一钱。"[36] 义田一千二百余亩，在苏南诸义庄中实力也称雄厚。

华氏新义庄的创建，耗费颇大，历时甚久，也是华氏族人群策群力的成果。参与创办新义庄的计有"五品封职议叙县丞华存宽、花翎知州候选州同举华存吉，同子侄举人华鸿模、监生华鸿渐、生员华鸿本、侄孙儒童华彦麒"等人。华氏新义庄的创办过程较长，一些族人未等到义庄创办成功，便已辞世。华存恭的叔弟华存信，积极响应创办新义庄，壮年即去世。作为长兄的华存恭在同治五年（1866）去世，此时华存宽也年近六十。

之所以义庄能发展到义田千亩，除了族人的慷慨解囊外，也与华存宽兄弟经济状况的改善相关。同治年间，在平定太平天国战事之后，各地出现兴办洋务的热潮，经济获得快速发展，出现了诸多经济机会。华存宽兄弟把握住时代的脉搏，全力投身于商业之中，很快发达起来。

无锡是当时漕米中心，"每年江苏、浙江两省在锡采办之漕米，约在三百万石左右，益以消费各地所需，总计当时无锡米市之集中数，常年在七八百万石之间"[37]。华存宽兄弟将经商所获得余利，在无锡城内购得堆货栈一所，捐入义庄。堆货栈有七十余楹，坐落县城内，计有基地粮四亩七分四厘五毫，岁收租钱四百八十千文。"添造工料计纹银四千七百四十六两三钱，共计捐纹银二万五百二十四粮一千。"[38] 同时议定，以每年田租收入，继续购置田亩，充实义庄力量，将来扩大帮助族人的范围。

此时，华新义庄名实相副，既有建好的房屋，又有义田千余亩，更有堆栈作为稳定的经费来源。新义庄不同于老义庄的地方在于，如华存宽所指出："职等勉承父兄遗绪，续置田产，尽数归公，不留己业，斯盖别乎乾隆时所建之义庄，而成为新义庄。"[39] 以往各地所创办的义庄，虽在名义上将田地、房屋捐给宗族作为族产，但出资兴办义庄者，在义庄事务中占据主动，拥有更多的发言权。一定时日之后，由于各种因素，后人之间产生财产纠葛，而义庄财产也被卷入纠纷之中，最终义庄败散。创办华氏新义庄时，华存宽等人即已声明，义田、房屋、堆货栈全部捐给宗族，后人不得加以干涉，不得将义庄财产私用。

光绪元年（1875）八月十二日，金匮县正堂倪咸生就华新义庄备案之事，报告给江苏布政使："该职等克承遗训，捐田赡族，洵属好义可嘉，候详情题咨立案，并请藩宪颁给印贴一面，谕饬各区书分别该户办粮。"[40] 江苏布政使批示："华存宽等捐田房，归入义庄，复查无异，理合加具印结是实。"[41]

华氏兄弟以多年之精力财力，承袭乃父之遗志，创办义庄，符合清代嘉奖的条件，于地方官员而言，此事也是其显赫政绩。此年金匮县知县将华存宽兄弟等人捐置田亩、创办义庄的事迹加以整理，层层递送，为华存宽等人向朝廷请求嘉奖。光绪元年（1875）九月，礼部发文，命江苏布政使查明华存宽捐田赡族一事详情。

至于官方予以旌表一事，华存宽本人再三推辞。华存宽等人对金匮县令禀称："窃故父清莲勇于义举，心悯贫宗。爰垂恤族之规，非为邀名之典，故遗命职等，特以此意嘱咐谆谆。"[42] 江苏布政使命金匮县令查探创办义庄详情，以予以旌表，却未料到华存宽等人再三推辞。在以孝为先、以父为大的礼法社会中，既然华清莲遗命不得因创办义庄而得嘉奖，地方官员自然只能尊重其选择了。

新义庄尚未创办完成，华存恭就已去世。兄弟四人中，华存吉、华存恭，一花甲之年去世，一古稀之年辞世。所幸其子孙后代均有成就，让当世之人，视为积德余荫。"春亭公子景贤、墨亭公子子澄均游庠。孚吉公子少梅尤精，能权变，克振其家，岂非天道之昭昭者？"[43] 后世子孙，能科举有成，处世通达，足以告慰祖先。至光绪八年（1882）春，华存宽去世，临终前遗命捐田五百亩给义庄，用来创办义塾，名曰"怀芬义学"。又命再捐田五百亩，以备各项善举，及帮助不能进入义庄义学的异姓子弟读书，名曰"耕义田亩"。

华存宽兄弟是荡口华氏通四支后裔，传至华清莲手中之时，虽然家境一般，却热衷宗族及地方事务，被地方人士所推崇。华存宽兄弟四人，继承乃父遗愿，历经多年积累，在战乱之中着力，建成了规模宏大的华芬义庄，将华氏义庄事业推上了新的高峰。

五

华氏义庄，历经明清两代，绵延不绝，拥有义田众多，赡养族人，效力地方。至清末，华鸿模出力扩建义庄，使无锡华氏新义庄实力更为雄厚。近代国学大师唐文治先生，著有《华子随先生传记》一文，据此后人能一窥华鸿模生平。

华鸿模，字范三，号子才，晚年号子随。华鸿模于道光二十年（1840）出生，"幼而岐嶷有至性"[44]。华鸿模少年时敏而好学，得了廪膳生的资格。同治十二年（1873），华鸿模由廪生考中举人[45]。但此后连续三次参加礼部试（会试），都名落孙山，华鸿模遂断了再参加科举的念头。于仕途上不再着力后，时代的大变革为华鸿模提供了更大的舞台，更多的机会，他放下文人的身段，从事于工商业。华鸿模在荡口从事酿造及典当等行业，因其信用佳，财力雄厚，生意红火。

在继续购置义田，壮大义庄的同时，华氏子弟积极从事于工商业，以其中获利反哺义庄。明清时期，江南大米经大运河北运。无锡地濒太湖，运河穿越而过，成为运输的重要通道，也成为主要的米市所在地。米市主要集中在无锡城北运河两岸的北塘一带，运河西岸是堆栈，东岸则是米市场。华鸿模的父亲华存宽与叔叔华存吉，很早就在无锡城内运河旁开办了堆栈。

1888 年，清廷将浙江各州府的漕粮，转到上海、无锡采办，并指定无锡为江苏各县漕粮集中转运站，使无锡成为全国四大米市之一。华鸿模敏锐地把握到了商机，他当即将荡口的业务交给族中叔伯兄弟经营，自己至无锡县城开办粮栈。由于经营有方，保管得力，华鸿模经营的堆栈发展成为无锡最大的堆栈。同时他还在无锡城内拓展业务，从事典当、房地产等业务，开启了无锡工商业的风气。在今日无锡锡山区荡口镇甘露北横头弄 7 号，尚存有华氏堆栈，共有五进，前两进为平房，建于明末清初，面阔 11 米，进深 24 米。后三进为两层楼房，始建于晚清，为两层大型库房式建筑[46]。堆栈至今保存良好，既是当日商贸繁荣的确证，也是华氏财力的象征。

华鸿模隐居乡里，乐善好施，数十年如一日，"至今乡之人称其积德累行之厚"[47]。华鸿模广泛从事各类公益慈善活动，如建义庄、兴学校、修先茔、辑谱牒、浚沟渠、筑道路、埋尸骸，每逢灾年，则以平粜为己任。

华氏新义庄开办之后，陆续添置田亩，实力日益雄厚，庄内上下人都能得到月米供应。以新义庄为平台，华鸿模又进行了系列宗族活动，如修茸宗谱，创造祖祠，添建庄屋，增广堆栈，并修茸历代祖茔，扩墓基，置祭田等[48]。

光绪七年（1881）秋，华存吉（墨亭）在去世之前，遗命以堆栈租息，每年酌提钱款作为义庄经费。华鸿模又陆续购置田亩，为未被义庄登记入册却又迫切需要帮助的近房亲族提供帮助，此田亩称"固本田"。至光绪二十七年（1901），固本田已得到很大发展，"迄今共得田租四百石"。清代太湖流域，租户每亩田大约要缴纳一石以上的田租。义庄田租收入，若以田亩为衡量标准，田租四百石，拥田约在四百亩以上。

光绪二十七年（1901）秋，华鸿模作《建庄原始记》，回溯华新义庄的历史。"溯自道光庚子以来，历三世阅六十年，诸父倡于前，鸿模偕诸弟任承于后，计共得义庄田一千六百亩，各墓祭祀田三百亩，义学田五百亩，固本田四百亩，耕义田五百亩，堆栈一所，市廛一所，始得楚楚完备。"华新义庄历经几十年努力方成规模，华鸿模告诫子孙："凡我芬远府君后裔，宜慎终如始，毋忘创造之艰难，幸甚慰甚。"[49]

关于华氏的文献较多，但明清两代创办义庄的历史，传世者"惟老义庄有事略二卷"。为了记载华氏几代人坚持不懈创办义庄的经过，华鸿模邀请了诸多名流，撰写多篇华氏新义庄记，收入华翼纶所辑《华新义庄事略》。文章作者之中，既有无锡华氏家族内功成名就的子弟，也有已北迁的华氏分支子弟，更有诸多名士，阵容甚为豪华。《华新义庄事略》的编撰、刻印工作，从光绪三年（1877）延至光绪二十七年（1901）刻印，前后历时二十四年，足见华鸿模之心血。

将先世族人创办义庄的事迹编撰成书，传之后世子孙，既可以缅怀先人之艰辛，又可教育子孙继承先人之志，其意甚嘉。华鸿模持续不断地扩建华新义庄，也吸引了官方的注意。但华鸿模秉承先人之遗训，一直不接受官方嘉奖。至 1909 年，江苏巡抚上奏，为华鸿模承袭先人遗志，捐置义田，申请立案，予以保护[50]。

1911年，无锡耆老华海初六十寿辰，约华子随（鸿模）、吴俊夫集资建楼三间，为雅集宴宾之所，取名"多寿"，由吴稚晖书匾额，为地方文坛盛事。就在此年，华鸿模因病去世。华鸿模的儿子华彦钰英年早逝，孙子华绎之六岁起由祖父抚养长大。华鸿模去世之后，由年仅十八岁的华绎之接过了华氏家族商业与义庄重担。华氏所创办的华芬义庄，到了华绎之手上，继续得到发扬。钱穆先生后来在《华绎之传》中记道："凡其祖所谓善举，如义庄，如学校，如修道路，建桥梁，浚水利，掩胔骼，恤孤寡，赈灾荒，施医药，君一一遵承，推行勿懈。"[51]

义庄是一个家族兴盛的象征，被视为积德之举，备受江南望族重视。自明代创办义庄后，华氏家族的义庄持续兴办了四百年。由于华氏的带动，无锡、金匮等地出现了一大批义庄。据光绪七年（1881）《无锡金匮县志》载，无锡金匮有35姓，48处义庄，占地38828亩，堪为江南之首。在江南无锡等地的义庄之中，华氏族人所创义庄，无论是数量还是规模，以及持续时间，均居前列，被后世赞誉为"江南第一义庄"。

六

对义庄及华氏义庄的理解，应置于传统社会之中。中国传统社会能维系数千年，自有其合理的一面，更有其自身运作的机制。在这套机制之中，社会与国家之间的边界明晰。而在社会的边界之内，以血缘宗族为中心，承载起了社会治理的任务。

自宋代出现之后，义庄在历史上存在了一千余年，经久不衰。明清两代，华氏族人经过不断的努力，创办了系列义庄，服务于宗族，带来了华氏宗族的繁荣。义庄是宗法社会的产物，它又服务于宗法社会。传统社会之中，同一个宗族内部，难免会有贫富差异，弥补这些差距，帮助弱势群体，乃是义庄的天然使命。

在传统社会之中，诸多义庄分布在各个区域内，承载着社会治理的使命。于官方而言，这大大地节省了统治成本。于地方而言，有了可以凝聚力量的中心。于家族而言，可使族人普遍获得福利，获得更多生存发展的机会。于个体而言，在困难时有了可以依靠的对象。

创办义庄的历代华氏族人，其背后有理念的支持，有信仰的遵从。自南齐孝子华宝始，虽经历了各种变故，华氏却以孝悌相传，凝聚族人，并为社会效力。自明代开始，鹅湖华氏，在科举、经商、从政、文化等各个领域，获得大发展，涌现出了一批人物。而这些人物的涌现，被视为是祖先厚德，惠及子孙，这又激励着一代代的华氏族人去从事慈善。

创办义庄，使慈善成为经常性的行为，而不是偶发行为，于经济上也相当可取。从经济角度来看，偶尔为之的突发性的慈善，往往开销更大，效果也差。而捐义田，设义庄，使慈善成为经常性的行为，则降低了成本，提高了效率。

从发展的角度来看，通过经常性的慈善，宗族中的弱势群体获得持续性的补助，族中子弟能获得教育机会，而义庄的创办与经营，使宗族在地方上获得巨大的名望。在传统社会之中，名望所对应的则是更大的话语权，这将转换为实际的权力，如科举上的突破，在地方上的动员力，在地方争执中的决断权等等。在传统社会中，诸多义庄分布在各地，它们积极投身于宗族与地方事务，稳定了社会，帮助了弱势群体。于传统社会而言，功莫大焉。

注释：

[1]（宋）邓名世：《古今姓氏书辩证》卷三十三，文渊阁四库全书本。

［2］（唐）林宝：《元和姓纂》卷九，文渊阁四库全书本。

［3］（宋）陈彭年：《重修广韵》卷四，四部丛刊景宋刻本。

［4］许同莘：《无锡华氏谱跋》，《国立北平图书馆馆刊》1934年第8卷第4期，第75页。

［5］（清）华希闵：《梅里草堂序》，《延绿阁集》卷十，清雍正刻本。

［6］（宋）王钦若：《册府元龟》卷二百一十，明刻初印本。

［7］（唐）李延寿：《南史》卷七十三《列传》第六十三孝义上。

［8］《华氏宗谱》卷一《总表》，存裕堂义庄清宣统三年（1911）。

［9］许同莘：《无锡华氏谱跋》，《国立北平图书馆馆刊》1934年第8卷第4期，第75页。

［10］（明）华悰韡：《四二承事君宗谱传》，《（嘉靖）华氏传芳集》卷一，第26页。

［11］（清）赵宏恩：《（乾隆朝）江南通志》卷一百八十三《人物志》。

［12］（明）凌迪知：《万姓统谱》卷一百五《华幼武》，文渊阁四库全书本。

［13］（清）陈焯：《宋元诗会》卷九十七，文渊阁四库全书本。

［14］俞贞木：《栖碧处士圹志铭》，《华氏传芳集》卷二，乾隆七年刻本，第28页。

［15］（明）华悰韡：《虑得集》卷一，万历四十二年刻本，第14页。

［16］宇文公谅：《清逸处士华君墓志铭》，《华氏传芳集》卷一，第65页。

［17］（明）顾清：《无锡华氏义庄记》，《东江家藏集》卷二十一北游稿，文渊阁四库全书本。

［18］（清）孙岳颁：《佩文斋书画谱》卷五十五画家传十一，文渊阁四库全书本。

［19］（明）顾清：《无锡华氏义庄记》，《东江家藏集》卷二十一北游稿，文渊阁四库全书本。

［20］（明）顾清：《无锡华氏义庄记》，《东江家藏集》卷二十一北游稿，文渊阁四库全书本。

［21］《近斋府君宗谱传》，《华氏传芳集》卷四，第55页。

［22］（清）花村看行侍者：《锡山三富》，《花村谈往》卷二，民国适园丛书本。

［23］《奉议大夫补庵府君宗谱传》，《华氏传芳集》卷五，乾隆七年刻本，第39页。

［24］（清）华希闵：《重葺菰川圃孝祖祠记》，《延绿阁集》卷八，清雍正刻本。

［25］（明）唐顺之：《义田记》，《荆川集》文集卷十二，四部丛刊景明本。

［26］（明）唐顺之：《义田记》，《荆川集》文集卷十二，四部丛刊景明本。

［27］《新义庄记》，《华新义庄事略》卷下，光绪辛丑年（1901）存裕堂刻本，第25页。

［28］《华氏义田事略》，同治四年（1865）诒谷堂刻本，第14页。

［29］《义庄条约》，《华氏义田事略》，同治四年（1865）诒谷堂刻本，第2页。

［30］黄惠贤、陈锋：《中国俸禄制度史》，武汉大学出版社2012年，第518页。

［31］（清）《续申条规十二则》，《华氏义田事略》，同治四年（1865年）诒谷堂刻本，第6页。

［32］（清）黄卬：《锡金识小录》卷五《补卷四·华进思》，第24页。

［33］《创建义庄家议》，《华新义庄事略》卷上，光绪辛丑年（1901）存裕堂刻本，第1页。

［34］《亲族创建义庄合同公议》，《华新义庄事略》卷上，光绪辛丑年（1901）存裕堂刻本，第3—5页。

［35］华鸿模：《建庄原始记》《华氏新义庄事略》卷上，光绪辛丑年（1901）存裕堂刻本，第58页。

［36］《给贴投县禀稿》，《华新义庄事略》卷上，光绪辛丑年（1901）存裕堂刻本，第5页。

［37］无锡地方志编纂委员会办公室：《无锡米市调查》，《无锡地方资料汇编》第1辑，1984年，第64页。

［38］《给贴投县禀稿》，《华新义庄事略》卷上，光绪辛丑年（1901）存裕堂刻本，第6页。

［39］《给贴投县禀稿》，《华新义庄事略》卷上，光绪辛丑年（1901）存裕堂刻本，第6页。

［40］《给贴投县禀稿》，《华新义庄事略》卷上，光绪辛丑年（1901）存裕堂刻本，第7页。

［41］《华新义庄事略》卷上，光绪辛丑年（1901）存裕堂刻本，第17页。

［42］《县覆详督抚宪稿》，《华新义庄事略》卷上，光绪辛丑年（1901）存裕堂刻本，第29页。

［43］《新义庄记》，《华新义庄事略》卷下，光绪辛丑年（1901）存裕堂刻本，第26页。

［44］唐文治：《华子随先生传》，朱洪元，薛慰祖主编：《荡口史话》，凤凰出版社 2008 年，第 310 页。

［45］《江南乡试题名全录》，《申报》1873 年 11 月 10 日。

［46］江苏省文物局编：《江苏省第三次全国文物普查新发现》，江苏美术出版社 2009 年，第 71 页。

［47］唐文治：《华子随先生传》，朱洪元，薛慰祖主编：《荡口史话》，凤凰出版社 2008 年，第 310 页。

［48］华鸿模：《建庄原始记》，《华氏新义庄事略》卷上，光绪辛丑年（1901）存裕堂刻本，第 58 页。

［49］华鸿模：《建庄原始记》，《华氏新义庄事略》卷上，光绪辛丑年（1901）存裕堂刻本，第 59 页。

［50］《苏抚奏华鸿模承志捐置义田请立案片》，《政治官报》1909 年，第 603 期。

［51］钱穆：《华绎之传》，朱洪元、薛慰祖主编：《荡口史话》，凤凰出版社 2008 年，第 312 页。

韦应物苏州任上所作五七言绝句校释

郭殿忱（北华大学文学院）

内容摘要：韦应物于唐永贞、元和间任苏州刺史。据孙望先生考证，作五、七言绝句计十三首。以之与《唐诗纪事》《万首唐人绝句》《唐诗别裁集》《全唐诗稿本》《全唐诗》所录诗比勘，从诗题到诗句，均有异文若干。惜前贤时俊多罗列异同而鲜加按断。今我不揣浅陋，试从名物制度、史地沿革、文字演变、声韵发展等方面综合考虑，给出异文间是非优劣之己见，用来求教于读者方家。

关键词：韦应物 苏州 绝句 校释

《唐才子传》（以下简称《才子》）载："应物，京兆人也。尚侠，初以三卫郎事玄宗。及崩，始悔，折节读书。为性高洁，鲜食寡欲，所居必焚香扫地而坐，冥心象外。天宝时，扈从游幸。永泰（765—766）中，任洛阳丞，迁京兆府功曹。大历十四年（779），自鄠县令制除栎阳令，以疾辞归，寓善福寺精舍。建中二年（781），由前资除比部员外郎，出为滁州刺史；居顷之，改江州刺史（世称韦江州），追赴阙，改左司郎中（人称韦左司）。或媚（妒）其进，媒孽之，贞元（785—805）初，又出为苏州刺史（世称韦苏州）。"[1]宋人王钦臣撰《韦苏州集序》称："韦苏州，唐史不载其行事。林宝《姓纂》云：周逍遥公敻之后，左仆射扶阳公待价生司门郎中令仪，令仪生銮，銮生应物……贞元初，又历苏州；罢守，寓居永定精舍。"按：此序除强调出身门第显赫外，有两点值得注意：一是其行事正史失载，所以导致一些记叙不一；二是任左司郎中期间，有人因嫉妒其受重用而诬陷事未叙及。考：《新唐书·百官志（一）》左司郎中为"从五品上（阶）……掌付诸司之务，举稽违，署符目，知宿直，为丞之贰"[2]。而苏州是紧列畿辅后的第二等（雄）大州，其刺史为从三品大员[3]。从品级上看，实属升迁。

《唐国史补》评介："其为诗驰骤建安以还，各得其风韵。"[4]《郡斋读书志》进一步解释道："诗律自沈、宋以后，日益靡曼，镂章刻句，揣合浮切，虽音韵婉谐，属对丽密，而娴雅平淡之气不存矣。独应物之诗，驰骤建安以还，得其风格云。"[5]《唐诗纪事》转引白乐天《吴郡诗石记》："刘太真与韦（应物）书云：顾著作（况也）来，以足下《郡斋燕集》相示，是何情致畅茂遒逸如此！宋、齐间沈、谢、吴、何，始精于理意，然缘情体物，备诗人之旨，后之传者，甚失其源。惟足下制其横流，师挚之始，《关雎》之乱，于足下之文见之矣。"[6]按：以上诗评，可资阅读韦应物在苏州任上所作五、七言绝句时参考。

韦应物生卒年有几种生年相近似的推断：闻一多（737—793？）[7]，陆侃如（736—830？）[8]，林庚（737—？）[9]，孙望（737—约793）[10]。任苏州刺史的时间，孙望先生在其编著的《韦应物诗集系年校笺》（以下简称《校笺》）中，也不同于古人所言"贞元初"，而是"姑次于贞元五年"，"贞元五年（789）五月中（按僧一行开元大衍历谓夏至是五月中）初任苏州刺使"[11]。今即以上书所录十三首五、七言绝句，与《万首唐人绝句》（以下简称《万首》）、《唐诗纪事》（以下简称《纪事》）、《才子》、《唐诗品汇》（以下简称《品汇》）、《唐诗别裁集》（以下简称《别裁》）、《全唐诗》、《唐诗三百首》（以下简称《三百首》）等比勘，发现从诗题到诗句有异文若干，惜前贤时俊多罗列异同而鲜加按断。现试从名物制度、史地因革、文字演变、声律发展诸方面综合考量，试给出异文间是非优劣的一孔之见，用以求教于读者方家。

一　阊门怀古

> 独鸟下高树，遥知吴苑园。
> 凄凉千古事，日暮倚阊门。

校：阊门，《越绝书》作"昌门"。按：《吴地记》载："陆门八，以象天之八风；水门八，以象地之八卦。……西，阊、胥二门。"《吴越春秋·阖闾内传》讲到命名的理由："立阊门者，以象天门通阊阖风也；立蛇门者，以象地户也。阖闾欲西破楚，楚在西北，故立昌门以通天气，故复名之破楚门。"千年以降，大唐苏州刺史倚此门而叹千古兴亡。时光飞逝，又是千载之下，而今苏州儿女徜徉阊门内外，可怡然复吟韦诗畅叙中华民族复兴之盛世。

校：凄凉，《全唐诗》作"淒凉"。释：1955年12月22日国家文化部与文字改革委员会（即今国家语言文字工作委员会前身）联合发布《第一批异体字整理表》（以下简称《一异表》），其中规定："淒"为"凄"的异体字，一般情况下不再使用。

又，此诗前二句为比兴，以鸟的遥知吴苑园，比喻人倚阊门而叹千古兴亡多少事——悠悠。

又，"园、门"二字在上古韵中分属元、文二部，视此诗为古绝，为元、文合韵。依中古韵，皆押元韵，属律绝中截取首尾两联而成。此据"绝，截也"之论而言。

二　送房杭州（孺复）

> 专城未四十，暂谪岂蹉跎！
> 风雨吴门夜，恻怆别情多。

按：首句反用汉乐府诗《陌上桑》"四十专城居"句。孺复，房琯之子。《旧唐书》载："累拜杭州刺史，……贞元十三年（797）九月卒，时年四十二。"[12]另据白居易《吴郡诗石记》称："贞元初，韦应物为苏州牧，房孺复为杭州牧，皆豪人也。韦嗜诗，房嗜酒，每与宾友一醉一咏，其风流雅韵，

多播于吴中，或曰韦、房为诗酒仙。"

按：第二句是劝慰房孺复：你还年轻，暂时被贬谪，无须感喟命运蹉跎。《新唐书》称房"幼颇能属文，然枉纵不法。"[13]诗句颇有针对性。

按：吴门，即古吴县之代称。《韩诗外传》云："颜回从孔子登日观，望吴门焉。"唐人张继《阊门即事》诗亦有"试上吴门看郡郭"之句。

三　秋夜寄丘二十二员外

> 怀君属秋夜，散步咏凉天。
> 山空松子落，幽人应未眠。

校：诗题，《万首》作《秋夜寄丘员外》。无"二十二"之"行第"。而唐人称谓中，以同一曾祖兄弟间的排行相称为常事，如李十二白、杜二甫、高三十五适等均是。又，《三百首》作《秋夜寄邱员外》[14]。考："邱"乃雍正皇帝为避孔圣人名讳而下诏所定之新字。编注《三百首》的孙洙为乾隆时人，所以孔丘、丘为、丘员外均改丘为"邱"，甚至"丘峦"也成不伦不类的"邱峦"。

校：詠，《万首》作："咏"。释：依《一异表》，"咏、詠"今为正异体字，系意符"口、言"互换而成。

校：凉天，《品汇》《三百首》《闻一多全集》[15]均作："涼天"。释：依《一异表》，"凉、涼"今为正异体字。

校：山空，《三百首》作："空山"。《纪事》作"山深"。按：此为名诗，好评如潮，如言："木落则山空矣。松子落，山中夜静时也。""书去恍如觌面也。情致委曲，句调雅淡。"视为律绝，"山空"与"空山"皆平声，于格律无碍。但从对仗角度看，"空山"对"幽人"强于"山空"。而"山深"，不合此诗清冷空寂之意境。

按：丘员外名丹，曾官祠部员外郎、检校户部员外郎。为苏州乡贤，其时隐居临平山。录其《奉酬寄示》（《全唐诗》作《韦使君秋夜见寄》）诗如次：

露滴梧叶鸣，风秋桂花发。
中有学仙侣，吹箫弄山月。

四　九日

一为吴郡守，不觉菊花开。
始有故园思，且喜众宾来。

按：《校笺》云："诗题原注：乾道辛卯校本添。"考：乾道辛卯为宋孝宗乾道七年（1171），当时两位平江府学教授参与重刊《韦江州集》一事，盛赞："韦公道德之旨，发于性情；警策之妙，岂小补哉？"并未言及《九日》一诗。崔敦礼撰《乾道平江校韦集十卷并拾遗七篇跋》云："又得《九日》一诗，附于卷末。"《全唐诗》收韦应物诗十卷，此诗亦为最后一首。按：韦集中已有一首名为《九日》的七言绝句（今朝把酒复惆怅），故此首题下应加（一为吴郡守）以区别之。

又，吴郡为东汉顺帝永建四年（129）所置，《新唐书·地理志（五）》"江南道苏州吴郡"是也。

五　赠旧识

少年游太学，负气蔑诸生。
蹉跎三十载，今日海隅行。

按：宋人赵与时著《宾退录》载："韦苏州少时以三卫事玄宗，豪纵不羁。玄宗崩，始折节务读书。"本性难移的他，在太学期间仍是"负气蔑诸生"。三十年后来苏州任上，回首当年豪气尚在。

校：游，《全唐诗》作"遊"。释：遊字为闲逛或交际之意，左旁从"走之"；游字为在水中活动，左旁为水字。古汉语中"遊子"可写"游子"，"遊艺"可写"游艺"。"遊学"亦可写"游学"。但"游泳""上下游"绝不可写成"遊泳"或"上下遊"。依《一异表》今"游、遊"为正异体字。

校：蹉跎，《全唐诗》作"蹉跎"。释：跎字同跎，见《集韵》。

六　听江笛送陆侍御

远听江上笛，临觞一送君。
还愁独宿夜，更向郡斋闻。

按：《校笺》云："诗题原注：同丘员外赋题。"此同《全唐诗》。丘诗如次：

离尊闻夜笛，寥亮入寒城。
月落车马散，惨恻主人情。

诗题，全同韦诗者有《万首》《品汇》。而《全唐诗》则作《和韦使君听（一作临）江笛送陈侍御（一作陆侍郎）》，恐非是。

七　赠丘员外二首之二

跡与孤云远，心将野鹤俱。
那同石氏子？每到府门趋。

校：跡，《万首》作"迹"。释：依《一异表》，"迹、跡"今为正异体字，是系互换意符的异体字。

校：那，《万首》作"哪"。释：古汉语中无疑问词"哪"。

校：到，日本明治嵩山堂刊本《韦苏州集》作"立"。释：与动词"到"关联，"趋"字和谐，而"立"与"趋"无法协同。

按：丘丹"奉酬"之诗作：

久作烟霞侣，暂将簪组亲。
还同褚伯玉，入馆忝州人。

诗题，《万首》作《又酬赠》。《全唐诗》作《奉酬韦苏州使君》。按：长题似更谦和。

八　答秦十四校书

知掩山扉三十秋，鱼须翠碧弃床头。
莫道谢公方在郡，五言今日为君休。

按："全唐诗"题下注"秦系"二字。考：秦系，字公绪，会稽人，号南安居士，曾隐居注《老子》。据下文秦系自题：秘书省校书郎（前有"试"字），知其为正九品上阶小吏，职掌雠校典籍，刊正文章[16]。

校："牀"，《万首》作"床"。释：依《一异表》，"床、牀"今为正异体字。

按：末句谦称自己在秦系面前不敢再写五言诗了。权德舆曾著《秦征君校书与刘随州唱和诗序》一文，称："儒有秦公绪者，当天宝理平之世，兴丽则鼓盛名于当时，……彼江东守（指刘长卿），尝自以为'五言长城'，而公绪用偏伍奇师，攻坚击众，虽老益壮，未尝顿锋。"[17]赞其五言诗超越"五言长城"也。

秦系答诗《即事奉呈郎中使君》自署"东海钓客试秘书省校书郎"。

> 久卧云间已息机，青袍忽著狎鸥飞。
> 诗兴到来无一事，郡中今有谢玄晖。

末句呼应韦诗"莫道谢公方在郡"。《南齐书》载："谢朓字玄晖，陈郡阳夏人也。……出为宣城太守（世称'谢宣城'），……善草隶，长五言诗，沈约常云'二百年来无此诗也'。"[18]

九 答郑骑曹重九日求橘

> 怜君卧病思新橘，试摘犹酸亦未黄。
> 书后欲题三百颗，洞庭须待满林霜。

校：诗题，《万首》作《故人重九日求橘》[19]。《全唐诗》题下注："一作《故人重九日求橘书中戏赠》。"《校笺》曰："清汪立名刻《唐四家诗》作《答郑骑曹青橘》。"又，题中"骑曹"乃"骑曹参军事"之省称。考：《唐六典》左右卫、左右骁卫、左右武卫、左右威卫、左右领军卫、左右金吾卫、亲王府各有骑曹参军事一人。卧病于苏州向诗人求橘者，不知属何卫、何府之官吏？

校：卧病，《纪事》作："独坐"。释：病人思新橘，较"独坐"思之，更合乎情理。

按：三百颗句，典出《全晋文》。王羲之《杂贴》："奉桔（橘之俗字）三百枚，霜未降，未可多得。"[20]

按："洞庭"指苏州太湖中的洞庭山。宋人所撰《文昌杂录》云："南方柑橘虽多，然亦畏霜，每霜时亦不甚收，惟洞庭霜虽多无所损。询彼人，云：洞庭四面皆水也，水气上腾，尤能辟霜，所以洞庭柑橘最佳，岁收不耗。"[21]

十 送丘员外归山居

> 郡阁始嘉宴，青山忆旧居。
> 为君量革履，且愿住蓝舆。

按：蓝舆，又作"篮舆"，即竹轿。还写作"蓝轝"，《全唐诗》即为此字。王维亦有"偶值乘蓝轝，非关避白衣"诗句。

十一 寄二严

> 丝竹久已懒，今日遇君恢。
> 打破蜘蛛千道网，总为鹡鸰两箇严。

校：诗题《众妙集》作《吴中赠别严士元》。《全唐诗》题下注："士良，婺牧；士元，郴牧。"释：《元和姓纂》载："右庶子严损之，凭（冯）翊（治所在今陕西大荔县）人。'生式、士良、士元。式，职方员外；士元，国子司业，生纂；士良，江州刺史，生谟，殿中御史。'"依题注知：严士良曾任婺州（治所在今浙江金华）刺史。严士元曾任郴州（治所在今湖南郴州）刺史。

按：鹡鸰，《诗经》作"脊令"。《小雅·常棣》："脊令在原，兄弟急难。"后世遂譬喻兄弟。孟浩然诗句有："泪沾明月峡，心断鹡鸰原。"王维诗句有："自叹鹡鸰临水别，不同鸿雁向池来。"

又，"箇"字依《一异表》，为"个"之异体字。"個"今又简化作"个"。

十二　送秦系赴润州

　　近作新婚镶白鬓，长怀旧卷映蓝衫。
　　更欲携君虎丘寺，不知方伯望征帆。

　　按：诗题中的润州即今镇江市，当时属江南道右东道采访使所辖（治所在苏州），为润州丹杨郡，见《新唐书·地理志（五）》[22]。

　　按："新婚"，系指与谢氏"离婚"后的再婚。是"离婚"而非"休妻"。这在秦系另一好友刘长卿的诗题中一再提及：《夜中对雪赠秦系，时秦初与谢氏离婚，谢氏在越》《见秦系离婚后出山居作》[23]。

　　按：蓝衫，乃指未释褐（授官时脱去平民的短衣）时儒生所穿衣裳。

十三　赠米嘉荣（此诗诸本均不载）

　　吹得凉州意外声，旧人惟有米嘉荣。
　　近来年少欺前辈，好染髭须学后生。

　　按：《校笺》据清人孙涛《重订全唐诗话》转引《唐宋遗史》卷七所载"韦应物为苏州太守，尝有诗赠米嘉荣曰：吹得凉州意外声（下略）"，但据笺证《才子》的周绍良教授考证，此诗为刘禹锡所写。爬梳《全唐诗·刘禹锡卷》，果得此诗，题为《与歌者米嘉荣》，字句略有出入：

　　唱得凉（一作梁）州意外声，旧人唯数（一作"唯有"，一作"难数"）米嘉荣。近来时世（一作年少）轻先（一作前）辈，好染髭须事后生。

　　诗后注："一作：一别嘉荣三十载，忽闻旧曲尚依然。如今世俗轻前辈，好染髭须事少年。"

　　刘禹锡尚有《与米嘉荣》诗云：

　　三朝供奉米嘉荣，能变新声作旧声。
　　于今后辈轻前辈，好染髭须事后生。[24]

　　既已判定非韦苏州诗，异文可不论而姑存之。

注释：

[1]（元）辛文房撰、周绍良笺证：《唐才子传笺证》，中华书局2010年，第791—792页。

[2]（宋）欧阳修等撰：《新唐书》，中华书局2010年，第1185页。

[3]（宋）欧阳修等撰：《新唐书》，中华书局2010年，第1317页。

[4]（唐）李肇撰：《唐国史补》，上海古籍出版社1979年，第55页。

[5]（宋）晁公武撰：《郡斋读书志》，上海古籍出版社1990年，第864页。

[6]（宋）计有功辑撰：《唐诗纪事》，上海古籍出版社2008年，第400页。

[7]闻一多著：《闻一多全集》，生活·读书·新知三联书店1982年，第219页。

[8]陆侃如等著：《中国诗史》，人民文学出版社1956年，第512页。

[9]林庚等主编：《中国历代诗歌选（上编）》，人民文学出版社1964年，第538页。

[10]孙望编著：《韦应物诗集系年校笺》，中华书局2002年，前言第1页。

[11]孙望编著：《韦应物诗集系年校笺》，中华书局2002年，第422页。

[12]（五代）刘昫撰：《旧唐书》，中华书局1964年，第3326页。

[13]（宋）欧阳修等撰：《新唐书》，中华书局2010年，第4628页。

[14]（清）蘅塘退士编、（清）陈婉俊补注：《唐诗三百首》，中华书局1959年，第7卷第5页。

[15]闻一多著：《闻一多全集》，生活·读书·新知三联书店1982年，第296页。

［16］（宋）欧阳修等撰：《新唐书》，中华书局 2010 年，第 1215 页。

［17］（元）辛文房撰，周绍良笺证：《唐才子传笺证》，中华书局 2010 年，第 278—279 页。

［18］（梁）萧子显撰：《南齐书》，中华书局 1972 年，第 825—826 页。

［19］（明）赵宧光等编定：《万首唐人绝句》，书目文献出版社 1983 年，第 319 页。

［20］（清）严可均编：《全上古三代秦汉三国六朝文》，河北教育出版社 1997 年，第 272 页。

［21］（清）严可均编：《全上古三代秦汉三国六朝文》，河北教育出版社 1997 年，第 272 页。

［22］（宋）欧阳修等撰：《新唐书》，中华书局 2010 年，第 1056 页。

［23］储仲君撰：《刘长卿诗编年笺注》，中华书局 1996 年，目录第 14 页。

［24］（元）辛文房撰，周绍良笺证：《唐才子传笺证》，中华书局 2010 年，第 805 页。

苏州商会与社会公共事业（1912—1919）

——以募捐赈灾和商业教育为例

刘雅婧（南京外国语学校河西初级中学历史教研室）

内容摘要：本文以《苏州商会档案丛编》为资料基础，以1912—1919年为时间轴线，以募捐赈灾和商业教育为核心内容，论述苏州商会作为地方商人组织，在苏州本地乃至全国性的社会公共事业中所做的努力。虽然由于其自身组织结构、运行模式和民间组织的地位，加之时代的局限，其影响力有限，但是苏州商会在社会公共事业方面所做的努力，在一定程度上保证了普通民众的生存权和生活权，有积极意义。

关键词：苏州商会　社会公共事业　募捐赈灾　商业教育

章开沅先生曾对中国近代史上的集团研究有过这样一个论述："我在《关于改进研究中国资产阶级方法的若干意见》一文中曾经强调集团研究，并把它看作是个案研究与类型研究的中间层次。因为，阶级和阶层绝不是个人简单的相加，正如资本主义经济体系也不是企业的简单相加一样，而集团正好是个体与整体之间的纽带。"[1]苏州商会正是这样一个集团。如果要研究苏州地区的近代经济、社会发展情况，苏州商会就是我们不可忽略的一个经济集团。

不同于西方的商人以逐利为最主要目标，中国的商业文化传统中，有浓烈的社会关怀情愫，也正是这种社会观，使得中国的商人团体更加乐于参与到社会公共事业之中去。

社会公共事业，是指体现社会全体或大多数成员的需要，关系到他们的共同利益的那类社会公共事务。公共事业是特定类型的公共事务，亦即公共事务的重要组成部分。公共事业的最大特点是公共性，具体表现为公众性、公用性、公益性和非营利性等基本特征。

社会公共事业的内涵非常丰富，中国商人团体参与其中的形式表现也多种多样，如南京的商人团体在政府1928—1937年开展的禁娼运动中，发文支持，捐款捐物，张贴广告加以宣传；上海小商人团体马路联合会在租界越界修路问题上的据理力争；上海总商会在正泰橡胶厂爆炸后积极协调处理相关善后事宜……如此种种，均是社会公共事业的范畴。

苏州商会作为苏州地区最重要的商人团体，自然也不例外，积极参与到了各项社会公共事业中。因此《苏州商会档案丛编》（第二辑）中就在社会公共事业名目下列出了市政建设、募捐赈灾、商业教育、抵制私销鸦片、治安防疫、娱乐行业管理六个方面的内容。在这六个方面中，以募捐赈灾和商业教育两项所取得的成就最为突出。之所以会形成这样的局面，与苏州商会自身的组成特点有着密不可分的联系。

一　苏州商会概况

商会是清末资产阶级的重要社会团体。自从有了商会，中国民族资产阶级才真正取得合法地位，开始以新式社团法人的姿态活跃在近代历史舞台上[2]。苏州商会正是在这样的背景下成立的。

光绪二十九年十二月底（1904年2月）清政府颁布《商会简明章程》后，苏州绅商王同愈、尤先甲、张履谦、潘祖谦等联袂向商部递交《说帖》，呈请创设苏州商务总会。光绪三十一年五月，苏商总会奏准成立，由商部颁给关防，当时拥有会员76人。到宣统二年（1910），据《商会题名表》统计，会员已增至118人，分别来自38个行业，代表商号、工厂 l054 家。其中具有近代规模的工厂企业仅 3 家，旧式商业和手工业店铺占绝大多数[3]。苏州总商会除了会员较多以外，所涉及的地域范围也远不止苏州一地，"苏商总会的势力远远越出苏州城垣的界限而扩及苏属若干中、小城镇，隶属于它的分支机构计有梅里、平望、江震常昭、东塘等 8 个分会及 17 个商务分所（其中一个称商业公会），从而形成一个以苏商总会为核心的政治经济网络"[4]。

由此可见，苏州商会具有如下三个特点。

其一，具有合法性。合法性在当时标榜民主法制的民国社会有着极其重要的作用，这使得苏州商会可以以一个合法机构的身份展开相应的活动[5]。

其二，成员人数较多，地域分布较广。中国有"人多力量大""众人拾柴火焰高"的俗语，商会成员人数的众多为商会的有效运转提供了可能。而地域分布的广泛，又使得其影响面随着成员的分布而逐渐扩大。

其三，成员中旧式商人居多，这一特点一方面促使苏州商会成员有着传统的儒商观，积极参与社会公共事业，另一方面，由于其自身眼界，经商方式的相对单一与局限，也使得苏州商会在举办公共事业时具有一定的局限性。

正是早期苏州商会所具有的这些特点，为苏州商会在苏州光复后从事社会公共事业打下了基础，同时也在另一层面制约了其进一步的发展。

二 募捐赈灾

在 1912—1919 年，苏州商会发起的影响面较大的募捐赈灾总共有五次。在这五次中，又以急赈济贫、京畿水灾义赈和湘省兵灾义赈、苏浙皖水灾三次影响最大。

其一，急赈济贫。

由这次赈灾的名字我们就可以大致看出这次义赈的目的了，那就是赈济贫困的民众。

《苏城急赈会开会记录》中记载了这次会议的召开原因："当苏城光复之际，金融停滞，工商坐困，贫民生计因此受非常之恐慌，是以吾苏、沪同人有急赈会之发起，一面禀奉都督核准拨款开办，一面由旅沪绅商踊跃乐输，集有成数，迭送函询苏地情形，往返商榷，乃即定期柬邀各大善士集议一切办法，以促进行，此今日假座商会开会之原因也。"[6]

同时，《苏城济贫会募启》中进一步描述了苏州人民当时生活之贫苦："吾苏城厢内外周围数十里，中下之家向恃工业为生计，东半城男子织机，妇女缫丝，西半城男子车玉器、捣金箔，女人指刺绣。以及小本营生、夫役食力之流，不下数万户，苦度糊口，所谓一日不做一日不活者也。"[7]

如此这般生动的描述宣传之后，这次赈灾济贫的效果如何呢？

我们暂时没有明确的史料去证明这次赈灾所达到的效果，但是我们可以根据已有的史料做一个判断。这次赈灾的效果应该是很不错的。因为在《苏城急赈会开会记录》中记载了会议取得的一项成果："各善士提任认捐款六千七百元，另列捐册。"[8] 六千七百元在当时算是不小的一笔数目，如果再加上官府的救济，应当可以在一定程度上解灾民的燃眉之急，保证他们能活下去。

其二，京畿水灾义赈和湘省兵灾义赈。

1917—1919 年，中国依旧处于一个军阀混战的年代，社会极度不安，但是当 1917 年京畿发生水灾和 1918 年湘省兵灾严重的时候，苏州商会都发出了义赈的倡议，支援这些地区的灾民。

关于京畿水灾所募得的款项和物资，《苏州总商会为直省灾捐事复吴县公署函稿》中有详细的记载："先后集资一千六百余元，分批汇缴镇、道两署核收转解。旋即由各界士绅以此省灾情重大，联合组织筹办义赈会，广为筹募，随时分拨上海红十字会暨济生会，计陆续供拨款洋一万五千余元，棉衣裤等共六千六百九十五件，交其汇解灾区，核实数目。各在案。兹准前因，谨就义赈会款项下酌提尾存洋一百元……"[9] 从这份记载中，我们可以看到当时苏州总商会在京畿水灾义赈中发挥了重要作用。不但有着明确的款项和物质记录，且详细记载了分发对象和经手对象，在一定程度上为保证赈灾物资真正用于救济灾民起了关键的作用。

其三，苏浙皖水灾。

苏浙皖水灾，原本是自己地盘上发生的灾情，苏州商会理应募得更多的善款，发挥更大的作用，更好地去救济灾民；但是，在《苏州总商会为无力募赈缴还捐册事复苏城税务所函稿》中，我们却看到完全不同的情况。

函稿记载如下："迳接大函，以奉令募赈，询催汇缴等因，祗承一是。本年夏雨为灾，苏、浙、皖谊关休戚，自应竭力劝募，无如今年各省迭告偏灾，募赈捐册，络绎填委，加以时局未平，风潮变换，政繁赋重，商业凋零，委无余力从并救人。"[10]

在这份函稿中，商会先是写明这一赈灾任务的由来，是奉令募捐，言下之意是非商会自行自愿募捐，只是承接政府命令而为之。可是，政府命令实在无法完成，为何呢？如今时局混乱，政府赋税繁重，商业凋敝，换句话说就是我们这些商人日子过得也不好，更何况这些年常常有各种灾荒要我们捐款捐物，早已力不从心了，这次是真的没有办法来募捐赈灾了。

由此可见，商会的这次募捐赈灾最终以失败而告终。而这种失败，与商会不得不受制于政府行政命令，但同时商会成员以小商人（旧式商人）居多，经济实力并不雄厚有着密切的关系。

三 商业教育

商业教育方面，档案中有吴县乙种商业学校、上海中华商业专门学校和全国商会联合会函授学校三所从事商业教育的学校的相关内容。其中，吴县乙种商业学校与苏州商会的关系最为密切。下面以此校为例，从招生条件和教学方法两个维度来剖析苏州商会在商业教育方面的努力。

其一，招生条件。

中国古代的教育是比较封闭的。在商周春秋时期，只有贵族才有接受教育的资格，而在封建社会中，由于读书的时间花费和金钱花费都较多，贫苦人家基本上是读不起书的，也就自然而然地被排除在了教育对象之外。那么，近代史上这所由苏州商会指导，与之有着密切关系的吴县乙种商业学校又有着怎样的招生条件呢？

《苏州商会档案丛编》中收录了一份《吴县县立乙种商业学校招生简章》，内容如下：

> 宗旨：依教育部乙种商业学校令，教授商业上必需之知识、技能，使学生毕业后确能从事商业为宗旨。修业年限：三年。学额：五十名。学科：修身、国文、算术、簿记、商事要项、商品、地理、英语、国画、体操。入学资格：年在十二岁以上，品端体健，有国民学校毕业之学力者。入学试验科目：国文、算术。纳费：（甲）学费：每月纳银三角。（乙）膳宿费：半膳每月纳费银一员三角五分；全膳每月纳膳宿费银三元五角（学费、膳宿费全年统作十个月计算）。（丙）校服及课业用品费：校服由本校代办，入学时预纳银三元，制就后照原价结算。课业用品亦由校中代办，设贩卖部，使学生自行经营，随时买卖。报名地点：（甲）苏城西百花巷苏州总商会；（乙）苏城胡书记桥吴县教育会；（丙）苏州乌鹊桥弄羊王庙前本校。试验期：阳历七月十九日（阴历六月二十日）。实验地点：苏城乌鹊桥弄羊王庙前本校。开学期：阳历八月十九日（阴历七月二十一日）。[11]

从中可以看到入学资格的要求是"年在十二岁以上，品端体健，有国民学校毕业之学力者。"国民学校是一种初等教育机构，中国于1915年改初等小学堂为国民学校，"以授以国民道德之基础及国民生活所必需之普通知识技能为本旨"，六岁入学，修业四年。

虽然目前没有准确的数据说明这种国民学校的教育普及度有多高，但从男女均可入学这条法律规定来看，普及度一定高于原来的教育体系。因此我们可以说吴县乙种商业学校的招生面还是相当广的。

学费方面，全年的学费是银三元。包惠僧在回忆录中记载了北洋军阀时期的工人工资，资料显示："初提升的工匠，每月工资不过二十多元，工龄长、技术好的每月可得四、五十元……至于小工和临时工，那就苦极了，从八九元到十一二元不等。"[12] 由此可见，在当时，一个普通家庭一年拿出三元供孩子读书，应该还是供得起的。吴县乙种商业学校从理论上来讲，招生条件并不苛刻，可以算是向社会上大多数民众开放的。但是，仔细探究，我们会发现吴县乙种商业学校学生的开销绝不仅仅是学费一项，还有膳宿费、校服与课业用品费等等。林林总总加在一起，对于一个普通的工薪阶层家庭来讲，无疑成为一笔不小的开支。供孩子读书，也会相应成为一种负担。

其二，教学方法。

商业学校的目的在于培养商业人才，因此在教学方法上理应不同于传统的私塾、公立学校。这一点在吴县乙种商业学校办学方法上得到了体现。

《吴县公署为转知县立乙种商校校长拟沟通商界学校联系办法致苏州总商会函》中说："窃惟乙种商业学校设立之主旨，原为造就本地普通商业人才，苟学校不与商界沟通，则闭门造车，异日学生毕业后，所获知识恐难应用于实际，与设立主旨相违……"[13] 可见，当时的商业学校校长已经意识到了这种学校与实际的差别。

为了解决这个问题，在这封函稿中提出了四项办法："一、遇商会开会时，请求该会添设旁听一席，俾本校职、教员得赴会旁听，或陈述平日办理情形，是否合于商业习惯。二、校中关于教授训管方面或有咨询情事，请求该会指示。三、校中咨询情事或有关于商业中一业，该会有未能平悉者，请求出介绍书使本校得以直接咨询。四、校中如举行学艺成绩展览等会，请求该会介绍商界中人来校参观或讲演，以资联络。"[14]

这些建议显然很快（10天后）得到了苏州商会方面的同意。在《苏州总商会复吴县知事函稿》中，就有关于这四条要求的逐条答复："一、商会开会添设旁听席各节。……是以向不拒绝旁听，亦无特设旁听席之必要，该校职教员如蒙纾（纤）尊驾莅，固所欢迎。二、校中或有咨询情事各节。……该校咨询情事，敝会苟有所知，自当竭诚掬示。三、介绍咨询各节。……除该商业并非本会会员外，自当具书介绍。四、校中举行学艺等会介绍商人参观各节。……如蒙先期示知，自当代为转邀，无不乐观盛典，惟商界中人愧鲜学识，讲演乏才，恐难副命。"[15] 这样的教学方法就显得更加具有实战意义，这样在理论学习和实际经验双重培养中成长起来的学生，将比闭门造车的学生更有实际的竞争力。这将有利于他们的个人发展，可以说为他们的生活提供了一个跳板，一个更好发展的平台。

苏州商会在1912—1919年这一动乱的社会局面下，在募捐赈灾和商业教育方面做出其自己的努力，但由于时代和商会自身组成特点等局限因素，也导致其在参与社会公共事业时，不可避免地存在一些缺陷。

首先，苏州商会在很多方面受制于政府，多奉政府命令而为之，事事上报，缺少必要的独立性。同时，个别事务更是通过政府公署转达，严重影响办事效率。

其次，苏州商会作为苏州地区的总商会，领导力不足，更多扮演各行业与政府间的传话筒角色，缺少自身的发声渠道。这一点在苏浙皖水灾义赈事件中表现得较为明显。

其三，苏州商会在从事社会公共服务事业时确实关注了下层民众的生存和生活，但总体而言还是为有产阶级服务的。如吴县乙种商业学校的学费虽然不贵，但是加上膳宿费及校服和课业用具的费用，就并不是一般普通家庭所能轻松承担的了。

虽然存在种种不足，但不可否认的是，苏州商会在社会公共事业方面所做出的努力，在一定程度上保证了普通民众的生存权和生活权，至今亦有其积极意义。

注释：

［1］华中师范大学中国近代史研究所、苏州市档案馆编：《苏州商会档案丛编》（第二辑）之《序一》，华中师范大学出版社 2004 年，第 2 页。

［2］马敏、朱英：《〈苏州商会档案丛编〉第一辑简介》，《近代史研究》1984 年第 4 期

［3］马敏、朱英：《〈苏州商会档案丛编〉第一辑简介》，《近代史研究》1984 年第 4 期。

［4］马敏、朱英：《〈苏州商会档案丛编〉第一辑简介》，《近代史研究》1984 年第 4 期。

［5］这一点在当时的社会条件下极为重要，可通过对比加以说明。上海马路商界联合会是上海小商人团体，但该团体的身份一直处在尴尬的临界状态，从而导致与上海总商会间的重重矛盾。此点可参考彭南生教授的相关论著。

［6］华中师范大学中国近代史研究所、苏州市档案馆编：《苏州商会档案丛编》（第二辑），华中师范大学出版社 2004 年，第 286 页。

［7］华中师范大学中国近代史研究所、苏州市档案馆编：《苏州商会档案丛编》（第二辑），华中师范大学出版社 2004 年，第 287 页。

［8］华中师范大学中国近代史研究所、苏州市档案馆编：《苏州商会档案丛编》（第二辑），华中师范大学出版社 2004 年，第 286 页。

［9］华中师范大学中国近代史研究所、苏州市档案馆编：《苏州商会档案丛编》（第二辑），华中师范大学出版社 2004 年，第 292 页。

［10］华中师范大学中国近代史研究所、苏州市档案馆编：《苏州商会档案丛编》（第二辑），华中师范大学出版社 2004 年，第 297 页。

［11］华中师范大学中国近代史研究所、苏州市档案馆编：《苏州商会档案丛编》（第二辑），华中师范大学出版社 2004 年，第 299 页。

［12］包惠僧：《包惠僧回忆录》，人民出版社 1983 年，第 82 页。

［13］华中师范大学中国近代史研究所、苏州市档案馆编：《苏州商会档案丛编》（第二辑），华中师范大学出版社 2004 年，第 300 页。

［14］华中师范大学中国近代史研究所、苏州市档案馆编：《苏州商会档案丛编》（第二辑），华中师范大学出版社 2004 年，第 300—301 页。

［15］华中师范大学中国近代史研究所、苏州市档案馆编：《苏州商会档案丛编》（第二辑），华中师范大学出版社 2004 年，第 301—302 页。

论近代苏州商会的社会公益事业[*]

姚 倪 赵 伟（苏州科技大学）

内容摘要：苏州商会是中国近代一个较有影响力的商人团体，在秉持"在商言商"原则维护商人利益的同时，也常有乐善好施之举。通过救济当地贫民，兴办教育及市政设施，为国内外重大自然灾害赈济募捐等，苏州商会承担了社会责任，也反映了近代社会转型中商人群体的定位。

关键词：苏州商会　社会公益事业　近代化

商会是清末资本主义发展的产物，它使民族资产阶级以新式社团法人的姿态活跃在近代历史舞台上。《辛丑条约》签订后，清政府决意实行新政，推动改革。1902年在盛宣怀倡议下，中国第一个商会组织——上海商业会议公所成立，1904年清政府颁布《商会简明章程》，随后各地商会陆续成立，苏州绅商王胜之、尤先甲、张履谦、吴卓丞、潘济之等联袂向商部递交《说帖》，呈请创设苏州商务总会，并于1905年6月20日获得批准。

苏州商会是中国近代一个较有影响力的商人团体，它以"保护商业，启发智识，调息纷争"为宗旨，在秉持"在商言商"原则维护商人利益的同时，苏州商会也常有乐善好施之举。从清末到民国，苏州商会通过救济当地贫民，兴办教育及市政设施，为国内外重大自然灾害赈济募捐等事项，承担了社会责任，同时也体现了商人在逐利和道义之间的平衡。

一

近代以来，受到战争和灾荒影响，民众生活日益窘困。在西方思潮冲击和社会结构变动的形势下，社会舆论对于救济贫民等弱势人群的呼声日益高涨。辛亥革命期间，苏州发生了"阊门兵变"，导致金融停滞，工商坐困，贫民生计无措。苏州商会同仁认为事关桑梓，自应尽力，共襄义举。1912年9月，潘祖谦、尤先甲等13名董事函邀各界人士商讨救济办法。同年9月22日，苏州商会公议设立苏城济贫会，对贫困人群采取救济措施。

当时，苏州慈善团体众多，有恤孤院、苦儿院、普济堂等，但对于"士之赋闲，商之蚀本"者却缺乏关注，这些破落的士门或商人既要谋生，又要顾全体面，愈隐忍而愈困苦。在这方面，苏州商人也有自己的创新之举。一些苏州绅商于1921年发起设立了苏城隐贫会，通过设立基金，以贷款等方式资助其营生及培养子弟。

隐贫会的发起人多为有资产的士绅，其中也多有苏州商界的重要人物，如潘子义是前清候补同知，担任吴县田业银行董事并兼女善济堂董事。隐贫会的救济对象主要是生活窘迫的士商，所谓隐贫有两层含义，一是被救济的原本是具有中等生活水平的家庭，后因为种种变故生活变得困苦，而向他人借贷又羞于启齿，这难言之隐别人往往并不知情；二是救济人为了顾全被救济人的体面与自尊而注意对他们的隐情加以保密[1]。凡属于隐贫户均可按情详告，由隐贫会派员调查核实，所领经费额度为每户之中大口（老年中年）一元，小口（15岁以下）半元，非赤贫之户，每户不得逾三元[2]。隐贫会不仅给予经济上的救济，同时也为受助者提供谋生的技能，并帮助培养他们的子弟，如为青年妇女设立缝纫刺绣学校，教以手工技艺，使其自食其力。对于

* 项目来源：江苏省大学生创新训练计划省级重点项目"抗战初期苏州工商界的战争后援活动研究"（201610332016Z）；苏州科技大学教师科研资助项目"近代苏南企业社会责任研究"。

子女就学补助的标准是具备国小文化程度，能考高小以上程度，凭所付学费收据到会领取补助，期间调查员可调查领户子女向学勤怠[3]。

对于申请贷款的商人，隐贫会则要求"向务正业，诚实可靠"的中等行业之人，并且平日有储蓄观念，无不良嗜好。受贷人不得将贷款转贷他人或从事不正当之营业。隐贫会的贷款维持了破落商户的经营，同时利息又成为补助隐贫户子女教育经费的来源。

隐贫会的活动无疑也得到了苏州商会及其所属各业公会的大力支持，其会员有商号53家，钱庄银行29家，租栈业6家，这些商家的捐资在隐贫会资金来源方面也占有很大比例。而隐贫会这一慈善组织也具有社会鼎革之际的特点，它并不仅仅停留在浅层次的救济与施舍上，而是注重扶持隐贫户的经营，培养他们的谋生能力，从根本上使他们摆脱贫困。由此可见近代苏州商人救济思想的先进性，具有受到西方思潮影响的特点。

二

在近代社会的转型和城市化的进程中，救济贫民是苏州商会所承担社会公益责任的一部分，而不是全部。除此之外，商会作为商界的代表在城市公共事业领域发挥的作用也日益凸显，具体来说，在兴办公共教育、协办救火龙社等方面都发挥了很大的作用。

苏州历代以来崇文重教，士人学子嗜学成风。作为近代化产物的苏州商会，从清末成立开始就十分积极推动近代教育事业，1905年苏州商务总会成立后，一方面倡导创办了各类实业学堂，培养专门性商业技术人才，另一方面商会也致力于苏州近代文化教育事业发展，建立新式学堂以提高国民素质。

近代实业教育的发展离不开商业的发展，其中商会的商人无疑起到了很大作用。苏州商务总会的成员意识到"时至今日，所谓商战世界，实即学战世界"[4]。故而积极筹办实业教育，在试办章程中指出："本会经费充裕，应先筹设商业研究讲习所，以

开商智而涤除旧染，俾年长者亦祛除成见。"[5]各业欲设立商业学堂或其他实业学堂，商会也提供扶持。可见苏州商会对于世情具有深刻的洞察，并主动承担开商智的责任，积极倡导各业集资办学。

除了设立实业学校，培养商人子弟外，苏州商会也提出了兴办新式教育："各国强弱之分，文野之别，视全国人民就学多寡为断。"[6]随着科举制度的废除，办学的权力也逐渐由官府下移到民间。在此背景下，苏州商务总会的力量也进入学界，以弥补官办学校的不足，仿张謇设立学务公所之先例，设立苏州学务公所与官设学校互相表里[7]。这就是1905年到1906年间，苏州设立的第一个民间性质学务管理机构"长元吴三邑学务公所"，发起者是商会的领袖，当时的翰林院编修王同愈。学务公所成立后设立的活动涉及学堂设施、经费管理安排、课程设置、师资培养，涉及面之广，俨然一个全面管理苏州教育事务的机构，而其工作也确实卓有成效，成立之后即创办了公立师范传习所，至1911年，先后有六批学生毕业。在商办学务归官后，苏州又出现了一个新的民间教育组织"长元吴教育会"，其发起人蒋炳章、尤先甲等人亦是商会的重要领袖，其职能也与学务公所类似。可以说苏城的教育形成了官方与民间双重领导的格局，这也表现了苏州商会对社会公共事业的深度介入。

事实上，从清末到民国，苏州无论民办或官办教育的经费很大程度上都依赖于商会及各业商人的支持。如在义务教育方面，1926年吴县教育会曾因教育经费支绌，难以添设公立小学，致函苏州总商会，请其呼吁各业倡导教育，集资办学。其时苏城商界中典业、钱业、缎纱业、酱业、珠晶玉业，率皆斥财兴学[8]。苏州商会亦决议仿浙省商会之例，每业设立小学一所。

兴办实业学堂使许多商人子弟能有接受良好教育的机会，虽不能做到普及，但是也培养了一批专门人才。苏州商会为设立新式学校提供了大量财力、物力资助，也极大地促进了近代苏州教育事业的发展。

除了兴办教育事业外，商会在其他城市公共服

务领域也做了重要工作，如促进地方消防事务的发展。明清以来，苏州为江南乃至全国商品经济最为发达的城市，城厢内外，人烟稠密，商铺林立。建筑多为砖木结构，遇火易燃，时有隐患[9]。1910 年6 月源泰来商号等发起设立治安龙社，该龙社的经费由丝业商人赞助，订购水龙一具，并购置添配物件、修理用品等项。该社创办伊始，即采取外洋救火会办法，拟定了《治安龙社试办章程》，规定："本社闻警驰救，不过各尽义务，如有灾区邻近为本社保护，喜获平安，愿以银钱酬谢者，概不收受。"[10] 不给商铺增加经济负担，可见其具有公益服务的性质。龙社名称虽旧，但从其章程规则来看，已是专业化的新式近代消防组织。它的出现极大提高了救火效率，也是城市近代化的标志之一。

三

除了创设慈善组织开展济贫外，每逢自然灾害发生时，苏州商会都积极组织赈灾。民国初年，水旱灾害频发，加之连年战乱，政府往往难以顾及，需仰赖社会各界救济。苏州绅商受传统慈善思想影响，以慈悲为怀，尽力劝募，先后参与了 1920 年华北五省旱灾、1922 年浙江壬戌水灾等大灾害的赈济。1920 年的华北大旱，波及范围广，造成了很大的损失，苏州商会接到乞赈函电后经过全体会董商议，发起赈灾募捐，将募启分发各行业，并在报刊上登载筹办义赈启事，除捐款外，兼收棉衣裤等件。很快得到各业和各界人士积极响应，到 1921 年 3 月共募集十二批捐款，包括大洋 21846.24 元、棉衣裤1326 件[11]。

传统社会的民间慈善往往不出县域范围。随着近代中国交通及通讯的发展，各地不再隔绝，慈善活动也就不局限于本区域了，有些甚至走向了海外。1923 年，苏州商会积极参与日本关东大地震救济，就是其中典型的案例。此次苏州商会为日本地震募集了数以千计的银圆，充分展现了商会组织的国际人道主义精神。

1923 年 9 月 1 日，日本关东发生大地震，"水火

交作，东京、横滨等处生命物产荡然，被难区域达到两万英里之广，伤亡人口至千五百万人之多"[12]。警耗传来，全球惊悼，中国人民也本着救灾恤邻的道义，摒弃前嫌，慷慨施以援手，苏州商会也在此之列。10 月 13 日，苏州商会决议组设"协济日灾义赈会"于西百花巷苏州总商会内，号召各界慷慨解囊，共襄义举。除了向各团体分送募启外，还请各银行、各钱庄代收捐款，暂行存储，俟有成数随时援解[13]。很快苏州商会陆续收回募启，截至 12 月 29日，共计收到赈济日本地震捐款千余元[14]。苏州商会发起的为日本震灾募捐，是中国近代一次大规模的国际人道主义援助，在其中商人群体所起到的重要作用，显然也与商会这一新型社团组织密不可分。

当然，苏州商会的赈灾活动也有不是很成功的时候。1921 年，安徽水灾严重，淹没人口田庐，满目哀鸿，嗷嗷待哺[15]。苏州商会接到江苏省财政厅和吴县知事公署指示筹募皖省赈款，但此后因应对江苏水灾赈灾的需要，此事一度被迁延耽误，到次年 3 月致财政厅函电中称："值筹募本省灾赈之际，以此尚未募有捐款。"[16]

商会毕竟不是专门的慈善组织。在近代社会转型中，受到西方思潮的影响，商人们不再"讳言利"，但同时也不轻"义"。对于外埠自然灾害的救济，一方面出于道义，同时也有助于"联络群情"，疏通各地商会之间的关系。但面对民国年间频发的水旱灾害，各地纷至沓来的募启和政府的指令，商会往往疲于应付，捐输也有所减少。但是，凡遇重大灾害，苏州商会还是会尽其所能，多方劝募。

结 语

中国数千年以来士农工商有其等级序列，儒家思想居于统治地位，近代随着经济社会发展，由绅商群体发起成立的苏州商会，也受到传统儒家伦理的影响。儒家历来强调"重义轻利"的思想，因而在苏州商会的事务中，公益慈善也占有一席之地。

此外，明清以来苏州就形成了良好的慈善之风，许多会馆公所都有救济贫民、开办育婴堂等善举。

民国《吴县志》中有云："吴中富厚之家多乐于为善……社仓、义仓给奖议叙，进身有阶，人心益踊跃矣。"[17]在此种风气浸润中，苏州商会自然深受影响，成为社会慈善公益事业的一支重要力量。它利用其组织网络将各个同业公会和商铺的力量整合起来，在赈灾济贫等方面都发挥了重要的作用。

当然，正如前文所提到的，商会并非专门的慈善组织，许多时候面对官方强制募捐，也趋于冷淡，部分商人亦有抵触。相比较而言，对于本地贫困居民的救济，苏州商会要更为积极。毕竟这些人的生活状况直接影响着地方秩序稳定及商业环境，商会劝募救助这些人群，也符合广大工商业者的最终利益[18]。而对于城市公共服务事业的介入，则体现了苏州商会沟通官商的定位和商人群体参与城市自治的实践，也是中国城市近代化的一种探索。总而言之，苏州商会的社会慈善事业，是在近代社会变革中，商人群体转型自我定位的一种实践尝试。

注释：

[1] 冯筱才、夏冰：《民初江南慈善组织的新变化：苏城隐贫会研究》，《史学月刊》2003年第1期。

[2]《苏城隐贫会章程汇刊》（1923年），苏州档案馆藏，苏州商会档案，档号：I14-001-0353-001。

[3]《苏城隐贫会章程汇刊》（1923年），苏州档案馆藏，苏州商会档案，档号：I14-001-0353-001。

[4] 章开沅等编：《苏州商会档案丛编》第1辑，华中师范大学出版社1991年，第30—31页。

[5] 章开沅等编：《苏州商会档案丛编》第1辑，华中师范大学出版社1991年，第30页。

[6]《为请设立学务公所的呈文稿》（1905年），苏州档案馆藏，苏州商会档案，档号：I14-001-0092-010。

[7]《为请设立学务公所的呈文稿》（1905年），苏州档案馆藏，苏州商会档案，档号：I14-001-0092-010。

[8] 马敏、祖苏主编：《苏州商会档案丛编》第3辑（下册），华中师范大学出版社2009年，第896页。

[9] 章开沅等编：《苏州商会档案丛编》第1辑，华中师范大学出版社1991年，第672—673页。

[10] 章开沅等编：《苏州商会档案丛编》第1辑，华中师范大学出版社1991年，第681页。

[11]《经募北省赈捐第十二批报告》（1921年），苏州档案馆藏，苏州商会档案，档号：I14-002-0166-045。

[12]《苏州协济日灾义赈会募启及底稿》（1923年），苏州档案馆藏，苏州商会档案，档号：I14-001-0538-068。

[13]《请银行钱庄代收日赈捐款由》（1923年），苏州档案馆藏，苏州商会档案，档号：I14-001-0538-058。

[14]《缴送日灾赈款由》（1923年），苏州档案馆藏，苏州商会档案，档号：I14-001-0538-054。

[15]《为皖省灾情劝募事函苏州总商会》（1921年），苏州档案馆藏，苏州商会档案，档号：I14-002-0164-060。

[16]《为皖赈尚未募有捐款事电财政厅》（1922年），苏州档案馆藏，苏州商会档案，档号：I14-001-0163-096。

[17] 李根源、曹允源纂：《民国吴县志》卷五十二上《风俗一》，见《中国地方志集成·江苏府县志辑11》，江苏古籍出版社1991年，第848页。

[18] 曾桂林：《义利之间：苏州商会与慈善公益事业（1905—1930）》，《南京社会科学》2014年第6期。

苏州博物馆馆藏谢家福档案选辑校释（八）

——凌淦（等）致谢家福（等）函稿

徐钢城（苏州博物馆）

二十三　凌淦致谢家福、薇伯、费延□函（光绪四年八月二十七日）

兰阶、薇伯、莪庵年姻仁兄大人阁下：

傍晚接八月十一日惠书，知怀庆所上水灾一函，度已登览。后八月初四日由河北道署挑递一函，度计日可达。头绪纷繁，欲言不尽，谨条析陈之。

现办武陟水灾，老龙湾北岸计十一村，已随查随放；南岸已查者三十一村，未查者尚有十二村。办水较难于办旱，未能迅速；潘振翁实心实力，可敬之至。

修武为武陟之下游，适当其冲，共淹九十余村，尤重者四十余村。大令刘济臣屡次来函告急，曾亲至木栾店。所有抚宪赈银一千两，亦欲照我局所查户口散放。纯翁已于十六日前往修武，模被下乡查户。镇扬局邵天翁后至，分路开查。

获嘉水灾，严佑翁已由延津而至，屡次函商办法。闻佑翁九月杪将回南，至新乡被水十六村，且俟办毕后再作计较。

林县势难兼顾，侯敬翁由辉县就近前往；并嘱瞿星翁与尹苙臣携银二千两协办。因人手、款子不敷，只好专办雹灾村庄，约出月可以回来。

以工代赈一节，被水后，居民发发有其鱼之叹。与其俟决口之后，死者不可复救，不如于将决未决之时，赶紧修堵，可保全无数灾黎，因作以工代赈之举。现在大虹桥、五车口、赵樊口三处均已告竣，后续修陶村尚未竣事。四处险工相似，共用银四千余两。赖崔季翁亲自督理，所以事半功倍。

五车口地方，为温、孟、济三县并山西凤、垣、阳必经之路，难民回籍者纷纷。因属蔡戒山专司资遣一事，每名给钱四百文，老病不堪者给银一两。日上渐少，今日停止。

周恤寒十，由教官开列名单。固是正办，惟教官与诸生亦未必深悉，山长亦然。现每至一处，择一公正绅士，属其开列几名，即就几人中择老实者访问之，尽招贫病交迫、非此不能存活者至，儒寡尤急中之急。惟往查非易，近属张步翁专覆查。步翁年尊，且会官话，言语尚通，甚为妥致。弟苟有暇，亦同往覆查。济源有廪生名昭俊，圣裔也，夫妇皆病，三子皆幼。招之至局，裰褛如丐，与之谈良久，知为绩学之士，且无一语言贫。赠银十两，泣而言曰："今而后始有生计矣！"

朱九翁几位由汴至木栾店，因代赎不多，欲将此款移办河南之新安（屡逢该处来者云：新安、渑池之苦，与济源仿佛），惟携款只有四千五百两，因向我局取［借］银一千两。廿四日行将启程，适金苕翁亦至（携带妇女数人，饬人各处资遣），公同商议：苕翁将代赎之款提出一万五千两，与九翁合办新、渑两县（该处之苦与济源仿佛），票上刻"给放麦种"四字，不居放赈之名也（其实放赈与开征并行不悖可也）。

苕翁今日回汴，将河北一切情形面禀中丞，一面属鞠孙驰往新、渑。苕翁云：鞠孙体用兼备、独当一面，绰有余裕。归德属薛霁翁主持其事。苕翁临行云：灵宝一局，欲兼办陕州、阌乡，地方辽阔，山路崎岖，较他局尤难措手。渠与朴山之尊人旧交，意欲至灵宝一次，属弟致意诸君，速即函致莲翁作札致胡小翁与其弟云云。此苕翁之热心也。

我局赈务，约九月初办毕，武陟、修武度十月初亦可了事，即拟移局怀庆。请同事健步者几位，重至邵原、西阳再放一次。盖邵、西自五月十八得雨后，至七月十一始又得雨，秋已槁矣。至此时或留或归，谨俟诸君函至，惟命是从。纯叔曾于十六日发一公函，弟适于十五日堤工有事、崔季翁见招，宿于工次。次日回局，纯翁已开车，未见函稿。闻有冬赈之说，弟则可进可退，未敢遽有求见也。

我局赈款，据玉翁云：省中尚存三万余金（帐上四万，内有保婴及另款尚未提出），现局中尚存八千余金。榖放武陟、修武，二万金足矣；邵、西亦不过万金，从此结束（未识佑翁要来拨款否），尚可敷衍家乡，可谓悉索敝赋矣！诸君之筹画，可谓心力交瘁矣！鄙意以公款既帆随湘转，我辈似不必逆流挽舟。刍荛之见，未识有当否？

同事诸人，经瑞生病在汴梁，未曾到局；徐春生到原武即病；司马书绅返自济源，至武陟亦病，皆回汴梁，闻即日同徐君回南；张如馨甚妥，现在局中；张桂一同潘振翁查户颇认真；陈少兰在工次；清卿管账目；陈春岩往卫辉办小米，崔季翁云：卫辉小米十八日每斗三百五六十文，而麦价甚贵，盖农民急售小米购些麦种，转瞬必贵。以三千试办，由水路运修武，将来搭放。

赵、谈两君，仍在修武大王庙收孩，有五百余名。纯翁函来，称其办得甚好。菘甫昨有函至，云须俟弟至修武面商一切，然后移局怀庆。怀庆房子已定，甚宽厂，有五六十间。

棉衣，本地尚可筹办。昨姚彦翁有函来云：在汴省买过两面杜布者，甚好。我局前转托崔季翁在汴梁亦办过四千件，共袄裤二千套，每套扯八百文，做新者约一千二三百文一套。穷民典卖已尽，此亦赈务中之不可缓者也。

玉翁专足来此，守候覆音，借此布臆，灯下拉杂草此，即请均安，诸维鉴查不宣。

年姻弟凌淦顿首
八月廿七日

另启：附览舍弟处家信，费神饬寄。另步洲一函，祈转交吴迈公，如有收条，望即寄下，以须向友翁归还。（九月十九到）

（朱丝栏笺，二纸，每纸三十六行）

按：抚宪者，下属对巡抚的尊称。襆被者，以包袱裹束衣被，意为整理行装。唐宋之问《桂阳三日述怀》诗有："载笔儒林多岁月，襆被文昌事吴越。"襆亦可作"幞"，原指古时深衣之下裳。《尔雅·释器》有："裳削幅谓之襆。"郭璞注："削杀其幅，深衣之裳。"凤、垣、阳者，指山西省泽州府凤台、阳城和绛州直隶州垣曲。山长者，唐、五代时学者于山中设立学舍，称为书院；其中主讲并总理院务者曰山长。如宋马永易《实宾录·山长》记载唐刺史孙丘在阆州北古台山置学舍，延尹恭初为山长。自南宋及元，官办书院一概置山长与学正教谕，负责讲学兼领院务，由礼部和行省宣慰使选任。如《宋史·理宗纪五》记载宋何基曾任丽泽书院山长。明清两朝，山长改由地方官聘请，清乾隆三十一年（1766）改名院长，后仍名山长。清末改书院为学堂，山长之制始废。元吴养浩《象山山长岳仲远美任》诗有："雅有岳山长，三年今在兹。"官话者，元明以来泛指以北京话为基础的北方话。因旧时在官场中广泛使用，故称。清制规定：举人、生员、贡生、监生、童生不会官话者，皆不准送试。其中又可分北方官话、西北官话、西南官话、下江官话四个子方言。明谢榛《四溟诗话》卷三有："及登甲科，学说官话，便作腔子，昂然非复在家之时。"廪生者，谓明清两朝由官府给予膳食的生员，也称廪膳生。明洪武二年（1369）下令府、州、县皆置学，府学生四十人，州、县依次减十，均有定额，每人每月给廪米六斗。其后名额增多，遂称初设食廪者为廪膳生员，省称廪生；增多者为增广生员，省称增生，无廪米；后来名额再增，则附于诸生之末，称附学生员，省称附生。清代沿用明制，凡初入学者皆谓之附生，经岁、科两试等第高者，可补为增生；增生可依次升为廪生，称补廪；廪生中食廪年深者可依次升国子监学生，称岁贡。廪生名额及待遇视各州县大小而异。朱九翁者，朱惟沅。鞠孙者，即菊孙（熊祖诒）。薛霁翁者，薛霁塘。朴山者，即璞山（经元仁）。尊人者，对父母的尊称。《旧唐书·王重荣传》有："雁门李仆射，与仆家世事旧，其尊人与仆父兄同患难。"帆随湘转者，典出北魏郦道元《水经注》卷三十八《湘水》，其中"（又东）北过重安县，又东北过酆县西，泰水从东南来注之"条目下有："衡山东南两面临映，湘川自长沙至此，江湘七百里中有九背，故渔者歌曰：帆随湘转，望衡九面。"本指江流曲折多变，此谓赈款到位数量由多到少，渐趋枯竭。刍荛之见者，割草曰刍，打柴曰荛。《孟子·梁惠王下》有："文王之囿方七十里，刍荛者往焉，雉兔者往焉，与民同之。"引申指割草采薪之人。《诗·大雅·板》有："我言维服，勿以为笑；先民有言，询于刍荛。"后世又作为自譬草野之人或浅陋之见的谦辞。唐刘禹锡《为杜相公让同平章事表》有："辄思事理，冀尽刍荛。"姚彦翁者，姚岳钟。

沁河水患造成武陟、修武、获嘉、新乡等地汪洋一片，泛滥成灾。苏州助赈局和镇扬助赈局各自倾全部之力，奔赴灾区开展救助。武陟方面：老龙湾和原村决口处受灾最重的五十四个村庄，经过凌淦、熊其英等分头查放，至 9 月底已查过四十二村。同时组织当地劳力以工代赈，抢修大虹桥、五车口、赵樊口、陶村各处决口堤防，并由崔季芬亲自督工管理，助赈局为此出资四千多两。五车口方面：此乡地处温县、孟县、济源三县交界，又是前往山西凤台、阳城、垣曲等处必经之地，两省难民交汇于此。赈局派蔡戒三蹲守此地，负责资遣回乡灾民，每人四百文，老弱病残者增至一两。修武方面：被水九十余村，灾情极重者四十六村。县令刘通已将抚院所拨官银一千两，仿效江南义绅之法查户散放。但因寡不济众，遂屡次向正在武陟的苏州助赈局修书告急，甚至放下身段，亲自跑到木栾店搬救兵，情形甚为狼狈。念在其民何罪，助赈局让正在修武大王庙办理慈幼事务的赵翰，先每天赶制馍馍二千个，紧急散放灾民。在谈国桢给后方的函中，是这样描述的："弟与松翁做饼二千个，坐马下乡给饼。行至二十里铺，一片汪洋，房屋十去其九；饥民尽在水中，啼哭不止。强壮者水中尚能行走，最可怜者老弱妇女，牵连行走，跌在水内，一连数次，呜呼哀哉！妇女小孩将饼丢在口中，忽听得一声响处，旁有房屋倒下，吃饼之妇女小孩尽死在水中矣！"9 月 12 日，熊其英奔赴修武，打包衣被下乡，与谈国桢一起开查，镇扬局派来的邵天禄也随后赶到，分路查访。获嘉、辉县方面：镇扬局严作霖等火速由延津赶去救急，待此地查赈完毕，再赴新乡，办理受灾的十六个村庄。熊其英又从本局所存赈款中拨出一万四千两，供严调遣。林县方面：凌淦派瞿家鑫带领随从尹莐臣，携带赈银二千两，会合从辉县出发的镇扬局侯敬文（携带赈银一千两），一起赶往彼处，专办遭受冰雹灾害之村，潘民表亦于不久后前去增援。河南方面：浙江助赈局的经元仁、经元猷、宋俊、张金福、孙甫之、孙贯之、马嘉甫、顾越林、吴保详等人在灵宝设局，与上海协济局胡培基和熊其英之侄熊祖诒一同合办赈务，兼顾陕州直隶州的陕州、灵宝、阌乡和河南府的新安、渑池五地，同时截留从陕西逃难来豫的灾民。9 月 10 日，由南方派出、赴中州办理收赎局事务的浙江绅士朱惟沅、杨镐、林继良、许澍四人，经一路跋涉，到达武陟县穆陵关，拜见凌淦、熊其英。他们随身携带的赈款只有四千五百两，而其所欲办赈的新安、渑池两县地方辽阔，灾情与济源不相上下。故凌淦从本局资金中拨出一千两，助其使用。20 日，金福曾亦赶到此地，他提议将代赎局专门款项二万两中提出一万五千两，专门用于新、渑两地之赈。慈幼保婴方面：谈国桢、赵翰诸君自 7 月 20 日于修武城外大王庙开设慈幼局以来，将局中所收难孩每十人分为一号，设一名号长，当差者即从中挑选轮换；四岁至七岁男女孩则招聘本地老妇照看，而一岁至四岁婴幼儿留养实在困难，遂变通成法，放在局外可靠人家寄养，其父母姑姨等直系亲属核对确实者，均发一腰牌，每五天给钱三十五文；对于已到学龄的儿童，开设义塾，延聘塾师教授《四书》《五经》等课；局中伙食为每天早晚小米粥、中午食饼，食物多寡视年岁大小、体力强弱而不同。在开办慈幼之初，众人曾商定：设立固定之局，以收无定之孩，并且已将怀庆府城选作最佳场所（因为河内地区较为富庶，便于就地筹款及寻找收养人家，且有崔季芬可资照应）。设局修武，原准备暂寄于此、不久即迁，奈何沁河决口，道路不通，洪水波及，局门外一片汪洋。市集上小米价格暴涨，局中几乎绝粮，水退之后，情况稍有好转。谈、赵二君思忖义赈各项，枝枝叶叶点点滴滴，无一不关苦人生计，唯恐一旦离去，将有不少儿童又要重堕苦海。修武之局，似应留过冬天，等来年春暖花开时再迁不迟。为此赵翰特意致函凌淦，请其亲赴修武一趟，商议是否移局怀庆。棉衣方面：因为北方天气早寒，而灾民身无长物，一旦冬季来临，饥寒交迫在所难免。协济局同人未雨绸缪，先行设法筹办棉衣。开封的江苏留养幼孩局姚岳钟购买棉衣五千件，并准备再购五千件，送往河北灾区。凌淦则委托崔季芬在开封置办棉衣棉裤二千套（合四千件），慈幼局也招聘当地老年穷妇，亲手缝制孩童冬衣，且一针一线都亲自检查，不畏烦琐。所有这些，均是为了即将到来的冬赈作提前准备。此时局中，徐春生、司马书绅皆染病回汴，欲束装南归。凌淦心中则茫茫然不知所措：冬天的赈事看来遥遥无尽期，家中妻子缠绵病榻几度危殆，到底是走是留呢？他在信中试探着谢家福的看法。此函书于1878年9月23日。

二十四　凌淦致申、苏、扬局诸仁兄函（光绪四年九月二十四日）

申、苏、扬局诸仁兄大人均鉴：

月之十三日接读惠函，覆函系纯翁主稿，即日由汴寄奉，想计日达览矣。重阳风雨自初六日起，至十八日始止，沁水大发，较前决口之时更涨四五尺。新修四处堤工：大扫冲去其二，小扫冲去其五十六之多。五车口来报险工，潘振翁与瞿星翁诸君黑夜冒风雨而往，悬赏下大柑十数株，始能挡住。振翁查原村一带，遍历各乡。以原村口子水虽退出，而下游数十村庄尚有积水三四尺，能节节疏通、逐渐放出，则行人不致病涉，麦子亦可补种。遂与潘辛翁商议定夺，于最低之方陵村开二尺许口门，弟

即属其在口门旁安挑土袋、木桩、麻绳等物，预防黄水暴涨倒灌而入也。初十日至十四、五间，水已退去过半，讵风雨之际，沁水仍从原村决口处漫溢而入，较未放之前更高尺余，坍塌房屋无算。事机不顺，非人力所能挽回。老龙湾地方：水势顺流而下，平地波涛汹涌，修、获等处大受其害，就目下情形论之，实有不可收拾之势。纯翁、佑翁、松翁俱发公函告急，鄙意以我乡既糜如此，巨款本非不竭之源，且去腊新春淦亦曾经募，深知出钱诸君实系诚心为善、勉力输将，且有剜肉以补疮者。辗转思维，殊不知计之所出。为德不终，弟等固难辞办理不善之咎，然亦时势使然，无可如何也，天乎人乎，谓之何哉！纯翁水乡查户，憔悴可怜。振翁忧形于色，时而夜不成寐，弟时常劝解之，恐其致疾也。苕翁回汴后，中丞派往周口办收赎事，闻贩子正法一名，救出妇女四十余名。鞠孙仍在归德，新、淮之行，叶君梨轩、严君子平与苕翁令弟选青兄任之，会同浙局并办两邑。顷朱九兄致弟一函（原函附览），经璞翁昨有函至，云陕、灵、阅三处十月抄可以竣事，专此布告，敬请均安，不尽欲言。

愚小弟凌淦顿首
九月二十四日灯右

（朱丝栏笺，一纸二十七行）

按：糜者，糜费。糜，通"靡"，言耗费也。唐刘禹锡《论废楚州营田表》有："今则徒有糜费，鲜逢顺成。"剜肉补疮者，亦作剜肉医疮。语本唐聂夷中《伤田家》诗："医得眼前疮，剜却心头肉。"比喻不顾一切以救眼前之急。为德不终者，原作为德不卒。典出《史记·淮阴侯列传》："（韩信）召所从食漂母，赐千金。及下乡南昌亭长，赐百钱，曰：'公，小人也，为德不卒。'"指好事没有做到底。

河北地区自8月下旬罹遇沁河洪涝灾害以后，经江南助赈局同仁会同各地官府紧急救助，至9月底灾情已经渐趋缓和。被洪水冲毁家园的乡民们，在获得粮食、衣物、炊具、席片、药品等救济后，生存暂时无虞。正当义绅们忙着组织百姓抢修堤坝、补种秋麦，以期收拾残局、准备冬赈时，新一轮的

灾难却无声而迅猛地袭来，扑向筋疲力尽、毫无防备的人们。临近重阳，本是秋高气爽的金秋时节，但从 10 月 1 日起，狂风暴雨再度覆盖整个河北地区，淫雨倾盆，数日不开；朔风呼啸，摧墙拔木；沁河水位猛涨，较上次决口时更高四五尺，老龙湾一带曾经决堤的五车口、大虹桥、赵樊口、陶村四处大口，有两处再告失守，其余修补过的小缺口，亦有五十余处被再度冲开。更为吊诡的是，秋风秋雨夹杂着雪粒，气温骤降，仿佛进入了冬天。绵延彰德、卫辉、怀庆三府西北部的太行山一夜之间积雪皑皑，各自在外查户诸君，由于猝不及防未带棉衣，无不受冻着凉。雨势至 5 日稍缓，熊其英坐船自老龙湾东下周流、小营等地查赈，潘民表和瞿家鑫则冒雨赶往五车口，现场组织民工抢修堵漏。决口虽被挡住，但溃堤处下游数十个村庄，仍然浸泡在三四尺深的水中。凌淦与潘民表经再三商议，决定在地势最低、靠近黄河的方陵村堤岸，挖开一小口泄洪入黄，并于开口处预备土袋、木桩、麻绳等物，以防黄河暴涨倒灌。经过一番堵疏结合，到 10 日，积水已退去一半。孰料天不遂人愿，风雨再度猛烈，直至 13 日始停。刚刚堵住的原村缺口又一次溃决，冲塌房屋无数，老龙湾一带亦是波涛汹涌，水位比未放之前更高尺余。修武、获嘉其余各县灾况稍轻，但也是汪洋一片，宛如水乡泽国。此外，西至济源，东到卫辉，武陟、新乡、延津、辉县之间，所有道路都成泥泞沼泽，运输赈粮车辆尽陷泥中，交通断绝，河北地区已成不可收拾之势。面对此情此景，熊其英（见《熊》文函 37）、谈国楼、赵翰纷纷写信，向后方告急求援。在谈国楼的信里是这样描述的："本月初九日酉刻，忽起狂风大雨，将局内五株大树连根拔起，二门上墙垣被压坏。其夜风雨之声不绝，次日清晨，只见一片汪洋大水，诸同事正在商议如何退水，忽见本局当差大孩史金从外跑进，看他大惊失色，口内连声说道：'老爷，不好了！沁河又开口了，沁河之水已到吾局，我们所收之孩并老妇尽行跌在水中。'于是即派当差数人，将小孩老妇尽行驮进内宅。小孩老妇浑身泥水，啼哭不休，

见之惨然。忙将湿衣被褥尽行更换，并将好言抚之慰之……追思河北饥民不知造何大孽，至于如此奇荒也。刻下沁河口开后，水冲六县，修武、获嘉、新乡、武陟、延津、辉邑等处数百余里，人死无数，平地水深数尺，低洼淹及丈余。成熟之禾稼无收，安处之室庐尽毁。流离载道，急遽逃生，曳女牵男，扶幼携老，冲风冒雨，犯露蒙霜。或饥饿于沟渠，或死亡于道路。日已交隆冬，积水尚未归壑，奈何奈何！"与谈国楼同在修武慈幼局的赵翰，亦写信告知其遇险经过："九月以来，连朝雨急风狂，并下雪珠，水势大泛，天气寒冷异常。初十清晨，局内前后院水流有声，帐房书屋地形较高，尚未有水，老妇婴孩衣履棉被湿透。移时水向书屋而来，年老妇人倾跌水中呼救。顷刻之间，救命声、啼哭声、呼号声、风声雨声雪珠声一时嘈杂不堪！遂派人赶紧将幼孩抱至书屋，时水已平书屋阶沿，当此之际，心胆俱裂，急将帐房天井通水沟塞住。欲往城内居住，奈水深数尺，舟只板木全无，又值风雨交加，无可设法，言念及此，人心惶惶！……幸十二日水退数寸，帐房可保无虞，遍地已经湿透。此水系由墙角浸入，各友冬衣未带，当此极冷天气，犹住水阁凉亭；柴米仅够十日，大米已罄；门外一片汪洋，米、菜均无买处。熊纯翁水阻乡村，两赈局音问隔绝。下午远望太行山，积雪如粉，暴寒令人难受。"熊其英、潘民表等人顶风冒雨，各自下乡查户放赈，不仅体力透支，而且心忧如焚，个个憔悴不堪。看着委顿可怜的同事们，想着漫长的冬赈和南方越来越难以为继的募捐，凌淦感到身心俱疲，束装南归之心渐决。此函书于 1878 年 10 月 19 日。

二十五　凌淦致申、苏、扬局诸仁兄函（光绪四年九月二十五日）

申、苏、扬局诸仁兄大人阁下：

昨匆匆发函，尚多不尽之蕴，谨再续陈左右。

武陟自工赈并行以来，前次四处堤工，共用银五千余两。今冲去扫七个，新压之土尽行冲去，堤上狭处不过桌面开阔。此番不至决口，尚幸有此一

举，否则不堪设想矣。现崔季翁重来督理，两处分办，瞿星五、张如馨兄经理账目。修后略为坚固，已须四千余两，然贫民赖以活命不知凡几，甚为合算。所可虑者：河水一冲，都成沙地，不能种麦，只能种黑豆；且积水不退，亦不能种，来春更无指望，为之奈何！武陟老龙湾十村随查随放，共用银乙千三百余两。原村共查卅九村，今日放毕，大口一两、小口五钱，共放九千余两。此次重被水灾，不能不再行补查。潘振翁、蔡戒翁、张桂翁现均在乡，尚未回来；陈少兰即日回南，勿念。此武陟之情形也。

修武被水更甚，纯翁查户极苦，其廿一日来函云："从老龙湾口上船，见水势汹汹，对岸李梧槚一带尤为顶冲，白浪起处，见沙尘一抹飞扬，房屋数间已忽焉无有。当晚以水势回逆，抵周流渡口已晚，即于船中住宿。修武在北岸，船不能径达；运河两岸泥深没腹，道途多不能通。昨由小营村人用椅来抬，二十余人招呼，乃能寸步一移，得上南岸。小营坍房什居六七，好田多成沙土，不能下麦，尤为根本之患。其地属修武者仅数户，余二百余家属获嘉。弟念到此地步，岂可再分畛域，遂一律统查。独木之桥，过了许多，失足一次，一靴都盛水也。尹莘臣运钱，以水阻不能到修武，直抵木栾矣。"廿四来信云："廿一日开查小营一带，从无数塌屋上走过，深处则从水淖中行。目击饥民无食无衣无居处并无柴火之苦，令人辄唤奈何！茫茫然殊不知所以为计！廿二日查焦庄、史庄，其地水灾较轻，而瘝苦不堪，遗黎零落。乘便查之，了此一路。其余被水未甚之村，拟俟水退可行之后再查，此时实无从措手足也。昨晚同莘臣回慈幼局，赵、谈诸君以局方被水，且救援近地呼号灾民，一切处置悾偬万分。弟与莘臣在此帮忙回赎冬衣，所有求赈之禀纷纷寸积，实迫于无所控告。时局如此，协局真不能了！嵩甫南旋之说，系闻我局有收束之议，先如此反扑之势，其实欲挽留我局。其致南中函稿告急，盖可见也。"此修武及慈幼情形也。

弟明知捐款已竭，岂敢为无厌之求！情形如此，捐款如此，进退都不能自主，只好做一日和尚撞一日钟。务祈阅过此信，即速作函付刊《申报》。即非以此募捐，亦使各处知河北实在情形，并知豫赈一事，出金者、经募者、办事者智力俱穷，无可如何矣！至欲弟等作粉饰语，则万难附和也。再闻助赈一事，豫抚有请苏抚入告之说，如果有其事，千万不可将贱名开送。同事均属附笔，并非矫激，实在可耻之甚！君子爱人以德，千万照拂，容当泥首不尽也。至要至要，专此，即请德安。

弟凌淦顿首
九月廿五日发

（十·廿二）

（朱丝栏笺，一纸三十三行）

按：爱人以德者，语出《礼记·檀弓上》："君子之爱人也以德，细人之爱人也以姑息。"指按照道德标准去爱护和帮助他人。照拂者，照顾，照料。明无名氏《四贤记·寻亲》有："小儿赖君照拂，老夫感戢无涯。"泥首者，亦作囚首。以泥涂首，表示自辱服罪，后指顿首至地。南朝梁任昉《为范尚书让吏部封侯第一表》有："泥首在颜，舆棺未毁。"《世说新语·言语第二》第三十七条中"王丞相诣阙谢"下注有："《中兴书》曰：'导从兄敦举兵讨刘隗，导率子弟二十余人，旦旦到公车，泥首谢罪。'"

光绪四年重阳节的疾风暴雨，让武陟、修武、获嘉、新乡诸县再次浸泡在一片汪洋之中，助赈局义绅们千辛万苦维持的救助格局，也被无情的汹涌洪水瞬间摧毁。连续两次水灾的沉重打击，对于河北地区，尤其是怀庆、卫辉两府百姓而言，无异于灭顶之灾。在潘民表给后方的信函中，对此略有陈述："武陟沁水决口，始自原村，继以老龙湾。原村所贯共三四十村，秋禾尽被水淹，要皆平地水深四五尺，一片汪洋，竟同泽国。居民皆撩水中臭粟，聊以充饥，即此亦不可多得。重阳前后，连下大雨十三日，天气骤寒，贫民觅食无路，饥寒死者不计其数。……老龙湾水势甚猛，由武陟直贯修武、获嘉、新乡等县，而修武、获嘉被灾尤重，水之所过，寸草无存；房屋冲倒，不计其数。……贫民出外谋生，涉水死者所在不免，困苦情形更甚于武陟。重阳前约已查去七八分，本期月内可以放竣，不料自初六日，下雨连十三天，沁、黄合涨，水势较前更增四尺，妇女老幼多在屋上避水，压毙压坏者不计其数，从前未被水之村，约又添数十。此等灾区去岁既无籽粒之收，今春又无麦秋之入，正值秋成在望，指日可收，而洪水特来，均遭淹坏。计此后天寒水冷，欲出外觅食，则跋涉为难；欲坐困水乡，则又将待毙；腊底春初，更有不堪问者。即目前有此一赈，亦仅足以补救一时，而极贫之家御冬仍然无具。嗟此灾区，今春大旱之后继以大疫，民去其七；而剩此遗黎，又遭此厄，何斯民灾重若是耶！"怀庆慈幼局赵翰的尺牍内，亦有："河朔自重阳风雨，荐被水灾，协局殊有欲了不了之势。弟处本专办一事，有此波及，此月来孩额日广，安插为难；而癃老诣门呼号，势不能一笔抹却。岁时春日少，世界苦人多，局事遂日形丛集，看来冬天必别有一番惨惨之状。……所难者赤子无知，早晚哄集一堂，见其笑而亦笑，闻其啼而欲啼；不得无乳之母，难为有脚之春。"赈局诸公分头行动，凌淦、瞿家鑫、张如馨会同崔季芬督理老龙湾等四处决口堤岸，潘民表、蔡戒三、张桂一、陈常负责武陟查放，熊其英、尹芑臣赴修武查放，并与怀庆慈幼局的谈国楳、赵翰会合，协办冬衣回赎事务。各地急切请求救赈

的禀稿如雪片般寄来，江南助赈义绅纵是千手观音普度众生，到此时也只能顾此失彼徒呼奈何！加上南方募捐困难越来越大，善款来源日益枯竭、数量难以为继，前方诸君陷入了"归思同切而息肩无从"的进退两难困境之中。虽然众人一致公认凌淦办赈实心实力、谋事不遗余力，但事到如今，河南助赈之行已经变成一场遥遥无期的持久战争，熊、凌等人就像瘦弱的唐·吉诃德，向着庞大的风车一次次发起勇敢而无望的冲锋，又一次次被残酷的灾难碰得头破血流。面对着令人绝望的现实，平素办事精细、看似软弱的熊其英，反而愈挫愈勇，发出"时局如此，协局真不能了"的呼声；而一向言行豪爽、大刀阔斧的凌淦，则感到智力俱穷、无可奈何的疲惫。兴意阑珊的他，在写信招呼叶梨轩、陈春岩前来顶替自己、人事安排妥帖后，即准备南归。1878年11月15日，凌淦偕江振恒、张文炳、张如馨、蔡戒三，带着出师未捷的遗憾和愧疚，告别共同战斗了八个月的赈友，悄然动身离开中原，返回吴江老家。但他未曾料到的是：此次分别，竟成为他和熊其英的最后一面，两个月后熊因公殉职于木栾店，两位曾经并肩赈灾的老友就此天人永隔。而光绪四年这一次不平凡的河南之行，也在凌淦的生命回忆中烙刻下永久的印迹。此函书于1878年10月20日。

唐寅书法研究

潘文协（苏州博物馆）

内容摘要：明代是一个帖学盛行的时代，同时也是一个赵字笼罩风气的时代。唐寅虽不是帖学之专门名家，但亦是当之无愧的诗书画三绝之才，其书法之最大特色即是出入于松雪与北海之间。本文主要根据流传作品来论述他这一书法风格的基本面貌；兼带论述其书法师承的渊源，并在明代帖学背景下品评其书法风格的优劣得失。

关键词：帖学　风格　取法　李邕　赵孟頫

明代是一个帖学盛行的时代，同时也是一个赵字笼罩风气的时代。明初开国文臣之首刘基、宋濂书法直接赵孟頫流风，而同时吴中有宋克以章草名家，虽力矫赵孟頫末流柔靡之弊，却未成气候。至成帝永乐时期，以松江二沈即沈度、沈粲兄弟为代表的台阁书风在官方流行一时，然而其中规中矩，与书法讲究抒发性情的艺术本质相悖，至弘治姜立纲（1444—1499）以后，台阁书风已经渐趋僵化而乏善可陈。而当时在江南的苏州，随着明初以来对苏州地区文人的钳制至宣德以后基本消除，当地经济文化逐渐恢复并出现兴盛的局面，出现了像祝允明、文徵明那样的帖学专门名家，吴门书家代台阁书风崛起而成为主流。

以祝允明、文徵明为代表的吴门书家，之所以能超越明初馆阁的影响，主要是经由赵孟頫而上接晋唐法帖的。明初，赵孟頫书风在吴中流行开来，祝、文前辈如刘珏（1410—1472）习赵孟頫。而祝、文共同的书法老师李应祯（1431—1493），曾官中书舍人，多阅古法帖，深知台阁书体之弊，他是注重实用性的台阁体书风转移为表达性情的吴门文人书风的关键人物，虽以"奴书"之论批判赵孟頫，但据王世贞的说法，李应祯虽然以欧阳率更为

法，实际亦兼带赵法。祝允明不但称祖上与赵孟頫为世交，而且特作《奴书订》[1]，以修正乃师对赵孟頫的偏见；文徵明更是在其书《洪范》的题跋中，从汉文化传播的高度，不但独具卓见地为赵孟頫以前朝王孙仕元的出处问题正名，而且一生在书、画上皆师慕赵孟頫，并影响他的弟子，嘉靖三十四年（1555）文徵明刻《停云馆帖》卷八即将赵孟頫著名的《与中峰明本札》模勒其中。除了传世书迹外，据王世贞记载，文徵明曾见过正德、嘉靖间吴中出土的元代昆山顾信所刻专收赵孟頫书迹的《乐善堂》帖石，该帖出土后在吴中颇为盛行，更加推进了赵书的流行[2]。又王世贞曾经请章仲玉为他仿作赵孟頫书法[3]，可见赵书于明代吴中风靡一斑。直到明末董其昌的出现，赵孟頫才被视为超越的对象[4]。

与祝、文并世而称四才子且互为挚友至交的唐寅（1470—1523），主要以画名世，虽然不是书法上的专门名家，但自然也是当之无愧的诗书画三绝之才。其中，唐寅书法之最大的特色便是：出入于松雪与北海之间。本文首先根据流传作品来论述他这一书法风格的基本面貌；兼带论述其他书法师承的渊源，并在明代帖学背景下品评其书法风格的优劣得失及其书法史地位。

一　出入松雪北海间

所谓松雪，即元代赵孟頫。赵孟頫（1254—1322），字子昂，号松雪道人，浙江吴兴人。宋朝宗室，南宋末曾为真州司户参军。元世祖时搜访江南遗逸，因程钜夫保荐，历官兵部郎中、济南府同知、江浙儒学提举、翰林学士承旨等职。学博才高，诗

格精丽，尤以擅长书画、鉴赏著名。他在书法主张复古，超越唐宋，直接二王，风格圆熟流美，遒媚秀逸。其影响之大，不仅元朝书法受其笼罩，明清两代以至今日皆尚挹其余波。唐寅的书法受到赵孟頫影响的典型例子，可以辽宁省博物馆藏《落花诗倡和》卷（图一）为例。弘治十七年春（1504），沈周作《落花诗》十首，开篇曰：

> 富逗秾华满树春，香飘落瓣树还贫。红芳既蜕仙成道，绿叶初阴子养仁。
>
> 偶补燕巢泥荐宠，别修蜂蜜水资神。年年为尔添惆怅，独是蛾眉未嫁人。

沈周首倡十首之后，即示与弟子文徵明，文徵明即与徐祯卿等皆相继而和之，沈周反和之。是年秋，文徵明赴南京乡试，谒见其父同僚南京太常卿吕秉之，吕和之，沈周又反和之[5]。仔细品味诸诗，沈周之平淡萧散、文徵明之儒雅积极、徐祯卿之奇崛特立，皆一一流露于字里行间，诸家竞美并芳，可谓春兰秋菊，大有继往古之风流、续吴中之掌故之概焉。然而，文徵明此卷却没录有唐寅、祝允明之作，想当年文徵明、唐寅23岁左右即追随祝允明、都穆倡为古文辞，此等雅事，岂能缺席？考祝允明次年即应座师王鏊与苏州知府林世远之聘，预修《正德姑苏志》，由于祝允明分担任务尤多[6]，想其无暇顾及倡和，当属情理之事。同修中有文徵明，但无唐寅，唐寅自然是有时间来倡和的。故文徵明此卷没录有唐寅，一是可能唐寅比较拖拉，在文徵明、徐祯卿作好后来不及交卷，更可能是沈周告知时间在后。沈周曾亲自将自己的《落花诗》出示给唐寅以邀和的，辽宁省博物馆此卷卷尾即有其跋语：

> 石田先生尝咏落花十篇，人情物态曲尽无遗，而用意炼语，超越前辈，视昔人绿阴青子之句，已觉寥然矣。间以示予，读之累日，不能释手，顾予方被翳林樾，自付陈朽，载瞻飞英，辞条委厕，有不撄怀者哉！勉步后尘，政不自知其丑也。暇日因书一过，并系小图寄兴。

辽宁省博物馆藏唐寅此《落花诗》自书唱和十首，其开篇曰：

> 刹那断送十分春，富贵园林一洗贫。借问牧童应没酒，试尝梅子又生仁。
>
> 若为软舞欺花旦，难保余香笑树神。料得青鞋携手伴，日高都做晏眠人。

综观唐寅这十首组诗，造语对偶，辞藻华美，意象跳跃，颇有六朝铅华遗风，《红楼梦》雪夜联句起首"一夜北风紧"之句非王熙凤不能言，唐寅此起句"刹那断送十分春"亦显然与沈、文异趣，亦非唐寅不可道。其中生平遭遇的突然变故，

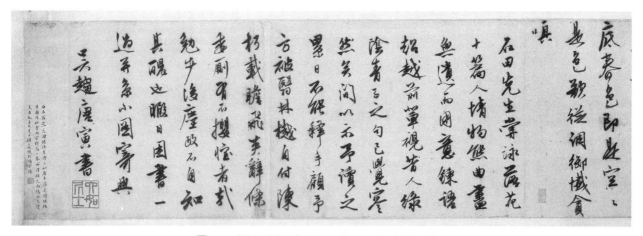

图一　《落花诗倡和》卷（局部，辽宁省博物馆藏）

依然故我的风流本怀，年华易换怀才不遇的落寞愁绪，皆一一可味，其立意用他自己的诗句，大抵可以"万点落花都是恨"而概之[7]。

考沈周首唱十首的尾联韵脚，依次为：人、愁、丘、开、楼、携、枯、丝、枝、喷[8]；唐寅此卷的尾联韵脚，依次为：人、愁、开、丘、喷、楼、携、枯、丝、枝；除了次韵的顺序有三首即丘、开、喷不同外，每联的韵脚均一致。现存唐寅和沈周《落花诗》有三十首者，且版本各异。根据押韵的情况，唐寅此卷显然是最初唱和沈周首唱十首的；而跋语所谓"石田先生尝咏落花十篇"，"顾予方被翳林樾"云云，揣摩语气，沈周当仍在世。故推测书写的时间也大致在1505年至1509年即沈周去世之前，亦即唐寅36岁至40岁之间所作。又据唐寅跋语，原来卷前尚画有《落花图》，可惜现在不知下落。据卷后顾文彬一小字跋语可知，顾文彬所藏时即已经割移[9]。

就书法风格而论，此卷结体瘦挺平正、行笔潇洒利落，章法疏朗，字字之间偶尔自然牵带，其清俊流美之趣，颇得赵孟頫笔意，可谓极尽文采风流。风格上与赵孟頫晚年所书如《光福重建塔记》（上海博物馆藏）、《与中峰明本札》（台北故宫博物院藏）一路相近。

所谓北海，即唐代李邕。李邕（678—747），字泰和，扬州江都人。其父即为《文选》作注之李善。李邕少负才名，曾订正过乃父之《文选》注。

经李峤等人推荐，拜左拾遗，历官户部员外郎、陈州刺史、汲郡、北海郡太守等职，故人称"李北海"。其书法以行书著名，初学二王，后乃变其体，取势欹侧，笔力沉着，有"抛砖落地"之妙，风格有刚健含婀娜、端庄杂流丽之趣。尤长于碑颂，号称书中仙手。自怀仁《集字圣教序》以后，世推李邕学王羲之行书最为高明，其影响所及，宋元以后苏轼、米芾、赵孟頫、董其昌等皆受其沾溉。唐寅书法受到李邕影响的典型例子，可以中国美术馆所藏另一卷《落花诗与漫兴诗》为例（图二）。

此卷落款"嘉靖改元（1522）清明日"，乃晚年自书《落花》诗七首与《漫兴》诗十首。前述沈周落花诗30首，唐寅后来全并一一和之。此卷《落花》诗七首，前四首亦见于前述辽宁省博物馆所藏《落花诗》卷中，"簇簇双攒出茧眉"一首，辽宁省博物馆本"香逐马蹄归蚁垤"句，此本作"香逐马蹄归鹳垤"，其余无异文，字句全同。另外3首，出自后续和沈周20首之中。《漫兴》诗10首内容乃为其科场案后潦倒生涯之自况[10]，大抵如《落花诗》同为得意之作，亦屡见书写，但在每次书写时，字句都有变动，可见唐寅作诗的习惯。例如上海博物馆藏其次年即嘉靖二年（1523）《行书七律二十一首》卷（与姚舜承者），后半亦为《漫兴十首》，对校二者，顺序一致，除了第一、二、四首外，其余字句皆有异文，

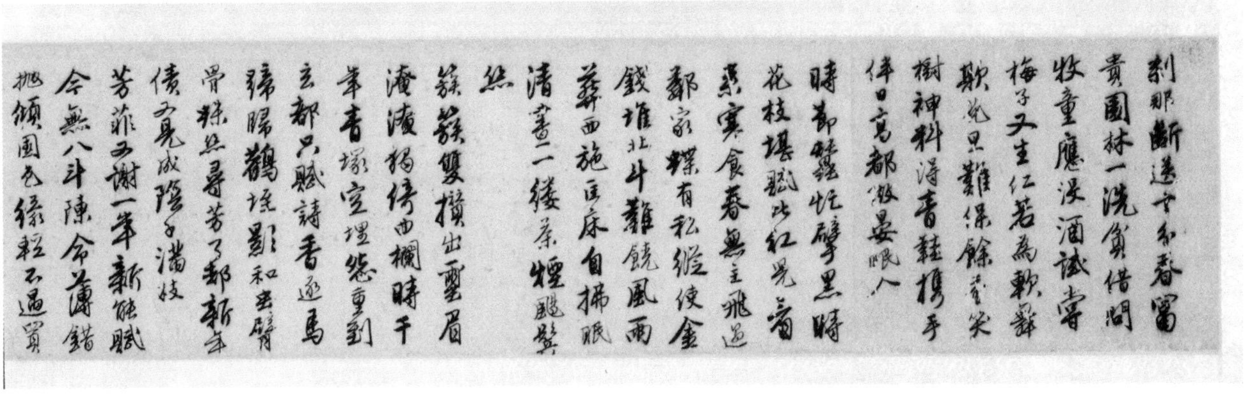

图二　《落花诗与漫兴诗》卷（局部，中国美术馆藏）

第三首最多。上海博物馆另藏《平康巷陌帖》，为漫兴诗之六、十两首，异文更多。苏州博物馆藏《龙头诗》轴，为漫兴诗第五首，字句亦有异文。

该卷的书法风格，结体以欹侧取势，似奇反正；行笔纵逸雄健，迅疾之中不乏沉着之趣，其沉郁拗峭之貌，颇与其生平落魄偃蹇之遭遇相关。风格气质与李邕《岳麓寺碑》、《云麾将军李思训碑》相近。当然，由于其运笔已略参有赵孟頫，故多圆润之趣。在此，值得一辨的是，现在《落花诗》全30首流传最广的倒是苏州灵岩寺所藏册页装本，曾经文物出版社、古吴轩出版社影印，书法风格与中国美术馆本类似，但通过比较相同的诸诗，即可发现中国美术馆本高出很多，灵岩寺本笔法无神，字字间牵带显见做作，当出后来临仿。王壮弘先生亦曾指出其为伪本[11]。

除了以上各举的典型之例以外，唐寅书法受到赵孟頫和李邕影响的例子，在在有之，此各分类胪举如下：

赵孟頫一路，例如：台北故宫博物院藏唐寅《致子贞尺牍》与辽宁省博物馆《落花诗卷》即同属瘦挺一路。而且，除了比较瘦挺者以外，唐寅对赵孟頫柔媚宽博者也有临习，例如：

台北故宫博物院所藏《对竹图》卷后题诗

台北故宫博物院《秋山图》上的题诗

台北故宫博物院《采莲图》题款（1520）

至于李邕一路，相对更多，举其要者，例如：

台北故宫博物院行书《七言律诗》（起句"千金两夜万金花"，1506）

天津博物馆《行书七律四首》（1509年以后，兼有赵孟頫之腴润）

辽宁省博物馆题戴进《禅宗六祖》卷（为徐若容题）跋尾

故宫博物院《双鉴行窝图》后题记（1519）

台北故宫博物院《西洲话旧图》上题诗（约1520）[12]

苏州博物馆《龙头诗》（约1522，图三）

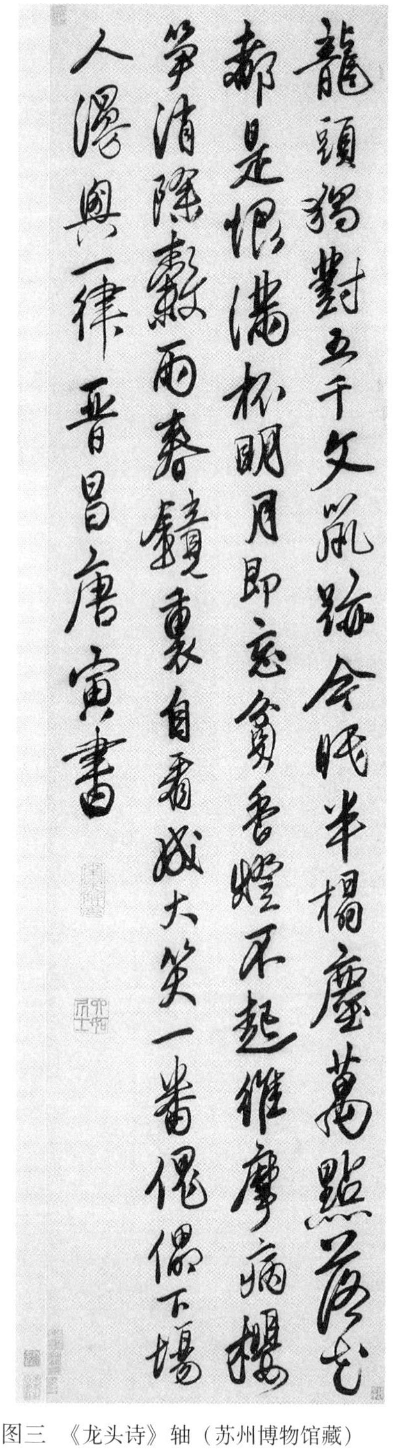

图三　《龙头诗》轴（苏州博物馆藏）

台北故宫博物院《题王诜烟江叠嶂图卷》（1522）

上海博物馆《行书七律二十一首》（1523）等

另无纪年辽宁省博物馆《吴门避暑诗》轴、故宫博物院行书词卷（赠后汉老兄）；上海博物馆《醉瑲香谱词》类似李邕《娑罗碑》平正一路，参以颜真卿圆浑，乃李邕一路之变体。

根据这些存世作品的例子，我们发现，从时间上看：唐寅师承李邕与师承赵孟頫的时间，可考者均约在35岁前后，二者并行不悖，直到后来形成了合李邕欹侧体势与赵孟頫圆润笔法为一体的典型面貌。而相对于赵孟頫而言，其典型面貌更具有李邕的气息。其中原因，一是可能因为在性格上唐寅与李邕之倜傥奇伟的气质相近；另一个原因，可能因为唐寅在学赵孟頫时追本溯源而回到李邕的缘故——我们知道，赵孟頫晚年大字碑版即学李北海[13]，惟唐寅对他最精通的李、赵二家的模仿，可谓羚羊挂角，无迹可寻，很像他在山水画上对南宋李唐的师法很难找到充分确切的证据一样，我们也很难证实他究竟看到过赵孟頫、李邕什么样的具体作品。赵孟頫书法墨迹当时在吴中流传不少，而李邕多是碑版，墨迹刻帖存世极少，在历代刻帖如《阁帖》卷四有李邕晴热帖、《大观帖》卷四晴热帖、《汝帖》卷十一李邕久别帖，寥寥可数，故猜测唐寅或许看到的是李邕《岳麓寺碑》（730）、《李思训碑》（739）、《李秀碑》、《法华寺碑》、《娑罗树碑》之类，而诸碑不乏宋拓传世[14]。其中《岳麓寺碑》原碑，明成化五年（1469）长沙知府钱澍曾于岳麓书院造碑亭加以保护，至清乾隆时，碑石尚完好。考唐寅31岁左右远游曾至湖南，或许他曾见过原碑[15]。

二　其他取法溯源

书虽一艺，但非率尔可工。唐人响拓、宋人摹拓，皆是古人学习法书的门径。而从艺术自身规律的角度来论述古人书法风格的成因，最重要莫过于分析其取法的渊源。以《淳化阁帖》开创的帖学传统，其中所收多是行草字体为主的书札，大抵行书是自宋明以后成为最广泛最实用的书体。唐寅一生的书法主要以行书为主，在赵松雪与李北海二家上

可谓用功最深，乃其家法所本。同时在他的书法中，根据目前流传书法作品以及绘画题款，也存在风格杂糅的现象，即一件作品上往往可以看出多家笔意。这种现象与他书法的取法路数博涉多家有关。除了赵、李二家外，现依书法史的顺序，其旁参可考者如下：

1. 钟繇：台北故宫博物院所藏46岁《与姜龙尺牍》，当受到过世传钟繇《贺捷表》的影响[16]。

2. 王羲之：唐寅曾为友人题跋王羲之《感怀帖》《此事帖》响揭本，自己也曾收藏过《褚模兰亭》，辽宁省博物馆藏唐寅49岁临《兰亭序》，当属定武系一系，则是目前可见他存世唯一的临仿之作。

3. 欧阳询：上海博物馆藏《南湖春水图》扇面题款及《黄茅小渚》卷题款则明显仿自欧阳询。

4. 褚遂良：苏州博物馆藏唐寅书丹《故怡庵处士墓志铭》乃其31岁所书，亦有褚体笔意。唐寅曾自藏《褚模兰亭》，有正德十四年（1509）祝允明题。

5. 怀仁集圣教序：上海博物馆藏《黄茅小渚》卷后题诗，作于30岁后不久[17]，则显示出唐寅在《怀仁集圣教序》下也下过功夫。上海博物馆藏《行书七律二十一首》笔画之圭角方硬即参有圣教笔意；上海博物馆藏《秋风纨扇》图、《古槎鹡鸰图》题诗亦是集字圣教体。

6. 颜真卿：颜真卿是唐寅除了李、赵之外参学较多的书家，目前我们至迟在其40岁前后即可发现其习颜的痕迹。比较明显之例则在其45岁以后，如台北故宫博物院《姑苏寒山寺化钟疏》、台湾私人藏《与象圆禅师论诗律稿》，除了李邕的体势外，笔法皆参以颜楷（1515）；最典型的例子则是上海博物馆藏其52岁（1521）《墨竹》扇题诗（图四），当受到颜真卿《小字麻姑仙坛记》之类的影响[18]。

7. 米芾：如故宫博物院藏早年26岁左右呈览给前辈史鉴的《与史君文学诗卷》（图五），随处涂乙修改多处，行笔轻灵婉转，纵横自如，天真烂漫、姿态横生，风格颇有米芾遗意；印章"梦墨亭""六

图四　《墨竹》扇自题（上海博物馆藏）

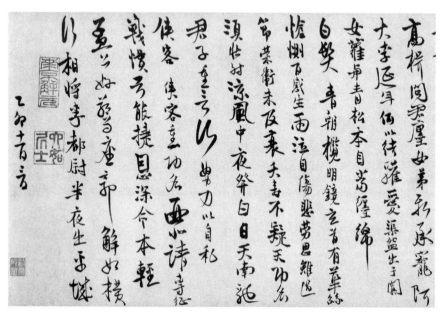

图五　《与史君文学诗卷》（局部，故宫博物院藏）

如居士"当系后盖。另如无锡博物院藏唐寅黄杨集跋尾，时间亦在26岁后不久，风格与之大体类似，略参欧体。

8. 宋高宗：唐寅曾收藏过宋高宗书《石经》拓本，文徵明正德十二年（1517）曾为之考订，如台北故宫博物院《陶穀赠词》上题诗之端稳，以及晚年书迹趋于古澹从容，当即有宋高宗之影响。

当然，唐寅与祝允明、文徵明、张灵师友同辈人之间亦存在互相影响。唐寅不如祝允明、文徵明那样有直接的师承，但"投师不如访友"，从情理推断，一个圈子经常在一起的文会鉴赏与切磋琢磨一

定对书法史存在理论共识，也必然存在技法上的潜移默化影响，例如上海博物馆藏唐寅《黄茅渚》图卷后唐寅自题与文徵明和韵，书法虽各呈现自身特点，但却显见二人共同对《怀仁集字圣教序》的揣摩。

唐寅生活的时代，吴门私家收藏兴盛而权相之收罗尚未开始，唐寅虽不乏书画收藏，但其主要兴趣在藏书上[19]。在唐寅的师友圈中，多有书法收藏者。苏州地区老师辈如王鏊、沈周、史鉴；朋友如祝允明、文徵明皆藏有不少书法名迹，尤其是无锡东沙华氏曾藏有定武兰亭十多本，又有阁帖拼凑全

本[20]，而如钟繇《荐季直表》、唐代响拓《万岁通天帖》、王羲之《平安何如奉橘》三帖、《袁生帖》、颜真卿《祭侄文稿》《朱巨川诰身》、杨凝式《神仙起居法》皆是传世赫赫名迹，除此以外，还有蔡襄至赵孟頫等诸人的作品不少。这些收藏入藏时间虽难一一考出，且或在唐寅身后，但总的说来，唐寅直接从他们那里赏阅而模仿的机会当然不少。由于文献不足限制，难以一一探索，以上所列当属于他取法前代的雪泥鸿爪，顾复称其不善临池，盖多是印象式的临仿而非严格的钩摹训练[21]。上述考证主要是从风格形式的面目而言，当然临摹本来亦有遗貌取神者，我们当然不能执象而求。总而言之，虽然启功曾说很难找出唐寅的摹古线索，但根据以上分析，我们还是大致可以将之描述为：从早年25岁左右博涉米芾、欧阳询、褚遂良、王羲之、颜真卿等到35岁前后出入于松雪、北海之间。

图六 《行书联句诗》页（故宫博物院藏）

三 唐寅书法的功用问题

就书法功用本身而论：一则自六朝以来，大致有碑版与翰札两大类，体制既别，书风亦异；二则书画本文章之余事，大抵宋元以后，文人之名，首以诗文之才情，其次方为书画之技艺。其上者以书画寄托逸兴，中则以书画酬酢往来，下者或以书画

作稻粱之谋。吴门文人自文、沈而下大致三类皆有，而唐伯虎则兼而有之。故论其书画之风格，亦首当知其运用之场合，方知其立意与用心之所在，不可以其偶涉利市，即以"职业"之目而一概而论。唯其如此，方可识其面目之多端，亦论风格者所在必究。在此试就唐寅书法之运用问题分类如下：

其一为诗稿抄录。在古代，抄书是读书学习的基本方法。唐寅与祝允明、文徵明的最大区别，他不像文徵明、祝允明那样爱抄古人文章，他只爱抄自己的诗作[22]。除了以上所举诸诗卷以外，另如故宫博物院藏《行书联句诗》页（图六），系正德五年（1510年）仲冬，唐寅、吕叔通、沈寿卿三人邂逅无锡文林舟次，酒后大家乘兴而作的一首七律联句诗，出口成章，文不加点，自称"狂且愚"，可谓醋适。上海博物馆藏《花下酌酒歌》扇面，则不但令人想象唐寅在桃花庵中醉月眠花的身影，而且读来还有几分黛玉葬花的兴味。

其二为应酬文字。唐寅的应酬文字，文集所载不少，据载其有《利市薄》，盖录平生为人所作应酬文字。唐寅文集现存最多是别号记、墓志铭之类，苏州博物馆藏有其以褚体书写墓志即是其例。除此以外，明代一种请名笔撰写化缘疏也颇有时代特色，当时吴门圈子著名的有弘治十二年（1499）为朱存理《募驴疏》即寓风雅于诙谐；唐寅有名的如嘉靖元年（1522）《治平寺造竹亭化缘疏》堪继其后；而台北故宫博物院藏《寒山寺化钟疏》卷字大纸阔，辞藻翩翩，内容反映了苏州当地文人乡绅与寺院僧侣之间的互动。

其三为自题画与题跋鉴赏及古籍批校。元明以来，文人点染水墨云烟，缀以诗篇，书以行草，未尝不淋漓满卷，然大抵所题皆属南宗一脉绘画。唐寅于画南北兼通，他不但习惯在他南宗一脉的文人山水花竹上题以长篇短句，亦好在其北宗一脉山水画上题以小诗，文集所载尤多，北宗院体因之而有书卷之气，颇为之开一生面。而其平时读书，又好作批语，现在流传颇多可见，例如上海图书馆藏《通鉴纪事本末》卷二十一后有其题记："晋昌唐寅醉中读自南北交兵其。唐子畏梦墨亭藏书。"鉴赏题跋文献记载虽少，但亦偶见，如辽宁省博物馆藏戴进《禅宗六祖》卷即应当时藏者徐尚德之请而作跋。

其四为尺牍往来。"尺牍书疏，千里如面"，自汉末以来，文人友朋之间的通信手稿就成为收藏的对象。马宗霍称："帖学大行，明人类能行草，即不知名者，亦有可观，简牍之美，几越唐宋。"而所谓帖学，自东晋二王以来，内容即多是吊死问疾之书，与文人日常的生活紧密相关。唐伯虎尺牍现有三通分别是邀请朋友子贞、祝允明、姜龙前来桃花坞小聚的，史称其虽清贫却好客的性格可见一斑，这与文徵明与朋友的尺牍多讨论诗文书画与礼物馈赠颇有异趣。唐寅又好古物雅玩，其有尺牍请文徵明为其砚台篆字、请人携带花木；当然不免亦有俗事，如为人求情、请人帮忙、推荐弟子等等。其中最为有名的是他写给文徵明的三通信札，王世贞曾评价为唐寅文章第一，可惜真迹不知下落，湖北省博物馆所藏者显然是临仿本。现存书法与内容并佳者，当数美国大都会博物馆藏与江阴友人徐尚德之尺牍即《与若容札》（图七），该札记录了唐寅对前辈典型如沈周、吴宽相继凋落的慨叹和自己生平著述的概况——尤其是他关于天人之学的术数方面的著述，为我们更全面地了解唐寅的生平和思想提供了线索；

而其中《将相录》显示出他豪侠的本性，《书画手镜》当是关于书画理论的著作，世传伪托《六如画谱》看来不是空穴来风。

四　关于唐寅书法的品评及其书法史之地位

综上可以看出唐寅书法风格存在一些明显的特点，即：

笔法：以赵、李为家法，赵李之外，以颜真卿、集字圣教笔意为多。

结体：瘦挺修长与肥厚宽博兼有之，时见拖沓，甚至潦草；虽有松散之嫌，但少枣木气之弊。

墨法：有不讲究者，时淡时浓。

章法：有字字渐次增大，行间错落不直者，或有忽大忽小者；诗稿改动任意、率性，参差不齐。落款书名与正文字体大小多不作区分。

气息：有潇洒风流、俊秀妍媚的一面；亦有落拓纵迈、沉郁古拗的一面。同一书风面貌不稳定，同一时期作品书写水平与风格面貌不一致，书写除了性格气质的原因外，颇与身体、心情状态有关。

昔人品评形容书法之妙，或曰：如谢家子弟，纵不复端正者，爽爽有一种风气；或曰：如上林春花，远近瞻望，无处不发；或曰：纤纤乎如初月之出天涯，落落乎如众星之列河汉。这是汉魏以来书

图七　《与若容札》（美国大都会博物馆藏）

法品评最为流行的象喻方式，祝允明亦曾以此法评论元代以来书家[23]。大抵书法虽只具点画抽象之形，但濡墨凝思、提按顿挫之际，确实可以表现出一种微妙的自然气象和作者风神。如果运用象喻的方式，我们或许可以这样比况唐寅的书法：如维摩示疾，纵不检行迹者，萧萧有一种风神；或奕奕乎如春泉之出幽涧，或郁郁乎如古木之挂巉岩。

考诸书画著录文献，唐伯虎主要被提及的几乎全是因其绘画方面的造诣。直接针对其书法的评价，比较有名的是王世贞，然亦是毁誉参半："伯虎书入吴兴堂庑，差薄弱耳"，"唐解元一札草草，其书软熟，亦不恶"。至于从整个书法史的传统而言，唐寅基本是被忽略的，如王世贞《艺苑卮言》："天下法书归吾吴，而京兆允明为最，文待诏徵明、王贡士宠次之。"其余如时代相近的丰坊、项穆、董其昌等皆只称祝、文而不称唐寅。唯有今人启功对唐寅颇加青眼，以"无古无今任天真，举重如轻笔绝尘"而评之[24]。

唐寅自己大抵不在乎自己以书法传世的。唐寅45岁时曾经写信给文徵明，想援颜路年长而拜孔子为师之例拜文徵明为师，他在少见的谦逊中傲气依然："诗与画，寅得与徵仲争衡，至其学行，寅将捧面而走矣。"在这里，他只论诗与画，不言书法，大抵其才情虽不逊于文徵明，却不如文徵明用功——当时文徵明至少已经以隶书出名了[25]。以宋代《淳化阁帖》开启的帖学传统，除了官刻《大观》《三希堂》及明代藩府刻帖外，私家刻帖尤多，呈历代递增之势，上而传承书学，中或以标风雅，下者以凭之射利；至明嘉靖、万历以后大兴，至清而极，其中丛帖如《真赏斋》《停云馆》《郁冈斋》《戏鸿堂》《余清斋》《快雪堂》尤为著名，而大家如颜真卿、黄山谷、米芾、苏东坡除了丛帖常见外，单刻亦屡刻不衰，其中如董其昌，当世而下，据王壮弘《历代集帖目》统计，就有16家之多；然而吴门书家，除了文徵明以外，祝允明、王宠皆无单刻帖行世，更毋庸说唐伯虎了。现有唐伯虎的刻帖只有在一些丛帖中零星可见[26]，大抵因其文人画家的地位与风流才子名声而涉及的，即所谓"书以人传"。

由于唐寅的书法现尚有不少原迹存世，欣赏唐寅这些书法作品，我们不但可以意会流露其间的才子风流，而且通过研究梳理唐寅书法作品我们可以得到这个大略的印象：他书法各个时期可以确定年代的作品，相对绘画而言更为明晰。因此，针对其许多无年款的绘画，我们可以根据有确定年代的书法为标准件，来比照其绘画款识的时间，从而为其断代提供参考。

注释：

[1]（明）祝允明：《怀星堂集》卷十一，西泠印社出版社，2012年，第274页。祝允明另有《赵孟頫论》，大抵论其出处虽不如文徵明确实肯定，而其曰"孟頫才艺多，为吾侪师"则显然有归仰之意。同前，第268页。

[2]《乐善堂》帖现存出土初拓本有张寰题跋，张寰与唐伯虎有交游，正德十五年（1520）相互修禊于丹阳孙育所居南山。

[3] 文嘉致项元汴的一通尺牍。

[4] 明代学赵孟頫著名的尚有：商辂、于谦、陆深等。吴门文人圈子中的南京人金琮（1449—1501）书亦法赵孟頫。

[5] 按：香港虚白斋藏《落花诗》文徵明小楷手录，内容次序即为：沈周10首《赋得落花诗》、文壁10首《和答石田落花十首》、徐祯卿10首《和答石田先生落花之什》、沈周10首《再和徵明昌穀落花之作》、吕秉之10首《和石田先生落花十诗》、沈周10首《三答太常吕公见和落花之作》。

[6]（明）祝允明：《怀星堂集》卷十二，第280页。

[7] 按该卷其中"春风百五尽须臾"一首，"绝缨不见偷香掾"之句，漏书了"香"字。

[8] 参见虚白斋藏《落花诗》卷。

［9］顾文彬将沈周《落花诗图》与此卷合装，今沈周图亦已经不见；此卷当为顾收藏，然而《过云楼书画记》《续记》皆不载。现南京博物院、台北故宫博物院藏有沈周诗画合卷，前者得寓目。

［10］其中《怅怅》一首，或作科场案前作，诗话家以为后来遭遇之谶语，然据此或当存疑。

［11］王壮弘：《碑帖鉴别常识》，上海书店出版社 2011 年，第 258 页。

［12］按上海博物馆藏有《赠西洲诗卷》第一首与落款的内容与此同，写法亦貌似，唯其笔画偏软无力，存疑。

［13］赵孟頫晚年书法碑版仿李邕为书法史之常识，例如明王世懋称曰："文敏书多从二王中来，其体势紧密，则得之右军；姿态朗逸，则得之大令；至书碑则酷似李北海《岳麓》、《娑罗》体。"

［14］李邕《麓山寺碑》清嘉庆初碑石断裂，道光十八年（1838）陶澍曾以宋拓重刻于石而置于书院讲堂后左侧碑廊中。《麓山寺碑》宋、明、清皆有传拓，现存宋拓有苏州博物馆藏本、上海图书馆藏本，《李思训碑》亦宋、明、清皆有传拓。《法华寺碑》上海博物馆藏宋拓。《李秀碑》故宫博物院藏宋拓本。

［15］李邕生当武则天至玄宗朝，唐伯虎有史论《莲似六郎论》，对李邕生平应当相当熟悉，《全集》第 264 页。

［16］按：《贺捷表》又称《戎路帖》，宋欧阳修、黄伯思皆论及之，明王肯堂刻入《郁冈斋帖》，据其跋语原为吴中韩世能藏。

［17］文徵明后题诗有"三十年来蚁旋磨"之句，而文唐同年生人，故可推知。

［18］按：祝允明曾藏过颜真卿《小字麻姑仙坛记》，文徵明《停云馆》帖也刻有《小字麻姑仙坛记》。唐寅在江西或曾至抚州麻姑山，其有致陈春山尺牍言及送人麻姑酒之事，见文集，第 503 页。

［19］参见李军：《唐寅的藏书》，《中华书画家》2014 年第 61 期。当然其中如《金石录》、《东观余论》等颇与书画的鉴赏有关。

［20］考华氏收藏阁帖祖本为文徵明父子掌眼，阁帖拼凑时间一在正德十四年（1519），一在嘉靖九年（1530）。嘉靖以前，明代流行阁帖主要是泉州翻刻本，唐寅曾提及黄伯思《法帖刊误》，当看到过阁帖。

［21］唐寅曾至吴江史氏观画，返即凭印象临仿，绘画上如此。关于唐寅的师承论述文章有单国霖《俊逸妍美的才子书法——评唐寅书法艺术》，见《六如遗墨》，辽宁人民出版社 2010 年。

［22］台北故宫博物院藏唐寅《随笔》抄邵二泉诗稿，存疑。2014 年夏唐寅特展。

［23］祝允明《怀星堂集》卷二十六跋元末国初人帖："虞集如卤簿礼官，赞导应节，结束弄姿，稍远大雅。鲜于枢如三河壮侠，长袖善舞，豪鸷自擅，时落俗体……饶介如时花沐雨，枝叶都新……倪瓒如金钱野菊，略存别韵云云。"西泠印社出版社，2012 年，第 559 页。

［24］《论书绝句八十二》，启功丛稿，中华书局 2008 年版，第 88 页。自注中其评祝允明虽有师承，但未成体段，文徵明有识有守，功力深而少任意之笔。唐寅则以天赋胜，"其于书，上似北海、下似吴兴，以运斤成风之笔，旋转于左规右矩之中。力不出于鼓努，格不待于准绳，而不见其摹古线索"。按：唐伯虎模仿李赵之迹确如启功所论，难以寻出具体线索，而其他则约略可考。

［25］李东阳晚年将文徵明隶书与自己的篆书相提并论："吾之篆，文生之隶，蔑以加也。"按：李东阳去世时，文徵明 47 岁。

［26］根据台湾陈建志《唐寅的书法取舍》一文根据容庚《丛帖目》的统计，有 30 种左右，但往往只有寥寥一札。台北故宫博物院 2014 年明四大家展《唐寅》图录。

女貌郎才与风流才子的自恋

——从"画为心印"看唐寅的仕女图

任道斌（中国美术学院）

内容摘要：唐寅的仕女图一直比较出名，明人王世懋称其"意在笔外"，"伯虎自有伯虎在"。但时过境迁，后人对此几无深入的解读。本文从"画为心印"的文人画角度出发，对唐寅的仕女图作了考察，结合文献史料作出解读，指出唐寅画美女以解忧抒怀，美女实为其精神化身，而仕女之美表现在他的思想中。

关键词：唐寅　仕女图　画为心印

一

唐寅（1470—1523），字伯虎，是封建科举制度的牺牲品，自从他梦碎京城被逐出科考功名后，曾一度痛不欲生。然而豁达的性格终于让他摆脱了被命运嘲弄的阴影，反而悟出"人生苦短、及时行乐"的哲理。从此，他放浪形骸，与美酒、美景、美女为伴，寄兴翰墨，吟诗作画，丹青为娱，卖画为生。他自称"名利悠悠两不羁，闲身偏与鹤相宜"（《唐伯虎全集》卷二《题友鹤图为天与》），并自刻一枚"江南第一风流才子"印章，成为吴门画派中最为潇洒倜傥的画家，为后人留下许多佳作与绯闻，以致当代影星巩俐、周星驰还演绎过电影《唐伯虎点秋香》，风靡一时。

关于画家与美女的话题，在明代绘画史上并不鲜见，如孙岳颁《佩文斋书画谱》卷五十八就记载董其昌家多姬侍，他常为这些年轻的美女作画，外人求其真迹，往往从这些美女手中得之。又如毛奇龄《陈老莲别传》记载，陈老莲常拒绝为权贵作画，即便刀斧相逼也无所畏惧，但有美女相伴，便欣然为之。较之董、陈而言，唐寅的仕女图尤为出名。明人王世懋在《王奉常集·跋倦绣图》中称，唐寅"尤工于美人，为钱舜举（选）、杜柽居（堇）之上，盖

其生平风韵多也"，"至其雅韵风流，意在笔外，则伯虎自有伯虎在，览者当自得之"。而清人黄崇煜《草心楼读画记》称："画者……必有一段缠绵悱恻之致，乃可画仕女。"因此，唐寅的仕女图殊为精彩，当与其风流生涯、情感跌宕有不解之缘，可以说美女是唐寅创作仕女画的灵感源泉。然而，唐寅与美女有何关系？这种情感生活让他如何了解美女，从而影响其创作？他笔下的美女又传达了唐氏怎样的审美倾向？有何笔外之意？画为心印，观赏者又能从美女图中得到对唐寅怎样的新认识？这些有关美术史深读的内容，却因史料的缺乏和研究的不足而存有推敲的空间。近人邵洛羊《中国历代画家大观·唐寅》（上海人民美术出版社1998年版）、谢建华《中国书画名家精品大典·唐寅》（浙江教育出版社1997年版）、王伯敏《中国绘画史图鉴》（浙江人民美术出版社2013年版）对唐寅的仕女画皆有所评论，惜未能就王世懋所说"意在笔外"作出阐释。拙文在搜访唐寅存世仕女图的基础上，结合其诗文及生平活动等对此作番考察，以求"伯虎自有伯虎在"的内涵，并求正于方家。

二

唐寅的仕女图文献记载颇多，但因代久年湮，存世仅十余帧，散藏于海峡两岸及美国的公私博物馆。中国大陆计六件：《王蜀宫妓图》（故宫博物院藏），《秋风纨扇图》《牡丹仕女图》（上海博物馆藏），《吹箫仕女图》《李端端图》（南京博物院藏），《杏花仕女图》（沈阳故宫博物院藏）。台北计六件：《陶榖赠（秦蒻兰）词图》《仿唐人仕女（李端端）》《班姬团扇图》《嫦娥奔月图》《韩熙载夜宴图》（台

北故宫博物院藏），《莺莺小像》（台北后真赏斋藏）。美国二件：《嫦娥折桂图》《睡女图卷》（纽约大都会博物馆藏）。其他亦有仕女图像，作为故事人物画或山水画的配角，如台北故宫博物院藏《西园雅集图》《竹梧夜色》等，暂不列入拙文所讨论范围。

从上列遗存来看，唐寅的仕女图大致有以下三方面的题材：

一是神话故事中的美女，如奔月的嫦娥。

二是历史故事中的美女，如东汉才女班姬，唐代名妓李端端、相国小姐崔莺莺、五代后蜀宫女，南唐名妓秦蒻兰。

三是他心目中的无名美女，或睡或站。站者或吹箫，或执纨扇，或执杏花、牡丹。

与陈老莲不同，唐寅没有为现实生活中的女性，如某夫人、某侍姬作画。

三

唐寅的仕女图虽然题材不一，有的歌颂爱情，如《西厢记》之崔莺莺；有的赞美自由，如向天奔月之嫦娥；有的颂扬才智，如续写《汉书》之班姬，但却有共同的特点，即展示女性的柔美可爱。她们是可餐的秀色，而非祸水的红颜。唐寅曾有诗曰："但愿老死花酒间，不愿鞠躬车马前。"（《唐伯虎全集》卷一《桃花庵歌》）"人生不向花前醉，花笑人生也是呆。"（《唐伯虎全集》卷一《花下酌酒歌》）因此，美女是他的所爱，他笔下的美女自然以清雅美丽、端庄生动见称，并具有以下的艺术特色：

一是有清秀的面容，且大致有浓黑细密的长发，宽阔的额头，有下巴圆润的鹅蛋脸，略微倒挂的细柳叶眉，稍为上翘的丹凤眼，狭长的悬胆鼻，宛如红樱桃般的小口。唐寅还沿用杜堇的"三白法"来加强美的感染力，即在美女的额头、鼻梁、下巴三处饰以粉白。他甚至还在美女裸露的颈部、双手、耳朵上也略施粉白，堪称"六白法"。不过唐寅的"六白法"设色并非简单的平涂，而是以水晕淡染，并无突兀之感，较为细润；有的地方用复笔、重笔，

强调色泽淡雅之变带来的肤色立体质感。所谓"一白挡三丑"，故而与前人（如杜堇）及同辈（如文徵明、仇英）的仕女图相比，唐氏所作富有淡雅自然之态，娇柔秀逸，更为楚楚动人。

二是有华丽飘逸的婀娜身姿。除了以纤细的中峰笔触勾勒美女的肌肤及面容外，唐寅更以放逸的线条来描绘美女服饰的雍容华贵，展示衣裙的飘逸、轻柔、下垂的灵动之感，让人联想到衣饰之内美女那修长丰满的身姿。唐寅尤善于表现裙带、披饰的当风摆动，褶皱随形，宛如水波荡漾，舒卷灵活，动中孕静，线条极为圆润多变，流畅婉约，衬托出美女的青春活力与文雅贤淑，举止优雅大方，洋溢闺秀的曼妙之气。

三是设色、构图、造型的精巧雅致，注重整体与细节的彼此关照，讲求变化之美。如《嫦娥执桂图》中的头饰发带，也随着飘逸的幅度而呈现不同的色光之变；口唇的上部与下部，则有朱色深浅的不同，以显示厚薄的肉感；眼睛的瞳光，微而不彰，使美女的眼神呈现矜持文雅而委婉动人，带有外美内秀的气质；美女的眼眶、眉额、人中等线条，淡而柔，简而洁，点到为止，并略施胭脂水色，增加了皮肤的弹性质感。正因为唐寅能够细心而大胆地在整体上不断增加变化的细节元素，才能使画面语言生动丰富，人物更加厚重立体，肤色具有柔美的张力，使画面产生栩栩如生的视觉效果。

四是神态的端庄、宁和，却若有所思，情深莫测，具有冷面美人的清古俨然之态，孤高寡欢之容，而令人归仰有加。

四

唐寅的仕女图之所以能从细节处见真情，从而胜人一筹，固然在于其画技的高超，但也说明他对描绘对象观察的仔细与熟悉。他一生三次婚姻，对异性的了解当为不俗，而婚外之情更是多于常人。他曾作《伤内》诗，对亡妻早逝无限伤感，有"抚景念畴昔，肝裂魂飘扬"句。他也作《榴花泣·情柬青楼》《寄妓》《哭妓徐素》《金粉福地赋》等诗

词，表达对情人的依恋，甚至有"再托生来侬未老，好教相见梦姿容"的感人之句，可谓情意绵绵，殊为投入。正因为与美女们有丰富复杂的多元情结，助力唐寅在刻画美人图时能将自己的审美观念与男女情感融为一体，倾注于毫端，宣泄于绢素，以神写形，佳作迭出。

唐寅对美女的审美要求在《唐伯虎全集》卷一《娇女赋》中表现无遗，即"额广平""修眉扬""目端详""齿微呈""口欲言""颠发圆""鬓含风""饰梳壮""鼻端中""肩削成""腰无凭""体修长""衽微倾""指节纤""臂仍攘""履高墙""行褰裳""态体多媚""流连雅步"，若"轻飙卷雾"。整体形象华贵大方，"缃火齐兮瑱木难，簪鸣凰兮钗琅玕，络琴瑟兮银指环。被珠缕兮龙系臂，佩璜而浣兮褶翡翠，金裙钩兮绣曳地。襜黄润兮袥方空，绨倒顿兮玉膏箳，綦丹縠兮素五综。丽炎炎兮伦无双"。

可见唐寅心目中的美女当是面目清秀端庄、体态婀娜丰盈、衣饰雍容华贵、步履轻曼飘逸的冷面丽人。这成了他绘制仕女图的标准定式，从其遗存的十四件作品中我们可以窥见其规范，说明这种姑苏闺秀文雅清丽的气质、娇羞含蓄的神态，正是唐寅的所爱。诚如明末陈继儒《小窗幽记》卷十二所云："相美人如相花，贵清艳而有若远若近之思。"

在形成自己仕女图造型清丽秀逸的特色后，唐寅又以多种手法去展现她们不同的际遇与个性，不同的若有所思，以传达画家本人丰富的情感。这些手法就是绘上不同的执物、背景，题诗跋文，借此赋予美女不同的身份，表现各异的精神内涵，以寄托画家的所思所想，所感所悟，抒写种种人生感受，吐露胸中逸气。

五

除了对美丽的崇尚，赞扬秀色可餐、红颜不是祸水之外，唐寅仕女图展现了如何的寄托呢？我认为有以下几点"笔外之意"则是无疑的。

一是表达女貌郎才，借以吐露自己的怀才不遇。

这在《嫦娥执桂图》中尤为明显。画中嫦娥手执月宫桂树的桂花枝，似在等候心中才子的到来，眼神中的期盼之情呼之欲出。唐寅题诗曰："广寒宫阙旧游时，鸾鹤天香卷绣旗。自是嫦娥爱才子，桂花折与最高枝。"诗中的折桂之意，实与"独占鳌头""登龙门"有相同的寓意，指科考的金榜题名。唐寅以"广寒宫旧游"来诉说自己曾参加科考，以"鸾鹤天香"来比喻曾获解元，科考曾甚得意。但后来却遭诬而得不到功名，徒使人伤悲，让仰慕才子的嫦娥也空等一场。这种怀才不遇的惆怅，还在他的诗文中多所流露，如《唐伯虎全集》卷一《把酒对月歌》曰："我学李白对明月，月与李白安能知？李白能诗复能酒，我今百杯复千首。"自视才华甚高，但却无人赏识，既不能像李白那样见到皇帝，也不能像李白那样可住京城，只能"姑苏城外一茅屋，万树桃花月满天"。由此可见，唐寅借嫦娥执桂等待才子的形象，来表现自己的怀才不遇。而他的科考不遇，令美人怅然若失。

二是称赞美女的才智及爱才，借此表达才人自诩的傲气。这在历史故事作品《李端端图》中最为突出。在男权主义的社会中，妓女是社会地位最低的一族，但唐寅并不归服传统，反而有《寄妓》《哭妓徐素》等诗，对她们表示同情与尊重，这应与他自己从"南京解元"降为无缘科举功名的痛苦经历有关。这段不幸的人生起伏使唐寅明白与了解底层社会的生活，对天涯沦落人有相怜之情。

李端端是唐代元和、长庆年间（806—824）扬州善和坊名妓，与当时文士交往颇多，其中诗人张祜善作宫词，以清丽著称，曾被荐入朝，但受妒才的翰林学士元稹压抑，无成而归，后隐于江苏丹阳，以处士自居。张祜曾写诗嘲讽李端端，李端端不服，乃登门找张祜评理，使之认输，后结为文友。张祜恃才傲物及仕途受挫的经历与唐寅颇有似处，唐寅乃借题发挥作图，赞扬李端端的勇气与智慧，以及倾慕才子的爱情观，并题《李端端图》曰："善和坊里李端端，信是能行白牡丹。谁信扬州金满市，胭脂价到属穷酸。"又有《仿唐人仕女（李端端）》，题曰："善和坊里李端端，信是能行白牡丹。花月扬州金满市，佳人价反属穷酸。"而《唐伯虎全集》卷三《题画张祜》曰："善和坊里李端端，信是能行白牡丹。谁信扬州金满市，元来花价属穷酸。"李端端貌美肤白，在扬州声价甚高，但她最终所钟爱的却是"穷酸"文士、布衣才子张祜。

在存世的同一题材的两幅李端端图中，李氏作持白牡丹诉说状，以花喻人，体现其貌美姿丽若其绰号"白牡丹"。张祜则作倚席或依椅而坐状，手持一卷文稿，似为李端端之答词，神情专注地听李氏诉说，纶巾美髯，殊为儒雅。座旁有琴、书相伴，又有山水屏风，还有侍女在侧。男女眉目传情之间，才子与佳人颇有相遇恨晚之慨。台北故宫博物院所藏一幅较南京博物院所藏构图更为丰富，图上还绘有象征爱情的桃花，象征幸福的牡丹花坛，象征忠贞的湖石，以烘托才子与佳人相会的愉悦气氛。

三是对红颜薄命的同情，对世态炎凉的嘲讽，借此吐露才人遭忌的多舛命运。这在《秋风纨扇图》中可见一斑。图上绘美女执扇凝思，唐寅自题曰："秋来纨扇合收藏，何事佳人重感伤。请托无情详细看，大都谁不逐炎凉。"此诗借秋日藏扇来说明美女遭遗弃露出的愁容，并进一步将自己在京中科考失利的遭诬经历和盘托出，即便请托辩冤亦无门路，甚至亲朋反目，饱受势利社会的摧残。图中的美女，实为唐寅自己的异性化身。

四是贬斥假道学的虚伪，直吐胸臆，以风流自居。如《陶穀赠（李蒨兰）词图》，描绘南唐时宋使陶穀下江南逸事。陶穀，字秀实，邠州新平（今陕西彬县一带）人，历官晋汉周三朝，入宋为户部尚书，赠右仆射。他出使江南时，见妓秦蒨兰，以为驿吏之女，倾慕其姿色，便与其风流云雨，尽欢后还作《风光好》词赠妓。次日，南唐中主李璟宴请陶穀，陶氏一副大国之臣凛然不可犯之态，中主乃持酒杯起立，让秦蒨兰入席歌舞佐酒助兴。陶穀顿感中了美人计，脸色通红，羞愧而罢。唐寅据此故事绘陶穀与秦蒨兰幽会情景，图上秦蒨兰为陶穀弹琵琶演唱，吴侬软曲，令陶穀欣喜不已，手舞足蹈，合拍而动。又有一小童藏于假山盆景下，作偷听之状。而秦蒨兰清秀白净，玉指纤纤，宛若兰花，风姿绰约，让陶穀目迷心醉，沉浸其中。旁有红烛燃烧，又有笔砚，以示晚上填词相赠之况。唐寅在图上题诗曰："一宿因缘逆旅中，短词聊以识泥鸿。当时我作陶承旨，何必尊前面发红。"

在题画诗中唐寅自命风流，坦言所欲，嘲笑陶穀的胆小虚伪。在《唐伯虎全集》中，他尚有不少诗文坦言自己喜欢寻花问柳，如卷一《焚香默坐歌》，有"头插花枝手把杯，听罢歌童看舞女，食色性也古人言"之句，又如卷三《感怀》曰："不炼金丹不坐禅，饥来吃饭倦来眠。生涯画笔兼诗笔，踪迹花边与柳边。境里形骸春共老，灯前夫妇月同圆。万场快乐千场醉，世上闲人地上仙。"可谓快人快语，活脱脱一个性情中人。他的友人文徵明在《甫田集》卷一《简子畏》中称，唐寅"落魄迂疏不事家，郎君性气属豪华。高楼大叫秋觞月，深幄微酣夜拥花"。可见唐寅的风流成性，已是不争的事实。

五是以美女喻花，感叹人性的短暂，隐喻及时行乐。这在《牡丹仕女图》《杏花仕女图》中最为明显。图上美女手持牡丹，或举着杏花，以示美女如牡丹般娇艳，若杏花般鲜嫩。然而好花不久，佳景无常，光阴荏苒，似白驹过隙，人生几何，当及时行乐。在《牡丹仕女图》上唐寅题道："牡丹庭院又春深，一寸光阴万两金。拂曙起来人不解，只缘难放惜花心。"表达了青春的短暂与美好，吐露了对美女的爱惜与同情。在《杏花仕女图》上，唐寅则题曰："曲江三月杏花开，携手同看有俊才。今日玉人何处所，枕边应梦马蹄来。"感叹人生如梦，美景不常。

美女如花，瞬间败落，唐寅的这种体会，在三百七十年后的法国是能找到知音的，如罗丹《艺术论》第六章《女性美》中称："我并不是说女人好像黄昏的风景，随着太阳的沉没而不断改变；但是这个比喻几乎是对的。""真正的青春，贞洁的妙龄的青春，周身充满了新的血液、体态轻盈而不可侵犯的青春，这个时期只有几个月。"

唐寅以花喻人生的短暂，宣扬及时行乐的思想，还见于其诗作中，如《花下酌酒歌》云："九十春光一掷梭，花前酌酒唱高歌；枝上花开能几日？世上人生能几何？昨朝花胜今朝好，今朝花落成秋草；花前人是去年身，去年人比今年老。今日花开少一枝，明日来看知是谁？明年今日花开否？今日明年谁得知？天时不测多风雨，人事难量多龃龉；天时人事两不齐，莫把春光付流水。好花难种不长开，少年易老不重来；人生不向花前醉，花笑人生也是呆。"又如《一年歌》云："一年三百六十日，春夏秋冬各九十；冬寒夏热最难当，寒则如刀热如炙。春三秋九号温和，天气温和风雨多；一年细算良辰少，况又难逢美景何？美景良辰倘遭遇，又有赏心并乐事；不烧高烛对芳尊，也是虚生在人世。古人有言亦达哉，劝人秉烛夜游来。春宵一刻千金价，我道千金买不回。"（皆见《唐伯虎全集》卷一）这种科考遭诬后前程无望带来的彻悟，即"人生几何，及时行乐"的观念，贯穿于他诗文之中，这一处世宗旨，也自然成为他绘画创作的重要意境。明白此理，那么唐寅借美女图宣泄及时行乐的思想，也就不足为奇了。

六

通过对唐寅仕女图的考察，我们一方面能知道，他以细腻典雅的画风增加了人物形象的美丽生动；另一方面，在人物面相上他并没有能够摆脱五代以来模式化的窠臼，笔下的仕女，无论是李端端还是嫦娥，大抵为宽额浓发的鹅蛋脸，柳眉凤眼，悬胆鼻及樱桃小口，娇柔冷漠，宛如多胞胎，造型手法并无实质性的突破。然而唐寅却通过执物、背景及题诗跋文，来赋予看似相同的仕女以不同的身份、个性，借此传达了他自己坎坷的经历、怀才的不遇，以及自许风流才子、提倡及时行乐的思想。可以说美女便是他自己心情的写照，是他精神的化身。画为心印，从这个意义上说，画美女就是画自己。唐寅的仕女之美，表现在他的思想中。

这种以画为寄的方式，有如元人赵子昂借画鞍马图以宣泄自己的怀才不遇。赵氏笔下的马皆为骠肥势壮的千里马，但不能上沙场立功，只能充作皇宫御苑的太平之物，而"肥哉肥哉空老死"（见《石渠宝笈》卷八《元赵孟頫百骏图轴》自题）。因此，唐寅继承了文人画的优秀传统，所画仕女图具有强烈的思想性，画如其人，笔外有意，借美女图解忧抒怀，畅神达意，丰富了中国文人画的表现内涵。

从唐寅仕女图中，让我们看到了他的才气与风流，看到了他的坎坷与不遇，也看到了他儒雅智慧的内秀魅力，以及风流潇洒的外向好色，更看到了他的自恋。他是位痛苦而又愉快的性情中人，诗文书画折射了其所处的时代及个人际遇。人生的大起大落、科场的荣辱，并没有让他沉默、沉沦，他以诗画抒写反抗与个性，看似儒雅，实则坚毅；看似乐观，实寓纠结。

"木秀于林，风必摧之"。唐寅这位受尽伤害的才子，流连花酒间，终于在五十四岁时离世而去，较他的师长沈周八十三岁、友人文徵明九十岁而言，实属短命，反而与他所描绘的美女一样，丽质天生却短暂不长，让后人钦佩他才华的同时，不禁同情他的不平遭遇，赞叹他的美人图之精丽婉约而扼腕不已。

从《琴士图》看唐寅的"园林斋馆别号主角人物画"

王耀庭（台北故宫博物院）

内容摘要： 唐寅曾为苏州琴师杨季静作《琴士图》，借陶渊明典绘琴士抚琴，这属于唐寅人物画题材中相当重要的"园林斋馆别号主角人物画"。此类人物画中，赠予他人的作品多贴合所赠对象的特点来创作，另一部分作品则可结合题画诗看出他对自我的认定，其间包括"真实的我""自我概念"以及"社会的我"，以不同的装束将对象"理想象征化"。"园林斋馆别号主角人物画"中，园林、别号、山水最终对应的仍然是"人"，唐寅通过众多作品的塑造实现了"应人象形"，展现了文人的社交应酬。

关键词： 唐寅 "园林斋馆别号主角人物画"《琴士图》

台北故宫博物院藏明唐寅（1470—1524）《琴士图》（卷，纸本，纵29.2、横197.5厘米，图一）款题："唐寅为季静作。"画面呈现在山石双松之间，小儿与地上散列着书籍、笔砚和鼎彝古玩，一如书斋的陈设，别有描绘明代绘画中文人雅兴。画中主角人物应是杨季静（约1477—1530后），身着象征高士的陶渊明衣冠，赤足盘坐在水畔，面向流水，抚弦弹琴，神态悠闲安详。三位僮仆，一捧食将来，一侍立待命，余一则烹茶。画中境可以想见，琴声正如高山流水，远播飘扬。

杨季静是苏州著名琴师，而且与当地文人交游。唐寅为杨季静画过两张画，另一现藏于美国佛利尔美术馆（Freer G.）的唐寅《南游图》（作于1505年，图二）成画较早，《琴士图》虽无纪年，从人物造型与画风判断，当为唐寅晚年之作。画中绘人物乃至松树山石皴法，行笔流畅，潇洒中见从容有序[1]。

或有疑于《琴士图》之真伪者，江兆申于此画有所解说："很薄的生宣纸，不托墨，……皴法用笔飞舞，非常生动，也有草率的感觉。……画山石的用笔则简率随意，和早期精谨工致的风格有所不同。清新淡雅的设色，更为这应该是描绘夏日一景的画面，凭添一股清凉气息。"[2]注意的是纸性与用笔用墨的关联。

图一　唐寅《琴士图》

图二　唐寅《南游图》

本幅画园林一角，主角"抚琴"，是陶渊明的故事之一。陶渊明"性不解音，而畜素琴一张，弦徽不具，每朋酒之会，则抚而和之，曰：'但识琴中趣，何劳弦上声！'"（《晋书·陶潜传》）又渊明头戴葛巾漉酒。《宋书》卷九十三《隐逸传·陶潜传》："贵贱造之者，有酒辄设，潜若先醉，便语客：'我醉欲眠，卿可去。'"其真率如此。"郡将候潜，值其酒熟，取头上葛巾漉酒，毕，还复着之。"唐寅当然深知此装扮典故，肖像画之外，意味着陶渊明高洁与琴才的杨季静。比起故宫博物院别有另一幅文伯仁所绘的《杨季静小像》（1523年作，轴，纸本，纵29.1、横23.9厘米，图三），画"琴士抚琴"像以赠。文伯仁的跋语："或曰杨子之像象耶？文子曰象也。……"那唐寅此《琴士图》及《南游图》，

画得像否？比对唐寅两图人物，同画一人，时间的差距大概在十五年间。如又比之文伯仁画《杨季静小像》，相貌有所改变，不足为奇。《琴士图》作的陶渊明像，这是象征的寓意人物？陶渊明的一生行事既为人所艳羡，将其一生逸事绘成一卷者亦颇多。题名虽不定，唯就所见，大致均标示出于李公麟或赵孟頫。均有"抚琴"一段，这些都应该是属于摹本之类。

另录北京故宫博物院藏《唐寅尺牍》一件："归老先生张辨之杨季静见字。仆前卖貂皮，失入行囊。今在黄四哥处，烦取而回之，附多多。上覆四哥子任芊伯列位后，又三哥。杨家毛儿鞋样讨了来。寅再拜，皮是韩湘之物，杨季静要当心之也。"事虽不关此图，亦知唐寅与杨季静交往一则。

图三　文伯仁《杨季静小像》

近日学者指出，唐寅笔下的人物，从表达的题材，可以分为两类。其一是一般的历史故事人物；另一类，则是被置于山水、园林、斋室中活动的人物，这一类人物的身份，往往有所指，或者可以命名为"园林斋馆别号主角人物画"[3]。检视存世唐寅的"园林斋馆别号主角人物画"，只见此《琴士图》将主人画成古高士陶渊明。

赠答的题材，又见于唐寅四十九岁之顷（1518）所作《烧药图》（卷，纸本，纵28.8、横119.6厘米，台北故宫博物院藏，图四），画中题诗，唐寅自述罹患肺病，须求好药，所以应该是一幅答谢医师的画。本幅拖尾有祝允明（1460—1526）书写《医师陆君约之仁轩铭》，可知是唐寅作画为医师陆约之所作。画山野一景，平台上，松荫下，中有道士正襟危坐，当童子守炉烧丹。此画寓意，是以陆约之为对象，将医师化身得道者炼药，治病救人。

图四　唐寅《烧药图》

唐寅的人物画研究，论述中未见及于唐寅是一位高水准的人（肖）像画家。就画论画，存世画作中，得以为证者有几件。《射杨图》（轴，纸本，纵115、横27厘米，北京故宫博物院藏，图五），轴为文徵明叔父文彬写照。画虽无款，以文彭记作于正德五年（1510），陈鋆亦记出于唐寅。又《观梅图》（轴，纸本，纵109、横34.8厘米，北京故宫博物院藏，图六），款："插天空谷水之涯，中有官梅两树花。身自宿因才一见，不妨袖手立平沙。苏门唐寅

为梅谷徐先生写。"另有祝允明、都穆、文嘉等人跋。约正德初年三十余岁。此件据款题，当为徐梅谷写照。"徐梅谷"者谁？时代相近、地缘相同，博洽如王世贞亦不甚了了。"唐伯虎画《梅谷卷》，梅谷者当是吾吴德靖间名士。唐六如伯虎为作图，祝京兆希哲题署，而王太学履吉选部禄之各赋一诗，殊足三绝。偶以示文休承，休承谓，尚有京兆一序及待诏一诗，不知何缘脱落。因补书旧和杨补之柳稍青词于后。"[4]

又为王景熙作《雪霁看梅图》（卷，纸本，纵30.1、横132.7厘米，上海博物馆藏，图七），约五十岁之作。从题款比喻画中人是林逋（和靖，967—1028）。唐寅之注意及于肖像画，所辑录《六如画谱》录有元代王思善（王绎，1333—?）《写像秘诀》，知其熟悉写像之法。三件均以白描画法为主，开脸写照，表情专注于杨、于梅，无愧于人物画画技"目送归鸿难"。此三幅虽与现藏于北京故宫博物院的王绎《杨竹西小像》气息未必尽同，然可知渊源有自，却是自具面目。比之于元人《张雨题倪瓒画像》，各有千秋，若至吴门世系，恐只有仇英，差堪比肩，师友若沈、文，却当避席，张灵则受其影响。

唐寅之自我写照，也可以就题画诗中来认定。《花溪渔隐图》（轴，绢本，纵74.7、横35.8厘米，疑当在三十一岁，图八）款题："湖上桃花坞，扁舟信往还。浦中浮乳鸭，木杪出平山。晋昌唐寅。"松屿之间，一舟垂钓于"湖上桃花坞"，自是"桃花坞里桃花庵，桃花庵里桃花仙"。画中人当是指本人。又唐寅《桐阴清梦图》（轴，纸本，墨笔，纵62、横30.9厘米，北京故宫博物院藏，图九）画一人，闭目仰坐躺椅上，在梧桐树下乘凉养神。自题："十里桐阴覆紫苔，先生闲试醉眠来。此生已谢功名念，清梦应无到古槐。"此典出唐李公佐《南柯太守传》描写，淳于棼梦到大槐安国，娶了漂亮的公主，当了南柯太守，享尽富贵荣华。醒后才知道是一场大梦，原来大槐安国就是庭前槐树下的蚁穴，所谓"一枕南柯"。诗中表现了科场案后，消极厌世的思想感情，也当是回苏州所作。

图五　唐寅《射杨图》

图六　唐寅《观梅图》

图七　唐寅《雪霁看梅图》

图八　唐寅《花溪渔隐图》

图九　唐寅《桐阴清梦图》

　　那要问画中人形，能是唐寅画像否？《三虞堂书画目》记有张灵《唐六如小像真迹立轴》[5]，惜未曾见。明李日华《味水轩日记》卷六："唐伯虎小像，檐帽绿衫，微髭绕喙，鬓毛下至颊，盖以骨胜者。后段乌丝精素，祝允明小楷书自作《伯虎

传》，精品也。"[6]清蒋超伯《南唇楛语》卷六《祝唐等像》："唐六如面上圆下狭，眉目微竖，三绺微须。"[7]这样简单的叙述，如以"面上圆下狭"来比对，似也可以看出这两幅画有此象征。退一步，即便不如百分百"写真"，其为"自我形象"，当

无疑义。

台北故宫博物院藏唐寅《随笔》（册，纸本，纵 23.3、横 15.4 厘米），此册无款，仅第八册后钤有"吴郡唐寅学圃堂印"，从笔法或结字特征看来，应为唐寅书法无疑，再从册中"嘉靖元年（1522）冬"一句，推测为晚年所作。第一册前副页，一开画人物侧像提一小竿挂线系钱游走（图一〇）。《石渠宝笈三编》案语："墨画唐寅小像。"[8] 其下巴果然是尖长，录此以为谈助。

就此再推演，唐寅《品茶图》（轴，纸本，纵 93.2、横 29.8 厘米，台北故宫博物院藏，图一一）款题："买得青山只种茶，峰前峰后摘春芽。烹煎已得前人法，蟹眼松风候自嘉。吴郡唐寅。"寒林之中，草屋间，童子烹茶，屋主人坐堂前，头戴高帽，人略显清瘦，也合于"面上圆下狭"之状。但以高帽之"东坡装"出现于画中，又见于《赏菊图轴》（纸本，设色，纵 134.6、横 62.6 厘米，上海博物馆藏，约三十五岁作，图一二），画人之脸形，也近于《品茶图》。又《柳桥赏春图》（轴，绢本设色，纵 137、横 67 厘米，上海博物馆藏，约四十五岁作，图一三）亦是着"东坡装"及"三绺微须"。画中桥上两人双手相握，题诗："平堤新柳板桥斜，路绕东西卖酒家。拼却杖头钱一串，时时来醉碧桃花。"诗固应画，而"桃花"一词，可否双关解为"来醉碧'桃花庵'"？那画中人，指涉唐寅本人并不为过。

再比较，唐寅五十岁所画的《西洲话旧图》（轴，纸本，纵 110.7、横 52.3 厘米，台北故宫博物院藏，图一四），画上方题诗："醉舞狂歌五十年，花中行乐月中眠。漫劳海内传名字，谁信腰间没酒钱。书本自惭称学者，众人疑道是神仙。些须做得工夫处，不损胸前一片天。与西洲别几三十年，偶尔见过，因书鄙作并图请教。病中殊无佳兴，草草见意而已。友生唐寅。"据画上识语，此画已是五十岁（1519）后作，茅屋中两人，正面者，上额宽，下额稍尖，当是画家本人，背对侧像者是来访者"西洲"。

图一〇　无款画唐寅侧像

图一一　《石渠宝笈三编》唐寅《品茶图》

图一二 唐寅《赏菊图轴》　　　　　　图一三 唐寅《柳桥赏春图》

图一四 唐寅《西洲话旧图》

友人"西洲"是何人？倪涛撰《六艺之一录》记《历朝书谱》七十九《明贤墨迹》诗翰，有《都玄敬（穆）宿天王禅院诗帖》，其题为（南濠居士）《宿天王禅院赠西洲讲主》："山槛秋光落经卷，土冈高竹晚增幽。煮茶烧笋能延客，欲去因君复少留。"[9]又黄宗羲编《明文海》"传二十·名士"有彭辂《诗社四友传》："余当嘉靖丁巳（1557）之岁，自刑曹拂衣归，适与吾嘉词翰之士四人偶聚。所谓四人者：戚希仲元佐、项子瞻元淇、精严寺僧冬溪方泽、故三塔僧西洲正念也。正念姓系出于吴。而方泽者，渔家任氏子也。正念壮时，尝远游抵京师，贵溪相夏公言，见其扇上《立春诗》：'欣欣草树皆生意，落落山林有弃材。'夏公曰：'此僧欲官乎，召之见试。'……"[10]又沈季友编《檇李诗系》有"左街讲师正念"条，并其所作诗歌："……正念，字西洲。

秀水三塔寺僧，世宗朝以诗中式，拜僧录左街讲师。"[11]曹学佺编《石仓历代诗选》"明诗初集·八十六"有释方泽《怀吴西洲》："枫落吴江雁影斜，燕京游客未还家。可能别有春风在，不怕秋霜两鬓华。"[12]是知西洲姓"吴"，且在丁巳（1557年）前物故[13]。以都穆（1459—1525）既与赠诗，西洲其人与唐寅相熟，自有时间与地缘之关联。"燕京游客未还家"，也为"与西洲别几三十年"，可作为旁注。另有琼海人"西洲"，时代可相称，地缘恐难。"西洲"是苏州天王禅院主讲僧人，何以画中人作一般士子装，未画和尚身份？岂"病中殊无佳兴，草草见意而已"，做了九方皋相马"牝牡骊黄"之例。

案：近亦有疑于《西洲话旧》者[14]。指出《西洲话旧》人物与唐寅《文会图》（上海博物馆藏，原吴湖帆旧藏，图一五）人物四人，有雷同之处。

图一五　唐寅《文会图》

又《西洲话旧》画上《五十言怀诗》与上海博物馆藏唐寅书《五十言怀诗》（图一六）诗文对比，几乎完全相同，甚至行列中字的左右位置都极为相似。作者案：情况如此，必有一件是摹写。就《西洲话旧》书诗部分，纵高约37厘米，而上海博物馆所藏诗卷，标示纵高为35.2厘米。两幅字之大小既完全一样，唯上海博物馆所藏诗卷之纵高有违常情，以本文所举明代卷本诸例，都在30厘米上下。此为二尺纸，折半对剖，再因装裱切齐，有些许差距。《西洲话旧》上书诗，就画题语，无此惯例之限。与之相应，上海博物馆所藏诗卷为求摹写方便，就裁出

同样纵高尺寸。再就《西洲话旧》原迹观察，字迹放大是手写本，均无双钩廓填之迹。至若上海博物馆藏本后段"与西洲别"，"与"字一大横，出现抖笔状，见其摹本之迹。

有疑《西洲话旧》，其理以《文会图》（上海博物馆藏本）此画四人，即含《西洲话旧》中之两人。唯再就画中人物松石之画法相比较，水平远逊《西洲话旧》，且题款："正德乙巳春日。写上守翁师相。门生唐寅。"诸字书写笔画之不顺畅，我认为是双勾廓填（如德字之"彳"部）。对台北故宫博物院《西洲话旧》有疑者，最早为王季迁之意见。先批：

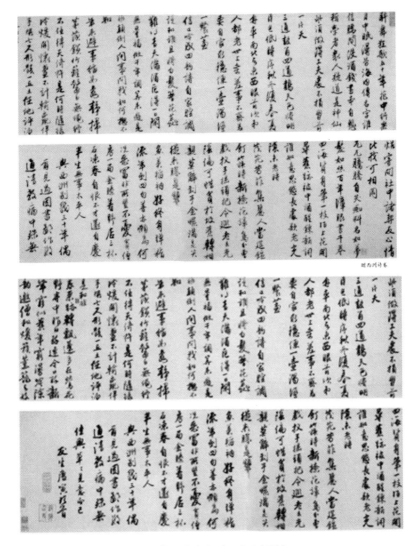

图一六　唐寅书《五十言怀诗》

"好极。1959 画好，有疑问。似清代翟继昌（翠峰，1770—1880）伪笔，待考。"1963 年则批："这画甚好，而'南京解元'印不同，亦可疑处。"[15]《西洲话旧图》载《石渠初编本》，早在乾隆八年（1743）年之前已入宫，以翟继昌之生年，王季迁说法岂不"明版康熙字典"。但王季迁话总没说尽，加"待考"两字。相关于《西洲话旧》之真伪已多所讨论，乃以真为主[16]。

上述的唐寅画笔下人物，《花溪渔隐图》《桐阴清梦图》着明代服装，面相具有"真实的我"（actual Self）。这两幅作为唐寅个人主观对自己的感觉，乃是"自我认知"（self perception）的期许。《品茶图》戴东坡帽，是一种"自我概念"（self – concept）的理想画像。《赏菊图轴》《柳桥赏春图》也戴东坡帽，画出与友人同行，唐寅再透过题款诗文，及重复出现的共通画像（相貌、衣着），或者是造型，也可以说是打扮，再配上所画的景物，说出了自己在各种特定时空下的情感与处境。创造的是"自我形象"的肖像画，画出"社会的我"（social self）。《西洲话旧图》虽未作东坡装，借石涛语"所言不可无诗，不可无图"[17]，这又是唐寅个人表现在众人面前的自己，画出"社会的我"（social self）。

《琴士图》作陶渊明装，《烧药图》作道士装，把对象"理想象征化"。

张丑以"古今画题，递相创始，至我明而大备"，并指出"元写轩亭，明制别号"。别号必有其人，画之外，往往又添加了文人诗文跋，这是明代文人活动的酬酢图像记录，把人物画与山水画结合，也可视为传统隐居观念的另一种表达[18]。园林、别号是人，画在"山水"，意却在"人"。吴中画家，如北京故宫博物院藏杜琼的《友松图》，画其姐丈魏友松别墅。台北故宫博物院藏刘珏（1410—1472）《清白轩图》，自画燕乐于其住所"清白轩"，轩中对坐髠发者即是其友"西田上人"。又如沈周之《雨意图》，画其与三女婿史德征对坐赏雨。文徵明《影翠轩图》，读其题诗，为文氏五十之像，或有主为画"影翠轩"主人吴奕[19]。仇英之《东林图》，画苏州王献臣。这种例子

比较多。画是透过图像，图像是要具有一定水准的"技巧"来表达。就此以唐寅具备"应人形象"的本事，再谈他笔下的"园林斋馆别号主角人物画"。这些画中人，非所谓点景人物的意到而五官不清楚。

下叙唐寅之诸例，以唐寅专题之研究史，以及相关画册解说及画作之订年，颇多言及，不另注明，本文尽量不再赘言。

《贞寿堂图卷》（纸本，纵 28.3、横 102.2 厘米，北京故宫博物院藏，图一七）款："吴门唐寅。"此图绘当时文人周希正之母住所"贞寿堂"，一老妪坐于堂内，有二儿侍立问候。本图订年，向以引清顾文彬意见，《过云楼书画记》（卷四）："《唐六如贞寿堂图卷》，……岁丙午，子畏年止十七，而山石树枝如籀篆，人物衣褶如铁线，少诣若是，岂非天授！"顾文彬所据为吴一鹏在《贞寿图卷》后题跋："丙午（1486）上元日。"[20]近日邹绵绵以原件跋文是移录"丙午"题《贞寿卷》（即非本"图卷"），此"画卷"是后来之画作[21]。论唐寅《贞寿堂图》的作画时间最早也应该在唐寅"弘治三年（庚戌，1490）二十一岁。初从周东村（臣）学画。"之后，最晚应在弘治八年（乙卯，1495）周希正母楼孺人去世之前[22]。

图一七　唐寅《贞寿堂图卷》

就画论画，此画的风格，江兆申先生《唐寅的年谱》，也据温肇桐《唐寅年谱》引吴一鹏语，列为唐寅十七岁作品，但于本论文中，以"无缘见此画

（案：即《贞寿堂图卷》），但从文字方面看，与本院（台北故宫博物院）所藏《江南农事》最为接近。"江兆申订《江南农事》为三十五岁之作[23]。因此，画文字认为唐寅是科举失败，即三十一岁（1500年）以后才开始接触周臣（1455—1535）的画风订年。《贞寿堂图卷》幅左，双松之略趋方厉尖细流畅之笔调，已然周臣南宋一格，而幅右三树，却沈周与周臣之风交杂，可以为证。

若以当时一"十七岁"之唐寅，常情上无论画艺与人际关系，恐无此因缘。

案：吴宽《家藏集》撰《送周希正教谕赴嘉祥》："心系慈闱里，名题乙榜前。治装初北上，奉檄又南旋。得禄家无累，横经席可专。此行应暂屈，拔擢在他年。"[24]吴宽与画主人周希正曾任翰林院"少詹事"同僚[25]。

又周道振、张月尊编撰《唐寅年表》及杨继辉《唐寅年谱新编》，均据《虚斋名画录》卷三明周东村《听秋图卷》，唐寅题有："半夜西风两耳悲，二人奄弃九秋时。纸屏掩霭鸟惊梦，玉露凋伤木下枝。白发镜容存小障，清商琴调感孤儿（原注：乐府清商琴调有孤儿行）。永思何物堪凭据，满袖啼痕满鬓丝。"并以唐寅题前有姚公绶、王汝南题诗，姚公绶落款为："逸史书于云东之紫霞碧月山堂。弘治庚戌（1490）二月八日。"遂定唐寅于此际学周臣画[26]。此说也违目前所存唐寅画作之风格推进。盖题其画未必学其画，若以约二十七岁所作之《黄茅小景图》，尚不见周臣画风，反于崖际之树是沈周、文徵明一格，则此卷之周臣风，应据江兆申依《骑驴归思》画迹及唐寅《画谱》序为准[27]。再以画上落款，书风与《黄茅小景图》接近，书写更流利潇洒，两画时间应接近。

《黄茅小景图》（卷，纸本，纵22.1、横66.8厘米，上海博物馆藏，图一八）署款："吴趋唐寅。"拖尾唐寅题句："震泽东南称巨浸，吴郡繁华天下胜。衣食肉帛百万户，樵山汲水投其剩。我生何幸厕其间，短笠扁舟水共山。黄茅石壁一百丈，熨斗湖水三十湾。北风烈烈耳欲堕，十里梅花雪如磨。地炉通红瓶酒热，日日蒲团对僧坐。四月清和雨乍

晴，杨梅满树火珠明。岸巾高屦携小伎，低唱并州第四声。人生谁得常如此，此味唯君曾染指。若还说与未游人，生盲却把东西指。吴趋唐寅为丘舜咨题。"此题书风，笔法瘦硬稚拙，书体方整，得力于欧阳询，与在旁张灵所题书风颇相近，他后期圆润潇洒的书风就明显不同了。画中有高士临湖趺坐。此人依题诗"我生何幸厕其间"，是画其本人，或是"此味唯君曾染指"，画受赠人"丘舜咨"。

画中人席地而坐，扬首右望，尚未有须，单纯之白描，非兰叶非铁线，出笔转折轻快，相当利落。人物头部也合乎"立七坐五'盘三半'，一肩三头怀两脸"的口诀。

《风木图》（卷，纸本，纵28.3、横108厘米，北京故宫博物院藏，约绘于三十三岁，图一九）款："唐寅为希谟写赠。"又跋："西风吹叶满庭寒，孽子无言鼻自酸。心在九泉灯在壁，一襟清血夜阑干。唐寅。"画中思亲人，独俯倚二树间，袖掩面，愁眉苦目哭泣。按唐寅于二十五岁，遭双亲、妻之丧，接踵为其妹亡故。本图画虽"为希谟写赠"，恐也是"画"说自己，盖借他人杯酒，浇自己胸中块垒。卷后有黄姬水（志淳，1509—1574）题诗："可叹循陔者，其如孝感深。展图风木恨，废卷蓼莪吟。总有千行泪，难穷一寸心。敬身怀不寐，勖矣尔当钦。壬戌（1562）玄月（九月）黄姬水题赠汝川叶君。"（受赠人为叶汝川）壬戌年唐寅已去世，就不能以此为订年。

弘治十一年（1498）八月绘《对竹图》（卷，绢本着色，纵28.6、横119.8厘米，台北故宫博物院藏，图二〇）。"河岸草堂"的景致是别号园林的构景基调。主人红衣巾帽，设席铺地，双手笼袖，迎门望溪。唐寅跋文下钤"南京解元"。弘治十一年八月，唐寅考中乡试解元，由题跋得知此卷是中举后回苏州所作，用以赠送，当时在南京借住颜君家中[28]。画人笔调细致，面目五官俱全，当是有所据的人物写照。

《山水》（卷，纸本，纵31.7、横138厘米，台北故宫博物院藏，三十岁时所作，图二一）款："晋昌唐寅写。"以画中朱服官员坐榻上，燃香赏茗，旁有茶寮，官员眉目略具。

图一八　唐寅《黄茅小景图》

图一九　唐寅《风木图》

图二〇　唐寅《对竹图》

图二一　唐寅《山水》

《山水》画经王穉登收藏，后穉登以贺武进县令徐明宇生子。官员当可指涉徐明宇，也可为一时祝贺切题，遂再求王穉登补引首"弄璋之颂"四字，署年"丙戌秋日"（1526）已是唐寅没后。"此卷山树人物屋宇，在画法上大抵皆似沈周，而密栗齐整，又类周臣之学刘李。故此帧制作，当在初去沈周始学周臣之际，盖三十岁时所作。"[29] 又台北故宫博物院藏《松阴高士》（扇面），也画红衣人，席地罢卷闲憩。将朱服官员置于山水之中，不禁令人想起戴进《秋江独钓图》，画人红袍垂钓水次[30]。朱服官员亦见于杜琼《友松图》。唐寅

题："麋鹿鱼虾厚结缘，琴书甘分老林泉。日长独醉骑驴酒，十亩松阴供自眠。"文徵明题："城中尘土三千丈，何事野翁麋鹿踪。隔浦晚山供一笑，离离白映夕阳松。"此画面目无特定，画在颂弄璋之前，读来此题材或为送官员之礼品画，歌颂官员也可以"隐于朝"。

《野亭霭瑞图》（纸本，纵 30、横 123.5 厘米，原为美国基怀尔藏，绘于三十一至三十四岁之间，图二二），卷后有吴宽的长跋，称此卷为"野亭"所作，画中人当是钱野亭（同爱，1475 年生）[31]。"钱同爱与唐寅，最善视者。"画中人，"被服鲜华，长

身玉立，孤鹤翩翩骨有仙"[32]。案：钱同爱为医药世家，画卷上多补一采药归来童子。《南游图》拖尾跋上有钱同爱书诗一首："三月金陵春位阑，兴移观图上雕鞍。歌姬唤酒杨花店，渡客鸣榔桃叶湍。高调不随中散绝，徽音好为子期弹。丈夫琴剑平生事，霜刃随还试契丹。江都钱同爱。"书风杂欧颜于一体，也颇出色。

图二二　唐寅《野亭霭瑞图》

《山水卷》（纸本，纵22、横117.7厘米，北京故宫博物院藏，图二三）款："秋容淡荡满晴江，鸂鶒鸬鹚锦翼双。红蓼滩头黄叶下，炼诗人正倚船窗。青枫叶赤蓼花红，妆点秋光入画中。忽地隔村渔鼓响，鸳鸯飞起暮江空。晋昌唐寅为朝正许君题。"画中红枫阴阴下，"炼诗人正倚船窗"，当是指"朝正许君"。

《王鏊出山图》（卷，纸本，墨笔，纵20、横73.5厘米，北京故宫博物院藏，图二四）款："门下唐寅拜写。"此图是一幅描绘王鏊应诏赴任的纪实性作品，时在明武宗正德元年（1506）四月，唐寅时年三十七岁。王鏊满脸络腮胡，比之南京博物院藏《王鏊画像》，形象虽小而形神毕肖，唐寅有其写照之功。唐寅又有《柱国少傅守溪先生七十寿序》，为王鏊七十诞辰所作。"《绘长松泉石图》（贵州省博物馆藏），复俾太苍张雪槎补公小像于中，以代称

祝。"[33]这是合作画，并不能断定唐寅无写照之功。案：朱存理撰《野航文稿》"纪游"："……至光福，寻张雪槎。雪槎与余论别将三十余载，相见各惊幡然。……"[34]其为当时之共同文友。

《金阊别意》（卷，绢本，纵28.5、横126.1厘米，台北故宫博物院藏，1507年三十八岁时绘，图二五）款："别意江南柳，相思渭北天。一杯黄菊酒，五两黑楼船。故旧情凄切，穷民泪泗涟。倾危望扶植，丹陛莫留连。侍下唐寅诗画。奉饯郑储豸大人先生朝觐之别。"为郑储豸送行而作，郑当时任苏州地方官。画一片霜林，林影深处，城楼隐约其中，是苏州城之阊门。城外木桥高拱，行人往来其上。送别者一行，散列于船埠，最前一人回首作揖，即郑储豸。构景约略同于戴进《金台别意》（上海博物馆藏）。

图二三　唐寅《山水卷》

图二四　唐寅《王鏊出山图》

图二五　唐寅《金阊别意》

《事茗图》（卷，纸本，设色，纵 31.1、横 105.8 厘米，北京故宫博物院藏，图二六）款清楚地写道："日长何所事，茗碗自赏持。料得南窗下，清风满鬓丝。"为友人陈事茗写庭院书斋生活，并将友人名号"事茗"二字嵌入题诗中。陈事茗笼袖倚肘于案深思，案之右画出一件大茶壶，旁置一杯，角。旁有茶寮。后一间陈茶器数事，童子二人，为调茗之事。事茗姓陈，是书法家王宠的邻友，王宠为唐寅的儿女亲家，陈氏当与唐寅熟识。

《款鹤图》（卷，纸本，纵 29.6、横 145 厘米，上海博物馆藏，因与台北故宫博物院《江深草阁》画风近，订为三十八岁时作品，图二七），款："为款鹤先生写意图。""款鹤"姓王，名观。王毅祥为其次子，与祝允明为姻亲，精医术。画中古柏下有

图二六　唐寅《事茗图》

平板大石，上设纸张文具，王伏石枕手，临流凝视赏鹤，以切题画主人"款鹤"，旁边另有童子引炉烹茶。此幅画景，正如王鏊诗《王唯颙款鹤轩》："小筑园亭浅布沙，十年为尔养丹砂。飞鸣饮啄皆随意，莫羡乘轩富贵家。'鹤鹤来前听我言'，知君六翮快腾翻。云霄纵得天风便，惠养能忘旧主恩。"[35] 又案：《石渠宝笈》初编载别有一卷《款鹤图》[36]，唐寅题："弘治壬子仲春既望（1492 年），摹河阳李唐笔，似款鹤先生，初学未成，不能工也。"画拖尾祝允明书《款鹤文》："吴令尹文大夫，致鹤于王先生。王先生亭而款之，作《款文》……弘治八年（1495）九月九日茂苑祝允明词。"祝允明《款鹤王君墓志铭》是其传记："称上医，有十全功者，曰王先生惟颙。……成化丙午，以名医征入太医院。……儒之著者也，初自号杏圃，吴令文天爵，尝馈之鹤，更号款鹤。中岁用例授仕服。以正统戊辰五月十八日生，正德辛巳二月廿二日卒。享年七十四。"[37]《石渠宝笈》本《款鹤图》，唐寅作于弘治壬子（1492 年），时年二十三岁，"摹河阳李唐笔"，"初学未成"，则此时已有同于周臣之李唐院体一格。若依此，则唐寅画风之阶段，又增一证。惜无此画迹可见，先存此据。

图二七　唐寅《款鹤图》

图二八　唐寅《守耕图》

北京故宫博物院藏有唐寅致"款鹤"函。文："子贞侍人有疾。欲屈老先生过彼拯救，万乞不辞劳顿。于仆有光，于彼感德，两知重矣。侍生唐寅再拜。款鹤老先生大人侍下。"[38] 更知其为唐寅倚求医生。

《守耕图》（卷，绢本水墨，纵32.2、横99.2厘米，台北故宫博物院藏，四十三岁时作品，图二八）款："南山之麓上腴田，长守犂锄业不迁。昨日三山降除目，长沮同拜地行仙。唐寅为守耕赋。"画于细绢上，山树人物，作流畅之游丝线。溪畔亭榭，高士凭栏远眺稻田，意寓"守耕"。引首文徵明隶书"守耕"二字，并署"徵明为朝用书"。卷中主人翁

姓陈，字朝用，别号守耕。所绘为其私人别业，并以其别号为题。应是作于正德壬申（1513）。

《悟阳子养性图》（卷，纸本，纵29.5、横103.5厘米，辽宁省博物馆藏，文徵明正德九年（1514）行书《悟阳子诗叙》，四十五岁前作品，图二九）有文徵明跋《悟阳子诗叙》，知悟阳子姓顾，乃崇明人，具体姓名尚待稽考。一老者端坐庵中蒲团之上，头戴方巾，身着宽袍，双手抱膝仰望天空，神态沉着，表情若有所悟，以应养性。

《双鉴行窝图》（册，绢本设色，纵30.1、横55.7厘米，北京故宫博物院藏，五十岁作，图三〇）

图二九　唐寅《悟阳子养性图》

图三○　唐寅《双鉴行窝图》

署款"正德己卯"，为公元1519年。此册共二十九开，其中画一开，题记二十八开。款："双鉴行窝。吴郡唐寅为富溪汪君作。"汪氏号双鉴，名荣，字时萃。此图画两巨石屹立，间出房舍，汪氏坐堂内凝思。有趣者，唐寅有题跋，其中有"与汪君虽未伸晤言"句，所画主人面目较简。此种自述，也引起学者猜测此画是有酬劳的交易。

《毅菴图卷》（纸本，设色，纵30.5、横112.7厘米，北京故宫博物院藏，图三一）款："吴门唐寅为毅菴作。"此画《石渠宝笈》题为《毅菴小照》，从文徵明铭并序云："秉忠朱先生，仆三十年前笔研

图三一　唐寅《毅菴图卷》

友也。特请子畏作图，复命于铭之……"图主人朱秉忠，因所建堂名曰"毅菴"，所画当然是朱秉忠小像。唐、文同年，则此画当是晚期所作。画中朱氏持麈，已蓄须，年已是过壮。再就茅屋及人物笔调，乃至画中气息，均与《西洲话旧》接近，是以系年于晚期。

唐寅"园林斋馆别号主角人物画"，上承元之轩亭，对象进而有所指，这可认为是将主角置于丘壑中的"小像"；下转明清之际，人像层层渍染，写实凹凸有意。唐寅整体人物的画法，若两幅《山水》及《守耕》外，人物形象刻画细腻，开脸无一雷同，面目表情可见，生动传神，都能达到"应人象形"的画家水平与目的，这在文人的社交圈，画家的本事，不是逸笔草草的文人画所能支应。尽管唐寅一生，画法多变而少恒久性，但人物用笔，画法衣纹流利潇洒，圆婉而自然者具多数，部分学周臣者，显得细劲，近于精谨。总之是用墨雅淡而湿润，设色清雅。这已是研究者的共识，毋庸多言。

园林斋馆别号画，总有题序征咏、相互酬酢，用今日语汇，出现的是文人的网络。张丑《清河书画舫·亥集》："启南、子畏二公，往往题他人画为应酬之具。倘非刻意玩索，徒知款识，雅士亦为其所眩矣！似反不如无款真迹，差为可重邪。"[39]所说

为评定书画款式，然"园林斋馆别号主角人物画"，就是以"应酬"为媒。《墨缘汇观录》卷三《山静日长图册》："末幅蝇头小楷一行书：'吴郡唐寅图于剑光阁。'……华补菴跋云：'中秋凉霁，偶邀唐子畏先生过剑光阁玩月（案是正德壬申九月），诗酒盘桓，将浃旬。案上适有玉露山静日长一则，因请子畏约略其景，为十二幅。寄兴点染，三阅月始毕。'……是岁嘉平月十日补菴居士识。……册经孙退谷少宰所

藏。"[40]这是社交应酬，也是酬谢之道，只是没有言明谢礼酬金。文人赖此为生计，李诩《戒庵老人漫笔》卷一"文士润笔"条："……唐子畏曾在孙思和家有一巨本，录记所作，簿面题二字曰《利市》。……"此条亦记祝枝山，求其文字，也必报酬[41]。到了民国，齐白石应王赞绪之请入川，就言明酬金，又是一例[42]。这也可为这种应酬画的背景做一解。文是旧闻，录之以为附尾。

注释：

[1] 关于本卷的研究，见江兆申：《吴派画家笔下的杨季静》，载《故宫季刊》第8卷第1期，1973年。收入《双溪读画随笔》（书画杂札记之三），第74—87页。本文对画风之描述，题跋之关联，成画之时际，杨季静之生卒年活动，均有详细论证。另有张维晏《以唐寅〈琴士图〉为例，侧写明代绘画中文人雅兴的再现》，载"中央大学"艺术学研究所廿周年暨艺术史学分学程十周年纪念特刊《议艺分子》第20期。所论如题，以画中景象，论述明代文人雅兴，近年兴起之物质文明论题，不相关于绘画本题。

[2] 见江兆申：《吴派画家笔下的杨季静》。

[3] 台北故宫博物院，2014年秋季有"唐寅特展"，作者与书画处同事郑淑方研究时，郑女士有此意见。

[4] （明）王世贞：《弇州续稿》卷一百六十九，四库全书文渊阁本，第12页。

[5] （清）完颜景贤著、苏宗仁编：《三虞堂书画目》卷下，国家图书馆藏本（书号25688，1933年排印本），第7页。

[6] （明）李日华：《味水轩日记》卷六，上海古籍出版社1995年。

[7] （清）蒋超伯：《南屑楛语》卷六，上海古籍出版社2005年。

[8] 《石渠宝笈三编》（四），台北故宫博物院1969年，总第1819页。

[9] （明）倪涛：《六艺之一录》卷三百八十九《历朝书谱》七十九《明贤墨迹》诗翰，四库全书文渊阁本，第26页。

[10] （清）黄宗羲：《明文海》卷四百六"传二十名士"，录有彭辂《诗社四友传》，四库全书文渊阁本，第4—5页。

[11] 沈季友编：《槜李诗系》卷三十二，四库全书文渊阁本，第5页。

[12] 曹学佺编：《石仓历代诗选》卷三百六十六《明诗初集》，四库全书文渊阁本，第26页。

[13] 关于"西洲"，作者于2014年秋台湾艺术大学书画研究所课堂中，介绍《西洲话旧》图书诗，以都穆诗有"西洲"其人。同学北京张博随即以《四库全书》电子版，考查成《西洲人氏小考》一文，见告。资料为本文引用，谨致谢意，更不掠美。

[14] 2014年10月28日，澳门艺术馆举办"梅景秘色学术讨论会"，会中日本学者荒井雄三提出。

[15] 杨凯琳编著：《王季迁读画笔记》"西洲话旧图"条，中华书局2010年，第99页，该书注90：翟继昌（1770—1880），师沈周、文徵明、唐寅，老年临摹吴镇和沈周闻名（俞剑华：《中国美术家大辞典》，上海人民美术出版社1996年）。文中圈圈，应表示等级。

[16] 此图之论辩，参阅高鸿：《台北故宫藏唐寅〈西洲话旧图〉真伪考辨》，《东方收藏》2010年第7期。

[17] 见石涛《竹西图》题款，美国涤墨草堂藏。参见《涤砚草堂藏珍：八大石涛作品集》，南京爱莲居艺术中心2012年，第73页。

[18] 此意见及引文，见刘九庵：《吴门画家之别号图及鉴别举例》，收入《刘九庵书画鉴定文集》，香港翰墨轩2007年，第83—203页。

[19] 见卢素芬：《倩盼而鬈——文徵明影翠轩图》，《故宫文物月刊》2014年第4期。

[20] 顾文彬：《过云楼书画记（画四）》，台北汉华1971年，第16页。

[21] 邹绵绵：《唐寅〈贞寿堂图〉故事考释》，《中国文物报》2014年9月9日第7版；邹绵绵：《论唐寅〈贞寿堂图〉的作画时间》，《中国文物报》2014年9月23日第七版。

[22] 邹绵绵《论唐寅〈贞寿堂图〉的作画时间》引周道振、张月尊编撰《唐寅年表》。

［23］见江兆申：《吴派画家笔下的杨季静》，第 103 页。

［24］（明）吴宽：《家藏集》卷九，四库全书文渊阁本，第 3 页。

［25］（明）黄佐《翰林记》卷十八《大学士题名》吴宽、谢迁、王鏊、周诏，四库全书文渊阁本，第 4 页。

［26］杨继辉：《唐寅年谱新编》"22 岁"条，苏州大学硕士学位论文，2007 年，第 25 页。

［27］见江兆申：《吴派画家笔下的杨季静》，第 134 页。

［28］见江兆申：《从唐寅际遇来看他的诗书画》，《故宫学术季刊》第 3 卷第 1 期，1985 年。

［29］见江兆申：《吴派画家笔下的杨季静》，第 134 页。

［30］姚之骃：《元明事类钞》卷十八，四库全书文渊阁本，第 22 页。

［31］尹光华：《唐寅野亭霭瑞图考》《中国古代书画——中国嘉德 2010 秋季拍卖会》"吴门画派"，无页码。

［32］（明）文徵明：《甫田集》卷三十三《钱孔周墓志铭》，四库全书文渊阁本，第 5—8 页。

［33］（明）唐寅：《唐伯虎全集》卷第五"序"，中国书店 1985 年，第 234—235 页。

［34］（明）朱存理：《野航文稿》，四库全书文渊阁本，第 1 页。

［35］（明）王鏊：《震泽集》卷五，文渊阁四库全书本，第 5—23 页。

［36］《石渠宝笈》初编卷六，文渊阁四库全书本，第 45 页。

［37］（明）祝允明：《款鹤王君墓志铭》。收入（明）钱穀：《吴都文粹续集》卷四十，文渊阁四库全书本，第 32—37 页。

［38］见宋志英辑：《明代名人尺牍选萃》，国家图书馆出版社 2008 年。

［39］（明）张丑：《清河书画舫·亥集》卷十二下，文渊阁四库全书本，第 15 页。

［40］（清）安仪周：《墨缘汇观录》卷三，台北商务印书馆 1970 年，收入"人人文库"特三七，第 171 页。

［41］（明）李诩：《戒庵老人漫笔》卷一，收入《元明史料笔记丛刊》七，中华书局 1997 年，第 16 页。

［42］近年之相关论文，如韦昱：《齐白石涉四川诸史实考辨》，张玉丹、刘振宇：《四川博物院藏齐白石作品初探——兼论 1936 年的齐白石与王赞绪》，均载北京画院编：《齐白石研究》第 1 辑，广西美术出版社 2013 年，第 145—160 页及第 224—261 页。

唐寅《风木图》之年代、功能与创作情境

王中旭（故宫博物院）

内容提要：《风木图》是故宫博物院藏唐寅的重要代表作品，该图在唐寅年谱的编撰和唐寅绘画的研究中受到重视，但是研究得不够深入，尤其是在年代的判断上存在争议。本文在对前贤判断依据进行考证的基础上，将唐寅《风木图》置于明代及吴门孝子图流行的艺术史情境中，通过唐寅《风木图》与能判断年代的唐寅绘画、书法风格及都穆书法风格的对比分析，判断该图的创作年代，并尝试在此基础上还原其创作情境。

关键词：唐寅 《风木图》 年代 孝子图 创作情境

　　唐寅《风木图》卷现藏故宫博物院，该图以风吹枯木为背景，绘一文士在树下斜倚熏笼，以袖掩鼻，神情哀戚（图一）。唐寅《风木图》的图像颇为简洁，然而情感真挚、感人肺腑，画家以简洁、率意的笔墨表达了极为深沉的情感。除本幅唐寅所书诗外，拖尾另有明清时期都穆、陈有守、黄姬水、王稚登、顾文彬等二十七家题诗和题跋，经《吴越所见书画录》《自怡悦斋书画录》《过云楼书画记》《虚斋名画录》著录。

　　《风木图》在唐寅年谱的编撰和唐寅绘画的研究中受到重视，但是研究得不够深入，尤其是在年代的判断上存在争议。关于该画的年代，学界目前有以下三种看法：一是认为该画作于唐寅晚年。杨仁恺先生主编的《中国书画》（修订版）明代一章中，将《风木图》视为唐寅晚年人物画的代表，其判断的依据是风格，认为该图"构图简括，形象精确生动，逸笔草草，风格苍秀，反映了晚年的面貌"[1]。二是认为作于弘治十五年（1502），唐寅时年三十三岁。江兆申先生《关于唐寅的研究》后附"唐寅的年谱"中最早提出该看法，其依据是拖尾黄姬水题诗中的壬戌年署款[2]。江氏著作该观点影响较大，杨继辉硕士论文《唐寅年谱新编》[3]、林莉娜《万里江山笔下生——唐寅诗画山水赏析》[4]均接受此说。三是认为约作于唐寅二十六七岁。单国强先生《唐寅山水画风的分期和衍变》注意到卷后有都穆题跋，认为都穆是唐寅三十岁会试泄题案的告发人之一，之后很长一段时间唐寅誓不与都穆往来甚至相见，唐寅三十三岁作画不可能有都穆题诗，因此该图当作于唐寅三十岁以前；又联系到唐寅二十五岁双亲故世，妻子、妹妹接踵而没，认为是图"创作当在唐寅遭家庭变故不久之时，约二十六七岁"[5]。

图一　唐寅《风木图》

笔者梳理《风木图》的相关史料时，发现黄姬水署款之壬戌年并非唐寅三十三岁之壬戌年，唐寅三十岁会试泄题案后仍与都穆在书画题诗、碑文上有交集，因此笔者认为对唐寅《风木图》之年代仍有重新审视的必要。本文在对前贤判断依据进行考证的基础上，将唐寅《风木图》置于明代及吴门孝子图流行的艺术史情境中，通过唐寅《风木图》与能判断年代的唐寅绘画、书法风格及都穆书法风格的对比分析，判断该图的创作年代，并尝试在此基础上还原其创作情境。

一 黄姬水署款与都穆题诗

在对唐寅《风木图》年代的判断中，以作于弘治十五年（1502）看似最为明确。江兆申先生在《关于唐寅的研究》后附"唐寅的年谱"中最早提出了该看法，该年谱是在温肇桐先生《唐伯虎先生年表》的基础上增订而成，江先生在"1502年"条下增加了此条：

> 九月，为黄志淳作风木图赠叶汝川（年月见黄氏题中）。

根据注释，江先生当时没有看到《风木图》原图，依据的是清庞莱臣《虚斋名画录》的著录，该图拖尾有黄姬水题诗曰（图二）：

> 可叹循陔者，其如孝感深。展图风木恨，废卷蓼莪吟。总有千行泪，难穷一寸心。敬身怀不寐，勖矣尔当钦。壬戌玄月，黄姬水题赠汝川叶君。

下钤"黄志淳父"朱文方印、"汉征君后"白文方印。江先生正是根据"壬戌玄月"的署款，认为该图应作于弘治十五年（1502）九月，唐寅时年三十三岁。明皇甫汸为黄姬水撰墓志尚有保存[6]，另王世贞《弇州四部稿续稿》、朱谋垔《续书史会要》、清钱谦益《列朝诗集小传》等亦均有黄姬水传记。黄姬水（1509—1574），字淳父（甫），晚号质

山，长洲（今江苏苏州）人，黄省曾之子，书法学祝允明，亦能诗，著有《淳甫集》，擅长辨识赏鉴书画器物，称赏鉴家，卒年六十六岁。黄姬水生卒年明确，黄姬水题《风木图》之壬戌年不可能是弘治十五年（1502），应为嘉靖四十一年（1562），黄姬水时年五十四岁，距唐寅逝世已有三十九年。

都穆题诗通常被视为判断唐寅画年代的一个标尺，此观点亦源自于江兆申先生的《关于唐寅的研究》。都穆（1459—1523），字元敬、玄敬，称南濠先生，长洲（今江苏苏州）人，少即与唐寅、文徵明、祝允明等交往。江书详细考证了弘治十二年（1499）的科场泄题案，认为都穆可能因为心有牢骚，"将他们（程敏政和唐寅、徐经）摹拟试题的事，误以为预知题目，顺口给说了出来"[7]，从而酿成大祸。基于此认识，江书讨论台北故宫博物院藏唐寅《对竹图》卷时，根据该图有"南京解元"印和都穆题诗，认为应绘于唐寅弘治十一年（1498）八月南京乡试回苏州后弘治十二年（1499）二月北京会试前，"由南京回苏州再作此图最可能的时间，是戊午年（1498）九月"[8]。

《风木图》拖尾第一首即为都穆题诗（图三），曰：

> 飒飒悲风撼莫林，空山独夜迸余音。淋漓灯下千行泪，不尽人间孝子心。京口都穆。

下钤"玄敬"朱文方印。都穆诗系附和唐寅诗（唐寅诗详见下节）而作，并且与唐寅诗一样，透露出强烈的画面感。都穆题诗为单独的一张接纸，从纸质上看，与画心及唐寅题诗用纸完全相同，都穆题诗时间应与唐寅作画、题诗时间接近。正是基于此理由，单国强先生推测该画应作于唐寅三十岁之前。

是否有都穆题诗的唐寅画都应作于唐寅三十岁会试泄题案之前呢？事实并非如此。苏州博物馆藏《故怡庵处士施公悦墓志铭》署"赐进士观都察院政同邑都穆撰，同郡解元唐寅书丹"（图四），墓主

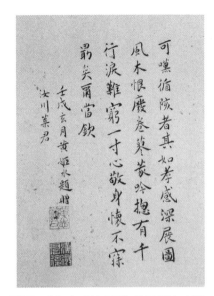

图二　黄姬水《风木图》拖尾题诗（明）

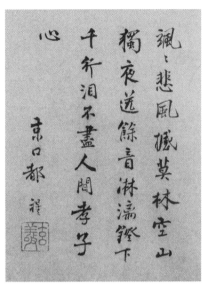

图三　唐寅《风木图》拖尾都穆题诗

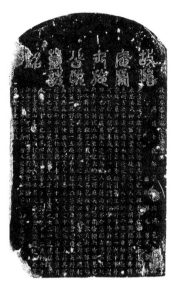

图四　明《故怡庵处士施公悦墓志铭》（苏州博物馆藏）

施绎（字公悦）下葬于弘治十三年（1500）十二月，此时唐寅已回苏州，都穆中进士第后未立即正式授官，碑文中所署"观都察院政"是正式授官前实习的职位，当时也已返回苏州。该碑文由都穆撰写，唐寅书丹，表明两人关系并非如秦西岩、钱谦益等传言的那样在会试泄题案后唐寅与都穆誓不相见[9]。此外，弘治十二年（1499）会试泄题案后，都穆仍在唐寅的画上题跋，如弘治十三年（1450）唐寅为新安吴文举、文复兄弟绘《椿树秋霜图》卷，拖尾第一位题诗者即为都穆[10]；正德十四年（1519）唐寅为富溪汪荣绘《双鉴行窝图》册（故宫博物院藏），附页亦有都穆题诗。

那么，都穆题诗能否作为判断唐寅绘画年代之辅助依据呢？笔者认为是可以的，但是需要认真考察都穆在苏州居住、停留的时间。唐寅与都穆开始交往，应大约是唐寅十六七岁时。唐寅十六岁童生试第一，开始显露声名，与张灵、文徵明、祝允明均交往于此时[11]，又文徵明十六七岁时开始与都穆交往[12]，唐寅和文徵明同岁，与都穆开始交往可能亦在同时，至迟不晚于十九岁时（弘治元年，1488）[13]。弘治三年（1490）唐寅、都穆先后在周

臣《听秋图》卷上题诗[14]，这是目前所见都穆、唐寅在书画上有交集的最早例证。弘治十二年（1499），唐寅、都穆赴京会试，其结果是唐寅遭受牢狱之灾从此断了以科举求取功名的念头，都穆中进士二甲八十八名。会试结束后，都穆未立即授予官职，以"观都察院政"的身份回到苏州，在江浙、苏杭一带游历。直至弘治十七年（1504）秋八月，北上京师，拜工部都水司主事，正德元年（1506），改官南京兵部武库司。正德三年至六年（1508—1511）回苏州为父亲守丧，之后又回北京任职，官至礼部郎中，正德九年（1514）冬致仕，回到苏州居住，直至嘉靖四年（1525）去世[15]。

因此，都穆与唐寅交往主要可能有以下三个时间段：第一，成化二十一年至弘治十七年（1485—1504），唐寅时年十六岁至三十五岁，此为都穆赴京为官前，唐寅、都穆题周臣《听秋图》，都穆题唐寅《椿树秋霜图》，都穆撰文、唐寅书丹《故怡庵处士施公悦墓志铭》均在此期间；第二，正德元年至六年（1506—1511），此为都穆改官南京及回苏州为父守丧期间，唐寅时年三十七岁至四十二岁，此间文徵明曾和都穆相见[16]；第三，正德九年至嘉靖二年

（1514—1523），此为都穆致仕后唐寅逝世前，唐寅时年四十五岁至五十四岁，都穆题唐寅《双鉴行窝图》即为此期间。

欲静而风不止，子欲养而亲不待。"皋鱼说完后"立槁而死"[17]。后以风木比喻父母亡故，不及奉养。

二 明代《风木图》的流行及其性质、功能

风木，或称风树，出自西汉韩婴《韩诗外传》卷九（一说《孔子家语》）皋鱼对孔子说的一句话："树

作为孝子图的一种典型图像，《风木图》并非唐寅的创意，而是明代流行的题材。明人文集中保存有十一篇《风木图》序或题诗，应多是受孝子之请而作，现按写序或题诗者生卒年顺序列表如下（表一）[18]。

表一　明代《风木图》比较

序号	文献来源	画名	写序/题诗者（生卒年）	受赠者	说明
1	《文毅集》卷七"《风木图》诗集序"	《风木图》	解缙（1369—1415）	萧世英	除解缙序外，还有"翰林学士三吾刘公、国子祭酒季安胡公为前、后序"，"琼山学官赵君考古、给事王君彦举、翰林丁君显"写诗。画家为崇文熊某之子。
2	《石仓历代诗选》卷三五〇"《楼山风木图》为山西佥宪余丈题"	《楼山风木图》	曾棨（1372—1432）	山西佥宪余丈	从"秋声动地心欲摧"可知表现的是秋季。
3	《倪文僖集》卷一"风木操题文学江先生《风木图》"	《风木图》	倪谦（1415—1479）	文学江先生	
4	《重编琼台会稿》卷二有"《风木图》卷为鄞江钱侍御乃尊作"	《风木图》卷	邱濬（1421—1495）	钱侍御乃尊	提到孝子富贵后"推恩及亲"，彰显孝道，但是却要面临"富贵来时亲已逝"的痛苦和无奈。
5	《方洲集》卷十五"《天涯风木图》序"	《天涯风木图》册	张宁（1426—1496）	郡同守杨公	
6	《陈白沙记》卷一"《风木图》记"	《风木图》	陈献章（1428—1500）	广东按察佥事李侯	序尾引用了《孝经》中"立身行道，扬名于后世，以显父母，孝之终也"的文字，表达了对李侯的期冀。
7	《陈白沙记》卷五"题万硕司训《风木图》"	《风木图》	陈献章（1428—1500）	万硕司训	
8	《石仓历代诗选》卷三五九"《风木图》诗"	《风木图》	陈炜（1430—1484）		表达了"宦途将得禄，泉台总归路"的矛盾，认为"惟有扬芳声，可代终天慕"。

续表一

序号	文献来源	画名	写序/题诗者 （生卒年）	受赠者	说明
9	《翠渠摘稿》卷四"跋林氏《风木图》"	《风木图》	周瑛 （1430—1518）	林氏	
10	《俨山集卷》十九"《风木图》为长沙施可大题"	《风木图》	陆深 （1477—1544）	长沙施可大	从"乡书甲榜次第来，提携此图悲不止"的诗句来看，施可大为苦读的士子，刚刚考中进士，然而双亲已经辞世。
11	《石洞集》卷十八有"题沈参戎《风木图》"	《风木图》	叶春及 （1532—1595）	沈参戎	

上述《风木图》序、诗的年间跨度大约是从洪武、永乐至嘉靖、万历时期，可见《风木图》是明代十分流行的题材。笔者注意到，上述写序题诗者、受画者（孝子）多为仕宦的文人，部分在序、题诗中提到为官忠、孝难以两全的矛盾，并借《孝经》中"立身行道，扬名于后世，以显父母，孝之终也"[19]的说法来安慰孝子，表达对其建功立业的期冀。孝子选择仕宦的文人在《风木图》上写序、题诗，其用意当不仅仅是获得心理安慰，亦应欲借此建构文人交际网络，这一点在萧世英《风木图》上体现得尤为明显。

据永乐初官翰林学士的解缙《文毅集》卷七"《风木图》诗集序"，萧世英父以武德将军出镇海南，卒于官，萧世英在护父灵柩归葬后袭父职赴任前，请"崇文熊某之子"画《风木图》，并请名士写序及诗。除解缙外，还有"翰林学士三吾刘公、国子祭酒季安胡公为前、后序"，"琼山学官赵君考古（赵扬谦）、给事王君彦举（王佐）、翰林丁君显"题诗，解缙感叹写序、题诗者皆"一时名士大夫"。从受请者的年龄、官职及解缙的语气来看，受请者多较萧世英年长，有的可能是其父生前的同僚、好友。解缙在序中特别提到，"诸君子所以慰勉萧君"，不仅是为了使他能"亲殁致其思"，还提到"显扬为孝之大"，期待他"树勋建德"，"以慰亲于

九泉，而不负诸君子之所以期待者"[20]。

上述明代《风木图》实物未见保存，故宫博物院藏《风木图》不仅是唐寅的代表作，同时也是目前所知明代现存唯一的《风木图》。图中文士头戴幞头，身着窄袖交领长袍，斜倚在双树后的熏笼[21]上。本幅左有画家署款："唐寅为希谟写赠。"其侧有一接纸，上有画家题诗曰（图五）：

西风吹叶满庭寒，孽子无言鼻自酸；心在九泉灯在壁，一襟清血泪阑干。

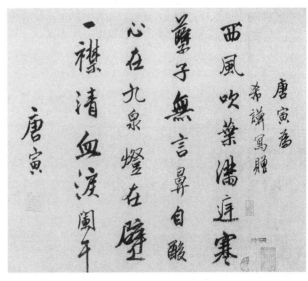

图五 唐寅《风木图》画家署款及题诗

款署"唐寅"，下钤"唐伯虎"朱文方印。唐寅的署款、题诗透露出丰富的信息：一、"孽子无言鼻子酸"表明画中哀泣的文士即为孝子，正在为故去的双亲（或其中一位）哀泣；二、"为希谟写赠"指明画中孝子的名字为希谟，也就是说希谟为受画者，唐寅是受希谟之请而画的；三、"西风"在古代一般是指秋风，"西风吹叶"表明时间是秋天；四、"一襟清血泪阑干"说明孝子哭泣的时间已久，眼泪已经流干。

该图拖尾有二十七家题诗及跋，明代二十五家均为题诗，围绕风木抒发孝子悲恸的情感，后两家为清代题跋。明代二十五家题诗中，其中第七位朱大韶、第八位黄姬水和第二十五位周圣恩的题诗中提到了受赠者（即画的所有者）。朱大韶署"为汝川题"，黄姬水署"题赠汝川叶君"，且两人的题诗位于同一张接纸上，应都题于嘉靖四十一年（1562）。希谟、叶汝川均为画的所有者，那么他们是否为同一人？

按唐寅在诗文及书画中的称谓，长辈一般尊称为先生或公，同辈一般称为兄、君或直呼名号。《风木图》中，唐寅直接称希谟，朱大韶直接称汝川，黄姬水称汝川叶君，均未尊称先生或公，那么希谟可能与唐寅同辈，叶汝川可能与朱大韶、黄姬水同辈。嘉靖四十一年（1562）叶汝川请朱大韶、黄姬水题诗时，唐寅已经逝世了三十九年，如果唐寅仍然活着应为九十三岁，即使是希谟比唐寅小，也应有八十来岁，那么四十六岁的朱大韶、五十四岁的黄姬水不应直呼其名号或称其为君。因此笔者认为，希谟、叶汝川并非同一人。孝子图具有悼念先人的功能，一般不会轻易转手，另该图拖尾第二十五位周圣恩题诗说"不如东洋君，展图常相思"，可知该图当时仍然在希谟后人东洋君手中。考虑到希谟、叶汝川为两辈人，故推测他们可能为父子关系。

第二十五位周圣恩题诗中提到是受东洋君之请而题，据前一位题诗者徐仲楫称"有怀亦自知，五十哀更怆"，可知东洋君时年五十岁。周圣恩生卒年不详，他之前题诗的钱邦彦为嘉靖十四年

（1535）乙未进士，徐仲楫为嘉靖三十二年（1553）癸丑进士，朱大韶、黄姬水、钱邦彦、徐仲楫、周圣恩等应同辈，他们题诗的时间亦应相差不远。嘉靖四十一年（1562）东洋君五十岁或略小，当时朱大韶四十六岁，黄姬水五十四岁，而叶汝川与朱大韶、黄姬水同辈，故笔者怀疑叶汝川、东洋君可能是一人。

唐寅《风木图》拖尾明人二十五家题诗中，从生卒年和接纸情况来看，都穆是受希谟之请而题，题诗时间与作画时间接近，其余二十四家应都是受叶汝川（东洋君）之请而题，题诗时间大约在嘉靖四十一年（1562）前后。东洋君频繁请人题诗，周圣恩题诗有形象地说明："抱图遍天涯，乞言永昭垂。我感乌伤情，为题乌情诗。"[22]周圣恩诗中还说"不如东洋君，展图常相思"，形象地说明了《风木图》的功能在于寄托哀思：希谟请画家将自己思亲的形象描绘在图中，希谟的子孙则通过该图来思念希谟本人及逝去的先人。东洋君所请之人，多为吴中一时名士，其中杨伊志、钱邦彦、徐仲楫都钤有"某某进士"印。那么唐寅《风木图》除寄托哀思外，亦应为孝子维系人际交往、增加画的价值的一种有效手段。在请人题诗的过程中，既向人昭示了自身之孝，又因题诗者的声名而增加了画的价值。受请者感于孝子的情感，在人情上很难拒绝，这也是该图后题跋如此之多的原因。

清同治十二年（1873），《风木图》归过云楼主顾文彬收藏，顾文彬在跋中提到该图在清代数次易手，马寒中、陆愿吾、张约轩、顾文彬先后收藏，其中在张约轩手中时还出现了伪作流传于外[23]。画的所有者发生了变化，其意涵也发生了相应的转变：寄托哀思不再是画的主要功能，其艺术价值和商品价值才是画的所有者所看重的。

三　吴门孝子图的创作与唐寅《风木图》的年代

在与唐寅关系密切的吴门画家中，笔者发现周臣、文徵明也创作过风木题材的绘画。故宫博物院藏明周臣《听秋图》卷（图六）绘一文士立岸边树

下，望着江边芦苇大雁静听秋风时的情形。图中线条多用侧笔，笔端水分较足，山石用侧笔刷染，系学南宋院体马、夏一路的典型风格。从拖尾姚绶、王汝南、唐寅、都穆、蒋昂等的题诗、跋来看，该图实为追慕双亲的孝子图，其中尤以蒋昂题跋说得最为直白：

> 顾君吾交厚宗器之子，能孝而听秋，实追慕二亲而号也。余特表而出之，则其听而感于秋也，岂直声音笑貌为哉？庚戌夏吉日乡人蒋

昂识。

可知受画者为顾宗器之子，题诗者蒋昂与顾宗器交情深厚，为表彰顾宗器孝道而题，并指出"听秋"实为孝子"追慕二亲而号"。根据姚绶题诗"弘治庚戌二月八日"的署款，可知该图应创作于弘治三年（1490）。蒋昂跋后有"庚戌夏吉日"的署款，王汝南、唐寅、都穆题诗在姚绶和蒋昂题诗之间，故知他们题诗的时间应是在弘治三年二月八日至该年夏之间。唐寅诗曰（图七）：

图六　周臣《听秋图》卷（故宫博物院藏）

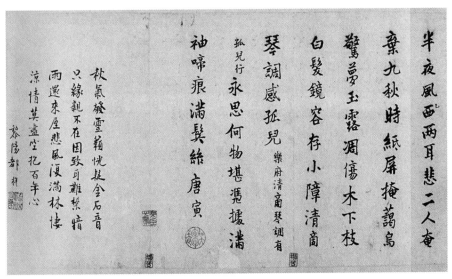

图七　周臣《听秋图》拖尾唐寅、都穆题诗

半夜西风两耳悲，二人奄弃九秋时。纸屏掩
霭鸟惊梦，雨露凋伤木下枝。白发镜容存小障，
清商琴调感孤儿（乐府清商琴调有《孤儿行》）。
永思何物堪凭据，满袖啼痕满鬓丝。唐寅。

下钤"吴趋"朱文圆印。该诗中提到的夜、西
风、啼痕在唐寅《风木图》题诗中也有出现，属于
典型的风木诗。相较而言，《风木图》题诗在行文上
要更流畅、自然，在情感上也更真诚、感人。

唐寅的好友文徵明也画过《风木图》。清全祖望
《鲒埼亭诗集》卷四有"题文待诏《风木图》"，曰：

待诏为其先人温州小祥后作也。其题句云：
肝肠屠裂恨终天，已抱深悲过一年。门户渐乖
非复旧，儿身善病只如前。春风手泽庭前树，
夜雨精魂陌上阡。做上清明寒食节，又垂双泪
看新烟。

词旨凄怆，今归杭人赵君谷林兄弟，以悬
其先人遗挂之庵。各和待诏原韵，予亦有作：
春晖莫驻奈何天，几忆衡山泣血年。妙墨
飘零易代后，白云飞送二林前。报恩应待蒙公
表，极目长怀越水阡。最爱园中好丛木，清风
时为拂炉烟。

我亦深嗟不造天，鲜民负疚自年年。揭来
水阁山窗下，惭对慈乌孝鲤前。剩有遗容传旧
德，更无好梦到新阡。披图读罢空三叹，一片
苍凉木末烟。[24]

文徵明父亲文林逝世于弘治十二年（1499）六
月，十一月廿七日唐寅前往祭祀并撰有祭文[25]，全
祖望称《风木图》系"待诏为其先人温州小祥后
作"，小祥即周年祭，故知文徵明《风木图》作于弘
治十三年（1500），文徵明时年三十一岁。该图传至
赵谷林兄弟后，他们将画悬挂于摆放先人遗物的居
室，并请全祖望题诗。

在文徵明画《风木图》的同一年，唐寅绘《椿
树秋霜图》，据祝允明序，可知该图系为新安吴文
举、文复兄弟丧父而作，描绘的是秋九月经历霜冻

后的椿树"坐成惨烈之姿，倏失郁葱之气"的情形，
序中提到吴氏兄弟"椿树秋霜之目可以永孝而示来
也"，可知实际上亦为表达孝子哀思的图像。卷后有
都穆、沈周、祝允明等题诗。

从上述论述可知，唐寅画《风木图》实际上是
植根于明代吴门孝子图流行的艺术史情境中。重新
回到本文最开始提出的问题上来，唐寅《风木图》
应创作于何时？下文拟从唐寅的人物画风格、风木
图像及书法上进行考察。

美术史上对沈周、文徵明的绘画进行风格分析
的时候，通常会粗笔、细笔的区分，唐寅人物画风
格多样，大体亦有粗笔、细笔两种面貌。《风木图》
为唐寅细笔人物画的代表，图中人物衣纹线条采用
的是粗细均匀、圆润细劲的铁线描，轮廓线绵长，
圆中寓方，转折处的衣纹辅以短线条。部分线条起
笔略有停顿，落笔拖尾略细，稍带有钉头鼠尾的笔
意。人物衣纹及面部线条简洁流畅，寥寥数笔，生
动毕现，尤其是面部眉、眼、鼻均仅一笔，悲恸哀
戚之情跃然纸上（图八）。

图八 唐寅《风木图》孝子像局部

除《风木图》外，唐寅细笔人物画的代表作品
还有《贞寿堂图》、《悟阳子养性图》等。故宫博物
院藏《贞寿堂图》卷系唐寅应周希善之请，以周氏

兄弟奉养母亲的贞寿堂为题而画，既是庆贺周母八十大寿的祝寿图，也是表彰希正、希善兄弟的孝子图（图九）。图中人物用细笔描绘，圆润细劲，圆中寓方。卷后吴一鹏题诗署"丙午"款，过去学界一般认为是图作于成化二十二年（1486）。清顾文彬《过云楼书画记》评曰：

> 岁丙午子畏年止十七，而山石树枝如籀篆，人物衣褶如铁线，少诣若是，岂非天授?[26]

其中"人物衣褶如铁线"指的正是圆润细劲的衣纹

笔法。从笔法风格上看，该图不应是唐寅十七岁就能画出，据邹绵绵《唐寅〈贞寿堂图〉故事考释》，该图最晚应在弘治八年（1495）周希正母楼孺人去世之前[27]，即唐寅二十六岁前。与《贞寿堂图》卷相比，《风木图》在用笔上要更为流畅自然。

辽宁省博物馆藏《悟阳子养性图》卷系唐寅为苏州顾氏（号悟阳子）所作的别号图（图一〇），卷后有文徵明正德九年（1514）书《悟阳子诗序》，画亦应绘于是年，唐寅时年四十五岁。图中悟阳子

图九　唐寅《贞寿堂图卷》

坐蒲团上，衣纹线条简洁细润，与《风木图》中长线条的圆中寓方相比，是图中长线条的方折用笔较为明显。此外，是图线条更为流畅、老练，钉头鼠尾的笔意的感觉也更强。卷后陆师道跋谓唐寅该画风格来自于南宋李唐，曰：

> 顷从悟阳先生斋头展公画卷，树石细润，人物闲雅，全师李唐。

联系到唐寅早期作品，可知该图中人物衣纹笔法是在其早期圆润细劲铁丝描的基础上融入李唐风格演变而成。从唐寅圆润细劲一路衣纹线条风格的演变上看，《风木图》应是《贞寿堂图》和《悟阳子养性图》之间的作品（图一一）。

图一〇　唐寅《悟阳子养性图》卷（辽宁省博物馆藏）

图一一　《贞寿堂图》《风木图》《悟阳子养性图》人物衣纹线描

《风木图》中双树呈"叉"字形，树干上多疤，苍劲虬曲。树干轮廓以深浅不同的墨色勾勒，树干内部以墨笔反复皴染，浓淡相参，充满质感和立体感。树枝以中锋表现，用笔迅疾，形成风吹的动感。地面以粗简的墨线表示，淡墨渴笔，突出地面的树根强化了构图的稳定感。

在唐寅的绘画中，风吹枯木的图像有多次出现。《贞寿堂图》中，除了以松树象征高寿外，另在屋侧描绘了三棵风木，树枝偏向右侧，风吹的动势表现得很充分。树用双勾，内部以墨皴擦晕染，有留白。《悟阳子养性图》中，屋舍周侧及岸边也表现了大量的风木，树干轮廓线用笔双勾，用笔肯定清晰，通过树洞、疤的结构及淡墨皴染的技法表现树干的质感，中间多有留白，用笔简洁老练。从风木图像的用笔力度上来看，《风木图》要强于《贞寿堂图》，

不及《悟阳子养性图》（图一二）。

书法也是考察绘画年代的重要依据。唐寅绘画题款很少署时间，能准确判断年代的相对较少，而唐寅书法能判断准确年代的则相对略多。唐寅《风木图》"唐寅为希谟写赠"的署款字形清瘦攲侧，排列不甚整齐，与唐寅约弘治十三年（1500）《骑驴归思图》轴自题有相近之处（图一三）[28]。唐寅《风木图》题诗字形略宽，笔画较粗重，字形向右上攲侧，横画起落笔略顿，转折处亦有明显顿笔。唐寅这种攲侧、顿笔特点的书风比较早地见于弘治三年（1490）唐寅题周臣《听秋图》，唐寅时年二十一岁，字迹清瘦工整。唐寅此类书风还见于自题《贞寿堂图》卷、自题《黄茅小景图》卷（上海博物馆藏）、题邹衡《绿香泉图》卷（台北故宫博物院藏）（图一四）、题吴伟《李奴奴歌舞图》轴（故宫博物院藏，

图一二　《贞寿堂图》《风木图》《悟阳子养性图》风木图像

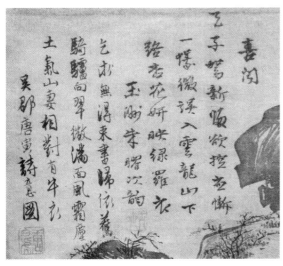

图一三　唐寅《骑驴归思图》自题

图一四　邹衡《绿香泉图》拖尾唐寅题诗（明）

图一五）等，其中题《绿香泉图》为弘治十一年（1498）[29]，题《李奴奴歌舞图》为弘治十六年（1503）。笔者认为，唐寅弘治三年（1490）题周臣《听秋图》、弘治十一年（1498）题邹衡《绿香泉图》、弘治十六年（1503）题吴伟《李奴奴歌舞图》，能构成唐寅敧侧、顿笔特点书风演进的序列，体现了唐寅此类书风渐趋流畅、劲健的过程。唐寅《风木图》题诗在一些具体的用笔特点上与题《李奴奴歌舞图》接近，除敧侧、顿笔外，另如字均明显有大小、粗细变化，同时《风木图》题诗字的结体变宽，笔画变粗重，趋于苍秀，年代应比题《李奴奴歌舞图》晚。正德九年（1514）唐寅《悟阳子养性图》中"苏台唐寅"的署款秀润流畅，结字宽松、规整，是唐寅学赵孟𫖯的典型面貌，与《风木图》中唐寅题诗的书风是截然不同的。唐寅晚年纪年书法较多，如正德十四年（1519）自题《双鉴行窝图》册（故宫博物院藏），嘉靖元年（1522）题王诜《江山叠翠图》卷（台北故宫博物院藏）、行书《看山图七言绝句》扇（台北故宫博物院藏），嘉靖二年（1523）行书《七律二十一首》卷

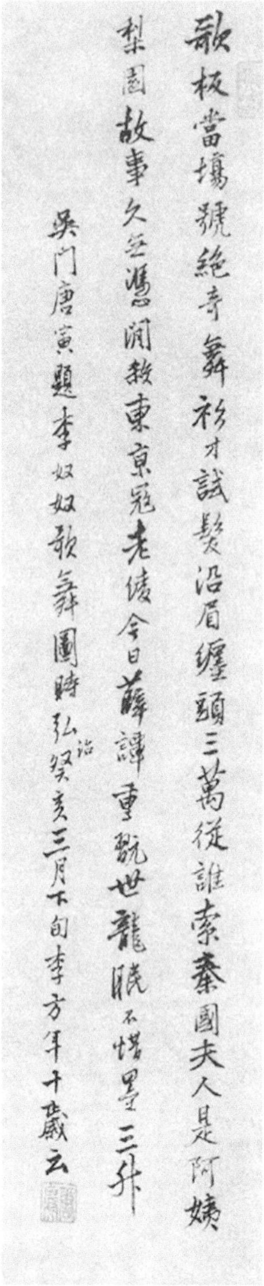

图一五　吴伟《李奴奴歌舞图》唐寅题诗（明）

（上海博物馆藏），正德十四年（1519）后行书《赠西洲诗》卷（上海博物馆藏）等，结体宽松规整，笔画妍美秀润，主要是学赵孟𫖯一路。唐寅晚年另有正德十六年（1521）楷书自题《墨竹图》扇（上海博物馆藏），字形亦规整秀润，无敧侧之姿。

另从都穆题《听秋图》《风木图》《双鉴行窝图》的书法来比较，弘治三年（1490）《听秋图》中都穆书法清秀瘦劲，题《风木图》的书法要流畅、自然一些，但不及正德十四年（1519）《双鉴行窝图》劲健（图一六）。

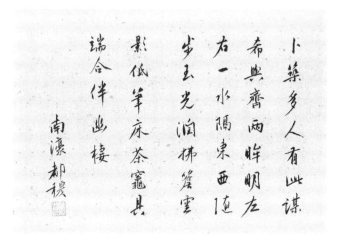

图一六　唐寅《双鉴行窝图》册附页都穆题诗

受画者希谟生平不详，也没有风格、笔法完全相似的绘画及书法作品可与之比对，这些都为确定《风木图》的年代造成了客观上的困难。从上文论述唐寅书法风格来看，笔者认为《风木图》的上限是基本确定的，应不早于唐寅弘治十六年（1503）题《李奴奴歌舞图》。判断《风木图》的下限相对比较困难，唐寅中晚期作品主要体现的是南宋院体风格，唐寅晚期的纪年书法中也没有敧侧、停顿的特点，也就是说唐寅《风木图》图像、题诗书法主要延续的是早期的风格，同时鉴于笔法熟练、苍秀，故推断《风木图》是唐寅中期的作品，从细笔人物画及风木图像的风格序列上看，似应不晚于正德九年（1514）的《悟阳子养性图》。

余论　唐寅《风木图》的创作情境

弘治三年（1490）周臣画《听秋图》时，《风木图》在明初以来已被反复描绘。虽然之前的《风木图》皆已无存，但是笔者相信，孝子在风木下哀泣应已为该题材的经典图式。周臣选择孝子在岸边静听秋风来表现，应是颇有新意的，避免了在图像上与前人的重复。唐寅小周臣约二十岁[30]，王世贞《艺苑卮言》称唐寅落笔前多"从臣磅礴"[31]，即从周臣身边寻找灵感，唐寅后来的绘画也多受到了周臣的影响，其画风是受到周臣的影响而上溯南宋院体的。唐寅《风木图》虽然在画意上与周臣《听秋图》相同，但是选择了不同的图式，并且采用了不同的风格。

在跟周臣学习绘画之前，唐寅已经结识沈周[32]、文徵明。唐寅《风木图》中，人物衣纹用的是细笔，但是树干和陂陀用的是粗笔，多为侧笔勾皴，树干以饱含水分的笔端层层皴染，尤其是陂陀的寥寥数笔，粗笔淡墨，时现渴笔带出的飞白的效果，与沈周的粗笔风格很像，应是受到沈周的影响。《风木图》中的人物衣纹，唐寅用的是细劲圆润的铁线描，略带有钉头鼠尾笔意，这种线描更早地见于《贞寿堂图》中，之后更多地融入了方折线条和钉头鼠尾笔意。

唐寅早期作画时就擅长铁线描，笔者认为他应是通过学习宋元以来的白描并参以更早的古法形成自己风格的。顾文彬《过云楼书画记》卷八"文衡山《松阴高士图》轴"曰：

> 上有嘉靖乙未重题："此余四十年前所作，当时与子畏言：'画须六朝为师，然古画不可见，古法亦不存。漫浪为之，设色行墨，必以闲淡为贵。'今日视之，直可笑耳。"

嘉靖十四年（1535，乙未）上推四十年，为弘治八年（1495），唐寅、文徵明时年二十六岁，文徵明当时提出以六朝古法为师，以闲淡为贵，反映的应是两人共同的看法[33]，唐寅早期的细笔铁线描正是这种理念的体现。唐寅三十岁进京会试时遇杜堇[34]，三十四岁在吴伟《李奴奴歌舞图》上题诗，杜堇、吴伟都是白描人物画的高手，对他进一步提高人物画的水准应有帮助。从唐寅中晚期白描人物画的笔法来看，他后来更多地受到了南宋院体的影响。

弘治十三年（1500）文徵明在其父逝世一年后画《风木图》，因表现的是画家自身的切身感受，应为充满悲恸情感的佳作。同年，唐寅画表达孝子哀思的《椿树秋霜图》，该图未直接表现风木，而是另辟蹊径，描绘了九月霜冻后的椿树。在此之后，大约是弘治十六年至正德九年（1503—1514）之间的某年，唐寅接受希谟的邀请为他绘制《风木图》，唐寅没有像之前周臣绘《听秋图》和自己画《椿树秋霜图》那样另辟蹊径，而是采用了直接、简洁的图式。弘治七年（1494）唐寅二十五岁前后，父、母、妻子蹀踵而殁，不久新婚的妹妹又逝世，家庭经历惨痛的巨变[35]，弘治十二年（1499）又因会试泄题案被牵连入狱，彻底断了科举的念头，正是因为有此悲惨、坎坷的遭遇，所以唐寅能在《风木图》中以简洁、率意的笔墨表达出直指人心的悲恸情感。

概而言之，唐寅创作《风木图》是在明代及吴门孝子图流行的艺术史情境中。可以想象，亦师亦友的周臣、唐寅、文徵明等在处理相似的题材时，他们之间既有相互影响、启发，又有相互竞争的关系。

注释：

[1] 杨仁恺主编：《中国书画》，上海古籍出版社，2001年，第435页。

［2］江兆申：《关于唐寅的研究》，台北故宫博物院，1987 年第 3 版，第 135 页。

［3］杨继辉：《唐寅年谱新编》，苏州大学硕士论文，2007 年，第 49 页。

［4］林莉娜：《万里江山笔下生——唐寅诗画山水赏析》，收于林莉娜、陈建志、郑淑方编：《明四大家特展·唐寅》，台北故宫博物院，2014 年，第 245 页。

［5］单国强：《唐寅山水画风的分期和衍变》，收于故宫博物院、上海博物馆、辽宁省博物馆编：《六如遗墨——唐寅书画精品集》，辽宁人民出版社，2010 年，第 9—10 页。

［6］皇甫汸撰墓志铭，收于黄姬水：《黄淳父先生全集》卷二十四，《四库存目丛书》，集部 186 册，第 505—507 页。

［7］江兆申：《关于唐寅的研究》，第 47 页。

［8］江兆申：《从唐寅的际遇来看他的诗书画》，收于《关于唐寅的研究》，第 153—154 页。

［9］秦西岩：《游石湖纪事》，收于唐寅著，周道振、张月尊辑校：《唐寅集》附录，上海古籍出版社，2013 年，第 567—568 页；钱谦益：《列朝诗集小传》丙集 "都少卿穆"，上海古籍出版社，2008 年，第 302 页。

［10］陆时化：《吴越所见书画录》卷三著录，收于卢辅圣主编：《中国书画全书》（修订本）第十二册，上海书画出版社，2009 年，第 648 页。

［11］江兆申：《关于唐寅的研究》附录 "唐寅的年谱"，第 130 页；杨继辉：《唐寅年谱新编》，第 19—20 页。

［12］文徵明在都穆论诗序文中称："余十六七时，喜为诗，余友都君玄敬实授之法。" 文徵明著、周道振辑校：《文徵明集》补辑卷一九，上海古籍出版社，1987 年，第 1255 页。

［13］（明）文徵明《上守溪先生书》："年十九还吴，得同志者数人，相与赋诗缀文。"（文徵明《甫田集》卷二十五）文徵明《大川遗稿序》："弘治初，余为诸生，与都君元敬、祝君希哲、唐君子畏，倡为古文辞。"（沈敕《荆溪外纪》卷十五）可见文徵明、都穆、祝允明、唐寅等倡古文辞的时间是在弘治元年（1488）。

［14］本文 "三吴门孝子图的创作与唐寅《风木图》的年代" 有论述。

［15］参见王珍珠：《都穆考论》附二 "都穆年表简编"，苏州大学硕士论文，2009 年。

［16］正德十一年（1516）文徵明在太仓都穆女婿家见到都穆，喜悦之情溢于言表，赋诗一首，名《四月廿一日，雨中过太仓，邂逅都玄敬，同宿友婿陆安甫家。余与玄敬不胥会者十年，而安甫之没亦八年矣，因赋呈玄敬，并赠安甫之子之箧之裘》（收于文徵明著、周道振辑校《文徵明集》补辑，第 900 页），文徵明在诗名中称与都穆十年未见，那么他们上一次见面应在正德元年（1506），是年都穆改官南京。

［17］（汉）韩婴撰、许维遹校释：《韩诗外传集释》卷九，中华书局，1980 年，第 308—309 页。

［18］文徵明《风木图》见于清全祖望《鲒埼亭诗集》，其文献来源非明人诗文集，另下一节对文徵明该图有详细讨论，故这里未列入。

［19］胡平生译注：《孝经译注》，中华书局，1996 年，第 1 页。

［20］（明）解缙：《文毅集》卷七 "《风木图》诗集序"，《文渊阁四库全书》集部 318 册，台湾商务印书馆股份有限公司，1986 年，第 684 页。

［21］《吴越所见书画录》著录时认为该竹器为草墩，笔者认为可能是熏笼。熏笼，又作薰笼，一般作覆钵形，以竹篾编制成，下敞口，用来罩炭盆或熏炉上。亦有为方便倚靠而加高者，如《芥子园画传》中女子斜倚之熏笼覆口略小，较高，为覆笋筐形（《芥子园画传》第四集 "人物巢勋临本"，人民美术出版社，2014 年第 3 版，第 276 页），《风木图》中的鼓形熏笼更加轻巧、精致。斜倚熏笼为中国古代女子、文士常见的坐态，如唐白居易《宫词》中即有 "红颜未老恩先断，斜倚熏笼坐到明" 的诗句，唐寅的诗中亦有提及熏笼者。因诗文中熏笼多与闺怨、惆怅相关，故图中表现熏笼与画中悲凄的意境是相合的。

［22］"乌伤情""乌情诗" 系运用了乌鸦反哺的典故。李时珍《本草纲目·禽部》"慈乌" 条下曰："此鸟初生，母哺六十日；长则反哺六十日，可谓慈孝矣。" 刘衡如、刘山永校注本，华夏出版社，2011 年，第 1753 页。

［23］顾文彬跋曰："此卷十年前于海上见之，旧为马寒中藏，后归陆愿吾，最后归张约轩。张氏后人珍若球璧，求之弗得。逾数年，闻此卷已归他姓，叹惋累日。今秋于役杭州，张氏后人忽以此卷寄示，焕若神明，顿还旧观。乃知归他姓皆麟爪耳，其骊珠自在耳。因属张氏之戚秦观察淡如为余和会，以重价得之。"

［24］（清）全祖望：《鲒埼亭诗集》卷四，收于沈云龙选辑：《明清史料汇编》五集第十一册，文海出版社，1968 年，第 167—168 页。

［25］见唐寅：《祭文温州文》，收于唐寅著，周道振、张月尊辑校：《唐寅集》补辑卷六，第 513 页。

［26］（清）顾文彬撰、柳向春校点：《过云楼书画记》卷四，上海古籍出版社，2011年，第127页。

［27］邹绵绵：《唐寅〈贞寿堂图〉故事考释》，《中国文物报》2014年9月9日第7版、9月23日第7版。

［28］《骑驴归思图》年代的推论见江兆申《关于唐寅的研究》，第102页。

［29］该卷唐寅题诗之前的戴经孟（常甫）题诗、之后的海槎山人题诗均署为弘治戊午年，即弘治十一年（1498），故知唐寅题诗亦应为是年。

［30］江兆申：《关于唐寅的研究》，第30页。

［31］（明）王世贞：《艺苑卮言》附录四，收于《唐寅集》附录三"轶事"，第574页。

［32］大约明成化二十三年（1487）唐寅在沈周为王鏊作的《槎舟图》上题诗，唐寅时年十八，该图现藏于上海博物馆。

［33］故宫博物院藏文徵明《湘君湘夫人图》轴中细笔如铁线的高古游丝描，其来源正是东晋。

［34］参见江兆申：《关于唐寅的研究》，第33—34页。

［35］参见江兆申：《关于唐寅的研究》，第10—14页。

唐寅《西山草堂图》卷来去考

余 辉（故宫博物院）

内容摘要：清宫《石渠宝笈》续编著录的唐寅《西山草堂图》卷是一件值得研究的明画精品，幅上本无唐寅款，只钤有唐寅私印，另有书写者接纸题诗，后署有唐寅款印，有些扑朔迷离。幅上有乾隆皇帝的收藏印，后被他赏赐给户部尚书于敏中；但其上又有嘉庆、宣统皇帝的收藏印。该图是否为唐寅的真迹？画与书是何种关系？为何两次入清宫？其中有何历史纠葛？本文尝试一一破解。

关键词：唐寅 《西山草堂图》卷 题诗 周臣 于敏中 乾隆皇帝

大英博物馆藏"明四家"之一唐寅的《西山草堂图》卷（纸本墨笔，纵30厘米，图一）系镇馆之宝，题签书："唐寅西山草堂图。□赐南书房供奉户部侍郎臣于敏中。"引首有无锡隐士耿近斋行书题："西山草堂。夫椒山人近斋书。"[1]钤印："识字山农"（白文）。画心钤印："唐寅私印"（白文），无唐寅名款。画心还有乾隆帝题诗："处士濒湖此结庐，萧然书史乐三余。姓名不愧称潜德，图画端应倩六如。依旧青山今马迹，那寻白屋昔云居。千秋一瞬留佳话，印证当前盖起予。乾隆辛未春暮御题。"钤印："乾隆宸翰"（朱文）。唐寅二书尾跋，钤印："南京解元"（朱文）、"六如居士"（朱文）。

幅上另钤明代至民国鉴藏印：明代安国"桂坡

图一 唐寅《西山草堂图》
1. 唐寅《西山草堂图》 2.《西山草堂图》卷（局部） 3.《西山草堂图》卷（局部）

安国赏鉴"（朱文）、常州吴姓家族"延陵吴氏收藏书画印"（朱文）、清乾隆帝"乾隆鉴赏"（白文）、"石渠宝笈"（朱文）、"宝笈重编"（白文）、"乾隆御览之宝"（朱文）、"养心殿鉴藏宝"（朱文）、"三希堂精鉴玺"（朱文）、清嘉庆帝"嘉庆御览之宝"（朱文）、清宣统帝"宣统御览之宝"（朱文）、"宜子孙"（白文）、"石渠宝笈"（朱文）、"宣统鉴赏"（朱文）、"无逸斋精鉴玺"（朱文）、民国陈仁涛"金匮室精鉴玺"（朱文）、"金匮宝藏陈氏仁涛"（朱文）、"金匮神品"（朱文）、"仁涛"（朱白文）、"仁涛铭心绝品"（朱文）、"金匮宝藏陈氏仁涛"（朱文）。

该卷的递藏关系大致为：丁潜德→无锡夫椒山人耿近斋→无锡安国→延陵吴氏→乾隆皇帝→于敏中→嘉庆皇帝……→宣统皇帝→陈仁涛→大英博物馆。

据该图的跋文，《西山草堂》图卷是唐寅给丁潜德的山水画，表现了隐居者在西山结庐的惬意生活。另一位无锡隐士夫椒山人耿近斋为此在引首题写了画名（图二）。

图二　耿近斋题写画名

该图汲取了南宋马远、夏圭的院体笔墨，粗劲而迷离、简率而清新，比稍早一些的浙派蒋嵩、汪肇和王谔等画家师法南宋院体的韵致要清雅一些。值得研究的是，唐寅早年曾师从周臣（卒于嘉靖年间，寿在八十余），周臣师法宋元山水，亦以"南宋四大家"为归。唐寅也学会了这套本领，他一方面取法元人之意，另一方面又专攻南宋马远、夏圭的院体笔墨，偶尔在兴致所到之时，也会露出马、夏的水墨苍劲之笔，像这件《西山草堂图》卷远离文人画的"唱谱"是很少有的，很难不使人心起疑窦。

其第一段跋文和名款难与第二段分属两个时间

书写的，"唐寅"款和印"南京解元"（朱文）、"六如居士"（朱文），系真迹。这一对矛盾是如何统一在这件《西山草堂图》卷里的？据徐邦达先生的研究，唐寅虽然在早年曾向周臣学过画，但后来声浪涌溢，远胜周臣，唐寅应酬不暇，不得不请周臣为之代笔，这一观点也引起了其他不同的看法，只认为后人将周臣的作品挖去名款改为唐寅款，这与唐寅、周臣无关，不过，此图可以作为周臣为唐寅代笔的证据。唐寅在拖尾题写了跋诗："草堂诗为丁君潜德赋并画。厚苫芒葛柱棕榈，欲比南阳旧草庐；颓壁破凭笝自补，乳梁低与燕分居。乌皮净拭窗中几，竹板斋装架上书。笑杀汗衣车马客，劳劳奔走欲何如。晋昌唐寅。"钤印："南京解元"（朱文）、"六如居士"（朱文），过了些时日，唐寅又补上了注释："自注：'颓壁''乳梁'出急就，'乌皮几'出杜诗，'朱版书'出李商隐诗。"二段跋文和印章皆系唐寅真迹（图三）。

较难令人信服的是，该图系唐寅之笔。此图无年款，拖尾有明代钱贵书于正德庚辰（1520）秋七月的年款，可知该图当绘于1520年之前，也就是说，在周臣晚年时，四十多岁的唐寅请他为之代笔的作品，周臣和唐寅汲取的南宋马夏山水画风各有不同，从表面上看，前者尖劲刻露一些，后者细腻柔和一些，从本质上看，是两人因文化素养的不同产生了两种不同的笔性，前者是一位碌碌匠师，后者是一位在野文人，比较故宫博物院庋藏的唐寅《事茗图》卷（图四）、《双鉴行窝图》页和周臣的《春山游骑图》轴（图五），均受宋代院体画风影响，但笔性中的文质要素，多有不同，可资比较。

比该图的真伪同样复杂的是该图入清宫后的去向。该图入宫后，在乾隆年间进行了重新装裱，并配上了包袱皮。在该手卷的包首上有一行小楷题签："唐寅西山草堂图。□赐南书房供奉户部侍郎臣于敏中"（图六），该图著录于《石渠宝笈续篇》二十二册，这应该是乾隆皇帝赐给当时的重臣于敏中，他比较喜欢赏赐明代的书画，在时

图三　跋文

卷1.《西山草堂图》卷唐寅跋诗　2.《西山草堂图》卷唐寅跋诗　3. 唐寅《风木图》卷（故宫博物院藏）跋文

图四　唐寅《事茗图》卷（局部，故宫博物院藏）

图五　周臣《春山游骑图》轴
（局部，故宫博物院藏）

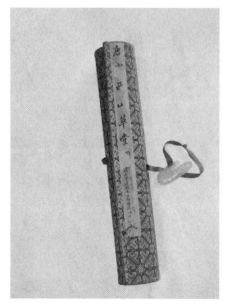

图六　唐寅《西山草堂图》卷包首题签

代上不早不晚，乾隆皇帝在幅上的题画诗有一句"图画端应倩六如"，还钤玺八方，可知他是认同此图系唐寅真迹。他赏赐《石渠宝笈》里的重器是不多见的，况且是"真迹"，可见乾隆皇帝是很看重于敏中的。

于敏中（1717—1780），江苏金坛人，系乾隆二年（1737）一甲一名进士，他享受可以在紫禁城里骑马的特殊待遇，乾隆二十四年（1759）官户部尚书，大概是在此期间，于敏中得到了这项不同寻常的御赐。他官至大学士兼首席军机大臣，一生荣耀至极。但死后身败名裂，问题就在于此。

奇怪的是，该卷既然赏赐出宫了，怎么还会有嘉庆和宣统皇帝的收藏印？肯定是与于敏中晚年的案件有关！他曾"私向内监高云从探问记载，又于甘肃监粮一事伊为之从中主持，怂恿开捐，以致酿成捏灾冒赈巨案"，此类之事，纯属欺君之罪。当丑事败露时，于敏中已离世，乾隆五十一年（1786），弘历将"于敏中着撤出贤良祠，以昭警戒"，乾隆六十年（1795），下诏："所有承袭轻车都尉世职着即撤革，以为大臣营私玷职者戒！"[2] 既

然取消了于敏中所享有的荣誉，那么赐给于敏中的这幅画，按照当时的规矩，必然被清廷追回，这才有了嘉庆、宣统皇帝的收藏御玺。最后，该图被溥仪在逊位于后宫期间，于1923年之前以赏赐溥杰的名义出了宫，辗转入香港收藏家陈仁涛之手，最后入藏大英博物馆。

注释：

[1] 唐寅曾为夫椒山人耿近斋作《震泽烟树图》轴（台北故宫博物院藏）。

[2] 吴忠匡总校订：《满汉名臣传》（四），黑龙江人民出版社1991年，第3445页。

唐寅与文徵明交游考略

毛秋瑾（苏州大学艺术学院）

内容摘要：在明代吴门四家中，唐寅（1470—1523）与文徵明（1470—1559）的人生经历及交游可谓耐人寻味。两人均出生于明宪宗成化六年（1470），订交于成化二十一年（1485）。两人性格相异而一生交谊深厚。本文根据文献记载及前人所编年谱，分三个阶段考察两人一生的交游，由此说明虽然两人间的友谊经历波折，但交游始终未断，两人一生都保持着深厚的交谊。

关键词：唐寅　文徵明　交游　书画

在明代吴门四家中，唐寅（1470—1523）与文徵明（1470—1559）的人生经历及交游可谓耐人寻味。两人均出生于明宪宗成化六年（1470），订交于成化二十一年（1485）。两人性格相异而一生交谊深厚。

关于两人的交游，前人的著述涉及不少，可分为两类，一类是年谱类著作，另一类是研究著作。第一类中，江兆申于 1977 年出版的《文徵明与苏州画坛》是较早的文徵明年谱；周道振于 1998 年出版的《文徵明年谱》则是重要的参考资料，全书近 65 万字，征引书目多达 881 种，可谓翔实厚重。唐寅年谱，早年出版的有阎风编《唐六如年谱》（1932年 10 月出版《清华周刊》第三十八卷第四期，附在《唐六如评传》之后）、杨静庵编《唐寅年谱》（1947 年商务印书馆铅印本）、温肇桐编《唐伯虎先生年表》（1941 年世界书局出版《明代四大画家》）、江兆申编《六如居士之书画与年谱》（1969 年春出版《故宫季刊》第三卷第三期）[1]。此外苏州书画家崔护编著的《唐寅年谱》于 1996 年自行出版，侧重唐寅一生的绘画情形。周道振的《唐寅年表》涉及唐寅交游范围极广[2]。还有一些以唐寅为主题的书后附有唐寅的年表，均较为简略[3]。最新的研究成果为 2007 年苏州大学杨继辉的硕士学位论文《唐寅年谱新编》。此文对上述诸种唐寅年谱大多有详细评述，博采众长，是已有的唐寅年谱中最可采信的一种。遗憾的是作者虽提到周道振先生编的《唐伯虎全集》，但对其中的《唐寅年表》未曾提及。

相关研究著作中，江兆申先生于 1976 年出版的《关于唐寅的研究》影响很大，书中就唐寅与沈周、文徵明、仇英、祝允明、徐祯卿、周臣、杜堇、张灵的交往进行了专门论述。书中只是简略地讨论了他们彼此间的关系，诚如作者所言，"假如详细研讨，几乎每一个人都可以写一篇专文"[4]。美国艺术史学者艾瑞慈等，也早在 20 世纪 70 年代就开始进行"文徵明研究"[5]，特别是哈佛大学的葛兰佩写出了博士论文《文徵明：明代艺术家与好古者》，主要运用风格分析的方法，追踪文徵明画作中的各种图像来源[6]。Doris Jung Chu Tai 在 1979 年提交给匹兹堡大学的博士论文《唐寅（1470—1524）及其艺术》中重点分析了唐寅和沈周、唐寅和周臣的关系[7]。葛兰佩还出版了关于唐寅研究的专著，谈到了文、唐之间的交往并列出了重要事件[8]。美国学者高居翰的《江岸送别：明代初期与中期绘画》专列《文徵明及其追随者》一章，有文徵明的生平传略和交游情况，开篇就简短分析了唐寅和文徵明的关系[9]。他还著有《唐寅与文徵明作为艺术家的类型之再探》一文，论证了"由唐、文两人为代表的传记类型如何与他们绘画中可以辨别的主题与风格特征紧密相关，而这又何以适用于解释其他的明代画家？他们不是归入唐寅类，即可归入文徵明类"[10]。柯律格在《雅债》一书的"'友'、同侪、同辈"章节叙述了两人交往的某些片断[11]。石守谦研究苏州的送别图时以文徵明的《雨余春树》为重点，也谈到唐寅的《金间别意》[12]。近年来，中央民族大学买艳霞于2010年提交的博士论文《唐寅研究》和南京师范大学文学院邓晓东博士所著《唐寅研究》[13]均有专章讨论唐寅的交游，不过他们的著述都未专列唐寅和文徵明两人。因此，笔者认为，根据现有资料将唐寅和文徵明的交游进行专门梳理还是很有必要的，可以较为详细地考察两人在人生不同阶段关系的变化，讨论两人在艺术创作方面的相互影响。

本文主要以周道振《文徵明年谱》和杨继辉《唐寅年谱新编》的记载为线索，结合其他文献资料和相关图像，对唐寅与文徵明的交游展开考索，力求呈现这两位明代吴地重要的文人书画家一生的交谊状况。根据两人的生平事迹，笔者将两人的交游分为三个阶段进行叙述。

一 第一阶段（1485—1499）

第一阶段是从两人十六岁订交至三十岁文徵明父亲文林去世，这一阶段唐寅与文林（1445—1499）、文徵明父子结识并展开交往。唐寅与文氏父子开始交往的时间可从《唐伯虎全集》卷五《送文温州序》及同卷《与文徵明书》中推算得知。在文、唐结交之前，文徵明十三岁至十五岁之间随同父亲在博平县（原为山东省聊城市所辖县）居住，文林为当地县官。成化二十一年（1485），文林参加朝廷考绩回京师，被补授为南京太仆寺[14]丞一职，随后请假回苏州，文徵明皆随侍。就在文氏父子返回故里期间，唐寅与文徵明订交，唐寅还经常去文家向文林请教[15]。

在两人十六岁至三十岁这段时间的交往中，较为重要的事件有：

一、明孝宗弘治二年（1489）两人二十岁左右，在文学上有共同追求，他们随同祝允明（1460—1527）、都穆（1458—1525）倡导古文辞，彼此文酒唱酬，不间时日。这在文徵明《甫田集》卷二十三《题希哲手稿》、卷二十五《上守溪先生书》以及沈敕《荆溪外纪》卷十五文徵明《大川遗稿序》中都有相关记载[16]。

二、弘治八年（1495）两人二十六岁时，文徵明曾过访唐寅家饮酒并留有诗篇。是年两人曾商酌绘画方法，认为作画应以六朝为师，设色行墨应以闲淡为贵。又推崇李唐（1066—1150）为南宋画院之冠，认为他画中山林丘壑的布局超过了唐代人，而初学画者应当在构图、布局上下功夫，要将李唐作为标准向其学习。

四卷本《甫田集》卷一录有文徵明在这一年所写的《饮子畏小楼》："今日解驰逐，投闲傍高庐。君家在皋桥，喧阗井市区。何以掩市声，充楼古今书。左陈四五册，右倾三二壶。我饮良有限，伴子聊相娱。与子故深密，奔忙坐阔疏。旬月一会面，意勤情有余。苍烟薄城首，振袖复踌躇。"[17]诗中描述了唐寅家虽在闹市中，但由于小楼上富有藏书而遮蔽了市井喧闹之声[18]。当时两人的交往非常密切，十天至一个月的时间内就要会面，饮酒聊天、读书作诗，待到苍烟日暮之时，诗人还舍不得离去。年谱中还记载，同年十二月廿日，文徵明曾借观唐寅所藏宋黄伯思著《东观余论》，并有题[19]。

这一年两人有关绘画的讨论，有两条记录可作参考。其一为文徵明在画上的题跋："此余四十年前所作，当时与子畏言：'作画须六朝为师。然古画不可见，古法亦不存。漫浪为之，设色行墨，必以闲淡为贵。'今日视之，直可笑耳。然较之近时浓涂丽抹，差觉有古意。不知鉴赏家以为何如？嘉靖乙未九月十一日。"[20]其二也是画跋："余早岁即寄兴绘事，吾友唐子畏同志，互相推让商榷，谓李晞古为南宋画院之冠。其丘壑布置，虽唐人亦未有过之者。若余辈初学，不可不专力于斯，何也？盖布置为画体之大规矩，苟无布置，何以成章？而益知晞古为后进之准。……嘉靖癸巳二月五日，文徵明识于悟言室。"[21]这两条记载相当重要，从中可以了解两人青年时代在绘画方面的主要观点，但这已是文徵明在唐寅去世十余年以后的1535年（嘉靖乙未）和1533年（嘉靖癸巳）的两次追忆。第一条中"直可笑耳"似乎否定了年轻时追求作画以六朝为师、设色行墨以闲淡为贵的想法，但仍觉得自己当时的画作颇有古意，不同于后来设色浓丽的画法。第二条强调学画者要重视"布置"，也就是在构图上的经营谋略，在这方面特别推崇李唐，认为他是后学的楷模。

除了文徵明的画跋以外，书画著录中还能看到唐寅用李唐画法作画的记载。《古芬阁书画记》卷十四《明唐解元溪桥听笛图立幅》："松林夜月水榭中，一人临窗吹笛，一客旁坐，一童子侍。对岸桥上坐二叟，一童子抱琴侍。立幅首'溪桥听笛　正德庚辰七月既望用李晞古笔法画于桃花庵。晋昌唐寅'。行书四行，押尾'唐白虎'阳文方印一，'六如居士'阳文方印一。"[22]正德庚辰为1520年，可知此画为唐寅五十一岁时所作。然《古芬阁书画记》的可信程度存疑，因而此画不知真假。另有一例是《唐六如仇十洲云槎图》，此图收入有正书局本《中国名画》第二集，画上分别有文徵明和文彭的题跋。文彭跋云："……此卷《云槎图》，乃唐子畏、仇实父所作。子畏仿李唐，实父仿赵千里，俱极精妙。……三桥文彭。"[23]研究者也注意到唐寅从周臣那里学到了脱胎自李唐的风格[24]。

三、弘治十一年（1498）冬闰月，沈周、文徵明、祝允明等人追和元代倪瓒（1301—1374）《江南春》诗，唐寅也有和诗。根据《文徵明年谱》记录，现苏州市怡园碧梧栖凤馆前壁间有文徵明、唐寅所书和《江南春》诗的石刻一块[25]。

元四家之一的倪瓒曾经写过《江南春》诗。弘治年间（1488—1505），吴县人许国用得到倪瓒《江南春》手迹，引起吴中文人争相唱和。文徵明、唐寅和诗的书条石呈现的就是这件事。笔者专程进行了实地考察。苏州怡园内的碧梧栖凤馆为园主读书治学之所，取白居易"栖凤安于梧，潜鱼乐于藻"诗意，馆藏梧荫深处（图一）。馆门外左前壁有一方书条石（图二），书条石上并列了文徵明与唐寅的书迹，从右至左分别是文徵明的两次和诗和唐寅的诗词（图三）。文徵明和《江南春》的诗作分别作于弘治戊午（1498年，29岁，落款"文壁"）和嘉靖庚寅（1530年，61岁，落款"文徵明"）两个时期。第一次的和诗为年轻时众人唱和时所作，跋云："追和倪先生《江南春》二篇。篇后题元举者，盖王元举兄弟。克用为虞胜伯别字也。弘治戊午冬闰，文壁。"后面再和的缘由，跋中记载道：忆起当时和诸公一起唱和，苦于韵险，而石田先生（沈周）当时已八十有余，却四和之，才情不衰，令大家惊叹，一晃先生去世二十年，而自己也老了，正好展诵先

图一　苏州怡园碧梧栖凤馆　　　图二　苏州怡园碧梧栖凤馆外方书条石

图三　方书条石文徵明、唐寅书迹

生遗作，有感两和之，"非敢争能于先生，亦聊以致死生存殁之感尔"。这段文字，不仅充满了文徵明对老师的尊敬与追忆，也充满了对世事光阴的感慨，又将一桩文人间的韵事留于世人。两次和诗前后相隔三十年，文徵明的小楷书法愈加平和精劲（图四、五）。后有唐寅正德丁丑年（1517 年，48 岁）的和诗（图六）。后半段为："人命促，光阴急，泪痕渍酒青衫湿。少年已去，追不及，仰看乌没天凝碧。铸鼎铭钟封爵邑，功名让与英雄立。浮生聚散是浮萍，何须日夜苦蝇营。"是对人生光阴的一番感慨[26]。唐寅不仅有和诗，还曾画有《江南春图》。根据《中国古代书画图目》卷十四的记载，此图现藏广州美术馆[27]。

过云楼主人顾文彬曾经收藏过和《江南春》有关的书画合卷，《过云楼书画记》画类四收录了《文衡山补图云林江南春卷》。根据记载可知，卷首为昆山黄沐为许国用题写的篆书"江南春"三字，后面是倪瓒书迹《江南春》二章，接着是文徵明署款绘于嘉靖庚寅年（1530）的《江南春图》，再后面是沈周、祝允明、文徵明、唐寅等九人应许国用之请的和辞[28]。书条石上文、唐两人的书迹，应是从园主收藏的这件书画作品而来。为何只选他们两人的书迹刊刻上石，是否能反映园主对两人书法的偏爱呢？应当注意的是，九人的和诗并非作于同一时间，这也能解释书条石上题跋时间为何有差异。

四、弘治十一年（1498）两人二十九岁时同赴应天府参加乡试，唐寅中解元，文徵明未考中。弘治十二年（1499）唐寅赴京师参加会试，因科场案

被连累下狱，后被废黜为吏。是年文徵明父亲文林去世，唐寅往文家吊唁并写有《祭文温州文》[29]。在这一阶段的交往中，两人性情的差异已显露无遗。在明清文人的记载中，文徵明为人严谨，不近女色，唐寅则放诞不羁，甚至屡屡狎妓。但这没有影响两人的密切交往。除上述重要事件以外，还有一些诗文唱酬能反映两人的深厚情谊。如弘治四年（1491）文徵明在前往滁州探望父亲期间，唐寅非常想念他，曾梦及文徵明，因此作诗以寄，但诗作没有留存下来。我们只能从文徵明的《答唐子畏梦余见寄之作》推知此事："故人别后千回梦，想见诗中语笑哗。自是多情能记忆，春来何止到君家。"[30]文徵明从唐寅的诗中读出了他的思念，也读出了他谈笑风生的样子。弘治七年（1494）前后，唐寅的父亲、母亲、妻子、妹妹相继去世，唐寅在悲痛之余，更加跌宕无羁，不问家业。文徵明作诗劝谏，希望好友能够振作。《甫田集》卷一有《月夜登南楼有怀唐子畏》及《简子畏》两首诗。后一首"落魄迁疏不事家，郎君性气属豪华"直接点明了唐寅的境况，最后两句"只应郡郭声名在，门外时停长者车"可视为对唐寅的鼓励，"你已经声名在外了，长辈都愿意折辈与你交往"，言下之意，唐寅要珍惜自己的名声[31]。

二　第二阶段（1500—1514）

第二阶段是从两人三十一岁至四十五岁壮年时期，这一阶段他们的友谊经历波折。较为重要的事件有：

一、弘治十三年（1500），唐寅科场案归家后，因海内以之为不齿之士，又夫妻反目，于是撰写长文致文徵明，表达自己的心绪和志向，言辞甚为哀楚。又将远游，将其弟托付给文徵明[32]。

在《与文徵明书》中，唐寅写道："寅白徵明君卿：窃尝闻之，累吁可以当泣，痛言可以譬哀。……兹所经由，惨毒万状：眉目改观，愧色满面。衣焦不可伸，履缺不可纳；僮奴据案，夫妻反目，旧有狞狗，当户而噬。……此外无他谈，但吾弟弱不任门户，傍无伯叔，衣食空绝，必为流莩。

图四　方书条石文徵明第一次和诗

图五　方书条石文徵明第二次和诗

图六　方书条石唐寅和诗

仆素论交者，皆负节义；幸捐狗马余食，使不绝唐氏之祀，则区区之怀，安矣乐矣！尚复何哉？唯吾卿察之！"[33]从这篇长文中，我们可以知道，唐寅在遭遇科场案之后，将文徵明视为他值得信赖的朋友，向他倾诉衷肠，还拜托他在自己远游期间照顾

胞弟。

祝允明在《唐子畏墓志并铭》中记载，在科场案之后，唐寅心灰意冷，转而喜好佛教，并根据《金刚经》中"一切有为法，如梦幻泡影，如露亦如电，应作如是观"之偈语，自号"六如居士"。在这一时期，唐、文之间有诗歌唱酬，文徵明的和诗留存至今。四卷本《甫田集》卷一《夜坐闻雨有怀子畏次韵奉简》："皋桥南畔唐居士，一榻秋风拥病眠。用世已销横槊气，谋身未办买山钱。镜中顾影鸾空舞，枥下长鸣骥自怜。正是忆君无奈冷，萧然寒雨落窗前。"[34]这首诗写出了唐寅科举案后落寞凄凉的境况。若是将此诗与前文所引《月夜登南楼有怀唐子畏》及《简子畏》等诗连起来读，便可感受到文徵明在唐寅遇到困境后同情其遭遇并加以微讽的态度，这是朋友间真挚情感的流露，却也为日后两人产生矛盾埋下了伏笔。

二、弘治十六年（1503），唐寅三十四岁之时，由于郁郁不得志，他更为任达自放，常寄情于风月。文徵明曾规劝他，他写有《答文徵明书》，言辞激

烈，强调自己与文徵明品性的不同，似乎并不能接受规劝。两人关系几致失和。

《答文徵明书》全文为："寅顿首，徵明足下，无恙幸甚！昔仆穿土击革，缠鸡握雉，参杂舆隶屠贩之中，便投契足下。是犹酌湜淈以饣食馑，采葛覃而为绨绤也。取之侧陋，施之廊庙冠剑之次，人以为不类；仆窃谓足下知人。比来痴叔未死，狂奴故若；遂致足下投杼，甚愧甚愧！且操奇邪之行，驾孟浪之说，当诛当放，载在礼典，寅故知之。然山鹊莫（暮）喧，林鹠（鸮）夜眠；胡鹰耸翮于西风，越鸟附巢于南枝；性灵既异，趋从乃殊。是以天地不能通神功，圣人不能齐物致；农种粟，女造布，各致其长焉。故陈张以侠正，而从断金之好；温荆以偏淳，而畅伐木之义。盖古人忘己齐物，等众辩于鷇音；出门同人，戒伏戎之在莽也。寅束发从事，二十年矣；不能翦饰，用触尊怒。然牛顺羊逆，愿勿相异也。谨复。"[35]

唐寅写这封信件的缘由现在已不可得知，如果文徵明给他的信件内容能够保存下来，我们便可了解更多两人之间到底发生了什么。在两种年谱中，唐寅写此文的时间均定为1503年，江兆申先生则定为1505年，三位作者判定年代的依据都未说明。江先生推测唐寅在经济方面曾得到文徵明的帮助，可能是为金钱而决裂[36]。两位年谱作者均举唐寅不拘礼法的例子，《文徵明年谱》中引用《明史窃·列传》的记载，说是唐寅与祝允明、张灵扮乞丐唱《莲花落》，得钱沽酒，于野寺中痛饮；《唐寅年谱新编》则罗列了唐寅为妓女写的诗作，如《寄妓》《哭妓徐素》《代妓者和人见寄》《玉芝为王丽人作》等[37]。从唐寅回信的内容来看，文徵明写信给他可能更多是出于劝诫的目的，也许带着责备的语气而使唐寅恼羞成怒，无法接受。如江兆申所言，"他们的结交，在文学与艺术方面，相当的契合；但在行为方面，却不免时有龃龉"[38]。

三、弘治十七年（1504）至明武宗正德九年（1514）期间，两人与祝允明、徐祯卿等人共游多处苏州名胜，题诗作画并互有题跋。

在这段时间，两人的交游一如既往，和朋友们畅游于名山胜水之间，之前的不快似乎并未影响他们。以弘治十七年甲子（1504）为例追踪其交游，有五件可举之事：1. 根据明代李日华《味水轩日记》等文献的记载，是年二月，文、唐与祝允明游东禅寺清溪堂，祝允明为僧人云空书《饮中八仙歌》。2. 清代陶梁《红豆树馆书画记》记载，是年春天，文、唐与蔡羽、徐祯卿放棹虎丘，相集竟日，文徵明画《虎丘千倾云图》。3. 清代陆时化《吴越所见书画录》、清代顾文彬《过云楼书画记》记载，是年春天，沈周作《落花诗》十首，文徵明与徐祯卿等有和诗，文徵明还曾以小楷抄录。唐寅的文集中也有《和沈石田落花诗》三十首。4. 清末端方《壬寅消夏录》记载，是年中秋，沈周、文徵明、唐寅、蔡羽同游缥缈峰，沈周画《缥缈峰图卷》。5. 是年十二月，文徵明题无锡华德顺远祖华幼武《黄杨集》，吴中文人多有题识，唐寅亦有识语[39]。

其他年份比较重要的书画交游还有：1. 清代吴升《大观录》记载，弘治十八年乙丑（1505）二月，唐寅为杨季静画《南游图卷》并题诗，祝允明、文徵明、吴奕、钱同爱等亦有题[40]。2. 《中国古代书画图目》六记载，正德二年丁卯（1507）冬，文徵明为叶芝庭写《芝庭图》并赋，祝允明为其作《芝庭记》，唐寅亦为其作赋。图与赋现藏北京故宫博物院。3. 《吴越所见书画录》《过云楼书画记》记载，正德三年（1508）三月十日，文徵明、唐寅、朱凯、吴奕等同游竹堂寺，文、唐两人各有画作。4. 明末汪珂玉《珊瑚网》法书题跋及名画题跋记载，正德三年（1508）八月十五，沈周、杨循吉、祝允明、文徵明、唐寅等于垂虹桥送休宁戴昭归家，均有赠诗，戴冠作叙，唐寅后作《垂虹别意图》。5. 清代邵松年《古缘萃录》卷三记载，正德四年己巳（1509）三月，沈周、周臣、文徵明、唐寅、仇英合写《桃渚图卷》。此图共有四段，第一段沈周画，第二段唐寅、仇英合画，第三段周臣画，第四段文徵明画。6. 《大观录》卷二十记载，正德四年春，唐寅题文徵明为吴中名医王闻所画《存菊图》，祝允明为写《存菊解》，杜启为写《存菊堂记》。7. 清陆心源《穰梨馆过眼续录》卷十八记载，正德四年（1509），宝应人朱应登将赴延平知府任，文徵明为他画《剑浦春云图》，唐寅有题诗。此卷现藏天津博物馆。8. 有正书局本《中国名画》第二集收录唐寅为张冲画的《山水云槎图卷》，时间为正德八年癸酉（1513）四月二十六日，文徵明题诗其上。9.《味水轩日记》卷七记载，正德九年甲戌（1514）三月，唐寅与刘麟、顾璘、祝允明同观文徵明所画小景并有题跋。10.《故宫周刊》二百八十六期刊有唐寅题陈淳《花石扇》，时间为正德九年（1514）四月，祝允明、文徵明亦有和诗。11.《石渠宝笈续编》宁寿宫藏一四载有《唐寅文徵明书画合璧卷》，是卷为唐寅为顾氏画《悟阳子养生图》，文徵明于正德九年（1514）书《悟阳子诗叙》。此卷现藏辽宁省博物馆[41]。

四、正德九年（1514），宁王朱宸濠遣使至苏州，以期延揽人才，唐寅与谢时臣等人应聘前往南昌，文徵明辞病不往。唐寅见宁王有反状，佯狂求归。第二年三月回到苏州[42]。文徵明没有前往的原因，文嘉在《先君行略》中记载："宁藩遣人以厚礼来聘，公峻却其使。同时吴人颇有往者，公曰：'岂有所为如是，而能久安藩服者耶？'人殊不以为然。及宁藩叛逆，人始服公远识。"[43]

三　第三阶段（1515—1523）

第三阶段是从两人四十六岁至唐寅五十四岁辞世，这一阶段唐寅服膺文徵明，两人继续诗文书画之交游。较为重要的事件有：

一、正德十年（1515）两人四十六岁时，唐寅致书文徵明，愿以其为师，而且表示自己是心悦诚服。

《又与文徵仲书》全文为："寅与文先生徵仲交三十年，其始也，卯而儒衣；先太仆爱寅之俊雅，谓必有成，每每良燕，必呼共之。尔后太仆奄谢。徵仲与寅同在场屋，遭乡御史之谤，徵仲周旋其间，寅得领解。比至京师，朋友有相忌名盛者，排而陷之；人不敢出一气，指目其非，徵仲笑而斥之。家

弟与寅，异炊者久矣！寅视徵仲之自处家也，今为良兄弟，人不可得而间。寅每以口过忤贵介，每以好饮遭鸩罚，每以声色花鸟触罪戾；徵仲遇贵介也，饮酒也，声色也，花鸟也，泊乎其无心，而有断在其中，虽万变于前，而有不可动者。昔项橐七岁而为孔子师，颜路长孔子十岁，寅长徵仲十阅月，原（愿）例孔子以徵仲为师。非词伏（服）也，盖心伏（服）也。诗与画，寅得与徵仲争衡；至其学行，寅将捧面而走矣。寅师徵仲，惟求一隅共坐，以消熔其渣滓之心耳，非矫矫以为异也。虽然，亦使后生小子钦仰前辈之规矩丰度，徵仲不可辞也。"[44]

唐寅写作此信的缘由，应当和宁王之事有很大关系。他在信中特别指出，文徵明在对待有身份地位的人以及在对待声色犬马这一类事情上，看似淡泊无心，其实有自己的立场，而且意志坚定，不可动摇。唐寅认为自己在诗画创作方面可以和文徵明一比高下，但在学问品行方面，自己可说是无地自容。因此，唐寅虽比文徵明早出生十多个月，但愿意仿效先贤，以文徵明为老师。《五杂俎》卷十五和《艺苑卮言》卷六都记载文徵明平生作书画有三戒：一不为阉官作，二不为诸侯王作，三不为外夷作[45]。这也正是唐寅在信中指出的文徵明在对待权贵人物上的立场。

文徵明对此有何回应，现在已不可得知，但书画题跋中似乎还存有蛛丝马迹。清末杜瑞联的《古芬阁书画记》记载，正德十一年（1516）四月，唐寅画《山居四时乐图册》十二幅，后面有文徵明、王宠、王穀祥的跋语。文徵明识云："子畏人品在晋唐上，而画法亦不在晋唐下，宜乎倜傥其襟怀。而此作又子畏得意者也。珍重而玩之，奚古今不相及而有间耶？嘉靖戊子夏五月徵明识。"嘉靖戊子为1528年，可知文徵明题跋时间离开画作完成已有十二年。跋语中"晋唐"应指人名，唐寅好友张灵字梦晋，"晋唐"为谁尚待查考。文徵明将唐寅的人品和画法与另一友人作比较，似有推崇唐寅之意。然此著录是否可信，亦有待查考。

湖北省博物馆现藏同名书札一通，内容与上文所引相同（图七、八、九）。徐邦达先生认为是伪

作，实乃一眼可辨[46]。此信札学唐寅风格，但笔力偏软，字形结构多有问题，牵丝映带极为勉强，实无唐寅之功力。根据文后咸丰年间秦光第等人跋语，可知作伪时间在晚清之前。

图七　湖北省博物馆藏唐寅书札

图八　湖北省博物馆藏唐寅书札

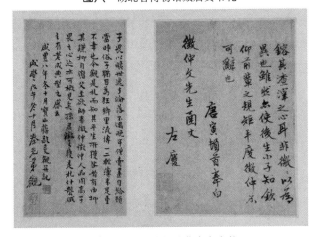

图九　湖北省博物馆藏唐寅书札

二、正德十五年（1520），两人五十一岁之时，皆从王鏊（1450—1524）游。曾燕集于王鏊之东堂，文徵明画有《燕集图》并题。唐寅也有诗作。

晚明郁逢庆《郁氏书画题跋记》卷十二《文衡山王文恪公燕集图》："冬日，侍柱国太原公东堂燕集，奉纪小诗。同集者济阳蔡羽九逵、太原王守履约、王宠履吉，敬邀同赋。是岁正德庚辰。（诗略）学生文徵明。"墨迹《明贤翰墨册》："竹径留欢地，频过侍孔融。幽篁喧暮鸟，丛菊耐秋风。醉怯樽中绿，歌怜席上红。不愁销桦烛，片月已临空。与同志集王少参园作。录呈衡山先生教正，唐寅顿首稿。"[47]

王鏊（1450—1524）曾官至户部尚书、文渊阁大学士，后加少傅兼太子太傅、武英殿大学士。他于正德四年（1509）辞官返乡后，成为吴中文人的精神领袖。家中富有藏书，与文徵明、唐寅在诗文书画和藏书方面互相唱和。文、唐年谱中这方面的记载不乏其例。弘治十八年（1505）王鏊丁父忧期间，唐寅等人就曾与他同游虎丘、西山法华寺、曲岩等地。正德元年（1506）王鏊被起用为吏部左侍郎之时，唐寅为他画《王济之出山图》，后有祝允明、徐祯卿、张灵等七人的题咏及张凤翼的跋，此图现藏北京故宫博物院。唐寅还曾陪王鏊登歌风台，并写《歌风台实景图》[48]。文徵明曾与祝允明、蔡羽等人辅助王鏊修《姑苏志》。王鏊辞官后，唐寅为他画《文会图》，此画曾经吴湖帆收藏，现藏上海博物馆。王鏊辞官当年六十大寿之际，众亲友为他庆贺，唐寅也有贺诗[49]。

三、正德十六年（1521），唐寅曾在文徵明家中玉磬山房为其画《潇湘八景图》。

晚清至民国时期裴景福《壮陶阁书画录》卷十《明唐子畏潇湘八景卷》记载："款题卷末：正德辛巳八月写于玉磬山房。晋昌唐寅。"裴景福按语云："此卷清润沈细，皴染兼至，殆欲追步右丞。为衡山作，宜其精也。"[50]

据宋代沈括（1031—1095）《梦溪笔谈》记载，"潇湘八景"原是宋代宋迪（约1015—1080）所绘平远山水的主题，即平沙雁落、远浦帆归、山市晴岚、江天暮雪、洞庭秋月、潇湘夜雨、烟寺晚钟、渔村夕照。宋迪在北宋朝廷任职，与司马光为友，后卷入新旧党争，因反对王安石变法，遭朝廷罢黜。《潇湘八景》是宋迪被贬后所作，立意与杜甫流落楚地时写的忧愤诗相关。因而潇湘八景的主题具有隐和谏的含义。

唐寅此画只在《壮陶阁书画录》中有记载。此书作者裴景福（1854—1924）为光绪十二年（1886）进士，历任广东陆丰、番禺、潮阳、南海县令。他富有收藏，长于鉴赏。可惜唐寅的这件《潇湘八景图》下落不明，如能获睹原作，则能更多了解唐寅为文徵明作此画的寓意所在。而且此画是唐寅去世前两年所作，若为真迹，应是唐寅晚年的力作。然而，文嘉《先君行略》云："到家，筑室于舍东，名玉磬山房。"[51]这是指文徵明从京城回到家以后才筑就玉磬山房。在这之前是否有玉磬山房之名，还找不到证据。因而唐寅此画的真假，只能存疑。

四、明世宗嘉靖二年（1523）春天，文徵明离开苏州赴京任职。十二月二日，唐寅卒于家，享年五十四岁。

文、唐一生中某些时刻颇富戏剧性。譬如两人二十九岁那年，同赴应天府参加乡试，唐寅中解元，文徵明未考中；第二年唐寅赴京师参加会试，却因科场案受牵连而下狱。譬如宁王朱宸濠的聘请，唐寅应聘前往南昌，文徵明辞病不往，唐寅见宁王有反状而佯狂求归。在唐寅去世那年，文徵明的人生却出现了转机，离开苏州赴京任职。他们都是才华出众之人，却因不同的性格、机遇而有着不同的命运。

唐寅去世时，文徵明已去京城。他是否写有悼亡之作，因其文集未收而不可得知。然而，文徵明对唐寅的怀念还是有迹可循的。《文徵明年谱》中载有《明唐子畏墨霞寒翠砚拓本》款识："砚为子畏遗物，衡山于丙申年得之。书此，如见其人也。"[52]此年为嘉靖十五年（1536），文徵明六十七岁。此外，

上文已论及文徵明在唐寅去世后的两次画跋中回忆他们早年学画时的观点。他还曾在唐寅画作上题写观后的感受。如嘉靖二十五年丙午（1546）夏，他七十七岁时，曾在唐寅所画十八罗汉像扇面之阴抄录苏轼的《罗汉赞》，记云："……子畏素深禅理，复能以翰墨游戏佛事，是真得其三昧者矣。偶阅苏长公赞语，用录其语，并识数语，纪岁月云。嘉靖丙午夏日书于玉兰堂中。徵明。"[53]文徵明也曾为友人题唐寅画作。如嘉靖二十六年丁未（1547）为叔贻题唐寅画："……子畏旷古风流，超尘墨妙。图绘传于人间，真世宝也。适书贻携示，因题以归之。丁未，徵明。"[54]嘉靖三十二年癸丑（1553），文徵明八十四岁，王穀祥携唐寅《溪亭山色画册》过停云馆，相与鉴赏，文徵明和文嘉均有跋[55]。

从文、唐一生的交游来看，对诗文书画的爱好和出众的才华是两人年轻时展开交游的基础。文徵明出生于仕宦之家，唐寅虽来自一个不曾享有功名官位的家庭，但他在年轻时就与文徵明一样，从游于同一群有名望的人士。圈中友人大多喜好读书、藏书，互相之间有诗文唱和，常同游吴地名胜并作诗作画，共同参与祝寿、送别等活动。这是两人交游的社会和文化环境。学界对于两人早年的交游讨论较多，但对中年以后的交游不甚了了。这可能是受江兆申的影响，他认为唐寅在致书文徵明表示心悦诚服之后，虽对文徵明存严敬之心，但行迹上却仍然不太亲昵，因为两人的文集中都看不到对方的踪迹[56]。高居翰则认为："唐寅因牵连科场弊案，而黯然返回苏州之后，他与文徵明的关系便逐渐恶化，后来很少见面。"[57]显然情况并非如此。柯律格注意到："在1514年的冲突后，文徵明与唐寅依然有所往来，文徵明1517年仍有诗题于借自唐寅的《宋高宗石经残本》上。"[58]而本文对两人人生不同阶段交游的考索也显示，虽然两人间的友谊经历波折，但交游始终未断。特别是唐寅去世后，文徵明在题跋、款识中都曾提到他。这些都能说明，两人一生有着深厚的交谊。

注释：

[1] 杨殿珣编：《中国历代年谱总录》（增订本），书目文献出版社 1996 年，第 172 页。"唐寅"条目下即为"文徵明"条。

[2] 周道振、张月尊辑校：《唐伯虎全集》，中国美术学院出版社 2002 年。其中附录六为年表，第 634—663 页。

[3] 如邵洛羊著：《唐寅》（上海人民出版社 1988），陈传席、谈晟广著：《唐寅》（河北教育出版社 2004 年），卢寿荣著：《唐寅画传》（山东画报出版社 2004 年）等等。

[4] 江兆申：《关于唐寅的研究》，故宫丛刊甲种之一，台北故宫博物院 1976 年，第 21 页。

[5] Richard Edwards, *The Art of Wen Cheng - ming*(1470 - 1559), Ann Arbor: The University of Michigan, 1976.

[6] Anne De Coursey Clapp, Wen Cheng - Ming: *The Ming Artist and Antiquity*, Ascona: Artibus Asiae Publishers, 1975.

[7] Doris Jung Chu Tai, *T'ang Yin*(1470 - 1524): *The Man and His Art*, Doctoral Dissertation, University of Pittsburgh, 1979.

[8] Anne De Coursey Clapp, *The Painting of T'ang Yin*, Chicago and London: The University of Chicago Press, 1991, pp. 1 - 17.

[9] [美] 高居翰：《江岸送别：明代初期与中期绘画（1368—1580）》，生活·读书·新知三联书店 2009 年，第 234 页。

[10] 此文收录于《风格与观念：高居翰中国绘画史文集》，范景中、高昕丹编选，中国美术学院出版社 2011 年。

[11] [英] 柯律格：《雅债：文徵明的社交性艺术》，台北石头出版股份有限公司 2009 年，75—76 页。

[12] 石守谦：《〈雨余春树〉与明代中期苏州之送别图》，载氏著《风格与世变：中国绘画史论集》，允晨文化实业股份有限公司 1996 年，第 229—260 页。

[13] 邓晓东：《唐寅研究》，人民出版社 2012 年。

[14] 太仆寺为明代管理全国马政的中央机构，由朱元璋于洪武六年（1373）二月下诏在滁州设立，永乐十九年（1421 年）改称南京太仆寺。南京太仆寺在滁州一直存续到明朝终结。太仆寺主官设卿一员，从三品，副职为少卿，二员，正四品或从四品、寺丞六员，正六品、主簿一员，从七品。以上参考来安县人民政府网站来安地方志办公室信息公开之《南京太仆寺在滁州》网页。

[15] 参看周道振、张月尊：《文徵明年谱》卷一，百家出版社 1998 年，第 27—30 页；杨继辉：《唐寅年谱新编》，2007 年苏州大学硕士论文，中国知网优秀硕士论文全文数据库，第 20 页。下文引用两种年谱时径称《文徵明年谱》和《唐寅年谱新编》。

[16] 参看《唐寅年谱新编》，第 24 页。原文不再引述。

[17] 此诗收入周道振辑校：《文徵明集》（增订本）上，上海古籍出版社 2014 年，第 5 页。

[18] 邓晓东根据薛章宪（1455—1514）《鸿泥堂小稿》卷四所收《至虎丘柬伯虎》末句"万足如雷若市嚣"推测，"市嚣"并非说唐寅家住在热闹的皋桥，而是说唐寅家就像一个嘈杂的市嚣，可能是因为唐寅的父亲从事酒店饭馆这一类行业所致。参看邓晓东：《唐寅研究》，第 54—55 页。

[19] 参看《文徵明年谱》，卷二，第 72—73 页。

[20] 《文徵明年谱》，卷二，第 72 页，引自上海艺苑真赏社本《文徵明诗稿真迹》，出版年月不详。笔者查阅香港中文大学图书馆目录，出版时间应为 20 世纪 20 年代。《唐寅年谱新编》中也录有相同内容，但出处不同，引自《过云楼书画记》卷八《文衡山松阴高士图轴》，多出顾文彬推算作画时间的内容，见年谱第 33 页。

[21] 《文徵明年谱》卷二，第 72—73 页，引自《南宋院画录·李晞古关山行旅图》。《南宋院画录》为清代厉鹗（1692—1752）对南宋百余年间画院机制、人物、画作相关文献所做的汇集，成书于康熙末年（1722）。参看胡小罕：《浅谈〈南宋院画录〉及其校注与图笺》，中华古籍网"书讯书评"栏目 2015 年 1 月 6 日发布。胡小罕、胡易知校释：《南宋院画录校释图笺》，浙江人民美术出版社 2015 年。

[22] 《唐寅年谱新编》，第 96 页。

[23] 《文徵明年谱》卷七，第 566 页。

[24] 《关于唐寅的研究》，第 100—103 页；《江岸送别》，第 196 页。

[25] 《文徵明年谱》卷二，第 93 页。

[26] 参看邱文颖：《"怡园法帖"中的笔墨世界——兼论苏州园林书法的保护与传承》，《苏州教育学院学报》第 30 卷第 2 期。文章中将唐寅后半段和诗题为《江南行》，不知所据为何。此诗收录《唐伯虎全集》卷一，第 19 页。

［27］《唐寅年谱新编》，第87—88页。

［28］顾文彬：《过云楼书画记》画类四，第24—25页，光绪八年（1882）苏州阊门内铁瓶巷本宅刊行。

［29］参看《文徵明年谱》卷二，第87—114页；《唐寅年谱新编》，第36—45页；《祭文温州文》见《唐伯虎全集》，第504页。

［30］参看《文徵明年谱》，卷一，第47页；《唐寅年谱新编》，第26页。杨继辉按语云：上海图书馆所藏四卷本《甫田集》所收诗俱编年，此诗为文徵明弘治辛亥年所作。

［31］参看《文徵明年谱》卷一，第63页；《唐寅年谱新编》，第30—31页。《月夜登南楼有怀唐子畏》："曲栏风露夜醒然，彩月西流万树烟。人语渐微孤笛起，玉郎何处拥婵娟？又《简子畏》：落魄迁疏不事家，郎君性气属豪华。高楼大叫秋觞月，深幄微酣夜拥花。坐令端人疑阮籍，未宜文士目刘叉。只应郡郭声名在，门外时停长者车。"

［32］唐寅撰写《与文徵明书》的时间，《文徵明年谱》录为1499年，见卷二第101页；《唐寅年谱新编》录为1500年，见第46页。笔者考虑到唐寅远游时间为1501年，应在写信给文徵明不久之后，因此以后者为准。

［33］《唐伯虎全集》，第220—222页。

［34］《唐寅年谱新编》，第47—48页。可参看作者按语中关于"六如"的几种不同说法。

［35］《唐伯虎全集》，第223页。

［36］《关于唐寅的研究》，第24页。

［37］《文徵明年谱》卷二，第131页；《唐寅年谱新编》，第51页。

［38］《唐伯虎全集》，第223页。

［39］参看《文徵明年谱》卷二，第136—138页；《唐寅年谱新编》，第52—54页。

［40］《唐寅年谱新编》，第54—55页。杨季静（约1477—1530年后），名凌，字季静、履素，苏州著名琴师。父杨守素善琴。季静绍家传，以琴艺游于公卿间，与祝允明、文徵明、唐寅等人友善。台北故宫藏嘉靖丙戌年（1526）文伯仁《杨季静小像》，后有祝允明作《题杨季静小像赞》。此《南游图卷》现藏美国弗利尔美术馆，唐寅还为其画有《琴士图卷》，现藏台北故宫博物院。

［41］第2至11条分别参看《唐寅年谱新编》第63、65、66、69、73、78、80、81、81页。

［42］《文徵明年谱》卷三，第244—255页；《唐寅年谱新编》，第80—84页。

［43］《文徵明集》（增订本）下，第1724页。

［44］《唐伯虎全集》，第224页。

［45］《文徵明年谱》卷四，第300页。

［46］感谢苏州博物馆潘文协博士提供图版并转述徐邦达先生鉴定意见。

［47］参看《文徵明年谱》卷四，第311页。后一种墨迹《明贤翰墨册》在引证书目中找不到，只能看到有正书局印本《明代名贤手札墨迹又扇面》及西泠印社本《明贤墨迹又名贤手翰真迹》。王少参为何即王鏊，年谱中未加说明。

［48］《唐寅年谱新编》，第56—59页。

［49］《唐寅年谱新编》，第71页。

［50］《文徵明年谱》卷四，第318页。《唐寅年谱新编》，第98页，未载裴景福按语。

［51］《文徵明集》（增订本）下，第1725页。

［52］《文徵明年谱》卷六，第481页。

［53］《文徵明年谱》卷七，第567页。此条见有正书局本《扇面》第一册《唐六如画十八应真象文衡山写罗汉象赞》。

［54］《文徵明年谱》卷七，第576页。此条见《味水轩日记》卷七，周道振按语云："张凤翼季弟燕翼字叔贻。然燕翼此时年仅四岁，此叔贻当另是一人。待考。"

［55］《文徵明年谱》卷七，第627页。此条见《湘管斋寓赏编》卷六。

［56］《关于唐寅的研究》，第25页。

［57］《江岸送别》，第234页。

［58］《雅债：文徵明的社交性艺术》，第76页。书中所言1514年的冲突是指文徵明不赞同唐寅接受后来叛乱的宁王之邀一事。这是葛兰佩的推论。但两人的冲突早在十年之前已发生，并非因为宁王之事。

唐寅《贞寿堂图》画图时间考

邹绵绵

内容摘要：现藏北京故宫博物院的明代画家唐寅《贞寿堂图》卷，在晚清书画鉴藏家顾文彬撰《过云楼书画记》中有《唐六如〈贞寿堂图卷〉》一则，文中以引述图卷中明人吴一鹏题为"丙午上元日吴一鹏，僭题贞寿卷为周母致祝"之语，因而为人误以为此图为唐寅年十七岁所作，并为人所传称。但鉴于唐寅《贞寿堂图》绘画艺术已趋成熟，故而笔者对以上"年十七岁所作"难以置信。本文通过对"顾文"的考订和对"贞寿堂"故事的考释，以及对图卷中诸家所题文、诗和唐寅《贞寿堂图》画艺的考察，认为唐寅《贞寿堂图》最早也应该是其年在二十一岁初从师周臣学画之后所作。

关键词：唐寅　贞寿堂图　时间考

一　考释之缘起

唐寅《贞寿堂图（卷）》（图一），现藏北京故宫博物院[1]。此图卷晚清时曾为吴门顾氏"过云楼"收藏，此可据该图左下所钤"顾子山秘箧印"长方朱文印可证[2]。读清人顾文彬（子山）撰《过云楼书画记·卷八·画类四》有记《唐六如〈贞寿堂图（卷）〉》一则（以下简称"顾文"）[3]，从中可知是为唐寅为敬仰乡贤周希正之母周楼氏"孀居矢节"

教子成名之懿行，才留下了这件画作。曾见当代出版的一些相关图书和文章中，如《明四家画集》（天津人民美术出版社 1993 年 12 月版）在唐寅《贞寿堂图》右下特标注"唐寅十七岁作"，而《唐伯虎书画诗文全集》[4] 在介绍唐寅《贞寿堂图》时，有一段文字："《贞寿堂图》是唐寅 17 岁时之作。温肇桐著《明代四大画家》载：'吴一鹏题《贞寿堂图卷》为周母致祝题云：岁丙午（1486）子畏年止十七，而山石树枝如籀篆，人物衣褶如铁线，少诣若是，岂非天授！'"认定《贞寿堂图》为唐寅年十七岁所作。而周道振、张月尊编撰的《唐寅年表》记载："成化二十二年，丙午（1486）十七岁。补府学生员。交同里张灵。灵字梦晋，文思敏捷。善画，人物高远。嗜酒傲物。文徵明随父文林至滁州太仆寺任。"[5] 其中却未将唐寅作《贞寿堂图》事记入，想必自有道理。研究唐寅《贞寿堂图》画笔的特点，可见其师法沈周、周臣，且构图、笔墨技法已趋成熟（详见本文最后一章中相关内容），因此不免使人对认定唐寅十七岁作《贞寿堂图》的作画时间产生了疑惑。

图一　唐寅《贞寿堂图》（纸本，手卷，墨笔，纵 28.2、横 102 厘米，故宫博物院藏）

鉴于上述诸因，笔者重读了顾文彬撰《唐六如〈贞寿堂图卷〉》一文，在对"顾文"考订的过程中，发现"顾文"中有多处脱衍舛误（详见下文中案语）。然后再考释"贞寿堂"故事，以期作为对上述诸疑的解释，并可对唐寅《贞寿堂图》作画的时间也作番探讨。以上这些便是笔者作此考释之缘起和主要目的。兹先将"顾文"照录于下（对原文存在的衍脱舛误处，笔者在【】中分别略加案语）：

> 墨笔白描山水人物，就石编篱，因树结屋，松筠榆柏下，茅堂两楹；一妇面南坐，年可四五十许，二雏旁侍，巾服闲雅，长者已有髭矣，西设乌皮几，上置图籍；门前石桥涧水，一翁于然来，意是过访者。据卷首李应祯《贞寿堂诗序》云："周君希正之为嘉祥学谕也，奉其母楼孺人养于官，而颜其堂曰贞寿。以其先君子讷轩先生尹琼之乐会，而亡时希正与其季希善俱在孩提，岁丁未【绵案一："丁未"，应为明宣德二年（1427）。但与《家藏集·卷七十三·故乐会知县周君墓表》所述不合。对照李应祯《贞寿堂诗序》手迹，"未"字为衍误，原文作"岁丁"，为"是年遭逢"之意。】饥荒，又有寇盗，孺人以孱弱之躯，岭海万里，历险蹈艰，卒能以先生之骨与遗孤俱归。孀居矢节，门户萧然，蚕绩弗倦，手自授书以教二子。既而希正举于乡，以乙榜授今官，孺人【绵案二：据卷首李应祯手迹，脱一"盖"字。】春秋八十矣。"与《家藏集·送周希正教谕赴嘉祥》"心系慈闱里，名题乙榜前"合。讷斋名泰字景通，少从邑人楼日宏学，治《尚书》，日宏察为佳士，遂以女归之。楼孺人名嬿字懿端，通书史，精女红，尤有孝行。当乐会之归，抱其孤儿，跋涉岭海，数遇寇难，竟完其家。归教二子：长诰【绵案三：应是"诏"，而非"诰"】、次训。诰（诏）亦举于乡，为嘉祥教谕，见《家藏集·故乐会知县周君墓表》，知子畏为周希正之母楼作也。然画但署"吴门

唐寅"，无年月。以下唐璇、沈周、杜启、吴传、陈谟、陈沃、夏永、吴宽、钱胅、谢缙、尉淳【绵案四：尉淳题诗之后脱漏唐寅题七律一首】、濮裕、文璧、楼翰十四家皆然。惟吴一鹏云："丙午上元日，僭题《贞寿图卷》为周母致祝。"【绵案五：对照吴一鹏题诗手迹，应为"丙午上元日，吴一鹏僭题贞寿卷为周母致祝。"】岁丙午子畏年止十七，而山石树枝如籀篆，人物衣褶如铁线，少诣若是，岂非天授！吴一鹏字南夫，号白楼居士，长洲人，见《甫田集·太子少保南京吏部尚书赠太子太保谥文端吴公墓志铭》。杜启为东原先生子，官长垣尹，见《震泽集·东原诗集序》。又集有《钱隐君墓表》云："钱胅字时用，晚居一室，扁曰'勤轩'。"唐璇字文琪，《杜东原集·赠唐文琪魏文实诗》云："两人扶掖漫行行，一是门生一外甥。"是也。陈谟字古训，江西南昌人，官给事中，见《书史会要》。谢缙字朝用，别号履庵，长洲人，见《家藏集·江西安仁县知县致仕谢君墓志》。

由于"顾文"中的几处脱衍舛误，不能不使人对于顾氏《贞寿堂图》为唐寅十七岁时所作之说更生疑窦。从顾氏所撰中基本可知，由于"周君希正之为嘉祥（地名，在今山东省）学谕也，奉其母楼孺人养于官，而颜其堂曰贞寿"，又由于周母"孀居矢节"，教子成名，遂为一时吴中士林传为佳话，士人纷纷题诗祝颂，此亦合情理。但笔者所见卷子（故宫博物院藏本，以下均同）中除了李应祯《诗序》之外，还有唐璇、沈周、杜启、吴一鹏、吴传、陈谟、陈沃、夏永、吴宽、钱胅、谢缙、尉淳、唐寅、濮裕、文璧、楼翰共十六家的题诗。在等级森严的封建时代，一位仅仅在乡试中举（举人）而授官"学谕"（即学官教谕，县级负责文教的干部）的人，如何会为当时身为太仆寺少卿（正四品）的书法名家李应祯撰文并书写《贞寿堂诗序》？当时在画苑士林中已声名籍甚的沈周，以及声名显赫的成

化八年（1472）状元吴宽等都题诗祝颂。其中原因，真是让人疑莫能明！遂先就"贞寿堂"故事考释如下。

二 "贞寿堂"故事释疑

鉴于以上疑惑，笔者查检相关史籍志乘，见吴宽《送周希正教谕赴嘉祥》诗曰："心系慈闱里，名题乙榜前。治装初北上，奉檄又南旋。得禄家无累，横经席可专。此行应暂屈，拔擢在他年。"[6]读全诗可知，正当周希正整装北上赴嘉祥不久，就受到征召，同时获得了俸禄，而可安置家室。从此他可以横陈经籍专心学业，这次赴嘉祥充任教谕只是"暂屈"，不久就会受到提拔。了解到这些，对解释上述疑问，几可说已见端倪。那么周希正（诏）"举于乡，以乙榜授今官"事在何时？他拔擢得到的又是何种官职呢？

据《元和唯亭志·卷十三·人物》记载：

> 周诏，字希正，号默庵。少随父泰令海外乐，会【绵案："会"前逗号应删除，用于后；"乐会"，地名，今属海南省琼海县】，父卒，有欲留之者，诏不可，遂匍匐万里，归其丧。成化庚子（成化十六年，1480）举于乡。为兴国纪善时，典则未备，乃本祖训为书数千言以献。寻加长史，忠谠益著，睿皇书"道高德厚"扁赐之。继事世宗（嘉靖，1522年起），每进讲经史，上为竦听，称先生而不名。扈驾入京师，进少詹事兼翰林学士。大礼议兴，诸臣不能将顺，屡有诤论，上为赫怒，多见斥辱。诏转移密勿，常谓陛下制礼尊亲，群臣未达，然不敢阿附，固其忠谅，今若亟罪，彼怀二三者，将何以罪之？因免冠请老。上为动心，寻擢太常卿。卒于官，赐祭葬，赠礼部侍郎。子琦、磷、理，俱秩望通显。琦有父荫二，皆让弟侄，由选举授建宁推官。邑多寇盗，琦奉檄剿除之。犹子璧，以太常丞与议大礼。孙淳，笃厚长者，以孝友知名。依府志，参邑志。[7]

从上可知周希正（诏）成化庚子（成化十六年，1480）"举于乡，以乙榜授今官"，为嘉祥教谕。在《志》中，也许是因为"嘉祥教谕"微不足道，未予记载，只记其"拔擢在他年"的"为兴国纪善"。所谓"兴国纪善"，是为明兴王府的纪善（明代亲王属官名，掌讲授之职）。明白了这些，对以上疑问也就迎刃而解了。

有关"故事"的主要人物之一，即周希正（诏）之父"先君子讷轩先生"的小传，在《元和唯亭志·卷十三·人物》亦有记载：

> 周泰，字景通。正统戊午（正统三年，1438）举人。仕乐会（今海南省琼海县）令时，海寇窃发。泰鸠集武勇，触冒炎瘴，治兵剿寇，赖以平，而泰竟以疽发背殁。民奔走号泣，争愿出地葬之。其配娄（楼）夫人，奉遗骸间关岭表归，县人乃敛衣冠，聚土为冢，岁时祀之。按：周氏，南宋初有官平江，占籍吴淞江滨，后子孙世居西江田村，泰虽徙居郡中，然泰曾孙宪时宦归，仍回祖居，自当入志。[8]

"贞寿堂"主人周希正之母楼孺人"以孱弱之躯，岭海万里，历险蹈艰，卒能以先生之骨与遗孤俱归。孀居矢节，门户萧然，蚕绩弗倦，手自授书以教二子。既而希正举于乡，以乙榜授今官"，"奉其母楼孺人养于官，而颜其堂曰贞寿"。这在吴宽撰《故乐会知县周君墓表》中都记述详明：

> 景泰甲戌（五年，1454）四月六日，广东乐会知县周君卒于官，得年四十八。乐会之人相与奔走，悲号曰："天何夺吾贤令之速也！"争愿买地葬君，而筑室以居其妇子，其配楼孺人不可曰："此非君之志也。且如吾父母舅姑之老于家何？"于是其民聚土为冢，岁时祀之以慰其思。明年（景泰六年，1455）枢归，以十二月一日葬于长洲县武丘（虎丘）乡半塘之原。后四十年为弘治乙卯（八年，1495）六月四日，楼氏年八十九而终，将以明年十二月二十四日

裥葬。其二子诏、训始来乞文表墓。君为吴中前辈，予虽不之识，然与诏相好久，知其父母之贤可书也。君讳泰，字景通，自号讷斋，少从邑人楼日宏先生学，治《尚书》甚勤，而重迟和敏，与诸生异，非特能文词而已。日宏察其佳士，遂以女归之。既壮受徒闾门，居市廛中，谨谨不放。时有师儒郑德辉者，亦厚德君子也，人以君配称之。其业既精，正统戊午（三年，1438）以儒士举于乡，再试礼部不偶，授潮阳县学教谕，训迪勤厉，士子多所造就。秩满考最，始有乐会之擢。人谓其地险远，为君不乐，而君怡然之任。至则以其俗陋，专务教化，民皆从之。逾年，而君不幸卒矣。楼孺人讳嬚，字懿端，出宋太师楚公异之后，六传为乡贡进士，可先始自鄞迁长洲，至日宏益业儒，娶严氏生孺人，通书史，精女工，尤有孝行。当乐会之归，抱其孤儿跋涉岭海，数遇寇难，誓不受辱，以死自分，竟完其家无事。归教二子，诏亦举于乡，为嘉祥教谕，复享其养以老。成化末恩诏下，孺人年逾八十矣，更受肉帛之赐，人以为荣。二子：长诏，兴王府纪善；次训。一女嫁吴佐。孙男五：璐、璧、琦、璞、琮。女八，曾孙男一女二。夫君子之仕也，不必考其政，惟能得乎民，则其政之仁厚可知。君在海外未久，设施不甚见，一旦不禄，而民至欲留葬其地。此岂以势力使之哉，必有所以感之者。至于妇人之行，不出闺门，亦不必究其行，惟能成其子，则其行之严肃可知。若楼孺人寡居时，二子皆在提抱间，使非其母教育之，则身且不可保，况望以科名禄仕，进为王傅而有光其先人哉！是宜书以表之。[9]

从上文中可考知：一、周希正之父周泰（景通）生于明永乐五年（丁亥，1407年），卒于景泰五年（甲戌，1454年）乐会知县任上，寿四十八。二、希正母周楼氏，也生于明永乐五年（丁亥，1407年），而卒于弘治八年（乙卯，1495年），寿八十九。她

扶其亡夫灵柩，抱其孤儿跋涉岭海回故乡吴门的时间是在景泰六年（乙亥，1455年）之冬。由于她"归教二子，诏亦举于乡为嘉祥教谕，复享其养以老"，才使得希正于成化庚子（成化十六年，1480年）举于乡，以乙榜授官，为嘉祥教谕，奉其母楼孺人养于官，而颜其堂曰"贞寿"。三、周诏（希正）的生年，按"楼孺人寡居时二子皆在提抱间"推测，他大约生于正统九年（甲子，1444年）前后，于成化十六年（庚子，1480年）举于乡，已年近四十岁。授官嘉祥教谕，于"成化（1465—1487）末，恩诏下"提擢为兴王府纪善。又由于吴宽虽然与周希正之父吴中前辈周景通（泰）不相识，"但与诏相好久，知其父母之贤可书也"，才会有前述《送周希正教谕赴嘉祥》诗作和在《贞寿堂诗卷》上题诗祝颂，加上"其二子诏、训始来乞文表墓"，才撰写了这篇《故乐会知县周君墓表》，这些也就都顺理成章了。以上通过对"贞寿堂"故事中相关人物、时间的考察，才使得种种疑问涣然冰释了。

三 "贞寿堂诗"卷考察

通过上述考察，可以明确"贞寿堂"之事原委。周希正于成化庚子（成化十六年，1480年）举于乡，以乙榜授官为嘉祥教谕，奉其母楼孺人养于官，而颜其堂曰"贞寿"。而李应祯等为其母楼孺人八秩题诗文祝寿事，也正是在吴一鹏题诗所记"丙午上元日，僭题《贞寿卷》为周母致祝"的那一年。"丙午"，为成化二十二年（1486），是年唐寅十七岁，周母楼孺人年正八十。有关遍征吴中士人为"贞寿堂"题诗的缘起和征求者，这在李应祯《贞寿堂诗序》中都有记述：

> 周君希正之为嘉祥学谕也，奉其母楼孺人养于官。而颜其堂曰贞寿焉者，盖以其先君子讷轩先生尹琼之乐会，而亡时希正与其季希善俱在孩提，岁丁饥荒，又方寇盗之祸，孺人以孱弱之躯，岭海万里，历险蹈艰，卒能以先生之骨与遗孤俱归。孀居矢节，门户萧然，蚕绩

弗倦，手自授书以教二子。既而希正举于乡，以乙榜授今官。至是孺人春秋盖八十矣，然犹康豫自若，此贞寿堂所由名，正以著其节之高，而庆其年之永也。希善方远省而归，乃以其意语诸士林之人。士林之人率相咏歌，以致颂祷。如古诗人之旨者，亦既足矣。於希正异姓兄弟也，视孺人犹母，故得序其首简。夫寿，五福之所先也，人固有得之者，然在我无致之之道，则其得之也，亦幸耳。原壤之久生，盗跖之或寿，岂其宜哉？自孺人而论之，志操坚定而不渝，见义分明而不惑，有古忠臣烈士之风，至如教子成名，为士师表，方将大用于国家，以泽于天下，则孺人之贤不但贞而已也。其荣膺禄养，以介寿祉，谓非天休所在而偶得焉，是不知彼苍苍者，有福善祸淫之必然矣。其贞如此，其寿如此，宜也，非幸也。则夫咏歌之末，夫岂滥谀而溢美，永言诵之，实足以敦浇漓而厚风化，盖不但东吴与嘉祥人士读其诗，慕其人，而知所兴起，其传于天下后世也必矣。猗欤盛哉！长洲李应祯撰[10]（图二）

从上可知，李应祯与楼孺人之长子周希正交好如兄弟，而这次为其母八秩寿庆题诗祝颂的经办人，则是刚从远省归吴（门）的希正之弟周希善（训）。他把为母亲八秩寿庆题诗祝颂的设想告知吴中士林，士人们才率相题咏。至此有关"贞寿堂诗"的全部过程已经清楚。然而，唐寅《贞寿堂图》究竟作于何时，尚不知晓。况且无论李应祯《贞寿堂诗序》，还是吴一鹏题诗所记"丙午上元日，僭题《贞寿卷》为周母致祝"，都未提到有关图画的任何信息，但它并不能否定士人率相题诗的同时唐寅作《贞寿堂图》。究竟是先有"贞寿诗"，还是先有《贞寿堂图》，或者"诗、画"作在同时，又是疑莫能明。对此，只能对《贞寿堂图卷》中十六家题诗的内容再作考察。兹按卷子中的次序照录（因限于篇幅，对题诗内容与考察无关者从略）于下：

壮年守节鬓今皤，肯让共姜宝婺何。匪石不移心独正，如川方至寿偏多。板舆长御欢童稚，霞帔新裁绚绮罗。有子云霄沾厚禄，盛供甘旨养天年。郡人唐璹

堂开贞寿值生辰，阿母孀居已八旬。诗诵柏舟留矢节，筹添海屋拟扬尘。携孤跋涉红颜老，就养康宁白发新。鸾诰推恩应有日，蟠桃先庆百年春。沈周

贞母侨居汶水滨，毵毵华发玉精神。三千里去无多路，八十年来有几人。高枕梦回南海月，寿杯香泛北堂春。依然他日还乡井，笑看儿孙拥画轮。丙午上元日吴一鹏僭题贞寿卷为周母致祝（图三）

海儿一举攀丹桂，奉母三年作画堂。眼见书香承乐会，手扶慈训到嘉祥。八旬冉冉逢初度，两鬓鬖鬖着晓霜。贞德不亏天寿足，百千遐算等陵岗。郡人杜启

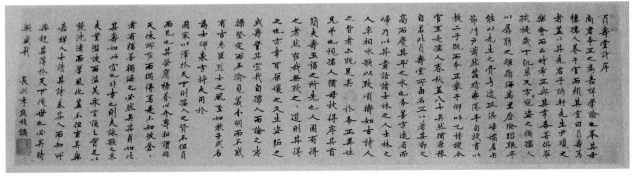

图二 李应祯撰书《贞寿堂诗序》手迹

（以下吴传、陈谟、陈沃、夏永题诗从略）

携孤归自海南天，一节冰清四十年。教子每丸熊胆味，持身尝诵柏舟篇。添筹又喜华筵会，对镜俄看白发鲜。此日贞堂来听祝，分明王母下云还。延陵吴宽

青丝发断复生长，一寸心存百炼钢。高节不惭曹令女，清风无忝卫共姜。贤郎进秩期他日，仙母称觞总异乡。早晚褒封来紫诰，斑衣五色共辉光。钱腴

（以下谢缙、尉淳题诗从略）

作宰良人殁海邦，崎岖历过厉冰霜。持身自信能恒德，教子咸推以义方。老柏岁寒存晚节，孤梅雪后有余香。荣膺禄养安仁寿，宜与南山并久长。吴门唐寅

（以下濮裕题诗从略）

萱亲在鲁子居吴，甘旨难承旦晚娱。彩侍夜常形梦寐，人生八十过须臾。霜归短发浑垂白，花映慈颜不改朱。春酒一杯遥致祝，肯许千里涉崎岖。衡山文璧

（以下楼翰题诗从略）

从以上十六家题诗内容来看，诸家题诗内容几乎类同，主要表扬楼孺人“以孱弱之躯，历险蹈艰，卒能以先生之骨与遗孤俱归”，以及她“孀居矢节”，教子成名，而“荣膺禄养”事。在十六家题诗内容中唯有“郡人杜启”（杜琼子）题诗中有句“奉母三年作画堂”，这似乎与《贞寿堂图》中“一妇面南坐”堪合，其余均没有涉及《贞寿堂图》事，连作画人唐寅的题诗中也无涉图画事。而杜启的“奉母三年作画堂”，也可以这样来理解，即由于周希善在征求题咏的同时还提出征画的设想，故而诗人在诗中会有“奉母三年作画堂”之句。而且“画堂”一词，也泛指华丽的堂舍。再说，如果当时（与诸家题诗同时）确实有《贞寿堂图》的话，那么其作者按理应是当时年逾花甲且画名大著，并在诗卷中有题诗的沈周。而几乎没有理由会请求年方十七岁，又尚无画名的唐寅来画《贞寿堂图》，然后再由唐璥（杜琼门生）、沈周、杜启、吴宽等老辈名家在图卷拖尾上题咏。此事不论在当时或者今天，它都难合情理。因此图卷中的唐寅题诗，应是稍后由于唐、文二人已成为吴门士林中的后起之秀，所以也就征求二人题诗、作画，才合乎情理。再说杜启题诗中的“奉母三年作画堂”，这倒是给唐寅后来作画提供了构图的素材。

鉴于上述，笔者因而产生“先有贞寿诗卷，后有《贞寿堂图》卷”的推想。而且这一推想也基

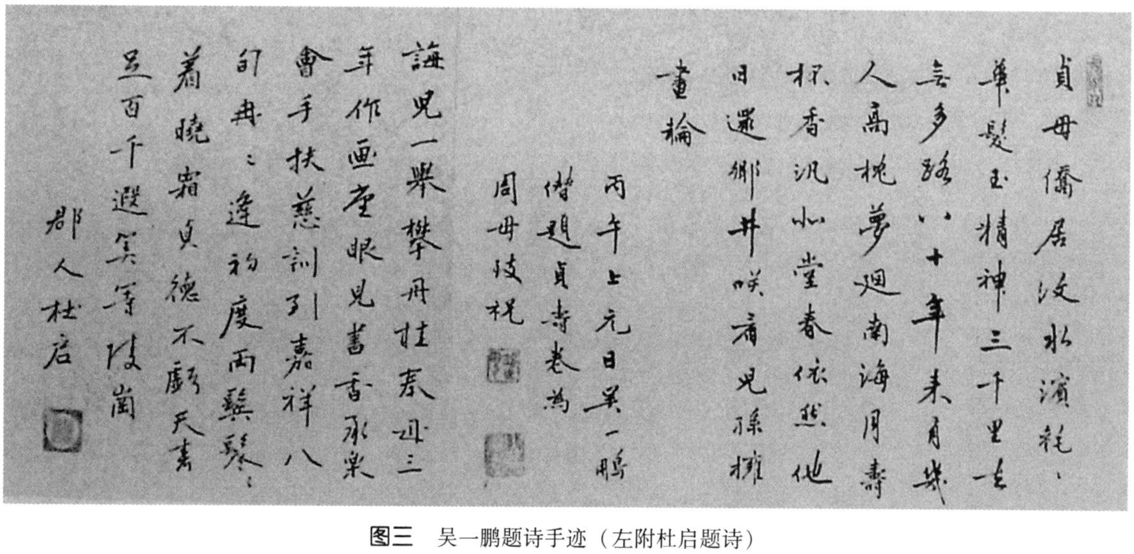

图三　吴一鹏题诗手迹（左附杜启题诗）

于目前所见《贞寿堂图》卷首有李应祯撰并书的《贞寿堂诗序》，而非"贞寿堂图诗序"，又吴一鹏题诗所记为"丙午上元日，僭题《贞寿卷》为周母致祝"，也只称"贞寿卷"而非"贞寿图卷"，而现在看到的却是"贞寿堂图"卷。其中缘故更是让人费猜。再说，假如当年《贞寿卷》前确有唐寅《贞寿堂图》的话，那么在现在所见《贞寿堂图（卷）》的卷首为何却是李应祯撰并书的《贞寿堂诗序》呢？又因何会在图前未见有"引首"（亦称"题头"，为传统卷子装裱之形式）题字呢？这些也便是笔者产生"先有贞寿诗卷，后有《贞寿堂图》"推想的理由之一。尽管笔者所见《贞寿堂图（卷）》（见于《中国古代书画图目（二）》）为影印件，从中还是可以发现在卷尾题诗中，自吴宽题诗的第四行"持身尝诵柏舟篇，添筹又喜华筵会"字迹中间（图四），和唐寅题诗的第四行"孤梅雪后有余香，荣膺禄养安仁寿"字迹中间均存有接

缝，这一现象只有书画付诸装裱后才会产生（图五）。在其余诸家题诗中虽也出现接缝，但其接缝都是出现在前一首题诗的纸尾与后一首题诗起始的中间，如吴一鹏题诗与杜启题诗相接的位置（见图四），未见接缝在字迹之中的。这一现象倒是可以给人提供一个十分难得的信息，即自吴宽起始，题诗是书写在已经装裱成卷子的拖尾上的。至于有关卷子中先有李应祯撰并书的《贞寿堂诗序》和唐璘、沈周等八家的题诗，卷子装裱之后再有吴宽、钱脾、谢缙、尉淳、唐寅、濮裕、文壁（微明）、楼翰共八家题诗的情由，可以这样来解释，即在周母八十寿诞（成化二十二年，1486年，唐寅十七岁）之际，周氏兄弟征求吴中士人题诗祝颂，由于种种原因而把当时已征求到的前九家的序文、题诗先装裱成卷子，以作为寿庆之物。所谓"种种原因"，如吴宽当时游宦在外，一时难以获得他的题诗墨迹，只能之后再由其在卷子上题诗；因其时唐

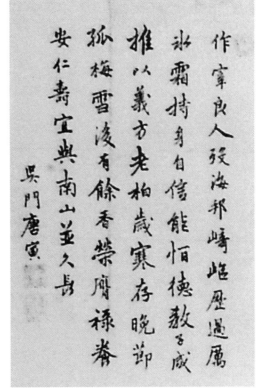

图四　吴宽题诗手迹（局部）　　　　图五　唐寅题诗手迹

寅、文璧（徵明）年仅十七岁，且尚未成名，所以他们的题诗都在卷子装裱之后，而且在吴宽、钱腴、谢缙等老前辈之后。但其中吴宽、钱腴、谢缙三家的题诗时间，最晚也不能迟于弘治元年（1488），其原因为：按吴宽撰《江西安仁县知县致仕谢君墓志》记载，谢缙卒于弘治元年（1488），享年六十九岁[11]。而唐寅、文璧等的题诗，则均在此后。这一解释也与现所见卷子中吴宽的题诗列于后（以吴宽的年岁、名望以及与周氏兄弟的交谊，理应在前）的情形相符。而唐寅、文璧（徵明）的题诗在后，倒是合乎当时二人的实际情况。就此又可以推想，如果唐寅《贞寿堂图》在前的话，那么图既已请其画，而题诗却因何会在诗卷装裱之后呢？这也同样不合情理。因此吴宽、唐寅与其后的濮裕、文璧（徵明）、楼翰四人题诗之前《贞寿诗卷》已付装池，也就可以说明在《贞寿诗卷》装裱时卷子中应该尚无唐寅所绘的《贞寿堂图》。这一推论与现卷子上首有李应祯撰并书《贞寿堂诗序》，和随后有吴一鹏等题诗所记为"丙午上元日，僭题《贞寿卷》为周母致祝"完全相合。当然，这一推论的主要依据还需从书画（现卷子中的题诗、图画）本身来获得。

四 唐、文题诗手迹以及唐寅、周臣画迹考察

目前所见《贞寿堂图卷》中有唐寅题诗手迹，书作行楷，书迹挺劲规整。一般称唐寅书法宗赵孟頫，参以李北海。这应该是就其大部分书迹的体貌而言。也有称唐寅书法源自颜真卿、苏东坡（谢稚柳观点），也不无道理。还有称唐寅早年曾临习欧阳询，以此唐寅题诗手迹来看，确实可以见得容有欧体的一些特征，因此确实与其大部分书迹的体貌有所不同。对此只要从《中国书画家印鉴款识·唐寅》[12]中所收录的款识来比较，便可知唐寅此件书迹应系其早年（二十余岁）的手笔。而再将此唐寅题诗题款"吴门唐寅"的书迹（图六）与《贞寿堂图》上所书"吴门唐寅"款字（图七）作一比较，结果竟然完全一致。鉴此可知其作画、题诗应该在

图六　唐题款字　　　图七　唐画题款字

同时，即弘治八年（乙卯，1495）周希正母楼孺人年八十九岁去世之前，唐寅于"弘治三年（庚戌，1490）二十一岁初从周东村（臣）学画"[13]之后。这一推论还可以从卷子中随后文璧（徵明）的题诗书迹来加以佐证。在图卷中唐寅、濮裕题诗后有文徵明题诗手迹，书作草体，之前所书。按文嘉撰《（先公）写得劲健流便，结体精紧，观此文氏题诗书法（图八），实不能为其二十岁行略》："公少拙于书，刻意临学，亦规模宋元，既悟笔意，遂悉弃去，专法晋唐。"[14]周道振《文徵明年表》："弘治元年（戊申，1488）十九岁。自滁州归里，为长洲县学生。岁试因书法不佳，置三等。由是奋志学书，并从沈周学画。"[15]据此，文徵明此题诗手迹应该在"奋志学书"之后。这也与上述有关唐寅与其后的濮裕、文璧、楼翰四人题诗之前《贞寿诗卷》已付装池的推想完全相合。唐、文二人为同庚总角之交，及长二人的才名亦相埒，因此文徵明题诗手迹与唐寅题诗和《贞寿堂图》应该作于同时，即弘治八年（乙卯，1495 年）周希正母楼孺人去世之前，唐寅于"弘治三年（庚戌，1490 年）二十一岁，初从周东村（臣）学画"之后。

图八的题诗内容（竖排，从右至左）：

萱亲在鲁子居堂甘旨难必
旦晓昨绿份诗劳新寿咏
人生年之诵史霜偶绕数
浑垂白花映慈颜石败朱
春酒一杯垂致祝眉辞子
王沙峙阻衡山文壁

图八 文徵明题诗手迹

若《贞寿堂图》果真为唐寅十七岁所作，应该说其画笔已实不在老辈画家周臣之下。那么按照唐寅的秉性而言，他因何会在四年后再去师从周臣学画？《贞寿诗卷》装裱之后，在周母楼孺人去世之前，周氏兄弟再请人题诗作画，把唐寅所绘《贞寿堂图》装接于已装裱的《贞寿诗卷》之前，以成为我们今天所见的《贞寿堂图（卷）》，这应该符合常理，也是传统吴门书画装裱所常有的方法和一种形式。

更为重要的是，在此探讨的既然是唐寅《贞寿堂图》，就必须回到唐寅绘画本身来考察。对此可将唐寅《贞寿堂图》与现藏故宫博物院的周臣《春泉小隐图卷》（纸本设色，纵26.5、横85.8厘米，图

九）[16] 作些比较。就唐寅《贞寿堂图》中的树式来看，就显然借鉴周臣画法。又从图中所作山石的结构体貌来看，也能看出受沈周画笔的影响。沈周作山石的皴笔粗简、豪放，山石形态浑圆，唐所作山石的皴笔则稍见方折、挺劲，其笔墨所构成的体貌仍是元人意象风致。唐寅绘画，画史称其师事沈周，虽无具体记载，但唐画受沈之影响，于此也就可见一斑。而《贞寿堂图》中松树之形式体貌全类似于周臣。周臣《春泉小隐图》中山石的结构形式、松树之画笔全是南宋体格，坚硬而相对缺乏韵味，连以湿笔染出的远山亦然。由此可知在唐寅绘画中师法沈周是不明显的，而学周臣则是明显的。对此，正如谢稚柳所谓"流派渊源，有明显、不明显"之别[17]。而导致这一区别的根本原因应该便是"私淑"与"亲炙"所致。再以《贞寿堂图》所展示的艺术才能而言，已可以看出唐寅于绘画技法上已能见得他"融会贯通（应指合南北二宗），自成秀润、缜密、流丽的风格和面目"[18] 之端倪。而这样的艺术才能并非可用顾文彬的"少诣若是，岂非天授"所能准确概括，而是应该以唯物辩证的方法来看待，因为"天才"也必须经过一定时间的打磨和锤炼才能成才。而唐寅《贞寿堂图》堪为他早期于绘画才艺已趋成熟的作品，也正是由于在此图中已显露出他的绘画能融合南北二宗而"自成秀润、缜密、流丽的风格和面目"，当代书画鉴定家对现珍藏于故宫博物院的"京1－1383明唐寅《贞寿堂图卷》"的真实性无一提出异议。

图九 周臣《春泉小隐图卷》

通过上述考察，笔者认为唐寅《贞寿堂图》最早应该作于"弘治三年（庚戌，1490）二十一岁，初从周臣学画"之后，最迟应在弘治八年（乙卯，1495 年，是年唐寅二十六岁）周希正母楼孺人年八十九岁去世之前。

近期笔者在苏州博物馆亲眼看见唐寅《贞寿堂图（卷）》，并拜读了当代学者范景中先生为《六如真如——吴门画派之唐寅》图册撰写的《吴门画派之唐寅》序文，其中写道："南宗一脉的文人画传统，在表现江南山水意象时，确实有其独特的格调与长处。故宫博物院藏《贞寿堂图》卷是唐寅三十岁稍前的一件作品，乃为友人周希正侍奉其母所建之'贞寿堂'而作。采用平远式构图，绿水遥岑，松竹矮篱，堂内家人聚首，其乐融融。山石皴笔方折，晕染轻淡；树木出株俯仰有态，点叶、夹叶兼备。虽运笔还略显生嫩，但画面的气息与图式，已经初具后来规模。"[19] 其中"故宫博物院藏《贞寿堂图》卷是唐寅三十岁稍前的一件作品，乃为友人周希正侍奉其母所建之'贞寿堂'而作"一语，与拙文之结论不谋而合。

注释：

[1] 见于《中国古代书画图目（二）》京 1–1383 明唐寅《贞寿堂图卷》，本文中相关题诗、图片均出自其中。
[2] "顾子山秘笈印"长方朱文印，以及该图右下唐寅所钤"吴趋"朱文圆印，可参见《中国书画家印鉴款识》（文物出版社 1987 年版）第 1606 页顾文彬和第 836 页唐寅相关印鉴。
[3] （清）顾文彬、顾麟士撰：《过云楼书画记·续记》，江苏古籍出版社 1999 年，第 103 页。
[4] 陈伉、曹惠民编注：《唐百虎书画诗文全集》，中国言实出版社 2005 年，第 36 页。
[5] 周道振、张月尊辑校：《唐伯虎全集·唐寅年表》，中国美术学院出版社 2002 年，第 636 页。
[6] （明）吴宽：《四库全书·家藏集·卷九》，上海古籍出版社 1987 年，第 1255—1261 页。
[7] （清）沈藻采编纂，徐维新点校：《元和唯亭志》，北京方志出版社 2001 年，第 160 页。
[8] （清）沈藻采编纂，徐维新点校：《元和唯亭志》，北京方志出版社 2001 年，第 161 页。
[9] （明）吴宽：《四库全书·家藏集·卷七十三》，上海古籍出版社 1987 年，第 1255—721 页。
[10] 《贞寿堂图卷》中李应祯撰书《贞寿堂诗序》手迹。
[11] （明）吴宽：《四库全书·家藏集·卷七十二》，上海古籍出版社 1987 年，第 1255—706 页。
[12] 《中国书画家印鉴款识》，文物出版社 1987 年，第 836 页。
[13] 周道振、张月尊辑校《唐伯虎全集·唐寅年表》第 637 页。有关唐寅从师周臣学画的时间，在学界说法不一，如有学者认为唐寅由于会试失意之后，于弘治十三年（1500）三十一岁正式拜师周臣学画。笔者在此从周、张《唐寅年表》说。
[14] 马宗霍辑：《书林藻鉴·卷第十一》，文物出版社 1984 年，第 178 页。
[15] 周道振编撰：《文徵明年表》，《朵云》（中国画研究季刊）第 3 集，上海书画出版社 1982 年，第 178 页。
[16] （明）周臣：《春泉小隐图》，图片采自《历代山水画名家画选·周臣》，天津人民美术出版社 2001 年，第 8 页。
[17] 谢稚柳：《鉴余杂稿·论书画鉴别》，上海人民美术出版社 1989 年，第 146 页。
[18] 见《唐寅画集》中孙祖白撰《前言——唐寅传略和其艺术简介》，上海人民美术出版社 1960 年，第 1 页。
[19] 苏州博物馆编：《六如真如——吴门画派之唐寅》，故宫出版社 2014 年，第 2 页。

故宫与苏州

单霁翔（故宫博物院）

内容摘要： 本文主要从物质文化与非物质文化两方面阐述了紫禁城与苏州深厚的交流基础。重点通过故宫博物院藏器物、书画、图书等源自苏州或与苏州相关的藏品，论述故宫博物院与苏州的紧密联系。同时，文章还特别指出苏州文化中"重经济、重科技、重精美、重和谐、重吸纳"的五大品格以及其独特的人文精神，对紫禁城的保护和故宫博物院的发展所具有的借鉴意义。

关键词： 故宫 故宫博物院 紫禁城 苏州

2014年6月22日，中国大运河与丝绸之路在联合国世界遗产大会上得以通过，列入《世界遗产名录》。大运河的南端，连着江南，连着江南的核心城市之一苏州。大运河的北端，连着北京，连着紫禁城；一条运河，将紫禁城与苏州南北两地串联起来，一个是政治中心，一个是经济与文化中心。紫禁城与苏州的联系，主要是经济、政治、文化方面的互补与交流。

苏州有文字记载的历史已逾4000年，是吴文化的发祥地和集大成者，历史上长期是江南地区的重要城市。苏州城始建于公元前514年，历史学家顾颉刚先生经过考证，认为苏州城为中国现存最古老的城市之一。苏州先后为春秋吴国、三国东吴等政权的都城，在春秋时期是吴国的政治中心；西汉武帝时为江南政治、经济中心，司马迁称之为"江东一都会"，宋人进而美誉为"上有天堂，下有苏杭"，而苏州则"风物雄丽为东南冠"。

中国的经济重心，从安史之乱之后就逐渐转向江南，到了宋室南渡后，不但经济重心，文化中心也转向了东南。在这一转移过程中，位于江南核心地带的苏州，逐渐凸现出来重要的地位。至元、明、清三朝，苏州已经成为全国的经济与文化中心之一。

明永乐帝迁都北京，修建紫禁城，使中国的政治中心重新回到北方，这就造成了政治中心与经济、文化中心的分离。紫禁城与苏州的关系，就是对这种政治中心与经济、文化中心错位现象的不断调适。

苏州是典型的江南鱼米之乡，同时还是闻名全国的丝绸之府，稻作、水利、蚕桑、丝绸有悠久的传统。苏州的古城、古镇、古村落、古典园林是苏州文化的重要载体。例如苏州古城，无论是它的选址、规划设计还是城市建设本身，不仅具有相当高的文化含量，同时在其演变过程中还蕴涵着丰富的历史和人文方面的价值。又如苏州园林不仅有建筑方面的文化价值，同时还有美学思想内容等，其内涵非常丰富，文化含量非常高。

苏州的教育，其水平之高、历史之悠久、成就之辉煌为世人所皆知。明清时期的苏州状元之多，当今时代的苏州籍两院院士之多，在全国的各地区、各城市中都是首屈一指。其他如苏州的文学、苏州的绘画艺术、苏州的书法艺术、苏州的戏剧艺术、苏州的出版印刷等等，无不在整个中华文化中占有着重要的地位，有着吴文化特有的光彩。

正因为苏州拥有如此高水平的物质的和非物质的文化遗产，才使得苏州能够在历史上的许多时期里成为全国乃至全世界的一块文化"高地"，在某些方面甚至达到了顶峰。所以如今苏州能够拥有如此多的世界文化遗产，是不足为奇的。应该说，今天紫禁城里的一切，从物质的到非物质的，再到人才，都与苏州脱不开干系。

在物质文化方面，从皇家的衣食住行，再到文化娱乐，无不与苏州有关。衣的方面，苏州织造为紫禁城提供了最好的丝绸；饮食方面，苏州香米、鲥鱼、碧螺春茶、枇杷果等等，在宫中掀起了经久的苏式风味，苏宴的出现，更是皇家饮食受苏州影响的直接产物；居住方面，苏州园林对紫禁城中各大花园的影响，对圆明园、颐和园等园林的影响，有目共睹，苏州制造的金砖，今天还铺设在紫禁城的主要宫殿之内；出行方面，紫禁城因条件所限，不能乘船，但是在西苑三海、三山五园的皇家游船都是模仿苏州式样。文化娱乐方面，起源于苏州的昆腔，在道光咸丰以前，一直是紫禁城中最流行的剧种。苏州刻印的书籍，因刻工精美，在紫禁城中一直最受欢迎。其他如苏州的玉器、雕漆、刺绣、钟表、文房用品等，无一不在紫禁城中受到欢迎，例如苏州玉雕在故宫博物院藏品中蔚为可观。康乾二帝十二次下江南，每次在苏州停留的时间最多：虎丘的塔影，邓尉山的梅花，上方山的寺院，无不见证了二帝游玩的足迹。

在非物质文化方面，苏州的香山帮工匠，从建造紫禁城时起，就是紫禁城建筑的一支最重要的维护力量；苏州的吴门画派，曾改变了清宫画院的绘画风格；苏州手工业工匠的高超技艺，细腻入微的风格，让紫禁城中的皇帝甚为倾倒，经常把造办处不能生产的东西交给苏州工匠来做，这就是著名的"苏工"。几年前，故宫博物院在倦勤斋修复工程中的"双面绣"工艺就出自苏州。

物质与非物质文化之外，人才也是苏州与紫禁城联系最紧密的一部分。苏州的人才，在全国来说，有两类最具特色。一是状元，二是美女。紫禁城的正门午门，共有五个门洞，其中最中间的一个，是皇帝专用的，别人走了，就是僭越的行为，有欺君之罪。但有一个例外，就是殿试结束之后，高中的状元、榜眼、探花三人可以从这个皇帝专用的门洞走出午门，在当时这是莫大的荣耀，其中苏州籍的应该是最多的之一。再有，清朝的皇帝是满族，不与汉人通婚，选秀女时仅限于八旗闺秀，这是惯例。但是明朝的时候，苏州美女就出了不少风头。崇祯皇帝有一位皇后、两位贵妃，其中就有两位来自苏州。例如苏州美女陈圆圆，被选美入宫，虽然没有得到崇祯皇帝的恩宠，却成了那个天翻地覆时代的

"祸水红颜"。

紫禁城与苏州有着深厚的交流基础，皇家文化与江南文化被历史交织在一起，不可分割。

一　从器物藏品看故宫博物院与苏州的关系

查阅清宫档案可以发现，雍正朝宫廷除瓷器和绣品之外的御用品制作、修缮、保养、收藏等，皆由造办处承办。乾隆朝以后情况出现了显著变化，大量器物经过宫廷设计样式后，交由苏州织造制作。实际上不仅如此，器物的修补、做旧工作同样由苏州本地的匠人承担。乾隆三十年（1765）以后，苏州俨然成为造办处以外最大的宫廷御用品生产、加工中心。过去学术界仅仅注意到玉器、雕漆器等一两类器物的制作与苏州相关，而尚未意识到苏州在御用品修补、做旧方面发挥的重要作用。按照器物类别可以作如下具体分析。

在画样方面，宫廷御用品除了精工细作以外，必须符合"内廷恭造之式"，亦即符合皇帝的审美品味，因而，在制作过程中，留给工匠自由发挥的空间几乎没有。只有先"画样呈览，准时再做"，工匠依样制作，才能确保达到皇帝的要求。所以，官样是工匠领会皇帝审美品位，与之互动的主要媒介。将画样如此重要的工作交由苏州籍工匠承担，反映了皇帝对该地工匠能力很大程度上的认可。

在玉器制作方面，雍正朝的活计档显示，造办处中已经存在来自于苏州的玉匠。乾隆时期被选送到造办处的地方玉工基本上都来自于苏州，他们一方面将长期积累起来的苏州成熟的制玉技术带到北京宫廷，通过日常的技术咨询或有组织的人员培训等方式，将所掌握的制玉技术逐渐渗透到宫廷。通过他们，北京宫廷和苏州在制玉技术方面充分融合，提高了北京宫廷的制玉技术水平，为造办处玉器制作提供了技术保障。另一方面，他们也是宫廷玉器制作最主要的技术力量，承担了相当大的宫廷玉器的制作任务。从玉料的拣选、样稿的设计到玉器的琢制，都有技艺高超的苏州玉工参与，深受乾隆皇帝垂青，他们中有的在宫廷服务长达 20 年之久，在

造办处服务的苏州玉匠从没有间断过。苏州玉工、家内玉匠、外雇玉匠以及管理人员在造办处汇集，使得这里成为一个制玉技术汇集、交流、传播的平台和中心。除了造办处，自乾隆三年（1738）起，苏州织造承接了宫廷玉器的制作任务，并一直延续到乾隆晚期。宫中造办处的玉器制作职能向苏州延伸，不但体现出宫廷对地方技术优势的认可和关注，也是宫廷对地方技术的自觉利用。乾隆中叶随着对西北回部的平定，新疆玉源地被清政府所控制，大量玉石源源不断输送到宫廷，两淮盐政、长芦盐政、江宁织造、杭州织造、淮安关监督、九江关监督、凤阳关监督等亦承接了部分宫廷玉器的制作。尽管如此，制作量最大的依旧是苏州织造。

在漆器制作方面，雍正至乾隆早期，在造办处应役的南漆匠主要来自扬州，造作以洋漆和彩漆为多数。弘历的御用漆器审美品味与父亲胤禛有很大区别，尽管继续延揽扬州工匠生产洋漆及彩漆，但由于对雕漆、脱胎漆、填漆的需求量大增，而造办处的匠役似乎不太擅长，只得交给苏州织造承办。乾隆皇帝御用的雕漆器、脱胎漆器全由苏州织造严格遵循宫廷样式制作完成，填漆器则由造办处和苏州分担。此外还有改做的漆器和修补的漆器，其中改做的漆器即将漆器原有的花纹剔除，在胎骨上装饰其他图案。这项工作在乾隆二十四年（1759）以前主要由造办处承担，乾隆三十年（1765）以后则先由皇帝确定样式，全部发到苏州完成。造办处和苏州尽管都是从乾隆三年（1738）开始修补御用漆器，然而，乾隆三十年（1765）以前，这项工作主要在造办处进行。此后，难度较高的磕缺修补和另漆里（底）工作大都交由苏州完成。乾隆三十三年（1768），库掌五德因失手将一件雕漆盒损坏，被罚俸六个月，漆盒交造办处收拾。三天后，皇帝又下旨将未收拾完的雕漆盒带到苏州修补。由此可以推断，乾隆皇帝似乎更加信赖苏州当地工匠的修补手艺。这种信赖还表现在有时命苏州"修旧如旧"，有时则命其"修旧如新"，类似的要求似乎从未向造办处工匠提出过。

在砚台方面，大约自康熙晚年开始，内务府造办处的砚匠由苏州织造选拔后送入京城。除此以外，乾隆年间的苏州织造还承担了部分砚台的制作、做旧及修补工作。一是制作，苏州依"样"制作宫廷御用砚在乾隆四十年（1775）以后，皆属仿古澄泥砚，包括大量成套的御铭仿古砚，少量虎符砚和石渠砚。二是做旧，始于乾隆四十二年（1777），造办处新做的澄泥砚照苏州新制的虎符砚上颜色做青绿古。三是修补，乾隆四十年传旨，欲将一块旧石砚上黑斑点磨去，据造办处的砚匠说，斑点不能磨去，随即发往苏州，如不能磨去，声明前来，显示皇帝更为信赖苏州工匠的意见。

在铜器方面，苏州织造从乾隆七年（1742）开始，和造办处共同承担宫廷御用铜器的相关活计。具体言之，同样可以分为制作、修补、做旧三类。一是制作，传旨苏州织造依样制作的铜器不多，包括铜镀金镶角端、香筒、铜烧古如意、青绿鎏金贲巴壶、铜烧古剑等，多系当朝流行的品类。二是修补，苏州奉旨修补的铜器有一个特点——皆属青绿器，亦即皆为表面附有青绿色锈蚀的商、周、秦、汉时期铜器。三是做旧，清宫需要装饰青绿色锈的铜器大都发往苏州制作，苏州当地的仿古做旧水平由此可见一斑。此外，乾隆末年曾要求苏州选派烧古匠一名到造办处的铸炉处补缺。

在瓷器方面，档案记载，苏州织造自乾隆三十三年（1768）开始承办陶瓷器的修补工作，以宋、元、明代的珍贵瓷器为主，涉及打磨、镶烧古铜口、粘补破损处及做色等技术。瓷器的打磨源于琢玉工艺，命苏州织造承担该项工作，应该与当地高超的制玉技术存在必然联系。

二 从书画藏品看故宫博物院与苏州的关系

自元、明以来，苏州的书画创作在美术史上占据了越来越重要的地位。尤其是明代中期吴门画派依托苏州地方经济的繁荣而崛起，成为当时文人画发展的主流。吴门画派的书画作品不仅是乾隆御府的重点收藏对象，也是故宫博物院藏品重要的组成部分。据统计，故宫博物院藏沈周绘画 167 件、书法 53 件，文徵明绘画 134 件、书法 46 件，唐寅绘画 85 件、书法 40 件，仇英绘画 105 件。如果加上其他吴门画家如杜琼、刘珏、文嘉、文伯仁、陈道复、陆治、谢时臣等的书画作品，其数量更大。鉴于故宫博物院藏吴门画派书画的重要性，苏州博物馆所举办的吴门画派系列展的沈周展、文徵明展、唐寅展、仇英展，故宫博物院都积极予以合作借展，例如沈周书画展借展 10 件，文徵明书画展借展 11 件，唐寅书画展借展 15 件，仇英书画展借展 6 件。故宫博物院藏品成为苏州博物院举办的吴门画派系列展览中的亮点，在前来观摩展览的学者、艺术爱好者及普通观众中间引起了良好的反响。故宫博物院藏书画与苏州的另一层渊源，是一些苏州书画收藏大家，如吴大澂、顾鹤逸、吴湖帆等收藏过的书画进入故宫博物院，成为故宫博物院藏品的组成部分。在澳门博物馆举办的"梅影秘色——吴湖帆书画鉴赏精品展"，故宫博物院借出吴湖帆鉴藏以及吴湖帆本人与亲友创作的书画作品就达 134 件。

三　从图书藏品看故宫博物院与苏州的关系

江南多水之地，经济文化发达，苏州因而成为我国雕版印刷的发祥地之一。唐代的苏州就有刻印历书出售，经宋、元两代迅速发展，明、清时进入全盛时期，与南京并称为江苏两大刻书中心。苏州藏书家的数量曾居全国之首，苏州刻书的质量最高，在全国颇有盛名。清康熙三十八年（1699），康熙帝第三次南巡至江苏，时任江宁巡抚宋荦在苏州迎驾，康熙帝循惯例与他观字论诗，由此见到了宋荦的自刻诗集《绵津山人诗集》，全书刻印精致，娟秀工整，给康熙帝留下美好印象。四年后，康熙第四次南巡再经苏州时，将自己的《御制诗集》交由宋荦刻印。陆续交付刊刻的书籍，还有一部重要的地理著作《皇舆表》和一部史评著作《御批资治通鉴纲目全书》。这对于宋荦来说是莫大的荣幸，反映出当时苏州的刻印水平不同寻常。刻成后，分两批进呈，康熙帝阅后大赞："刻得着实精，太好了！锦套一部

留览，绫套一部送与皇太子。"这对于宋荦无疑是很大鼓舞。这种由地方承刻清宫书籍的形式成为一个独特的现象，通常称为"进呈本"。乾隆帝为修《四库全书》，下令从全国广征图书，苏州作为藏书大省又向朝廷进献了大批图书。

四　从古建筑材料与工艺看故宫博物院与苏州的关系

一是用于宫殿建筑室内地面的苏州金砖。金砖是专为皇宫烧制的细料方砖，产于苏州东北的御窑村。当地村民烧制砖瓦的传统工艺一直世代相袭，流传至今。敲金砖可听到金石之声，故称为"金砖"；又因转运至北京"京仓"，供皇宫使用，又称为"京砖"，后逐步演化称为"金砖"。目前保留下来的金砖上尚有"苏州府督造"的字样和苏州知府的姓名。因为苏州地区土质细腻、含胶状体丰富、可塑性强，加工制作的金砖颗粒细腻，质地致密坚硬，表面光滑如镜。据档案记载，苏州地区加工制作好的金砖都由运河水路直接运至京城，用于皇家宫殿建筑或陵寝建筑的室内地面。北京紫禁城中轴线上的重要建筑，如太和殿、中和殿、保和殿室内均铺设金砖地面。

二是内檐装修的制作。以清代乾隆时期紫禁城宁寿宫花园的内檐装修为例，此时期的内檐装修体现出传统皇家建筑装饰风格与扬州特色装饰式样的完美融合。据历史档案记载，当时的内檐装修有些是内务府造办处承办，当造办处的技术不如地方水平高，或者人力不足时，就会将部分装修交由地方制作，并运回京城进行安装。清代京城之外承办制作内檐装修的地方有苏州织造、两淮盐政及粤海关。可以说此时期的内檐装修是宫廷技术与地方技术相互结合的产物。乾隆皇帝向往文人气质的美学品位决定了内檐装修的整体氛围，内务府大臣与样式房画师高超的艺术造诣决定了他们能设计出如此雅致的装修样式，地方工匠精湛的工艺技术决定了他们能做出如此精美的装修。此时期内檐装修的典型工

艺特征是多种工艺技术的完美融合，利用不同材质及工艺技术表现出内檐装修的多样性与丰富性。它综合了手工业加工制作技术，以小木作工艺技术为主体，辅以竹丝镶嵌工艺、漆雕工艺、百宝嵌工艺、软硬螺钿工艺、玉雕工艺、珐琅工艺、双面绣工艺及錾铜工艺，反映出清代中期工艺技术的最高水平。很多工艺技术都是南方地区特有的工艺，如贴雕竹黄工艺是南方地区十分盛行的一种工艺，双面绣工艺是中国苏绣艺术的一颗明珠，集中体现了苏绣的技术水平。综上所述，清代官式建筑内檐装修的样式、工艺与苏州地区有着十分紧密的联系，是宫廷技术与地方技术的完美融合。

三是清代官式苏画与苏州地区彩画。从字面上看，苏式彩画中的"苏"指苏州，"式"指式样，也就是苏州式样的彩画。这类彩画传入北京是因为明清在江南设织造署统理苏松五府织造工业，专为帝王舆服服务。明永乐修北京宫殿，大量征用江南苏松五府工匠，江南的民间艺术因此流传于北京。随着一些艺人工匠进入京城，把苏州式样的彩画带入了皇家建筑宫殿并与北方皇家建筑固有的彩画相融合，成为官式彩画中的一种。清代官式苏画与苏州地区彩画相比，在构图、纹饰、色彩等方面都有很大区别。在构图上，苏州地区彩画构图较随意，而官式苏画的基本轮廓线沿用了旋子彩画的轮廓线，有严格的规定及构图比例。在纹饰上，苏州地区彩画的基本纹饰是锦纹，而官式苏画较多地用具有吉祥寓意的图案，清晚期锦纹的使用范围大大减少，取而代之的是写生画。在色彩上，苏州地区彩画很少用金，追求朴实素雅的风格，而官式苏画大量用金，设色有规律，以青绿两色为主色，配以相当数量的间色，追求富丽华贵的风格。由此可见，苏州地区彩画传到北方，至清代中期在总体构图上已经被官式彩画所改造，沿用了官式彩画的构图形式和龙、凤、西番莲等传统纹饰，保留了苏州地区彩画的特色纹饰，如锦纹、卡子等，形成了符合皇家美学特点及等级制度的一种官式彩画类型。到了清代晚期，由于大量写生画的运用，官式苏画与苏州地区彩画的区别也越来越大。

五　从皇家园林与苏州园林看故宫博物院与苏州的关系

从园林规模、风格、功能等几个方面来看，皇家园林是在吸收借鉴苏州私家园林灵活多变特点的基础上，加入了很多皇家园林的特有造园手法，形成了皇家与地方园林艺术特色的完美融合。一是从园林规模上看，皇家园林占地规模大，景点多，景点安排多依山之势和傍水之形，点染、补充、剪裁、修饰天然山水风景，善于"抑景"和"借景"，展现了恢宏气派的皇家特色。苏州私家园林的规模比皇家园林小很多，多以典雅淡朴、小巧玲珑著称，运用各种艺术手法模拟自然景色。二是从园林风格上看，皇家园林侧重于富丽华彩，渲染出一片皇家气象，造型凝重平实，注重恢宏的气势，利用形象布局，通过人们审美的联想意识来表现天人感应和皇权至尊的观念，从而达到巩固帝王统治地位的目的。苏州私家园林寻求返璞归真、悠闲养性的氛围，回避官场及喧嚣尘世是建造私人园林的起因。三是从园林功能上看，皇家园林的功能和活动内容比私家园林丰富和盛大得多。皇家园林除了各种景点外，几乎都附有宫殿，常布置在园林主要入口处，用于听政；园内还有居住用的殿堂、礼佛用的佛堂、休闲娱乐用的场所，可谓一座皇家园林包含了帝王的日常起居、听政、礼佛、悠闲娱乐的所有功能需求。相比于皇家园林，苏州私家园林的功能要少得多，是作为私家花园而建造的，建园的目的是供主人休息、赏景和游玩。

六　从古建筑营造技艺看故宫博物院与苏州的关系

苏州香山位于太湖之滨，自古出建筑工匠，擅长复杂精细的中国传统建筑技术，被称为"香山帮匠人"，这些匠人口传心授流传下来的营造技艺被称为香山帮传统营造技艺。香山帮技艺所涉及的范围并不限于香山这一狭小地区，而是包括江苏省的苏州、常州、无锡及周边地区，以及与苏州有一定历史文化渊源的省外其他地区，可以说苏州城是这一地域的中心。历史上最为著名的香山帮匠人有蒯祥，主持修建了明代北京紫禁城的重要建筑。姚成祖所撰写的《营造法原》是总结香山帮营造技艺的经典著作。明代香山帮匠人通过设计、修建北京紫禁城，将香山帮营造技艺由南方传入北方，但是北方皇家宫殿建筑与南方地方性建筑相比，无论在建筑形制、建筑材料与工艺的要求方面都无法同日而语，这就需要对地方上的营造技艺进行创造性的改变，与官式营造技艺相互融合，形成一种既适用于皇家建筑营造要求、又兼具北方与南方传统工艺手法的新的营造技艺体系，并且在历代的修缮中，这套营造技艺体系不断完善、发展、传承，形成了流传至今的明清官式古建筑营造技艺。北京紫禁城明清古建筑群作为物质文化遗产真实、完整地保存至今，其中一个重要原因是在历朝的建筑营造及修缮中，都是以明清官式古建筑营造技艺为技术手段。在历次的保养修缮中，经过匠师们的口传心授，这些营造技艺得以传承下来，与古建筑本身同样是真实存在的，是非物质文化遗产的一个重要组成部分。这些营造技艺在今天故宫古建筑群的保养修缮中一直沿用，成为目前故宫古建筑保护修缮工作的重要技术保障。

苏州是我国首批24座历史文化名城之一。1986年，国务院批复苏州城市总体规划时明确了"全面保护古城风貌，积极建设新区"的方针。自公元前514年吴王令伍子胥建阖闾大城，2500多年来，苏州城一直未迁址，为世所罕见。苏州遗留下许多远古文化遗址，尤其是新石器时代晚期的良渚文化遗址最为丰富，著名的有赵陵山遗址、少卿山遗址、绰墩遗址、草鞋山遗址、罗墩遗址等，其中赵陵山遗址1992年被评为全国十大考古新发现之一。苏州列入保护的有阊门、山塘、平江、拙政园、怡园等30余个历史街区，其中平江历史街区为首批"中国十大历史文化名街"之一，进入国家申报世界文化遗产预备名单，并获得2005年联合国教科文组织亚

太文化遗产保护荣誉奖。

目前，拥有2500多年悠久历史的苏州古城，全市已有9座古典园林列入《世界遗产名录》，有500多项各级文物保护单位，包括13处全国重点文物保护单位、57处江苏省文物保护单位、178处苏州市文物保护单位、260多处控制保护古建筑，还有800多处古代构筑物，包括70座古桥梁、22处古驳岸、639口古井、22座古牌坊。同时，苏州有世界非物质文化遗产——昆曲，成为世界物质和非物质"双遗产"集于一身的城市。

故宫博物院目前藏有180多万件（套）藏品，其中一些与苏州有着密切的关系。

一是织绣类。苏州地区的丝纺织业自唐宋以后趋于兴盛，元代建官办织造局，明清继之，遂成为官办三大织造之一。故宫博物院织绣类藏品数量巨大，品种丰富。其中所藏成衣、袍料、疋料、绦带、活计以及织绣画中多有苏州织造所成产品，但是由于历史原因，很多织绣品失去了产地标识印记。根据目前整理结果，织绣材料库中疋料完整且带有苏州织造款识的就有3291件，包括自乾隆至光绪朝三十余位织造臣的机头名款，其中以晚清同治、光绪时期居多。而成衣库和铺垫帏幔库中藏品由于都是经过裁剪缝缀的制成品，产地乃至工艺特征的鉴定都需要针对具体文物加以判定。而织绣画中巨大的西方极乐世界图轴应为苏州织造局所出，此外故宫博物院还收藏有现代苏绣大师金静芬、薛文华等人的绣画作品。需要说明的是，部分重量级藏品和以前展览过的藏品，属于苏州地区产品的目前已有论定，但是在18万件丝织品库存中，确定苏州制品的精确数量及比例等，尚需经过长期、系统的编目工作以后才可完成。

二是家具类。明朝郑和率船队下南洋打通了海上航线，带回了大量的紫檀、黄花梨等珍贵木材。原木含水分较高，经过相当长时间的烘干过程之后，制作出来的家具才不至于开裂，所以当时主要是把它用来制香。而此后民间也与境外出现了木材贸易，这些材料主要走水路进入到江浙一带，带动了当地

家具产业的发展。江浙地区自古就是富饶之乡，不仅丰衣足食，而且多集市、多手工作坊、多能工巧匠，所以这里有充分的条件来制作家具。精湛的做工以及造型之美，自然而绚丽的木质纹理，使苏式家具很快风靡各地。明式家具是指明朝制作家具的一种风格，明代中期之后兴起了使用硬木制作家具的风尚，江浙一带生产的家具为苏作，苏作以黄花梨木为主，清朝康熙、乾隆两朝均受到影响。故宫博物院藏苏式黄花梨家具200多件，清朝雍正年之后明式家具逐步淡出，慢慢向清式家具转化，清宫中虽然有大批苏作家具及装修，但是风格发生转变。据记载，宫中外东路符望阁、倦勤斋、延趣楼、遂初堂、萃赏楼、景福宫等多处的室内装修及部分家具，就是江浙一带工匠制作，当时应有很多苏州工匠供职宫内。

三是钟表类。故宫博物院现藏有定论的苏州钟表2件，均为红木嵌螺钿插屏钟。苏州插屏钟的特点是，外壳以红木制成，外形似中国古代屏风，钟机结构紧凑，以发条为动源，配以链条和塔轮组成动源结构，重锤摆。白珐琅表盘，铜镀金面板上錾刻寿字、蝙蝠等吉祥寓意图案，钟大多没有变动的

活动玩意装置。另有一些藏品外观具有苏作特征，但是否确为苏州制造则尚无定论。

在紫禁城近600年的历史中，紫禁城与苏州的联系，毫不夸张地说，比北京之外的任何一座城市都要多。这是因为苏州文化有以下特点：一是苏州文化与经济结合得比较紧密，具有重经济的品格；二是苏州文化中的科技含量很高，具有重科技的品格；三是苏州文化的审美形态十分明显，具有重精美的品格；四是苏州文化很讲求圆融与和合，具有重和谐的品格；五是苏州文化在发展的过程中善于博采众长，具有重吸纳的品格。同时，也是因为苏州文化中充满着独特的人文精神：一是具有崇文重教的优良传统，坚持以文"化"人；二是具有价值取向多元化的优良传统，容许和鼓励"人尽其才，才尽其用"；三是具有关心民生的优良传统，注重提高人的生活质量；四是具有勇于创新的优良传统，有利于人的创新精神的张扬和创新活动的开展；五是具有克己仁爱的优良传统，关心天下人的安危忧乐。在今天，苏州文化的这些精华，苏州文化的人文精神，对紫禁城的保护和故宫博物院的发展来说，无疑都有着极大的借鉴意义。

丝蕴华章展新颜

——苏州丝绸博物馆陈列内容及设计特色巡记

王　晨（苏州丝绸博物馆）

内容摘要：博物馆是贮存和研究具有文化价值的社会遗存的重要场所，苏州丝绸博物馆作为专题性博物馆，其陈列担负着丝绸历史、丝绸文化、丝绸技艺的专题性研究、展示与宣传教育功能。本文就近期在苏州丝绸博物馆陈列提升工程设计中的多个方面进行了系统阐述，对各主要展区"丝绸"主题内容与陈列空间形式表现的状况，以及陈列设计过程中的思想、观念与实践做了研究。

关键词：博物馆　丝绸　陈列

陈列展览是博物馆面向社会的主要传播媒介，是面向公众传播文化信息的独特语言。在当今文化发展必须迈上新台阶的时代感召下，博物馆事业进入了一个较快的发展时期，这为苏州丝绸博物馆的场馆建设及陈列展览提升改造带来了新机。

中国丝绸历史悠久，博大精深，不仅是我国古老文明的重要组成部分，也在世界文明史上谱写了精彩篇章。在漫漫七千年的丝绸科技文化发展历程中，桑、蚕、丝绸、织、染、印、绣等生产领域不断演变进步，种类繁多，技艺精湛，科学技术和文化内涵极为丰富，其影响遍及历代社会经济、文化生活的方方面面，以动人的魅力在历史长河中放射着光芒。如此浩瀚的史书，要通过一座丝绸专题性博物馆展现清楚，绝不是一件容易的事！

苏州丝绸博物馆早在20世纪80年代末筹建时，就理出一条展陈参观线。有浓缩了历代丝绸文化的"古代馆"，呈现江南地区栽桑养蚕、缫丝织绸生产链的"蚕桑居""织造坊"，寓意"丝绸之路"的驼队、阳关、雁塔及海船，还有反映民国丝绸的"明清街"等。之后又增加了"锦绣苑"，展示了苏州的丝绸遗迹和官府织造文化。如今，展陈面积扩大近一倍，为更好地表现丝绸主题提供了条件。如何规划提炼？如何确定新展馆的陈列区域及相应主题？苏州丝绸博物馆的全体专业人员进行了无数次的讨论，最终形成了历史馆、现代馆、少儿科普馆、桑梓苑、丝织机械陈列室五大展区。根据内容的不同，在陈列形式的设计思想、方法、手段上也各有特色。

一　历史馆

博物馆陈列设计中很重要的一条原则是尊重历史，将历史物证通过有效陈列展览出来，实现其教育价值和欣赏价值。各种类型的专题性博物馆陈列都有自身的专业特点和主题思想，对于丝绸博物馆而言，"丝绸"即为主题，与之相关的陈列内容就是整体陈展设计思想的灵魂。要科学、生动地表达主题思想，就需要通过艺术设计对陈列内容进行再创作。在本次大规模的馆舍建设及整治提升工程中，位于正东方向的老馆建筑依然是苏州丝绸博物馆的主展区，以丝绸历史文化为主题，囊括了序厅、古代厅、蚕桑居、织染坊、中厅、贡织院、民国街和非物质文化遗产厅八个展陈区域，在陈列形式上各具风格。

（一）严谨大气的"古代厅"

该展厅基本以历史沿革为主线，以"丝源先天下""丝脉通天涯""丝品尊华夏""丝风绣清雅""丝资开风化""丝光映江南"六个篇章，展现中国丝绸的起源和秦汉魏晋南北朝、隋唐五代、宋元明清丝绸业的历史面貌。把文字方案变成形象的陈列展览，需要设计师根据内容方案、展品、场地、设备、材料等基本方面，将陈列主题、艺术形式、实用功能等多个因素综合考虑才能完成。苏州丝绸博物馆作为丝绸专业性博物馆，在陈列设计上有其特殊的要求，尤其是陈列改造工程或多或少会受到原来陈列效果的影响，因此创新与突破的难度更高。即便如此，我们还是努力寻求更好的效果，在策划中注重在视觉空间内将展品的展示艺术与表现手段相结合，增加传播和教育的职能。

首先，在展品上精心挑选，与原来的古代馆陈列相比，强调并丰富了东周、战国、汉唐时期的展品内容。尽管有些是复制品，但依然能让观众感受到古代纺织技术的高超，如迄今为止中国古代历史上最高经密的 240 根/厘米东周"狩猎纹锦"、经密为 220 根/厘米的最大重经数结构的东汉经起花织锦"五星出东方利中国锦"、最大纬重数结构的唐代纬起花织锦"花鸟纹锦"等（图一），还有精致而复杂的战国提花绦带、中空斜纹编织绦带等，均为我馆近年的科研复制成果，大多为首次与观众见面。

其次，在传播科学和人文精神方面，注重让观众享受艺术风格之美。隋代"套环联珠对鸟纹绮单衣"，虽然已比较残旧，但如此完整的衣型款制实属珍贵，陈列时专门特置了斜面板，以便能比较安全和直观地展示其全貌；明代"泥黄色四合云纹花缎双凤牡丹织补右衽女袄、女裙""深褐色素缎孔雀盘金绣补子右衽长袍"等几件苏州地区出土的服饰，不仅比较完整，还是明代典型的服制形款，另有几件十分华贵亮丽的纱罗质地的清代刺绣女服，均采用通透的独立柜陈列，使展现更加立体完美，形成古代厅参观流线中的高潮（图二）。

再次，如何让观众在审视一件文物的时候，在较短时间内就能初步看懂，理解背后的含义，是我们一直在思考的问题。尤其一些文物本身所蕴含的信息并非不言自明，就需要我们通过研究，应用一些辅助手段才能解决问题，如通过展板、图像、文字、模型等方式，扩展文物本身蕴含的历史信息，以彰显丰富的展品内容，提升观众对展品的认知。如宋元辽时期的丝绸文物都是单色暗花，没有汉唐时期的展品那么亮丽，且都为夹裱的残片，观众难以看清这些文物的特征和纹饰之美，故在陈列设计时将临摹的纹样印制在展板上，以加深观众对文物的了解（图三）。

图一　唐代"花鸟纹锦"陈列

图二　明代服饰陈列

图三　实物与线描纹样图相结合的展示方式

还有，在苏州地区古代丝绸历史文化部分，突出了太湖流域唯亭镇陵南村阳澄湖南岸草鞋山遗址中出土的世界上最早的纺织品，虽然它不是丝织品，但可以见证距今6000多年的苏州古代工匠已掌握了一定的纺织生产技术，以及春秋吴国贵族的丝织品和吴国、楚国的争桑之战几个重要历史节点。此外，还突出了苏州地区出土的珍贵文物，如虎丘塔出土丝织品、元代张士诚母亲曹氏墓出土丝织品、明代官服等。包括"一城明月，半城机声"的明代苏州城丝绸生产盛况，以及"机户出资，机工出力"的明代民间丝织业中的生产形式，和"郡城之东，皆习机业"的清代苏州民间丝织业鼎盛侧录等内容的版面、多媒体内容，以扩展苏州地区丝绸历史文化的厚度。除实物展品外，多媒体视频手段也在多处运用，如通过多媒体反映"丝绸之路"主题，在展厅结尾部分通过多媒体强调了吴地丝绸文化对社会经济的影响等。

（二）生态灵动的"蚕桑居""织染坊"

博物馆陈列是由多种展示要素构成，其中包括文物、图片、艺术品、模型、蜡像、道具、建筑、景观、影像、符号、文字、声音、灯光、多媒体等。博物馆有着与报刊、广播、电视、学校等机构不同的传播和教育手段，即通过举办陈列展览以联系观众服务社会。创新和突破是一个博物馆得以生存和发展的关键，理念的创新程度和被观众的接受程度决定了博物馆陈列的效果和成败。因此，博物馆在

陈列展览的时候必须不断与时俱进，抛弃那些落后的不符合人民群众实际需要的过时理念，突破传统的陈展模式，这样才能为博物馆的长远发展打下良好的基础。

栽桑养蚕织绸的动态陈列一直是我馆富有特色的展区，也最受观众喜爱。在本次改陈中，我们强调保留精华，但更要提炼精华，创新陈列空间，丰富内在表现力。为此，一方面要求设计师重视该展区的技术要素，另一方面也要体现陈列艺术，改善原来的环境。经多次讨论和深入研究，该展区以治丝、染缬、织造、丝艺四个部分体现"天下衣冠，归于巧工"的古老而传统的丝绸生产主题。我们的先辈心慧灵智，手化蝶衣，或治丝，或织造，或染缬，织染世界在他们的机杼声中焕出奕奕华彩。因此强化桑园、养蚕的生态性陈列，扩充蚕俗文化和蚕桑科普内容，以生产性陈列与模拟静态陈列相结合的方式展现传统手工缫丝、练染、织绸的操作，尽量在有限的空间里让陈列形式流动起来（图四、五）。

此外，这部分还特别突出了国家级非物质文化遗产项目宋锦和省级非物质文化遗产项目漳缎的生产活态演绎环节，把观众纳入"展"与"观"的整体活动中来，这不仅仅是参观环境的营造，还有项目技艺内容的提升。其间，我馆为了进一步展现两个"非遗"项目的高超技艺，通过代表性传承人的倾力探索与研究，将小花楼束

图四　蚕桑居的生态陈列

图五　通往桑园和农家的蚕桑科普廊

综宋锦织机和体量庞大的多彩漳缎织机全新亮相（图六、七），让观众瞬时穿越时空感受古代工匠的智慧之光。开馆后，这部分的活态操作表演赢得了众口称赞，也是观众停下脚步观赏最久的环节。正是因为陈列展示属于社会性大众文化活动，当贴近现实的陈列方式展现在观众面前时，观众才会对古老而优秀的技艺更加有感知、感悟和感受，从而更加尊重和敬畏。

图六　小花楼束综宋锦织机

图七　多彩漳缎织机

这部分陈列环境设计中还采纳了清代"耕织图"中的场景，营造较强的生产劳作氛围，让观众更加有身临其境之感。由于在这一产业链中要表现的内容太多，250平方米的场地太小，不能充分体现，故通过多媒体视屏和景观复原、蜡像等，作为陈列内容的补充，扩充染丝、踹绸工艺，同时也丰富了陈列艺术的形式。就织造机具而言，中国是世界上最早的发明者，尤其是提花机的发明和改进代表了古代织造技术的最高成就。繁复的生产工艺和奇美的提花结构是中国古代工匠的智慧所在，并影响着世界纺织文明的进程，"精妙绝伦，殆人巧极而天工错矣"。因此，关于织造机具演变发展及其特点，不仅通过多媒体展现，还陈列了各个时期有代表性的织机模型，让观众在趣味中更加直观。与我馆原来朴实的"织造坊"相比，由于改变了环境空间的设计形式，因而获得了理想的陈列效果。

（三）高贵盛世的"贡织院"

观众往往把参观博物馆陈列看作是一种高层次的精神活动，因为每一个陈列都结合了研究人员前期大量的研究成果。它既向人们传播知识，又使人们从传统的文化中汲取新的创造力，其教育作用是显而易见的。苏州地区官府织造在明清时期就十分兴旺，清代的"苏州织造府"更是江南三织造中规模最大、产品最丰富、织机台数最多的，其织造文化十分独特，因而是这次改陈工程中希望突出的内容，也是观众十分关注的参观场所。对此，我们专设展区，取名"贡织院"，以苏州官府织造文化为主题。

入口前厅复原了"苏州织造署"旧址门楼场景，通过艺术化处理的展面、影像短片、微塑模型等展示织造官府机构和沿革，让观众了解官府织造的基本职能、规模及其相应文化。实物展品以清代官服为主，其中有缂丝衮服、朝服、吉服等，均为近年新征集的珍贵藏品，为体现其尊贵的服制，采用了大尺度高耸通透的单体独立柜，并特别将5个展柜统一向一侧斜15°角排列放置，以便在有限的空间内让观众无论从哪个视角都能详细观摩到每件官服的正反面（图八）。大通柜中官织匹料、官用鞋帽、补子等饰件，既是陪衬，也是点睛之物，十分亮眼，传递着皇家严谨的服饰文化信息。另在主展面上，用彰显皇家气质的朱红色布满整墙，而上面则用金色字体标注龙袍的形制、各部位的纹饰要求等，向观众传递了皇家服制文化信息。在本展厅的空间里，设计师采用了江南庭院的风格，利用花窗、回廊、美人靠、假山、翠竹等，既为展厅隔断，又自然形成参观的引导线路，让观众步入其中，既感受到官府氛围，又能到达每个可参观的区域。因为陈列、展览总是供人们观看的，除了内容和主题思想能够打动观众外，美的形式也是吸引力和感染力所在（图九）。

（四）碧玉清澈的"民国街"

进入民国以后，中国丝绸业盛衰起伏，交相更替，呈现丝业新光。先进的经营管理模式以及新兴的机械生产技术、生产设备，改变了分散的传统丝绸业手工作坊生产方式，引导了集中生产管理的近代工厂大量出现，为中国丝绸业的全面近代化在各方面创造了条件。进入 20 世纪 20 年代，除真丝绸而外，人造丝开始广泛引进和使用，由此改变了传统丝绸产品在原料使用上的单一结构，也使得丝织物的花色和样式得到了改良和创新。以人造丝和真丝、人造丝和棉纱交织以及纯人造丝织成的软缎、绸、绢、绒、纱等新品种层出不穷。服饰上，由清服演变而来的长衫马褂、旗袍以及短袄长裙女装成为这一时期的流行时尚。

由于民国部分展区较小，不足 100 平方米，却处于参观线必经之处，而我们馆的藏品也异常丰富，如何解决这个问题？设计师布置了以民国建筑风格为背景的特色场景，穿插应用立面柜、壁柜、平面柜、场景、展板、视频多种展陈方式（图一〇）。除服饰外，还将民国时期的蚕桑丝绸教育、丝绸贸易和参加国内外展会获奖情况等内容呈现出来。蚕桑丝绸教育方面，民国初期的政府、各丝绸工会、公所等筹资办学，陆续出现了一批蚕丝教育学校或机构，系统地培养蚕桑丝绸专业人才，领先于全国。这方面的历史在多媒体视频中得以扩充。

（五）主题鲜明的"非遗厅"

丝绸非物质文化遗产部分，重点表现苏州丝绸织染绣技艺的各级非物质文化遗产保护项目。以宋锦、缂丝、苏绣、漳缎为主要展示主题，除有整墙展面介绍历史渊源与主要技法外，另有相关视频内容作为拓展，展柜陈列的展品以各级代表性传承人的作品为主，从多个层面展现不同门类的优秀技艺。在"非遗厅"结尾处，特别设置了高大的整面墙玻璃柜，内设世界非物质文化遗产蜀锦、宋锦、云锦、黎锦以及国家级非物质文化遗产少数民族织锦土家锦、壮锦、苗锦的实物纹样仿真喷绘图。这样使中国著名的三大织锦和少数民族四大织锦全部展现于观众面前（图一一），以代表中国丝绸织造技艺

图八　贡织院内陈列官服的通柜

图九　江南庭院式的陈列风格

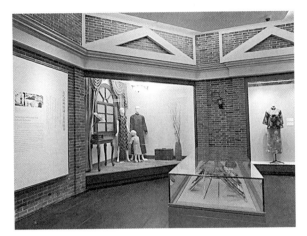

图一〇　民国建筑风格为背景的街区式陈列

图一一　高大的中国织锦"非遗"代表作展墙

水平的绚丽织锦为载体，将苏州丝绸"非遗"传播理念扩大到对全国丝绸的保护传承意识，渲染了主题思想，强化了"工匠精神"。观众参观历史馆，从沉静的古代厅入口步入，从充满民族文化情调的氛围中步出，在意犹未尽中进入下一展区"现代馆"继续参观。

二　现代馆

"丝绸之府"苏州，不仅在古代及近现代有着兴盛的丝绸生产业绩，中华人民共和国成立后，丝绸业也极受政府重视，成为工业发展中的重点产业，并为苏州经济和文化建设作出了极大贡献。据档案资料显示，1984年苏州市区丝绸工业产值达63亿。其间，丝绸生产经历了从手工业到机械工业再到电子工业的发展过程，尤其是机械工业革命是一个重要的历史阶段，对国民经济起到了举足轻重的作用。近二十年来，受到产业结构调整的影响，苏州城区的丝绸生产工业完全消失，已经成为了历史。作为丝绸发展历程中不可或缺的重要阶段，我馆在本次新馆改扩建和展陈规划设计中，一致认为要呈现"现代丝绸"。

如何表现？一时觉得内容太多、展厅太小，且在我馆以往展区中没有体现过，所以感到陈列设计的难度较大。一个完整的陈列设计，是要根据内容把一个个实物展品组合、编排起来，从而反映出有

关文化、科技或历史的主题。其外在形式，是靠展品以及烘托展品的物化环境共同显示出来的，它要求个体与个体之间、各展品组之间、场景之间有机联系，形成前后连贯、相互呼应的艺术组合。我们经多次研究，最终将陈列提炼为"工业兴盛""走向世界""时尚舞台""科研引领""古为今用""工业大事记"六个板块。序厅作为先导，在通体的三面墙上刻有不同书写体的中英文"丝"字，以强调丝绸主题概念。主展墙面设置一块大屏幕，精心策划制作了浓缩丝绸大工业的短片，两边用多种丝绸面料软包组成方块装饰，使现代丝绸的形象和内在主题凸显。

进入展厅后，第一板块的"工业兴盛"分量最重，展示了中华人民共和国成立后苏州城区制丝、织造、印染工厂企业分布图，主要企业的简介，反映工业生产流程特征的工厂车间设备，缫丝、络丝、并丝、织造、印染工序中的场景，以及丝织机器的原状陈列、多媒体织造工艺影像等，通过多种表现手段，渲染出大工业的气氛。在此背景下陈列的"迎春绡""条子花绡""夏夜纱""织锦缎""花累缎""花绒绸"等经典传统产品，更加闪烁着现代丝绸的亮丽（图一二）。

"走向世界"是体现苏州丝绸对外贸易成果的重要环节，在陈列中一方面挑选出一组我馆馆藏的具有真实成交记录的产品实样，观众可以从中品味当

时丝绸产品为顺应相关国家和地区民族特色与艺术欣赏所设计的风格，另一方面突出东吴丝织厂生产的塔夫绸在外贸史上的辉煌表现。特别是按资料图片复制了一件已故英国王妃戴安娜的礼服，立体陈列于三面通透的展柜中，正面背景播放婚礼场景短片以烘托氛围，让塔夫绸在柔软的灯光下尽显高贵（图一三）。

现代丝绸教育是整个丝绸工业发展中不可忽视的方面。以苏州丝绸工学院为主的院校，为行业培养了大批专业人才，促进了行业的科学化、现代化，其中首届科班的丝绸时装设计表演专业成为一个时代的"佳话"。为此在苏大艺术学院有关领导的支持下，我们以时尚丝绸的概念，展现其教育成果，并通过大屏的时装表演秀让观众感受丝绸的时尚之美。在丝绸工业发展进程中，科研引领技术革新、技术进步，新领域丝绸产品的研制诞生，都在不断推进丝绸的发展，几十年来成果丰硕。我们从中遴选了"数码丝织技术""数码印花技术""医用丝绸""弹力丝绸""天然彩色丝线"等多个重大研究性成果，在"科技引领"展区陈列，实物与图版结合展示。

"仿古产品"是现代丝绸设计发展历程中产生的独特品种，丝织丝绸博物馆早在 20 世纪 90 年代末就作为科研项目率先以汉唐织锦为基础，研制了一批"仿古产品"，曾一度作为创新类研究成果获省、市科技进步奖，相当于现今时尚的"文创产品"。之后，一些企业根据古代罗织物的结构开发了多种仿古和创新的提花罗，陈列时放置于通透的双面展柜中，能较为充分地展现罗织物独特的网状孔眼结构。还有在本主题中十分令人醒目的一个展柜是由吴江鼎盛丝绸有限公司研制生产的宋锦"国礼"，有 2014年 APEC 会议领导人穿着的"万字地海水江崖纹宋锦新中装"、2015 年世乒赛礼仪服以及宋锦领包、箱包、披肩等，它们都是在中国传统纹样基础上创新的高端产品，是现代丝绸中闪耀的新星（图一四）。

此外，传统印花绸是丝绸工业中的大众产品，因其色彩斑斓而应用面广量大，深受人们喜爱。作

图一二　显示工业兴盛的现代经典产品

图一三　塔夫绸礼服立体陈列于三面通透展柜中的效果

图一四　宋锦"国礼"产品专柜

为不可或缺的产品大类，专设了一个展柜，以便观众对丝绸织花和印花呈现的不同质地外观有比较清楚的认识。还有一类产品则不同于一般丝绸面料，

是以艺术类风格为主要特征，由于不断发展和延伸，也逐渐在工业化丝绸产品中成为一个种类。我馆就藏有一批此类作品，只是由于展陈面积有限，仅挑选了像锦织物、织锦论语、真丝绸高清印制品和真丝手绘制品等几件有代表性的藏品陈列。

琳琅满目、绚丽多姿的现代丝绸实在太丰富了，无法容纳于300多平方米的展厅中，只能以集锦的形式呈现。因此在参观线的尾部，用整墙设立了"大事记"专区，反映中华人民共和国成立后苏州丝绸行业历经的主要事件，以告知观众，是这些事件的发生铺就了苏州现代丝绸工业的发展轨迹。因此在表现手段上采用了沉静的深蓝色纬基调，老厂房作为背景衬托，体现历史感，也与入口处的丝绸企业分布图形成呼应，浑然一体。而出口处弧形展墙上国家领导人的题词，则体现了新中国成立后国家对苏州丝绸工业发展进步的关心，它们鼓舞和激发了几代丝绸人的热情，许多人为丝绸事业奉献了毕生心力。

三　少儿科普馆

这是以全新概念构建的展馆。该展馆以"蚕为主题"，以"蚕宝宝"为主人，讲述"蚕的生长历程""蚕的功用"等内容。展区内首先观赏到的是一套巨大而可爱的、用绒布包覆外壳的"蚕宝宝"，将观众引入它的体内，去探究"蚕的奥秘"，在弯弯曲曲的展面上不断呈现出已知或未知的主题图片内容；古桑树下、石墩上分别有视频讲述"桑蚕与医药""桑蚕与现代生活"；洁白的、巨大的"蚕茧"内是小朋友观赏蚕如何吐丝结茧的最佳场所，绿色绒布制作的沙包上随意可坐，在一种宽松的氛围中感知蚕的辛劳；此外，"小小蚕屋""小小视频""迷你连环画"等，又让小朋友们静下心来寻找蚕与茧的相关知识问答；周围错落有致的大小"书"的模型，既是景观道具，又是可坐着休闲的凳子，五彩缤纷，迎合了少儿的情趣（图一五、一六）。

图一五　步入少儿科普馆的楼梯环境

图一六　拟人化"蚕宝宝"的世界

开馆后，独特的科普主题馆深受小朋友喜爱，无论是家长带领还是学校组织的参观，都会使他们在此馆内逗留较长时间。这说明特定的环境氛围和活泼多样的陈列手法，会激发展品内在的活力，尤其是对于少年儿童这样的观众群而言，可以达到更加生动和耐人寻味的艺术设计效果。

四　丝织机械陈列室

苏州近代丝绸工业在近代社会经济中占有重要的地位，它是现代丝绸工业发展的基础。1917 年苏州振亚织物公司首先引进了国外设备，成为国内较早出现的近代丝绸工业，之后又不断革新和创新，至今已有九十多年的历史。这些留存至今反映丝织工业发展轨迹的设备，是苏州丝绸工业遗产的代表，承载着社会经济、产业技术等方面的历史信息，同时也延续着丝绸工业发展的历史文脉，较之几千年的古代遗产来说，它们同样是社会发展不可或缺的物证。然而近二十年来，这些遗存已日渐消逝，一方面随着计算机软件的开发与发展，丝绸生产也由机械化进入电子信息技术的时代，如：丝织提花设备被电子芯片所替代，有梭全铁织机被高生产效率的喷气织机、喷水织机所替代，用作丝线加工生产的传统设备同样被大卷装并捻机、自动牵经机等替代，使运作了大半个世纪、并为现代化工业作出过大贡献的老设备逐步退出生产线；另一方面，在苏州各大丝织厂关、停、并、转和城市建设退城进郊、"退二进三"的过程中，大量有价值的老设备毁坏，许多珍贵档案严重流失，有些设备型号已难觅踪影。

面对如此严峻的情况，我馆在十多年前就在苏州市文广新局的支持下，启动认定、征集和抢救性整理保护这些老设备的工作，陆续征集了一些典型的老设备，放置保护于后院的平房中。在本次馆舍整体改造中，将这部分内容也纳入了陈列规划中，实现真正意义上的保护与利用。经过对室内空间的改造，与桑园、蚕乡农家、蚕俗文化陈列区的"桑梓苑"相贯连，引入参观条线，观众步入该展区，可以感受苏州丝绸工业发展的一段历史与变革。

陈列室以实物为基础，采取原状陈列方式，挖掘展现真实的历史印记与情景，强化时空中的历史真实感。这里，陈列着铁木电力丝织机、第一代窄幅全铁丝织机、改良后的 K641 型和 K274 型丝织机。还有难觅踪迹的手工踏花机，踏花是丝绸设计、纹样设计到意匠图绘制后的一道重要的纹制工艺，通过它才能形成提花机上要用的花本。此外，展室中还陈列着老式的络丝机、并丝机、捻丝机、整经机、卷纬机等丝织准备工序中的基本设备（图一七、一八）。这些设备安静地陈列着，而四周立面墙上的大幅生产场景图版却传递着曾经的大工业信息，让观众驻足陈列室时，在这朴实的空间里捕捉远去的记忆，想象它们隆隆机声中的繁忙与曾经的荣光！

图一七　全铁丝织机的原状陈列

图一八　大圆框牵经车的原状陈列

结 语

博物馆陈列展览是一门综合性的空间艺术，每一个陈列展览都应具有独特的品质以及与展示内容相呼应的形式美，呈现它的思想性和科学性。苏州丝绸博物馆的整体陈列改造提升工程正是秉持这样的原则，努力践行，在视觉感受、环境气氛、主题思想、内容设计、形式表现方面反复推敲、思考，在一定的思想性、学术性和知识性主导下，基本陈列融合了观赏性、趣味性和互动性，真正让中国丝绸的悠悠历史文化浸入了观众的内心。

从理论到实践：浅谈在博物馆教育活动中的早教实操策略

——以"云南少数民族文化展"教育活动为例

秦文萍（东莞展览馆）

内容摘要：博物馆教育需要理念，更需要理念与方法、技巧相结合的策略。本文以东莞展览馆临时展览"云南少数民族文化展"为例，从关注自我效能，科学设计教育活动，激发内驱力，推动教育过程有效进行，正确引导，发挥教育者脚手架作用，模拟社会，锻炼社会交往能力四个方面，分析了在活动策划、活动过程、活动结果等不同阶段的详细做法，尝试为理论与实践结合的教育活动提供一个可操作的案例。

关键词：早教 活动 实操 策略

早教一直是教育界的热门话题，许多博物馆对未成年人这一群体也给予了相当的关注，但是，与博物馆教育活动如火如荼的发展现状不匹配的，是很多博物馆教育人员对儿童教育理论的不重视，特别是教育人员普遍缺乏理论与实践相结合的具体运用策略，导致展览内容与孩子的过往经验未能得到深入联结，孩子的学习探究兴趣缺乏持续的、有效的激发。本文以近期东莞展览馆举办的"丝路流长岁月有痕——云南少数民族文化展"教育活动为例，谈谈我馆在幼儿教育理论与活动实践结合方面的初浅尝试。

一 关注自我效能，科学设计教育活动

2015 年 9 月我馆引进了云南省博物馆的"丝路流长 岁月有痕——云南民族文化特展"，该展览展现了云南少数民族的手工技艺和宗教文化，特别适合以手工制作的方式，将展览内容与孩子的认知思维结合起来。我们针对三个年龄段的群体（幼儿组、小学组、中学组）设计了不同的教育活动。其中，幼儿组处于前运算阶段，这一阶段儿童的思维由于符号功能的建立，已经可以凭借心理符号（主要是表象）进行思维，具有一定程度的抽象思维和分类能力，语言表达能力增强，希望表达自己，获得关注，形成自我控制感，因此，我们设计了寻"密"古道项目活动，内容包括展品与所属民族配对的答题任务卡和面具制作。

这几项活动都是基于孩子此阶段的发展特点制定的。对幼儿来说，学前阶段最重要的学习目的是培养儿童的胜任感，不加分别没有针对性的教育活动，可能会因为太简单失去对孩子的吸引力，超越儿童发展阶段的教育活动，或者由于难度太高挫伤孩子的自信心，而孩子的自我效能来自多次成功经验的取得，这正是我们教育工作者必须尽力保护的。

二 激发内驱力，推动教育过程有效进行

内驱力是驱使有机体产生一定行为的内部力量，与它相对应的概念是诱因。孩子来到博物馆，关注什么，希望什么，他们如何行动，又如何能够持久地行动，这一切都有赖于教育者采取的切入点和方法。这些切入点和方法就是驱动孩子在博物馆学习的诱因，诱因选择适宜，才能有效地激发孩子的内驱力，让孩子不是为了满足家长或是老师的要求，而是出于自我的需要，主动将新知识新体验与旧知识结构相融合，建构新的认知体系。

与简单地分配一个任务给孩子相比较，通过情景创设让孩子有意义地"做事儿"更能激发孩子的

好奇心和目标感，并且能够增强孩子面对困难、解决问题的韧性。情景要生动有趣，贴近儿童生活，同时，准备丰富多样的制作材料，提出一些有待儿童去解决的问题。这样，有了情景，有了材料，有了问题，儿童就会跃跃欲试了。在寻"密"古道活动中，教育人员穿上少数民族服装，置身于色彩斑斓的展览环境，给孩子讲述少数民族的生活小故事；在面具制作环节所在的场地——童趣乐园，我们放置了印有少数民族展品的KT板、仿制品，播放富有民族特色的音乐；作为展览教育活动收官之作的茶马小集更花了大力气，整个活动区域都洋溢着浓郁的少数民族风情。带领孩子们参观之前，教育人员先告诉他们参观完后会有任务卡，内容是将我们看到的部分展品与使用这些展品的少数民族配对（这一设计涉及儿童的符号转换，培养抽象与具象思维联结的能力），接下来每个小朋友还要在面具上画出自己想象中的少数民族的面具图形。

在这些活动中，我们惊讶地看到，儿童通过进入情景获得意义和动力后再去解决问题，在完成任务的过程中注意力更集中、更持久，遇到困难不会随便放弃。有位妈妈说，她一直怀疑孩子有多动症，没想到他居然会专注地绘制面具四十多分钟！不仅如此，儿童在活动中生发出来的兴趣和快乐远胜过完成一件作品或完成一项任务所带来的成功感，这一体验将进一步强化他们的胜任感。

三　正确引导，发挥教育者脚手架作用

俄国心理学家列夫·维果茨基（1896—1934）提出学习是在更为有能力的个体的帮助下促成的（维果茨基称之为"脚手架法"）。在教育活动过程中，教育人员的引导技巧对教育效果起到非常大的作用。在这次活动的导入环节——讲解过程中，我们主要通过提问来引导孩子进行观察，比如用来包裹婴儿的背被，教育人员让孩子说说我们平时看到的背被与展示的背被有何不同？有孩子就说了，东莞的背被没有花儿，这件背被有很多花儿，很好看。教育人员继续提问，这些花纹都像什么呀？孩子们

马上七嘴八舌地发表自己的意见，这些观察到的特点为下一步面具的制作埋下了伏笔。

选择幼儿画面具有两个原因：一是它与展览内容有联系，展览中有吞口面具，色彩鲜艳夺目，给孩子很大的视角冲击；二是幼儿喜欢玩"关系型游戏"，绘画产生痕迹，可以让孩子探究事物之间的关系。儿童在面具上涂涂抹抹的时候，教育人员只是在一旁观看，在孩子完成一个阶段的任务后，引导他们去观察绘画的痕迹，是粗的还是细的，是直的还是弯的，以及痕迹是如何产生的，如何控制痕迹的变化等等。面具画好后，我们准备了彩色羽毛、闪粉、小中国结和流苏等材料，让孩子选择这些物品粘贴在面具上，粘贴动作需要孩子集中注意力，协调手部肌肉、关节，有一定的难度。教育人员从孩子的不同表现中察觉孩子的想法、所处的思维水平和层次，发现孩子动作不成功的原因是什么，指导他找出成功粘贴、悬挂的方法来，但是不代劳。

很多教育者包括家长都认为培养孩子动手能力很重要，但是缺乏具体的指导技巧，要么放任自流，要么越俎代庖。作为教育人员，一是要用心，要耐心。仔细观察孩子，琢磨孩子动作的意图，发现孩子失败的原因，想办法帮助孩子成功地完成。二是高要求，高支持。不但要提出明确的要求，更要给予具体的口头上、动作上的指导和帮助。

四　模拟社会，锻炼社会交往能力

学龄前儿童的思维特点是以自我为中心，他们很难从别人的观点（角度）看事物，而进入幼儿园、小学后，孩子面临的将是复杂的社会环境，需要将本体与客体分离开来，学会理解他人，学会与人合作。博物馆教育活动的目的之一，就是通过设计活动项目，让孩子在活动过程中正确认识自我和他人的能力，认识语言表达的重要性，锻炼儿童的社会交往能力。

在此次临展结束前，我们创新性地策划了集各项目为一体、时间长达一天的茶马小集活动。集市

模拟小范围的市场交易环境，专门投放了 1000 枚模拟货币——茶马币，孩子们聚集在富有民族特色氛围的手工部落，和爸爸妈妈一起制作面具、五彩手链、彩云画石、神兽，每完成一件作品，就可以获得一定数量的茶马币，这些货币既可以用来购买自己喜欢的其他手工部落的产品，还可以到玩具互市购买其他小朋友从家里拿来交流的玩具和图书。一环扣一环的活动，丰富了孩子对活动材料、制作程序、产品的认识，让孩子熟悉了解社会角色所需要的技能，切身体验了买卖交易带来的种种感受，而和爸爸妈妈一起参与的这一切，带给孩子的不仅是快乐，还有家庭的和谐、亲子的幸福。

教育活动的目的是什么？这应该是众多博物馆教育工作者一直在思考的问题。对幼儿教育来说，我觉得不妨将活动目的看得低一些、细一些，低可以缓解博物馆教育人员对宣传教育这一宏大命题的心理压力，拉平与孩子心理上的差距；细可以让教育人员从小处着眼，用心观察孩子的行动思维，不断与书本上的教育理论相印证，锻炼自己感知孩子心灵脉动的能力。当教育者与被教育者天然地融合为一体的时候，教育就实现了它的终极目标：共同成长。

征稿启事

本论丛由苏州博物馆编辑，立足苏州，面向国内外。本论丛宗旨为：以历史唯物主义为指导，积极宣传党和国家的文物法规与相关政策，及时反映苏州文物博物馆工作的新发现和新成果，推动活跃全市文博科学研究。坚持学术性、知识性、资料性兼顾，关注学术热点，开展学术讨论，交流文博信息，传播文物知识。以文博工作者和爱好者为主要阅读对象，努力为促进苏州文博事业的发展和提高专业队伍的素质作贡献。

本论丛由文物出版社出版发行，欢迎广大业内外人士热心支持，不吝赐稿。本论丛一年一辑，征稿截止时间为当年5月底。来稿请寄纸质文件一份，并同时提供电子稿。稿件格式（包括题目、作者、作者单位、内容摘要、关键词、正文和注释）请参考最近一期《苏州文博论丛》，文末请附上作者的详细联系方式，包括固定电话、手机和电子邮箱等信息，以便编辑人员和您沟通。本论丛采用匿名审稿制度，稿件一经采用，本编辑部会立即通知作者本人，如在当年10月31日尚未收到编辑部用稿通知，请另投他处。因编辑人员有限，一般不退还稿件，请作者自留底稿。

已许可中国学术期刊（光盘版）电子杂志社在中国知网及其系列数据库产品中，以数字化方式复制、汇编、发行、信息网络传播本论丛所收论文。中国学术期刊（光盘版）电子杂志社著作权使用费与本论丛稿酬一并支付，作者向本论丛提交文章发表的行为即视为同意上述声明。

《苏州文博论丛》设置以下主要栏目：

考古与文物研究

文献与历史研究

博物馆学研究

吴文化研究

地址：苏州市东北街204号苏州博物馆《苏州文博》编辑部

邮编：215001

电话：0512 – 67546086

传真：0512 – 67544232

联系人：朱春阳

E — mail：suzhouwenbo@126.com